本书出版由南方海洋科学与工程广东省实验室（珠海）资助

环南海国家（地区）社会经济发展报告

薛德升　朱竑　韦春竹　蔡晓梅◎等著

HUAN NANHAI GUOJIA (DIQU)
SHEHUI JINGJI FAZHAN BAOGAO

中山大学出版社
SUN YAT-SEN UNIVERSITY PRESS

·广州·

版权所有　翻印必究

图书在版编目（CIP）数据

环南海国家（地区）社会经济发展报告/薛德升等著.—广州：中山大学出版社，2022.1
ISBN 978-7-306-07424-9

Ⅰ.①环…　Ⅱ.①薛…　Ⅲ.①区域经济合作—区域经济发展—研究报告—中国、东南亚国家联盟　Ⅳ.①F125.533

中国版本图书馆 CIP 数据核字（2022）第 026075 号
审图号：GS（2022）1039 号

出 版 人：	王天琪
策划编辑：	李海东
责任编辑：	李海东
封面设计：	曾　斌
责任校对：	赵　婷
责任技编：	靳晓虹
出版发行：	中山大学出版社
电　　话：	编辑部 020-84110283，84111996，84111997，84113349
	发行部 020-84111998，84111981，84111160
地　　址：	广州市新港西路 135 号
邮　　编：	510275　　　传　真：020-84036565
网　　址：	http://www.zsup.com.cn　　E-mail：zdcbs@mail.sysu.edu.cn
印 刷 者：	广州市友盛彩印有限公司
规　　格：	787mm×1092mm　1/16　22.25 印张　650 千字
版次印次：	2022 年 1 月第 1 版　2022 年 1 月第 1 次印刷
定　　价：	128.00 元

如发现本书因印装质量影响阅读，请与出版社发行部联系调换

序

海洋是生命的摇篮和资源的宝库，也是人类赖以生存和发展的重要空间。我国拥有约 1.8 万 km 的大陆海岸线和约 1.4 万 km 的岛屿海岸线，是全球海岸线最长的国家之一，也是与海洋"打交道"历史最悠久的国家之一。进入新千年以来，随着综合国力的迅速提升，我国的海洋事业迎来了新的发展机遇，焕发了前所未有的蓬勃生机。准确把握新形势下共建"一带一路"的总体要求，建设海洋强国，打造"21 世纪海上丝绸之路"，构建海洋命运共同体，成为摆在我们面前的重大任务。

2018 年 11 月 14 日，在广东省委、省政府的关心支持下，由珠海市政府举办、中山大学牵头建设的南方海洋科学与工程广东省实验室（珠海）正式成立。实验室建设伊始就提出了"立足湾区、深耕南海、放眼全球"的基本定位，和"崇尚首创、力争最优"的发展理念，在服务地方社会经济发展的同时，努力成为体现国家意志、实现国家使命、代表国家水平的海洋战略科技力量和一流的海洋人才高地。三年来，实验室坚持"制度创新"与"科技创新"双轮驱动，组建了 18 支创新研究团队、八大公共平台和一个前沿研究中心，在海洋资源与环境、海洋工程与技术、海洋人文与考古等领域取得了一系列闪亮的标志性成果。

特别值得一提的是，为了推动跨学科交流与合作，更好地为国家和地方的决策服务，实验室专门设立了四支人文方面的创新研究团队，海洋人文地理团队便是其中之一。基于地理学科的特点和优势，团队以"南海及周边国家人文地理过程及机制"为研究目标，探讨中国（特别是粤港澳大湾区）与环南海区域国家的政治、经济、社会、文化联系，分析我国与本区域国家合作的核心优势，重点关注我国在本区域对外投资和经济扩展中遇到的核心问题和解决措施，以及粤港澳大湾区对环南海区域国家经济发展的辐射效应和带动作用。

本书是海洋人文地理团队近两年来综合性研究成果的结晶，涵盖了中国与环南海区域国家的自然资源、经济发展、交通基础设施、社会文化、旅游、城市化与城市发展等六个方面的内容，资料详实，图文并茂，值得一读。相信海洋人文地理团队将不断提升研究水平，持续探索海洋地理的国际学科前沿，服务国家"一带一路"建设需求，为粤港澳大湾区建设和环南海区域的可持续发展作出新的更大贡献。

陈大可
中国科学院院士
2021 年 11 月

前　　言

地理学是研究空间的科学。随着人类认识世界水平的不断提高，人类生存的地球的有关知识日益丰富与完善，有关地球的学科体系逐步完善和专门化。地理学的研究对象也经历了由地球空间向地球表层再向陆地表层的转变。海洋约占地球表面积的71%，是地球表层的重要组成部分。历史上地理学者对海洋开展了大量的研究，其中美国学者马汉撰写的出版于1890年的《海权论》被认为是政治地理学的经典著作，反映大航海时代以来全球海上贸易的研究中也有大量的地理学成果。在专门的海洋科学产生之后，地理学的研究更多地集中在地球的陆地表层，以及连接陆地与海洋的海陆交互带。但毋庸置疑的是，地理学对人类认识和研究海洋依然能够发挥巨大的作用，海洋地理学是地理学科发展的国内外前沿。

南海是继地中海之后开展海洋区域地理研究最理想的案例地。环南海区域主要包括中国（含港澳台地区）、越南、印度尼西亚、马来西亚、文莱、柬埔寨、泰国、菲律宾和新加坡等九个国家，位于南纬11.00°至北纬53.53°、东经73.45°至141.02°之间，其中南海自然海域面积约为350万平方公里；区域总人口约20亿人。该区域包括海洋、海岛、海岸带、陆地等多种地理单元，气候以热带季风气候为主，类型多样，水热条件优越；区域内地形复杂，自然地理条件差异明显；自然资源丰富，生物多样化显著。同时，南海地处太平洋和印度洋的连接地带，是亚洲（特别是东亚）、欧洲、非洲和大洋洲之间海上航行的咽喉，地理位置非常重要。区域内国家的政治制度、经济发展水平、社会结构、文化习俗等方面均有差异，但在历史上又存在着千丝万缕的联系与相互影响。

20世纪80年代以来，在经济全球化和贸易自由化背景下，环南海区域国家经历了不同程度的经济发展，中国与环南海区域各国的经济联系也显著增长。根据联合国统计数据，截至2020年底，中国与环南海区域各国的贸易总额达到12049亿美元，比2000年增长了约10倍。环南海区域各国已经成为中国重要的贸易伙伴。

随着中国"一带一路"倡议的提出和有序推进，南海是"海上丝绸之路"重要的组成部分，环南海区域各国与中国的联系必将进一步加强，该区域在全球经济、政治、社会、文化中的作用也必将不断提升。本书从自然资源、经济发展、交通基础设施、社会文化、旅游、城市化与城市发展等六个方面，聚焦中国与环南海区域各国的政治、经济、社会、文化联系，分析其形成和发展的深层机理与客观规律，探索海洋地理的新知识、新理论和新方法，服务"一带一路"建设，为提升粤港澳大湾区的全球竞争力和可持续发展提供科学支撑。

全书的总体框架设计由薛德升和朱竑完成，薛德升和韦春竹完成了全书的统稿工作。全书分为六编，共 25 章。自然资源编，包括 4 章，由贺智、刘珍环、孙伟、周义、李心媛、沈乾辉、李恒利、任苗苗、陈舒撰写，介绍了环南海区域的自然资源、地形地貌、地理位置、自然资源等要素，为环南海区域国家（地区）间经济贸易往来的研究提供了基础；经济发展编，包括 6 章，由黄耿志、梁育填、韦春竹、李子枫、李玮、张家熙、周政可、史钊源、张沈圆、邢祖哥撰写，介绍了环南海区域的经济发展情况和区域经济一体化进程，探讨了环南海区域国家（地区）在经济发展程度、产业结构、工业布局等方面的地域差异；交通基础设施编，包括 4 章，由薛德升、王波、韦春竹、周辉权、雷雅钦、王琪、张琪、陈炜撰写，介绍了环南海区域交通运输网络在全球航运网络中的地位，分析了环南海区域国家（地区）间交通运输网络发展的内部差异；社会文化编，包括 3 章，由蔡晓梅、谢林轩、张博撰写，介绍了环南海区域的华侨华人情况，研究了华侨和华商的影响与联系；旅游编，包括 5 章，由李军、徐勇、安宁、袁振杰、李颉、冼凡几、张怡佳、何兆聪撰写，介绍了环南海区域的自然风光和人文景观旅游资源，分析了旅游资源开发和旅游联系的潜力；城市化与城市发展编，包括 3 章，由薛德升、谭一洺、韦春竹、欧阳琳浩、林卫银、王静婷、黄楠希撰写，介绍了环南海区域的城市发展，分析了其政治经济格局及在全球化中发挥的作用。

因研究者能力和水平的局限，本书的研究深度和广度均存在不足之处，恳请学界同行和读者批评指正。

薛德升

2021 年 11 月于中山大学广州校区东校园

CONTENTS 目　　录

自然资源编

第一章　环南海区域自然地理概况……………………………………………………………… 2

第二章　环南海区域土地利用概述……………………………………………………………… 13

第三章　环南海区域湿地资源综合概述………………………………………………………… 30

第四章　环南海区域生态可持续发展概述……………………………………………………… 50

经济发展编

第五章　环南海区域国家(地区)经济发展现状………………………………………………… 66

第六章　环南海区域国家(地区)投资环境评价………………………………………………… 73

第七章　环南海区域国家(地区)贸易网络……………………………………………………… 87

第八章　中国大陆(内地)对环南海区域国家(地区)的投资格局……………………………… 98

第九章　环南海区域国家(地区)海洋贸易与发展……………………………………………… 109

第十章　环南海区域国家(地区)贸易竞争性和互补性………………………………………… 121

交通基础设施编

第十一章　环南海区域交通发展概况…………………………………………………………… 134

第十二章　环南海区域港口与航运网络体系…………………………………………………… 151

第十三章　环南海区域机场与航空网络体系…………………………………………………… 163

第十四章　环南海区域交通可达性与社会经济耦合发展……………………………………… 178

社会文化编

第十五章　环南海区域的人口迁移……………………………………………………………… 186

第十六章　环南海区域华人华侨的迁移历史与群体分布……………………………………… 208

第十七章　环南海区域的华商网络……………………………………………………………… 220

旅游编

第十八章	环南海区域旅游资源概述	236
第十九章	环南海区域旅游网络的演进与发展	240
第二十章	环南海区域旅游产业的类型与特点	251
第二十一章	中国—东盟国际旅游合作的现状	257
第二十二章	典型国际海岛旅游开发的典型案例分析	263

城市化与城市发展编

第二十三章	环南海区域城市发展历程	284
第二十四章	环南海区域城市化与城市体系	298
第二十五章	环南海区域建成用地时空扩展特征	320

自然资源编

第一章　环南海区域自然地理概况

一、范围与地理位置

南海周边分布着 9 个国家：中国、越南、柬埔寨、泰国、马来西亚、新加坡、印度尼西亚、文莱和菲律宾，分别位于华南大陆、中南半岛、马来半岛和马来群岛（图 1.1）。

图 1.1　研究区域地理位置

本章着重介绍环南海区域的自然地理概况，从地形、气候、水文、土壤等方面阐述该区域的特征。

二、地　形

环南海区域地形复杂，整体地势西北高、东南低。其中中国地势特点为西高东低，呈三级阶梯状分布。地处中南半岛的泰国和越南地势北高南低，其他各国地形均以山地为主，山地面积占陆地面积的 2/3～3/4，平原面积相对较少。

环南海区域平均海拔约 1500 m，除中国位于亚欧大陆外，其他国家地处半岛或者岛屿，平均海拔为 330 m（图 1.2）。其中，位于印度西尼亚东部巴布亚省内的查亚峰是世界上最高的岛屿山峰，海拔 5030 m。

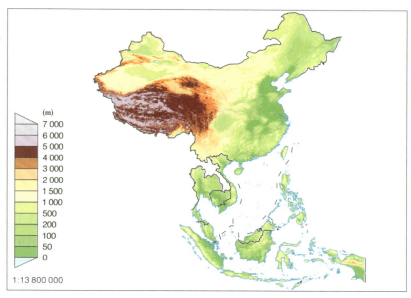

图 1.2　环南海区域海拔

资料来源：美国国家海洋和大气管理局（NOAA）公开的 1 km 分辨率全球 DEM 数据。

三、气　候

环南海区域在太阳辐射、大气环流、海陆位置、地形等因素综合影响下，气候复杂多样，以大陆性气候、季风气候为主。中国幅员辽阔，国土范围向陆地延伸，包含了热带雨林气候、多种季风气候、温带大陆性气候和高山高寒气候；印度尼西亚、马来西亚、文莱、菲律宾大部分地区以热带雨林气候为主，终年高温多雨；中南半岛的国家及菲律宾北部地区以热带季风气候/热带疏林草原气候为主，雨季旱季分明。

对于气候的划分，学术界存在诸多观点，刘德生等对于存在的争议做了详实的介绍。本书采用国际通用的柯本（Öppen-Geiger）气候分类法。Beck 等人依据 1980—2016 年气象数据绘制出 1 km 空间分辨率的气候带分布，具体分布如图 1.3 所示。

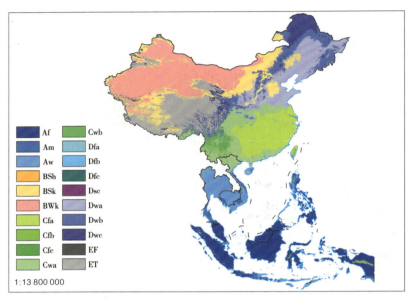

A：热带；Af：热带雨林；Am：热带季风；Aw：热带疏林草原；B：干带；Bsh：炎热干旱草原；BSk：寒冷干旱草原；BWk：寒冷干旱沙漠；C：温带；Cfa：温带常湿夏热；Cfb：温带常湿夏暖；Cfc：温带常湿夏寒；Cwa：温带冬干夏热；Cwb：温带冬干夏暖；D：凉温带；Dfa：凉温常湿夏热；Dfb：凉温常湿夏暖；Dfc：凉温常湿夏冷；Dsc：凉温夏干冷；Dwa：凉温冬干冷夏热；Dwb：凉温冬干冷夏暖；Dwc：凉温冬干冷夏冷；E：极地带；EF：冰原；ET：苔原

图1.3 环南海区域气候类型

资料来源：Beck 等（2018）。

环南海区域以热带气候与温带气候类型为主，覆盖除青藏高寒区以外的多数地区。中国气候类型包括海南与台湾南部的热带雨林气候、热带季风气候，亚热带季风气候、温带季风气候等纬度地带性分异明显的季风气候，随与大洋距离增加愈发干旱的温带大陆性气候，以及受高海拔影响形成的高原高山气候；位于中南半岛的越南和泰国北部地区由于处于北回归线边缘，有温带气候类型分布，以及印度尼西亚海拔较高处有温暖型气候分布；除上述区域外的地区，集中分布着热带雨林气候与热带季风气候。此外，有热带疏林草原气候（热带萨瓦纳气候）分布在赤道边缘地区。

在描述环南海区域气候类型划分的基础上，进一步对该区域的年降水量以及年最高温、最低温的空间分布状况展开介绍。

根据东英吉利大学（University of East Anglia，UEA）提供的1980—2018年逐月降水、气温数据（空间分辨率2.5′，约21 km^2），分别合成年降水量数据与年最高温、最低温数据，并计算39年降水和气温均值，得到环南海区域年平均降水量、年最高温与年最低温的空间分布状况（图1.4至图1.6）。环南海区域年均降水量有明显的纬度地带性差异，中国自台湾地区至西北内陆地区年降水量呈现递减趋势；区域整体年均降水量为1000 mm，其中马来西亚、文莱和印度尼西亚降水量最多（图1.4）。

自然资源编

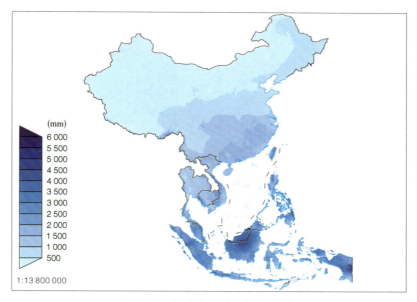

图1.4　环南海区域年均降水量

资料来源：整理自 https://www.worldclim.org/data/monthlywth.html。

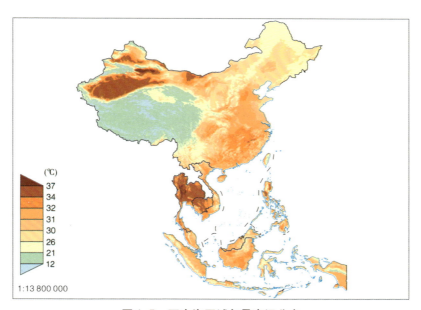

图1.5　环南海区域年最高温分布

资料来源：整理自 https://www.worldclim.org/data/monthlywth.html。

5

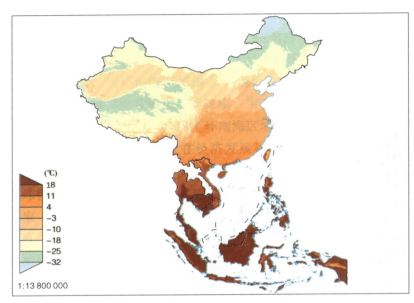

图1.6　环南海区域年最低温分布

资料来源：整理自https://www.worldclim.org/data/monthlywth.html。

环南海区域内气温差异较大，年最高温均值约27 ℃，最高温度42.85 ℃，出现在我国的吐鲁番盆地；最低温则出现在我国青藏高寒区。除中国以外的环南海区域国家年最高温月份均值为31.5 ℃。其中，泰国、柬埔寨温度均值略高，分别为35 ℃与34 ℃，其余各国均在30～32 ℃之间。

此区域内年最低温均值为-6.4 ℃，其中多年最低温均值约为-38.58 ℃，出现在中国纬度最高的黑龙江省漠河地区。除中国以外的环南海区域国家年最低温月份均值为19.4 ℃。其中，越南和泰国温度均值略低，分别为15 ℃和16.63 ℃，其余各国温度在20～23 ℃之间。

四、水　文

环南海区域河流众多（图1.7），由于地形及气候条件复杂，环南海区域水文特征差异性显著。

中国有长江、黄河、黑龙江、珠江、塔里木河、辽河等诸多河流。黄河、黑龙江、松花江等河流由于冬季最冷月的平均气温低于0 ℃，有结冰期存在；长江、珠江、澜沧江等不存在结冰期。管晓祥等选取国内6个典型区域分析证实，国内典型流域内夏季高温多雨、水资源丰富，冬季寒冷少雨，具有典型的季风气候特征，靠近北方的流域的年均降水量和径流深相对较小。除自然河流外，中国境内有人工开挖的京杭大运河，其贯通中国四大水系——海河、黄河、淮河、长江，钱塘江以及众多湖泊，对于补给北方用水，改善水文条件起到调节作用。

泰国、越南、柬埔寨等位于中南半岛的国家河流以北—南流向为主，水量大且水位季节变化明显；由于地势落差大，上游水能资源丰富，下游地区水流平稳。水流补给以冰雪融水及雨水补给为主。发源于中国青藏高原的澜沧江流出国境后被称为湄公河，是东南亚最大的国际河流，流经环南海区域的泰国、柬埔寨和越南。湄公河全长 4 880 km，流域面积超过 80 万 km²，年均径流量 4 750 亿 m³，为沿岸生产生活提供了用水保障。

马来群岛以山地为主，陆地面积较小，河流短小急促；由于地处热带雨林气候区，终年高温多雨，水位季节变化不明显，以雨水补给为主。

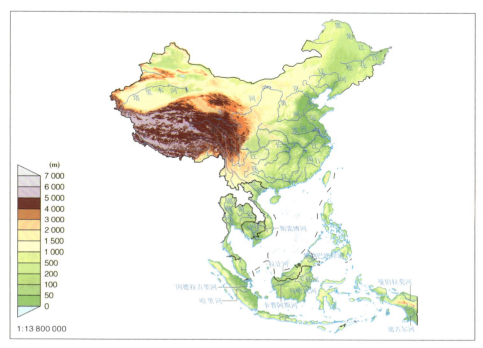

图 1.7　环南海区域主要河流

资料来源：世界银行提供的世界主要河流矢量文件（https://datacatalog.worldbank.org/dataset/major-rivers-world）。

五、土　壤

为表征环南海区域土壤类型，选取世界粮农组织提供的统一土壤数据库中的数据。经处理分析发现：环南海区域土壤以低活性强酸土和薄层土为主，面积分别为 209 万 km² 与 200 万 km²；其次是高活性淋溶土与雏形土，面积均在 120 万 km² 左右。土壤类型方面，中国有超过 30 种；其次是印度尼西亚，多达 15 种；其他如马来西亚、泰国、越南、菲律宾、柬埔寨等为 8～12 种；文莱和新加坡仅有两三种。其空间分布如图 1.8 所示。

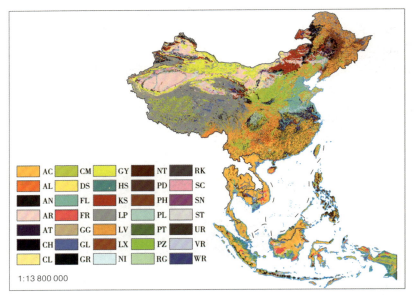

AC：低活性强酸土；AL：高活性强酸土；AN：红土；AR：砂土；AT：人为土；CH：黑钙土；CL：钙积土；CM：雏形土；FL：冲积土；FR：铁铝土；GL：潜育土；GR：灰黑土；GY：石膏土；HS：有机土；KS：栗钙土；LP：薄层土；LV：高活性淋溶土；LX：低活性淋溶土；NT：黏绨土；PD：灰化淋溶土；PH：褐色土；PL：粘磐土；PT：聚铁网纹土；PZ：灰土；RG：疏松岩性土；SC：盐土；SN：碱性土；VR：变性土；RK：地表岩层；DS：沙丘；WR：水体；UR：建设及工矿用地；ST：盐地；NI：无数据；GG：冰川；IS：岛屿

图 1.8 环南海区域土壤分类

资料来源：选取自 http://www.fao.org/soils-portal/soil-survey/soil-maps-and-databases/harmonized-world-soil-database-v12/en/。

不同的分类标准给出的分类存在明显差异，此处仅做参考。如世界粮农组织提供了越南更详细的土壤分类，将其分为 21 类土壤组 61 个土壤单元；Thuy 做了进一步阐述并提高了该国土壤分类分辨率。又如朱晓华等的研究中，中国土壤类型分为 57 个类型。

六、分国家概述

以上部分给出环南海区域自然地理整体概况，本小节从国家视角简要介绍各国的地形地貌特征、气候条件等。其中，气象数据多来源于 WorldClim 全球气象数据，由此统计不同国家的气温和降水情况；陆地面积与人口数据来自亚洲发展银行 2019 年统计数据。

（一）中国（含港澳台）

中国位于亚洲大陆东部，太平洋西岸，南部毗邻越南。东部和东南部同菲律宾、文莱、马来西亚、印度尼西亚隔海相望。陆地面积约 960 万 km^2，人口约 14 亿。中国地形复杂，包括高原、山地、平原、丘陵、盆地等多种地貌类型，其中山区面积约占全国陆地面积的 2/3，地势西高东低，大致呈三阶梯状分布。

中国气候类型复杂多样，季风气候显著，雨热同期，气候复杂多样。年降水量时空分布不均，表现为"南多北少、夏多冬少"的特点。东南沿海地区年总降水量可达1500 mm以上，而西北地区普遍在200 mm以下。夏季气温除青藏高寒区外，普遍高温；冬季则表现出纬度地带性分布，由海南、广东、台湾等省份向北方气温递减，温差可达50 ℃以上。中国主要的气候类型包括热带雨林气候、热带季风气候、亚热带季风气候、温带季风气候、温带大陆性气候和高山高寒气候。中国植被类型多样，包含寒温性针叶林、落叶阔叶林、常绿阔叶林、季雨林和雨林、落叶阔叶灌丛、草原植被和荒漠植被等。

（二）越南

越南地处中南半岛东部，北与中国接壤，西与老挝、柬埔寨交界，西南紧靠泰国湾，东、南部临南海。面积33万 km²，人口9648万。越南地势北高南低，西高东低；地形以山地、高原和平原为主，前两者占越南陆地面积的3/4，平原约占1/4。其平原集中分布在红河三角洲、湄公河三角洲等地。

越南地处热带季风气候区，年均气温24 ℃左右，年降水量1500～2000 mm。越南纬度跨度大，可分为北部、中部和南部三部分：北部地区有红河三角洲；中部地区狭长，山地与高原广布，仅东部有少量平原地区；南部地区以平原为主，包括湄公河平原与西贡河平原，农业较为发达。

越南北部四季特征明显，南方雨旱两季分明，大部分地区5—10月为雨季，11月至次年4月为旱季，雨季的降水量约占全年降水量的80%。越南植被以热带常绿和半常绿林为主，还包括山地常绿阔叶林、山地苔藓林、热带季节雨林及部分萨瓦纳植被。

（三）印度尼西亚

印度尼西亚是地处亚洲大陆与澳大利亚大陆之间赤道附近的群岛国家，东北部为菲律宾，东南方与澳大利亚相望，西南部为印度洋。陆地面积191万 km²，人口2.67亿。印度尼西亚岛屿数量过万，其中有人类定居的岛屿数接近1000个，其中较大的岛屿有加里曼丹岛（约73%面积属于印度尼西亚）、苏拉威西岛、苏门答腊岛与爪哇岛。印度尼西亚山地丘陵分布较广，平原地区仅分布于岛屿边缘、近海处。

印度尼西亚是典型的热带雨林气候，全年高温多雨。年平均温度26 ℃左右，年降水量2770 mm左右。由于降水丰沛，加之受地形破碎且狭窄特征影响，印度尼西亚河流众多且短小，如爪哇岛的梭罗河和加里曼丹岛的巴里托河、卡普阿斯河等。

（四）马来西亚

马来西亚地处赤道附近，分东、西两部分，东部位于加里曼丹岛北部地区，西部位于马来半岛南部，总面积33万 km²，人口3258万。西马来中部为南北走向的山地，两侧近海区为平原。

马来西亚以热带雨林气候为主,北部有热带季风气候分布;全年高温多雨,有雨季和旱季。西马来西亚年均降水量在2000～2500 mm,东马来西亚地区年均降水在3000 mm以上。河流主要有霹雳河、彭亨河、拉让江等。

(五) 文莱

文莱位于加里曼丹岛北部,东、西、南三面与马来西亚的沙捞越州接壤,北临南中国海。总面积5770 km^2,人口45万。属热带雨林气候,全年高温多雨,每年11月至次年2月是雨季,3—10月是旱季;年降水量2500～3500 mm。最高气温为33 ℃,最低为24 ℃,平均气温28 ℃。

(六) 柬埔寨

柬埔寨位于中南半岛南部,面积约18万 km^2,人口1577万。柬埔寨以平原低地为主,中部是洞里萨湖盆地和湄公河低地,东南部属于湄公河三角洲。西部和北部为山地,海拔约1000 m,东北部为100～500 m海拔的高原地区。

柬埔寨属于热带季风性气候,全年温暖。11月至次年2月为柬埔寨的旱季,降水较少。3—4月为雨季,气温高,降水丰沛,部分地区可达2000 mm以上。5—10月受西南季风影响,高温多雨。

柬埔寨中部受湄公河影响,平原发育。湄公河在其境内长501.7 km,流域面积15.5万 km^2,平原中有柬埔寨最大的湖泊——洞里萨湖。该区域农业发达,种植业以水稻为主。

(七) 泰国

泰国位于中南半岛中部,面积约为51万 km^2,人口6804万。泰国大部分为低缓的山地,地形多变,可分为西、中、东、南四个部分。地势西部和北部高,西部山地多呈北南走向。北部与西部地区多林地,湄南河即发源于北部的山地,沟通泰国南北水运交通。中部有湄南河平原,地势低平。东部有高原分布,但海拔仅为150～300 m,较为平坦。

泰国大部分地区属于热带稀树草原气候,雨季旱季分明,因而一些河流径流季节变化明显。极少数地区属热带季风气候和亚热带湿润气候。年平均温度高于18 ℃,年平均降水量约1000 mm。11月至次年2月受东北季风影响,气候相对干燥;3—5月气温最高,可达40～42 ℃;7—9月受西南季风影响形成雨季;10—12月偶有热带气旋从南海经过中南半岛吹至泰国东部地区。

泰国中部的湄南河平原地区,地势平坦,河渠密布,以水稻种植为主。泰国南部是西部山脉的延续,山脉再向南形成马来半岛,最狭处称为克拉地峡。该区域丘陵广布,沿海有平原，其气候为热带雨林气候，橡胶产业发达。

（八）菲律宾

菲律宾东临太平洋，西滨南中国海，南、西南方向与印度尼西亚、马来西亚相望，北方遥望中国台湾。菲律宾是群岛国家，由北部吕宋岛和南部的棉兰老岛、米沙鄢群岛等 7000 多个岛屿组成，总面积 30 万 km^2，人口 1.08 亿。菲律宾地形以山地为主，面积占总陆地面积的 3/4；平原多分布在沿海及内地谷地。

菲律宾北部属海洋性热带季风气候，南部属热带雨林气候，全国各地普遍炎热、潮湿，年平均气温 21～32 ℃，年均降水量 2600 mm。

（九）新加坡

新加坡位于马来半岛南部，地处太平洋、印度洋之间的马六甲海峡出入口，南部与印度尼西亚隔新加坡海峡相望，北方则与马来西亚相邻，面积 720 km^2，人口 570 万。新加坡由新加坡岛与附近几十个小岛组成，地形平缓，平均海拔低于 15 m；最高点为新加坡岛上的武吉知马丘陵，海拔 163.63 m。

新加坡以热带雨林气候为主，常年气温变化不大，年平均温度 23～31 ℃。雨量充足，年均降水量在 2400 mm 左右，空气湿度高，气候温暖而潮湿。新加坡有两个不同的季风季节：从 12 月到次年 3 月受潮湿的东北季风影响；6—9 月则吹西南季风，气候干燥。新加坡有 32 条河流，共 93 km，河流长度普遍较短。

七、结　语

本章介绍环南海区域自然地理特征。首先介绍环南海区域的范围和地理位置，然后从地形、气候、水文、土壤等分别展开论述。而后从国家角度分别作进一步介绍。环南海区域临近太平洋与印度洋，对于对外经济往来起到重要作用，地理位置极为重要。该区域地形以山地居多，平原较少，多数国家山地占陆地面积的比重在 3/4 左右。耕地资源少这一现状普遍存在于环南海区域国家，且耕地多分布在沿海平原或河谷地区。此外，环南海区域海岛广布。该区域多数国家为热带季风气候和热带雨林气候，气温常年偏高。部分国家分为雨季和旱季，年降水量多在 2000～3000 mm 之间，雨量充沛。环南海区域特殊的地理位置和丰富的自然资源为环南海区域国家间经济贸易往来奠定了良好的基础。

参考文献

车秀芬，张京红，黄海静，等. 海南岛气候区划研究 [J]. 热带农业科学，2014，34（6）：60 - 65.
管晓祥，刘悦，金君良，等. 中国不同气候区典型流域的水文变化特性 [J]. 华北水利水电大学学报（自然科学版），2018，39（3）：13 - 17.

刘德生. 亚洲自然地理［M］. 北京：商务印书馆，1996：21，144.

亚洲开发银行经济研究与区域合作部. 亚洲及太平洋基本统计［EB/OL］. https：//data.adb.org/dataset/basic-statistics-asia-and-pacific.

曾昭璇. 台湾的气候［J］. 地理学报，1954，21（2）：211-228.

周淑贞. 世界气候分类刍议［J］. 华东师范大学学报（自然科学版），1980（3）：4-17.

周婷，于福亮，李传哲，等. 1960—2005年湄公河流域径流量演变趋势［J］. 河海大学学报（自然科学版），2010（6）：608-613.

朱晓华，杨秀春，蔡运龙. 中国土壤空间分布的分形与分维［J］. 土壤学报，2005（6）：881-888.

BECK H E, et al. Present and future Köppen-Geiger climate classification maps at 1-km resolution［J］. Nature scientific data，2018，5：180214.

FICK S E, HIJMANS R J. WorldClim 2：New 1km spatial resolution climate surfaces for global land areas［J］. International journal of climatology，2017，37（12）：4302-4315.

FISCHER G, et al. Global Agro-ecological Zones Assessment for Agriculture（GAEZ 2008）［R］. Laxenburg：IIASA，2008.

THUY D T. Evaluating the potential of digital soil mapping to map soil types in Vietnam［R］. Brussel：Vrije Universiteit Brussel，2013.

（周义，刘珍环）

第二章　环南海区域土地利用概述

一、土地利用/覆被分布概况

环南海区域的土地利用/覆被方面的研究相对较为丰富，但研究集中在土地利用/覆被遥感制图及变化检测。如 Giri 等利用 NOAA-AVHRR 卫星数据制作东南亚地区多年/月历史土地覆盖图，并识别出土地利用变化区域。Miettinen 等完成 2010 年和 2015 年 250 m 空间分辨率的东南亚土地覆盖图，为了解土地覆盖快速变化的该地区的当前土地覆盖状况提供了重要数据支撑。Fox 和 Vogler 结合遥感影像与实地走访等方式分析中国云南与中南半岛地区 50 年的土地覆盖和土地利用变化情况。除对总体特征进行分析外，有针对单一土地利用/覆被如森林的专题分析。关于区域内土地利用变化方向及变化特征的研究尚待展开。土地利用动态度方法与土地利用转移矩阵是针对土地利用/覆被变化的常用方法，该方法能直观给出各类土地利用类型的变化方向和特征。本研究中采用上述两种方法进行环南海区域的土地利用/覆被的变化监测。

以欧洲航天局提供的 1994—2018 年 300 m 分辨率土地利用/覆被数据集（http://maps.elie.ucl.ac.be/CCI/viewer/index.php）实现对研究区的持续监测。其提供的用户指南中给出不同地类的分类精度，如旱地（89%～92%）、灌溉农田（89%～83%）、阔叶常绿林（94%～96%）、城市地区（88%～86%）、裸地（88%）、水体（92%～96%）和永久性冰雪（97%～96%）。本章选取环南海区域 1994—2018 年共 25 年数据，分析土地利用类型时空变化状况，以此为基础分析土地资源开发利用与变化方向。运用动态度指标进一步研究环南海区域土地利用变化率，采用转移矩阵对不同时期土地利用的转移类型和数量进行分析。

将原数据集土地利用类型合并为耕地、林地、草地、灌丛、建设用地、未利用地和水体等七种类型，得到环南海区域不同时期土地利用分布（图 2.1）。

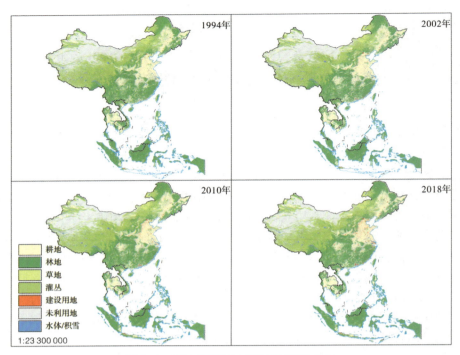

图 2.1　环南海区域土地利用/覆被分布

资料来源：欧洲航天局提供的 300 m 分辨率土地利用/覆被数据集。

1994—2018 年，环南海区域共有 53.66 万 km² 的土地利用类型发生变化，占总面积的 4% 左右。表 2.1 展示了环南海区域各国土地利用/覆被的基本情况，整体表现为耕地、草地与建设用地面积增加，林地、灌丛和未利用地面积减少。印度尼西亚、柬埔寨和中国的耕地和草地扩张较多；各国建设用地均有不同程度扩展，其中以中国、印度尼西亚和泰国新增规模最大。面积减少的地类中，各地区的林地均呈减少趋势；灌丛面积则以中国、泰国和越南缩减规模最大；未利用地面积减少主要集中在中国。从土地利用与覆被变化过程看，耕地增加的主要来源为林地、灌丛和未利用地，草地增加主要源于未利用地和灌丛。耕地转换为建设用地是各转换类型中占比最大的一类，所占比重为 15.33%。

表 2.1　1994—2018 年环南海区域各国不同地类面积及其占比

单位：万 km²、%

国家	地类名称	1994 年		2002 年		2010 年		2018 年	
		面积	比例	面积	比例	面积	比例	面积	比例
新加坡	耕地	0.0228	38.97	0.0196	33.46	0.0148	25.37	0.0113	19.40
	林地	0.0190	32.54	0.0171	29.22	0.0162	27.77	0.0157	26.91
	草地	0.0009	1.53	0.0009	1.50	0.0008	1.41	0.0008	1.39
	建设用地	0.0095	16.33	0.0151	25.78	0.0214	36.67	0.0255	43.66
	水体	0.0062	10.64	0.0059	10.03	0.0051	8.78	0.0050	8.63

续表2.1

国家	地类名称	1994年 面积	比例	2002年 面积	比例	2010年 面积	比例	2018年 面积	比例
文莱	耕地	0.0210	4.35	0.0220	4.57	0.0196	4.06	0.0173	3.59
	林地	0.4476	92.87	0.4481	92.98	0.4475	92.85	0.4467	92.70
	草地	0.0002	0.04	0.0002	0.04	0.0002	0.04	0.0002	0.04
	建设用地	0.0012	0.25	0.0016	0.34	0.0051	1.05	0.0082	1.70
	水体	0.0120	2.49	0.0100	2.07	0.0096	2.00	0.0095	1.98
菲律宾	耕地	5.4800	22.20	5.53	22.38	5.50	22.30	5.47	22.17
	林地	18.210	73.76	18.18	73.64	18.17	73.62	18.17	73.62
	草地	0.12	0.49	0.13	0.51	0.13	0.52	0.13	0.53
	建设用地	0.09	0.35	0.10	0.42	0.13	0.54	0.20	0.80
	水体	0.79	3.19	0.75	3.05	0.75	3.02	0.71	2.88
泰国	耕地	23.25	53.64	23.50	54.21	23.47	54.15	23.30	53.75
	林地	19.09	44.05	18.81	43.39	18.74	43.24	18.79	43.34
	草地	0.03	0.08	0.04	0.08	0.04	0.08	0.04	0.09
	灌丛	0.17	0.38	0.16	0.37	0.16	0.36	0.15	0.36
	建设用地	0.11	0.25	0.13	0.31	0.23	0.54	0.36	0.84
	水体	0.70	1.60	0.71	1.65	0.70	1.62	0.71	1.63
柬埔寨	耕地	4.88	32.26	5.32	35.18	5.53	36.60	5.55	36.76
	林地	9.40	62.20	8.88	58.79	8.59	56.85	8.53	56.43
	草地	0.39	2.60	0.47	3.08	0.55	3.61	0.55	3.62
	灌丛	0.10	0.63	0.10	0.63	0.09	0.60	0.10	0.64
	建设用地	0.01	0.04	0.01	0.05	0.01	0.08	0.03	0.21
	未利用地	0.00	0.01	0.00	0.01	0.00	0.01	0.00	0.01
	水体	0.34	2.25	0.34	2.26	0.34	2.26	0.35	2.33
马来西亚	耕地	1.37	5.12	1.43	5.32	1.49	5.55	1.60	5.97
	林地	24.95	92.98	24.85	92.61	24.73	92.15	24.46	91.16
	草地	0.01	0.02	0.01	0.03	0.01	0.05	0.02	0.08
	建设用地	0.13	0.48	0.18	0.68	0.25	0.92	0.33	1.24
	水体	0.37	1.39	0.37	1.37	0.36	1.34	0.42	1.55
印度尼西亚	耕地	13.39	8.69	13.68	8.88	14.20	9.21	14.67	9.52
	林地	135.38	87.83	134.85	87.48	134.14	87.02	133.23	86.43
	草地	1.31	0.85	1.36	0.88	1.46	0.95	1.72	1.12
	灌丛	0.04	0.02	0.04	0.02	0.04	0.02	0.04	0.02
	建设用地	0.82	0.53	1.02	0.66	1.15	0.75	1.38	0.89
	水体	3.21	2.08	3.20	2.08	3.15	2.05	3.10	2.01

续表 2.1

国家	地类名称	1994 年		2002 年		2010 年		2018 年	
		面积	比例	面积	比例	面积	比例	面积	比例
越南	耕地	9.12	32.76	9.54	34.27	9.56	34.36	9.37	33.67
	林地	17.81	63.97	17.37	62.41	17.28	62.09	17.34	62.30
	草地	0.06	0.20	0.06	0.20	0.06	0.21	0.06	0.22
	灌丛	0.08	0.28	0.07	0.26	0.07	0.26	0.07	0.25
	建设用地	0.09	0.31	0.11	0.40	0.18	0.65	0.31	1.10
	未利用地	0.02	0.06	0.02	0.06	0.02	0.06	0.02	0.06
	水体	0.67	2.42	0.67	2.39	0.66	2.37	0.67	2.39
中国	耕地	185.73	19.30	190.09	19.75	189.17	19.65	186.22	19.35
	林地	280.24	29.11	276.71	28.75	275.91	28.66	276.48	28.72
	草地	28.21	2.93	28.78	2.99	29.41	3.06	30.14	3.13
	灌丛	261.84	27.20	261.16	27.13	261.44	27.16	260.56	27.07
	建设用地	3.72	0.39	5.38	0.56	9.65	1.00	13.81	1.44
	未利用地	183.47	19.06	181.03	18.81	177.57	18.45	175.79	18.26
	水体	19.37	2.01	19.41	2.02	19.41	2.02	19.56	2.03

1994—2018 年间，中国以及环南海区域其他国家的土地利用/覆被发生剧烈变化，其中建设用地变化幅度最剧烈，其次是耕地、林地的变化。

二、土地利用变化特征

为评估环南海区域土地利用/覆被变化动态及不同土地类别的转移规模，选取土地利用动态度、土地利用转移矩阵等指标，简要分析环南海区域国家的土地利用/覆被类型变化情况。

（一）环南海区域综合土地利用动态度

土地利用动态度可用来反映研究区土地利用变化的剧烈程度，便于在不同空间尺度上找出土地利用变化的热点区域。相关公式如下：

$$D = \frac{S_{t1} - S_{t0}}{T \times S_{t0}} \times 100\%。 \tag{2.1}$$

式中：D 为研究时段内某一土地利用类型动态度；S_{t0} 为研究初期某一土地利用类型的数量；S_{t1} 为研究期末某一土地利用类型的数量；T 为研究时段长，当 T 设定为年时，D 值即为某种土地利用类型年变化率。

图 2.2 给出环南海区域各国不同时期综合土地利用动态度变化情况。可以看出，环南

海区域的建设用地动态度多经历先增加后降低的趋势,其他类型土地利用动态度因国家、时段不同而有较大差异。总体而言,环南海区域25年间的土地利用动态度以建设用地利用动态度最高,达到9.25%,其余类型则处于较低水平,排在第二位的草地利用动态度也仅为0.34%。

为进一步阐述环南海区域土地利用发展情况,下面以国家为单位介绍不同历史阶段不同土地类别动态变化状况。

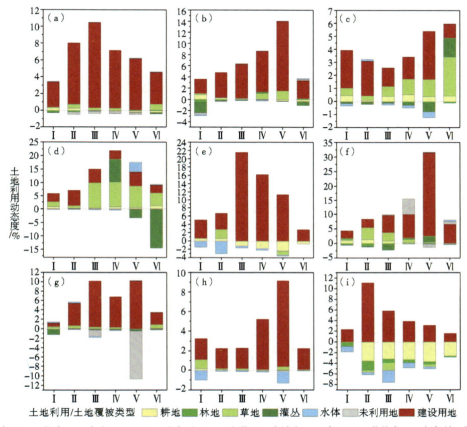

a:中国,b:越南,c:印度尼西亚,d:马来西亚,e:文莱,f:柬埔寨,g:泰国,h:菲律宾,i:新加坡。Ⅰ:1994—1998年;Ⅱ:1998—2002年;Ⅲ:2002—2006年;Ⅳ:2006—2010年;Ⅴ:2010—2014年;Ⅵ:2014—2018年

图2.2　1994—2018年环南海区域各国土地利用综合动态度变化状况

1. 中国（含港澳台）

中国土地利用/覆被类型以林草、灌丛和耕地为主,占陆地面积的78.3%。林地集中分布在中国南方地区及东北兴安岭和长白山林区。耕地则集中分布在华北平原、东北平原和四川盆地等地。灌丛和草地则集中分布在内蒙古高原、黄土高原和青藏高原地区。城镇建设用地分布多以平原为主。

中国1994—2018年土地利用类型变化剧烈。其中,建设用地面积由1994年的37182 km^2 增长到2018年的138149 km^2,增长了271%;草地和耕地面积较1994年分别增长3.86%和0.27%;林地和灌丛面积则分别下降了1.34%和0.49%。

中国25年间的土地利用动态度表明其用地扩张速度有明显的阶段性特征：第一阶段是1994—2002年，该时段内建设用地扩张速度加快；第二阶段为2002—2006年，土地利用动态度最高达到10.16%；第三阶段为2006年以来，建设用地的新增速度减缓，但其扩张速度仍高于其他类型的土地利用。此外，草地的动态度仅次于建设用地，有较快的扩张速率，这可能与政府的"退耕还草"等重大工程的实施有关。

2. 越南

越南林地和耕地分布广泛，其中林地集中分布在西北地区、中部狭长地区和南方大部区域，耕地则集中分布最南端的沿海地区、北方东南部平原地区和中部狭长地带的东海岸。近25年的城市扩张集中分布在南方地区。

年际土地利用类型的变化情况显示，越南林地和耕地在1994—2018年发生了剧烈变化。其中耕地数量呈现出先增加后减少的趋势，转折年份在2005年，随后耕地数量恢复到1997年水平。林地数量在1994—2015年一直减少，但速度逐渐趋缓；自2016年开始，林地数量逐步恢复。建设用地面积则在1994—2018年持续增长。

越南1994—2018年土地利用动态度以建设用地、灌丛变化度变化明显。在1994—2014年，建设用地利用动态度持续增长，表明越南建设用地的新增规模逐年增快，动态度峰值达到12.49%；在2014年以后的时期里，其动态度锐减，表明建设用地的扩张速度有所缓和。越南灌丛动态度出现了由负数到微弱上升的变化过程，表明灌丛面积在1994—1998年是减少的，而在2006—2014年出现了正向增长。

3. 印度尼西亚

林地和耕地是印度尼西亚主要的土地利用/覆被类型。其中，林地分布尤为广泛，以东部的伊里安岛（新巴布亚省）、苏拉威西岛、加里曼岛和苏门答腊岛的北部地区最为集中；耕地则主要分布在苏门答腊岛的东南部和爪哇岛的东北部地区。建设用地则集中分布在西爪哇、中爪哇和南苏拉威西地区。耕地的扩张以加里曼岛东南地区和苏门答腊岛东部沿海地区为主。

分析印度尼西亚1994—2018年不同类型土地利用/覆被变化情况可以得出，林地面积从1994年的135万km^2持续减少到2018年的133万km^2，减少了1.48%。建设用地、草地的数量有较大幅度增加。其中，建设用地面积增加5536.81 km^2，较1994年增加67.29%；草地面积新增415741 km^2，较1994年增加31.78%。

通过计算印度尼西亚地区六时段土地利用动态度，发现其建设用地利用动态度有较大波动，峰值出现在2010—2014年，数值为3.72%；草地动态度整体呈现上升趋势，即面积变化速度逐渐加快；灌丛动态度在近10年（2010年至今）出现了由微弱减少到急速增加的巨大转变，其在2000年后持续减少，在2014—2015年达到面积最小值362.81 km^2，随后增至2018年的384.10 km^2；耕地动态度稳定在0.1%～0.55%间，年际变化较为平稳。

4. 马来西亚

马来西亚以林地、耕地和建设用地三类土地利用/覆被类型为主，占马来西亚面积的

98.37%。其中,林地面积超过 90%;耕地零星分布在马来西亚各地,其中较为集中的有马来西亚西北部的吉打州、吉兰丹州东北地区及巴兰河流域;建设用地则以吉隆坡地区较为集中。

计算马来西亚不同土地类型面积变化情况得出,林地在 1994—2018 年减少了 4884.88 km^2,占 1994 年林地面积的 1.96%。除林地外,其他各类土地利用面积,如耕地、建设用地和水体等均有不同程度增加。建设用地面积从 1994 年的 1296.14 km^2 增加到 2018 年的 3321.37 km^2,增幅达到 156.25%;草地面积从 63.89 km^2 增加到 217.98 km^2,增幅达到 241.18%。而灌丛面积减少了 50%。

马来西亚 25 年间不同地类土地利用动态度有明显的地区特色:建设用地动态度在 4% 左右波动,且变化缓和;草地则在 2002 年后呈现出较高的利用动态度,草地面积增长速度快;灌丛由于面积小(25 年间最大值约为 0.62 km^2,2018 年为 0.23 km^2),导致动态度达到 -14.29%。

5. 文莱

文莱主要土地覆被类型为林地,占文莱国土面积的 92.7%;耕地和建设用地分别占 3.59% 和 1.70%,且集中分布在北部沿海地区,其中以斯里巴加湾地区的耕地、建设用地面积最为集中。

分析文莱 1994—2018 年土地利用变化情况发现,建设用地面积持续增长,由原来的 12.04 km^2 增长到 2018 年的 81.87 km^2,涨幅高达 580%;林地面积呈现出先增加后减少的变化趋势;在耕地面积减少 17.62%;水体面积减少 20.40%。

计算文莱 25 年间不同时期的土地利用动态度得出,耕地和草地表现出微弱的"增—减—增"的波动状态;水体面积在 1994—2003 年剧烈减少,动态度在 1998—2002 年变化幅度最大;建设用地动态度波动较大,在 2002—2006 年表现出高速的变化速度后开始回稳,动态度持续走低,2014—2018 年增速平稳。

6. 柬埔寨

柬埔寨林地和耕地分布广泛,其中林地集中分布在东部的湄公河流域至格罗奇马地区和西南西南部豆蔻山脉,耕地则集中分布在自西北部至洞里萨湖、洞里萨河沿岸直至南方国境的平坦地区。建设用地集中分布在洞里萨河与湄公河交汇处的金边地区,草地和灌丛地区集中分布在洞里萨湖周边地区。

柬埔寨年际土地利用类型变化明显的为林地、耕地与建设用地。1994—2018 年,林地面积减少 8725.93 km^2,减少了 9.28%;耕地面积增加了 6792.44 km^2,增幅达 13.93%;建设用地面积从 1994 年的 56.48 km^2 增长到 2018 年的 311.50 km^2,增长超过 450%。

分析 1994—2018 年柬埔寨的土地利用动态度可知,建设用地动态度在 2014 年前一直处于上升的趋势,且面积变化速度加快,并于 2010—2014 年达到最大值 28.95%;但由于柬埔寨建设用地所占国土总面积比例低,其年际变化趋势不明显。耕地动态度在过去 25 年间较为稳定,变化幅度在 0.08% 到 1.23% 之间。在 2014—2018 年的地类利用动态度中,耕地动态率呈现微弱下降;同期的林地动态率有 0.03% 的增长,而此前林地动态度一直为负值；草地的波动状态与耕地近似，在数值上波动幅度更大。

7. 泰国

泰国土地利用类型以耕地和林地为主，其中耕地集中分布在中部和东部地区，林地分布以北部、西部狭长带和南部为主，建设用地则集中分布在曼谷及其周边地区。

分析泰国不同类型土地利用/覆被年际变化情况得出：耕地、林地和建设用地变化最为剧烈。林地面积的年际变化先减少后增加，1994—2015 年表现出减少趋势，随后林地面积增加。耕地年际变化相反，2004 年前耕地面积持续增加，在 2004 年达到峰值 235191.90 km^2 后，转为持续减少。建设用地面积呈现出持续增长的趋势，自 1994 年的 1079.40 km^2 增长到 2018 年的 3628.86 km^2。泰国未利用地在过去 25 年间有 0.62 km^2 转换为城市建设用地，该时期土地利用动态度为 −10.29%，其间以 2010—2014 年间变化最大。建设用地利用动态度在 1994—2018 年维持在较高水平，并在 2000—2006 年、2010—2014 年两个时期达到了较高水平，其间建设用地处于高速扩张的状态。

8. 菲律宾

菲律宾 2018 年林地和耕地分别占菲律宾面积的 73.62% 和 22.17%，建设用地占 0.8%。空间分布上，耕地在吕宋岛中部集中分布，其余各岛分布较分散；林地主要分布于东部沿海及南方地区；建设用地分布以吕宋岛南岸的马尼拉地区为主，中部宿务岛也有少量分布。

1994—2018 年菲律宾建设用地在 25 年间持续增加，自 1994 年 870.29 km^2 增加到 2018 年的 1970.52 km^2，增加了 126.42%，且变化速率呈现出"缓慢增长—快速增长—缓慢增长"的"S"形变化模式。耕地则表现出先增加后减少的趋势，自 1994 年的 54812 km^2 增加到 2004 年的 55289.20 km^2，达到峰值，之后逐年减少，到 2016 年达到 25 年间的极小值，为 54731.56 km^2。林地面积表现为整体减少的趋势，自 1994 年的 182099.54 km^2 逐年减少，2016 年出现了极小值，同时水体面积相伴发生异常增加的情形，可能与当年发生的洪灾有关。

菲律宾建设用地利用动态度常年保持在 2% 以上，并在 2010—2014 年间达到最大值 8.82%，呈现出高速扩张的土地利用模式。随后，城市扩张速度趋缓，建设用地利用动态度迅速恢复到 1994—2006 年的水平，这与其迅速增长后，城市用地基数增大有关系。其他土地覆被/利用类型，如林地与耕地，尽管变化幅度明显，但土地利用动态度低，且变化幅度较微弱；草地与水体的动态度最大值同样在 1%～2% 之间。

9. 新加坡

新加坡建设用地在 1994—2018 年增长迅速，2018 年占比达 43.66%，其空间分布集中在南方滨海地区，原有的片状分布由于建设用地的增加转变为带状分布。林地和耕地两种类型占地面积减少，主要存留在东部沿海、中部陆地及西部地区。

新加坡 1994—2018 年间的土地利用动态度变化如下：建设用地利用动态度在 1998—2002 年变化最为剧烈，峰值达到 11.11%，随后逐年下降，并于 2018 年达到历史最低值 1.55%。除建设用地外的其他类型土地的利用动态度在 25 年间均呈现负值，其中以耕地的变化幅度最大。

10. 整体土地利用动态度

环南海区域各国在 1994—2018 年间城市建设用地扩张规模较大,因而建设用地利用动态度均保持在较高水平(图 2.3),除印度尼西亚外,其他国家利用动态度均超过 5%,呈现出较高的发展速度。由于文莱、柬埔寨等国国土面积相对较小,建设用地基数小,新增建设用地面积为 69.83 km² 和 255.02 km²,所以有较高的利用动态度。对比其他土地覆被类型利用动态度结果,耕地、林地等地类多处于较低水平(│扩张/萎缩速度│<2%)。

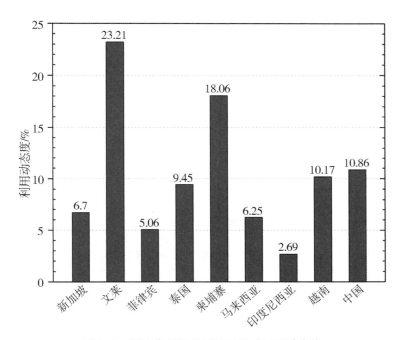

图 2.3 环南海区域各国建设用地利用动态度

(二)环南海区域土地利用转移特征

运用土地利用转移矩阵方法分析研究时段始末土地转移方向,相关计算公式如下:

$$S_{ij} = \begin{pmatrix} S_{11} & S_{21} & \cdots & S_{n1} \\ S_{21} & S_{22} & \vdots & S_{2n} \\ \vdots & \vdots & \ddots & \vdots \\ S_{n1} & S_{n2} & \cdots & S_{nn} \end{pmatrix} \qquad (2.2)$$

式中:S 为土地利用类型的面积;n 为土地利用类型;S_{ij} 表示研究时段初期 i 类土地到研究末期转为 j 类土地的面积。此外,转移矩阵的每一行总和表示研究初期该土地利用类型的面积总数,每个行值表示该土地类型的转移去向和大小;每一类的总和表示研究末期该土地类型的面积总数,每个列值则表示该土地类型的所有转入类型及大小。

1. 中国（含港澳台）

表 2.2 展示中国 1994—2018 年的土地利用类型转移情况。25 年间有超过 46 万 km² 的土地利用/土地覆被类型发生变化。其中，转为灌丛、建设用地和耕地的面积最多，分别为 11.7 万、10.1 万和 9.5 万 km²；灌丛、未利用地、耕地和草地转为其他类型的面积分别为 13 万、11.4 万、9 万和 8.9 万 km²。25 年间中国未利用地数量大幅减少，耕地和草地数量增加，耕地转为建设用地的面积超过 7 万 km²。未利用地转为灌丛的面积为约 6.5 万 km²。林地转为耕地的面积约为 3.7 万 km²。

表 2.2　中国 1994—2018 年土地利用转移矩阵

单位：万 km²

	耕地	林地	草地	灌丛	建设用地	未利用地	水体	转出面积
耕地	—	1.25	0.10	0.38	7.09	0.04	0.09	8.96
林地	3.66	—	0.40	3.28	1.21	0.10	0.25	8.88
草地	0.84	0.27	—	1.37	0.17	0.41	0.06	3.11
灌丛	2.71	3.27	2.08	—	1.45	3.08	0.41	13.00
建设用地	0.00	0.00	0.00	0.00	—	0.00	0.00	0.00
未利用地	2.09	0.25	2.22	6.52	0.10	—	0.21	11.40
水体	0.16	0.08	0.25	0.18	0.09	0.09	—	0.84
转入面积	9.45	5.12	5.05	11.72	10.10	3.72	1.03	46.19

香港特别行政区位于中国南部，北与深圳市相邻，西部为珠江口，南部为珠海市的万山群岛。香港包括香港岛、九龙、新界以及周边的 200 多个岛屿。20 世纪 90 年代时，香港林地面积占陆地面积的 57% 以上，至 2018 年已增长到 63%。表 2.3 给出香港 1994—2018 年土地利用转移情况，有 67.23 km² 其他类型土地转换为建设用地，耕地类型贡献其中 59% 的土地；此外有超过 40 km² 耕地转换为林地。

表 2.3　中国香港 1994—2018 年土地利用转移矩阵

单位：km²

	耕地	林地	草地	灌丛	建设用地	未利用地	水体	转出面积
耕地	—	40.77	0.18	0	39.69	0	0	80.64
林地	1.71	—	0	0	13.14	0	0	14.85
草地	0	0.81	—	0	0.81	0	0	1.62
灌丛	0.54	21.33	0	—	7.92	0	0	29.79
建设用地	0	0	0	0	—	0	0	0
未利用地	0	0	0	0.09	0.36	—	0	0.45
水体	2.88	12.51	0.45	0.36	5.31	0	—	21.51
转入面积	5.13	75.42	0.63	0.45	67.23	0	0	148.86

澳门特别行政区位于珠江三角洲西部，东部为香港特别行政区和深圳特区，西部为广东省珠海市。澳门由三大岛屿组成，分别是澳门半岛、氹仔岛和路环岛。澳门在最近20年城市扩张速度明显，建设用地面积增长快速。经国务院批准，澳门曾先后填海造地3.6 km^2 与 3.98 km^2 用于新城建设，由于澳门面积相对较小，此处选取中国科学院资源环境科学与数据中心30米分辨率土地利用数据两期。表2.4给出澳门两期土地利用转移矩阵，从中可以看出，澳门特别行政区原有耕地转为林地和建设用地，也有部分建设用地经重新规划转为林地和草地等。

表2.4 中国澳门1990—2015年土地利用转移矩阵

单位：m^2

	耕地	林地	草地	水体	建设用地	转出面积
耕地	—	759600	0	0	47700	807300
林地	0	—	0	11700	187200	198900
草地	0	0	—	0	0	0
水体	0	81900	810900	—	3033900	3926700
建设用地	0	373500	391500	40500	—	805500
填海用地	0	51300	0	18000	3816900	3886200
转入面积	0	1266300	1202400	70200	7085700	9624600

台湾地区位于中国大陆（内地）东南方，东部为太平洋，向西与福建省隔台湾海峡相望，向南为菲律宾群岛。台湾岛为中国第一大岛。台湾东部地区森林广布，耕地和城市建设用地集中分布在中部及西北部沿海地区。

对比1994年土地利用/土地覆被情况，发现台湾新增建设用地以西部为主，其中尤以台南和台中地区发展最为迅速。台湾南部地区的高雄市和台南市在25年间新增建设用地面积分别达到255.06 km^2 和189.09 km^2，合计占新增建设用地面积的31.55%；在台湾中部地区，台中市和彰化县各新增建设用地184.32 km^2 和108.09 km^2，合计占20.77%；台湾北部地区则以桃园市、新北市和台北市三市新增建设用地面积为多，合计占19.42%。新增的建设用地使得台北市、新北市与基隆市的连通度增加。各市县发展不均衡，部分地区发展起步晚，呈现出较快的增长速度，如澎湖县、嘉义县、云林县和新竹县，各县年均新增建设用地面积超过30%，其中澎湖县和嘉义县年均新增建设用地分别为131%和105.45%。此外，台湾东部台东县1994年在300 m分辨率下未包含建设用地，而到2018年，建设用地面积达13.68 km^2。如表2.5所示，台湾近25年间建设用地面积增幅最大，达到1408.77 km^2，其中耕地转建设用地面积最多，占总转换面积的88.57%；其次，有570.69 km^2 林地转为耕地，占林地总转出面积的87.57%。

表2.5　中国台湾1994—2018年土地利用转移矩阵

单位：km²

	耕地	林地	草地	灌丛	建设用地	水体	转出面积
耕地	—	18.72	0	0	1247.76	1.62	1268.1
林地	570.69	—	13.32	1.17	64.8	1.71	651.69
草地	0.09	1.26	—	0	88.47	0.81	90.63
灌丛	0	0	0	—	0.72	0	0.72
建设用地	0	0	0	0	—	0	0
水体	44.91	45.9	4.41	0.54	7.02	—	102.78
转入面积	615.69	65.88	17.73	1.71	1408.77	4.14	2113.92

2. 越南

表2.6揭示1994—2018年越南土地利用类型的转移情况。25年间共有9815.43 km²的土地类型发生变化。其中，发生变化类型最多的为林地，转移规模最大的类型为林地转为耕地，达5677.24 km²；有超过2000 km²的耕地转为建设用地；草地向其他类型转换较少，25年间转出面积仅为34.10 km²。

表2.6　越南1994—2018年土地利用转移矩阵

单位：km²

	耕地	林地	草地	灌丛	建设用地	未利用地	水体	转出面积
耕地	—	1228.32	0.15	11.65	2014.51	3.01	80.09	3337.73
林地	5677.24	—	93.36	24.31	95.29	0.54	126.77	6017.52
草地	0.00	24.92	—	0.00	7.64	0.00	1.54	34.10
灌丛	75.85	26.70	0.00	—	31.71	0.00	6.79	141.05
建设用地	0.00	0.00	0.00	0.00	—	0.00	0.00	0.00
未利用地	3.24	0.00	0.00	0.39	0.62	—	0.00	4.24
水体	125.00	77.24	6.64	22.45	49.23	0.23	—	280.79
转入面积	5881.33	1357.18	100.15	58.80	2199.00	3.78	215.20	9815.43

3. 印度尼西亚

表2.7给出印度尼西亚土地利用转移矩阵。1994—2018年，印度尼西亚有34645.22 km²土地改变原有类型。其中，规模最大的类型转换为林地转耕地，面积达到18833.56 km²，占林地总转出面积的73.22%；其次为4451.77 km²的林地转化为草地。而转换为建设用地的土地类型则以耕地为主，面积为3966.82 km²，占转为建设用地面积的71.64%。

表2.7　印度尼西亚1994—2018年土地利用转移矩阵

单位：km²

	耕地	林地	草地	灌丛	建设用地	水体	转出面积
耕地	—	2259.49	8.87	0.00	3966.82	44.06	6279.24
林地	18833.56	—	4451.77	28.63	1196.14	1211.27	25721.37
草地	6.48	67.13	—	0.00	249.54	0.23	323.38
灌丛	0.23	24.92	0.00	—	0.69	0.00	25.85
建设用地	0.00	0.00	0.00	0.00	—	0.00	0.00
水体	291.05	1860.57	20.14	0.00	123.61	—	2295.37
转入面积	19131.33	4212.11	4480.79	28.63	5536.81	1255.56	34645.22

4．马来西亚

表2.8为马来西亚土地利用转移矩阵。1994—2018年，马来西亚有8693.75 km²（占总面积的3.24%）土地改变原有类型。其中，规模最大的类型转换为林地转为耕地，达到4520.06 km²，占林地总转出面积的76.32%；转换为建设用地的土地类型则以耕地为主，面积为1652.85 km²，占转为建设用地面积的81.61%；灌丛的面积几乎未发生变化。

表2.8　马来西亚1994—2018年土地利用转移矩阵

单位：km²

	耕地	林地	草地	灌丛	建设用地	水体	转出面积
耕地	—	644.60	0.00	0.00	1652.85	2.70	2300.15
林地	4520.06	—	164.04	0.15	340.90	897.15	5922.30
草地	0.00	1.23	—	0.00	10.73	0.00	11.96
灌丛	0.00	0.00	0.00	—	0.39	0.00	0.39
建设用地	0.00	0.00	0.00	0.00	—	0.00	0.00
水体	44.98	391.59	2.01	0.00	20.37	—	458.95
转入面积	4565.05	1037.42	166.05	0.15	2025.23	899.85	8693.75

5．文莱

文莱土地利用转移矩阵如表2.9所示。1994—2018年，文莱共有116.59 km²土地发生变化，占到总国土面积的2.42%。其中，共有69.83 km²土地转换为建设用地，转换规模最大的是耕地转为建设用地（54.48 km²），其次是林地转为耕地（18.36 km²）。

表 2.9 文莱 1994—2018 年土地利用转移矩阵

单位：km²

	耕地	林地	草地	建设用地	水体	转出面积
耕地	—	7.18	0.00	54.48	0.00	61.65
林地	18.36	—	0.31	10.88	0.31	29.86
草地	0.00	0.23	—	0.08	0.00	0.31
建设用地	0.00	0.00	0.00	—	0.00	0.00
水体	6.33	13.97	0.08	4.40	—	24.77
转入面积	24.69	21.37	0.39	69.83	0.31	116.59

6. 柬埔寨

1994—2018 年，柬埔寨林地转换面积最多，有超过 7000 km² 转换为耕地，近 1600 km² 转换为草地；建设用地则以耕地的转换为主，面积达 240.59 km²。柬埔寨的土地利用转移矩阵如表 2.10 所示。

表 2.10 柬埔寨 1994—2018 年土地利用转移矩阵

单位：km²

	耕地	林地	草地	灌丛	建设用地	未利用地	水体	转出面积
耕地	—	198.30	4.55	21.45	240.59	1.00	24.92	490.82
林地	7167.44	—	1593.44	136.65	8.49	2.85	105.63	9014.51
草地	0.31	59.18	—	0.00	0.69	0.00	1.08	61.27
灌丛	112.73	21.37	0.23	—	2.55	0.15	3.40	140.43
建设用地	0.00	0.00	0.00	0.00	—	0.00	0.00	0.00
未利用地	0.39	0.00	0.00	0.00	0.08	—	0.85	1.31
水体	2.39	9.72	1.31	0.08	2.62	0.77	—	16.90
转入面积	7283.26	288.58	1599.54	158.18	255.02	4.78	135.88	9725.23

7. 泰国

泰国 1994—2018 年的土地利用转移矩阵如表 2.11 所示，共有 8030.86 km² 土地发生转移。其中，林地转为耕地和耕地转为建设用地是规模最大的转换类型，面积分别为 3672.92 km² 和 2365.74 km²，合计占总转换面积的 75.19%。

表 2.11 泰国 1994—2018 年土地利用转移矩阵

单位：km²

	耕地	林地	草地	灌丛	建设用地	未利用地	水体	转出面积
耕地	—	836.42	0.15	66.20	2365.74	0.00	128.63	3397.15
林地	3672.92	—	37.27	23.92	118.60	0.00	234.80	4087.50

续表 2.11

	耕地	林地	草地	灌丛	建设用地	未利用地	水体	转出面积
草地	0.00	3.70	—	0.00	4.71	0.00	4.86	13.27
灌丛	138.19	14.51	0.23	—	32.56	0.00	50.54	236.03
建设用地	0.00	0.00	0.00	0.00	—	0.00	0.00	0.00
未利用地	0.00	0.00	0.00	0.00	0.62	—	0.00	0.62
水体	72.99	160.88	5.71	29.48	27.24	0.00	—	296.30
转入面积	3884.10	1015.51	43.36	119.60	2549.46	0.00	418.83	8030.86

8. 菲律宾

表 2.12 给出菲律宾 1994—2018 年的土地利用转移矩阵。25 年间共有 3545.29 km² 土地发生转移。其中，有 939.43 km² 耕地转出为建设用地，这一类别占转入建设用地总面积的 85.38%；有 1060.49 km² 林地转为耕地。因此，耕地数量总体上无较大损失。

表 2.12　菲律宾 1994—2018 年土地利用转移矩阵

单位：km²

	耕地	林地	草地	建设用地	水体	转出面积
耕地	—	287.42	0.54	939.43	3.09	1230.48
林地	1060.49	—	87.42	128.78	134.57	1411.27
草地	0.00	2.01	—	6.87	0.00	8.87
建设用地	0.00	0.00	0.00	—	0.00	0.00
水体	95.06	771.45	3.01	25.15	—	894.68
转入面积	1155.56	1060.88	90.97	1100.23	137.65	3545.29

9. 新加坡

表 2.13 给出新加坡 1994—2018 年土地利用转移矩阵。25 年间共有 175.54 km² 的土地类型发生变化。转变为建设用地的面积达到 159.80 km²，占总转换面积的 91.03%。其中，耕地转为建设用地的面积达到了 120.29 km²，是规模最大的转移类型；其次是林地转为建设用地，面积为 34.65 km²，占转入建设用地面积的 21.68%。

表 2.13　新加坡 1994—2018 年土地利用转移矩阵

单位：km²

	耕地	林地	草地	建设用地	水体	转出面积
耕地	—	1.47	0.00	120.29	0.00	121.76
林地	5.48	—	0.00	34.65	0.54	40.66
草地	0.00	0.00	—	0.85	0.00	0.85

续表 2.13

	耕地	林地	草地	建设用地	水体	转出面积
建设用地	0.00	0.00	0.00	—	0.00	0.00
水体	1.93	6.33	0.00	4.01	—	12.27
转入面积	7.41	7.79	0.00	159.80	0.54	175.54

10. 整体土地利用转移特征

将环南海区域各国作为一个整体分析得到表 2.14 的土地利用转移矩阵。耕地转为建设用地是 1994—2018 年间最大的转移类型，面积达到 8.23 万 km²，其中中国贡献度超过 86%；其次是林地转为耕地类型，转移面积为 7.75 万 km²。此外，未利用地的改造与恢复也是重要的土地利用方向，转换为耕地、草地和灌丛的面积分别为 2.09 万 km²、2.22 万 km² 和 6.52 万 km²。

表 2.14 环南海区域 1994—2018 年土地利用转移矩阵

单位：万 km²

	耕地	林地	草地	灌丛	建设用地	未利用地	水体	转出面积
耕地	—	1.79	0.10	0.39	8.23	0.04	0.12	10.68
林地	7.75	—	1.04	3.30	1.40	0.10	0.52	14.11
草地	0.84	0.29	—	1.37	0.19	0.41	0.06	3.16
灌丛	2.75	3.28	2.08	—	1.45	3.08	0.41	13.05
建设用地	0.00	0.00	0.00	0.00	—	0.00	0.00	0.00
未利用地	2.09	0.25	2.22	6.52	0.10	—	0.21	11.40
水体	0.22	0.41	0.25	0.18	0.11	0.09	—	1.27
转入面积	13.65	6.02	5.70	11.76	11.49	3.72	1.33	53.66

相较而言，新加坡建设用地面积占国土面积比重大，从 1994 年的 16.33% 增长到 2018 年的 43.66%；其他国家建设用地占比则普遍低于 2%，如文莱 2018 年建设用地仅占国土面积的 1.70%，中国为 1.44%，柬埔寨仅为 0.21%。在草地面积的变化中，新加坡是唯一出现草地减少的国家，其余国家草地占比均有不同程度的增加。耕地面积新加坡出现大幅减少，所占国土面积比例减少 19.56%；文莱、菲律宾等也有小幅度减少；其他各国的耕地面积占比均有不同程度的增加。

三、结　语

1994—2018 年，环南海区域经济发展迅速，城市建设用地需求量大，不同国家依据自身资源特征，选取适宜发展为城市的用地并将其转换为城市建设用地。

转为新增建设用地的土地类型中，不同国家均以耕地为主要转移类型。具体而言，柬埔寨新增建设用地中有 94.34% 的土地源于耕地；其次是泰国和越南，其占比分别达到 92.79% 和 91.61%。而新增建设用地中耕地转移占比最低的中国，其比例为 70.20%。耕地地势平坦，由耕地转为建设用地较为节约成本，因而被诸多国家付诸实施。

在建设用地利用动态度上，环南海区域各国多有前期增强、后期减弱的趋势。如新加坡在 1994—1998 年城市用地利用动态度为 2.32%，到 1998—2002 年升至 11.11% 的峰值，随后逐年下降，至 2014—2018 年降至历史最低水平 1.55%。

环南海区域各国有着不同的土地利用/覆被空间分布格局，其资源占有水平也存在较大差异。在过去 25 年间，各国建设用地利用动态度多呈现出先增强后减弱的趋势。新加坡和马来西亚在 1998—2002 年间进入快速发展时期，并于 2002 年后开始放缓；中国和文莱随后开始着力发展；柬埔寨、越南、泰国、菲律宾与印度尼西亚等国则是在 2010—2014 年间建设用地利用动态度最高，随后增长速度趋缓。

参考文献

吴琳娜，杨胜天，刘晓燕，等. 1976 年以来北洛河流域土地利用变化对人类活动程度的响应 [J]. 地理学报，2014，69（1）：54-63.

肖建设，乔斌，陈国茜，等. 黄河源区玛多县土地利用和生态系统服务价值的演变 [J]. 生态学报，2020，40（2）：130-141.

周德成，赵淑清，朱超. 退耕还林还草工程对中国北方农牧交错区土地利用/覆被变化的影响：以科尔沁左翼后旗为例 [J]. 地理科学，2012，32（4）.

ERASMI S, ARDIANSYAH M, PROPASTIN P, et al. Spatiotemporal trends of forest cover change in Southeast Asia [C] //Tscharntke T, Leuschner C, Veldkamp E, et al. Tropical rainforests and agroforests under global change: Ecological and socio-economic valuations, Berlin. Heidelberg: Springer, 2010: 269-291.

FOX J, VOGLER J B. Land-use and land-cover change in montane mainland Southeast Asia [J]. Environmental management, 2005, 36 (3): 394-403.

GIRI C, DEFOURNY P, SHRESTHA S. Land cover characterization and mapping of continental Southeast Asia using multi-resolution satellite sensor data [J]. International journal of remote sensing, 2003, 24 (21): 4181-4196.

LIU F, QIN T, GIRMA A, et al. Dynamics of land-use and vegetation change using NDVI and transfer matrix: A case study of the Huaihe River basin [J]. Pol j environ stud, 2019, 28: 213-223.

MIETTINEN J, SHI C, LIEW S C. 2015 Land cover map of Southeast Asia at 250 m spatial resolution [J]. Remote sensing letters, 2016, 7 (7): 701-710.

MIETTINEN J, SHI C, TAN W J, et al. 2010 land cover map of insular Southeast Asia in 250-m spatial resolution [J]. Remote sensing letters, 2012, 3 (1): 11-20.

SANTORO M, KIRCHES G, WEVERS J, et al. Land cover CCI: Product user guide version 2.0 [M]. Climate Change Initiative Belgium, 2017.

ZHAO S, PENG C, JIANG H, et al. 2006. Land use change in Asia and the ecological consequences [J]. Ecological research, 21 (6): 890-896.

（周义，刘珍环）

第三章 环南海区域湿地资源综合概述

一、环南海区域湿地资源

(一) 数据和方法

湿地研究所用数据包括 FROM-GLC 数据、Open Street Map（OSM）河网数据以及 SRTM DEM 高程数据，数据源信息见表 3.1。FROM-GLC 数据是清华大学生产的全球土地覆盖数据产品，空间分辨率为 30 m，全球数据总精度约为 71.5%，研究共收集 2015 年、2017 年 FROM-GLC 数据各 23 幅。OSM 河网数据来自 Geofabrik，它包含全球范围内的水系数据。SRTM DEM 数据来自 http://srtm.csi.cgiar.org/，它是由美国航空航天局和美国国防部国家测绘局以及德国和意大利航天机构联合测量的数据，本研究选取 90 m 分辨率的全球 DEM 数据。

表 3.1 数据源信息

数据名	分辨率	资料来源
FROM-GLC	30 m	http://data.ess.tsinghua.edu.cn/
OSM 河网数据	—	http://download.geofabrik.de/
SRTM DEM	90 m	http://srtm.csi.cgiar.org/

本章对环南海区域（主要是 100 km 海岸带和海岛范围内）2015 年和 2017 年的湿地、河流湿地和近海及海岸湿地进行研究分析。湿地数据直接使用 FROM-GLC 中的"湿地"类别，其定义为"天然或人造，长久或暂时之死水或流水、淡水、微咸或咸水沼泽地、泥炭地或水域，包括低潮时水深不超过 6 m 的海水区"；河流湿地依据陈炜等人湿地细化分类中的定义，即"围绕河流而形成的湿地系统"，提取方法为将 OSM 河网数据中的河流与湿地数据叠合，筛选出河流湿地；依据《全国湿地资源调查与监测技术规程》，近海及海岸湿地的定义为"低潮时水深 6 米以内的海域及其沿岸海水浸湿地带"，提取方法为利用环南海海岸线数据和 DEM 高程信息建立空间缓冲区筛选出近海及海岸湿地。

(二) 环南海区域湿地概况

1. 湿地总体现状

2017 年，环南海区域湿地分布情况见图 3.1，其构成情况见图 3.2。

根据 FROM-GLC 湿地数据，2015 年环南海区域湿地总面积为 4963.39 km^2，占区域总面积（3139728.54 km^2）的 0.16%。不同国家的湿地分布情况和面积差异较大。湿地在印度尼西亚中部地区的海岸带、中国东部沿海、湄公河三角洲和印度尼西亚苏门答腊岛分布较多；印度尼西亚和中国的湿地总面积最大，均在 1500 km² 左右，两者之和占整个研究区湿地总面积的近 60%。

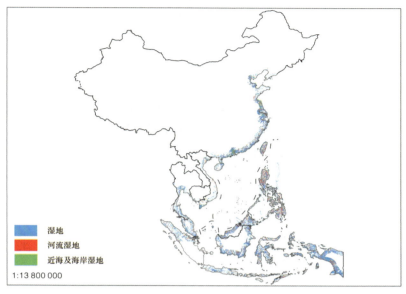

图 3.1　2017 年环南海区域湿地分布情况

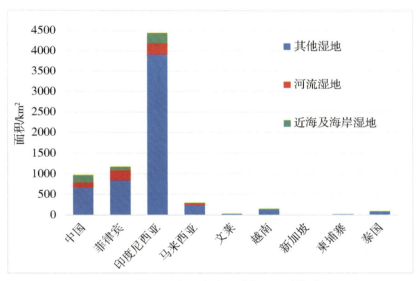

图 3.2　2017 年环南海区域各国湿地构成

2017 年研究区范围内湿地面积总计为 5936.75 km²，占区域总面积的 0.19%，湿地在中国东部沿海、马来西亚沙捞越州、菲律宾和印度尼西亚新几内亚岛和马鲁古群岛分布较多。湿地面积超过 500 km² 的国家有三个，分别是印度尼西亚、菲律宾和中国。其中，印度尼西亚湿地面积将近 4000 km²，约占整个研究区内湿地总面积的 2/3；新加坡湿地面积最小，仅有约 0.93 km²。2017 年环南海区域湿地面积构成情况见图 3.3。

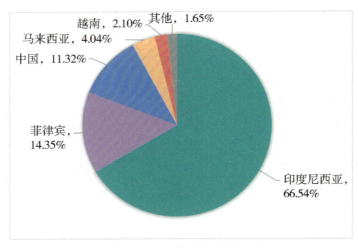

图 3.3 2017 年环南海区域湿地面积构成

资料来源：FROM-GLC 2017。

环南海区域各国湿地面积占该国海岸带总面积的比例见图 3.4。2015 年各国比例的平均值为 0.19%，其中越南和泰国的比例最高，为 0.30%，马来西亚比例最低，约为 0.08%；2017 年各国比例的平均值为 0.14%。其中，菲律宾、印度尼西亚、文莱和新加坡四国的比例超过了均值，而柬埔寨比例最低，仅约 0.02%。

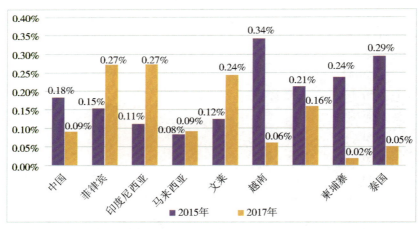

图 3.4 环南海区域各国湿地面积占该国海岸带总面积的比例

2. 河流湿地现状

环南海区域河流湿地呈现零散分布形态，空间上分布不均匀，2015 年在中国江苏沿海地区和湄公河三角洲北部分布较多；2017 年则较多地分布在菲律宾和中国台湾，而南海北部和西部沿岸分布稀少，2017 年河流湿地分布图见图 3.1。

2015 年，环南海区域河流湿地面积为 321.82 km^2，占湿地面积的 6.48%；2017 年，环南海区域湿地中，河流湿地面积为 733.14 km^2，占湿地总面积的 12.35%。不同国家河流湿地面积差异较大，各国河流湿地面积统计情况见图 3.5。

2015 年，环南海区域河流湿地面积最大的国家依次是中国、印度尼西亚、越南和菲律宾，面积均超过了 50 km²；河流湿地面积最小的国家为新加坡，仅约 0.10 km²。2017 年，印度尼西亚、菲律宾河流湿地面积均在 250 km² 以上，而新加坡、柬埔寨两国河流湿地占地面积不足 1 km²。统计显示，印度尼西亚、菲律宾、中国三国的河流湿地就占了研究区河流湿地总面积的 90% 以上。从各国河流湿地占该国湿地的百分比来看，文莱以 34.28% 排名第一，即文莱的湿地中，河流湿地占了很大一部分；泰国、越南和柬埔寨最低，均为 6% 左右。

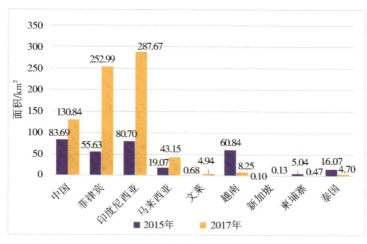

图 3.5　环南海区域各国河流湿地面积

3. 近海及海岸湿地现状

环南海区域近海及海岸湿地空间分布集中，且面积较河流湿地而言较少。2017 年其近海及海岸湿地分布情况见图 3.1。

2015 年，环南海区域湿地中，近海及海岸湿地总面积为 586.42 km²，占湿地总面积的 11.81%；2017 年，近海及海岸湿地总面积为 538.56 km²，占湿地总面积的 9.07%，比河流湿地少了约 1/4。其中，中国广东珠江三角洲以及湄公河三角洲存在大面积的此类湿地集中分布。

环南海区域各国近海及海岸湿地面积统计情况见图 3.6。2015 年，近海及海岸湿地面积排名前三的国家依次为中国、越南和印度尼西亚，面积均超过了 100 km²。与河流湿地类似，环南海区域国家近海及海岸湿地存在空间分布极不均衡现象，中国、越南和印度尼西亚三国近海及海岸湿地占了研究区此类湿地总面积的 87.30%。2017 年，印度尼西亚的近海及海岸湿地面积为 247.95 km²，位列第一，约占此类湿地总面积的一半；中国紧随其后，面积为 172.60 km²。排名前三的国家（印度尼西亚、中国、菲律宾三国）近海及海岸湿地占了研究区内的绝大多数，占 93%。泰国、马来西亚、柬埔寨、文莱、新加坡五国的近海及海岸湿地较为稀少，五国总和约为印度尼西亚的 1/20。中国的近海及海岸湿地面积占中国湿地总面积的 25.99%，位居第一；河流湿地占该国湿地百分比排名最高的文莱，在近海及海岸湿地占比的排名中以 0.63% 位列最后。

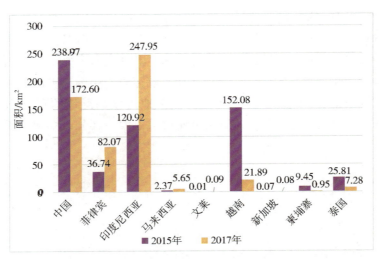

图 3.6　环南海区域各国近海及海岸湿地面积

（三）环南海区域各国家湿地状况

2015 年和 2017 年环南海区域各国湿地面积统计情况见表 3.2。

表 3.2　环南海区域各国湿地面积统计

单位：km²

国家	2015 年			2017 年		
	所有湿地	河流湿地	近海及海岸湿地	所有湿地	河流湿地	近海及海岸湿地
中国	1356.20	83.69	238.97	664.03	130.84	172.60
菲律宾	475.19	55.63	36.74	841.85	252.99	82.07
印度尼西亚	1590.59	80.70	120.92	3903.88	287.67	247.95
马来西亚	213.97	19.07	2.37	236.96	43.15	5.65
文莱	7.39	0.68	0.01	14.41	4.94	0.09
越南	702.83	60.84	152.08	123.34	8.25	21.89
新加坡	1.25	0.10	0.07	0.93	0.13	0.08
柬埔寨	98.20	5.04	9.45	7.79	0.47	0.95
泰国	430.36	16.07	25.81	73.81	4.70	7.28
总计	4875.98	321.82	586.42	5936.75	733.14	538.56

1. 中国（含港澳台）

中国国土辽阔、海岸线绵长，位于南海的北岸，其环南海 100 km 海岸带和海岛面积约占整个研究区的 1/4，是环南海区域的重要组成部分。2015 年及 2017 年，在各国湿地总面积的排名中，中国一直在前三名中。中国南部沿海地区的湿地分布比东部沿海地区多，河流湿地在台湾地区有着较多分布，近海及海岸湿地在广东珠江三角洲存在集中分布。

2015年和2017年，中国大陆（内地）湿地面积分别约为1297 km² 和564 km²，2017年降幅超过50%；两个年份中国大陆（内地）河流湿地都分布较少且面积相近，均在70 km² 左右；两个年份中国大陆（内地）近海及海岸湿地面积较大，分别为236.61 km² 和170.72 km²，分别占该年份中国大陆（内地）湿地总面积的18%和30%。

2015年中国港澳均无湿地；2017年中国澳门无湿地，中国香港湿地面积为0.005 km²，但没有河流湿地和近海及海岸湿地两个类型。2015年，中国台湾海岸带湿地总面积为59.15 km²，河流湿地与近海及海岸湿地面积分别为13.97 km² 和2.36 km²。2017年，中国台湾湿地总面积增至100.14 km²，较2015年增长了近1倍；河流湿地面积也大幅增加，增幅超过3倍；而近海及海岸湿地面积与2015年相比略有减少，面积为1.88 km²。

2. 菲律宾

菲律宾位于南海的东岸，是一个群岛国家，其环南海100 km 海岸带和海岛面积在9个国家中位列第三，两个年份中其湿地面积也保持在前4名内。2015—2017年，菲律宾三类湿地面积均增加，湿地总面积由475.19 km² 增加至841.85 km²，增长了近1倍；菲律宾湿地总面积占整个研究区湿地总面积的百分比也有所增加。

河流湿地是菲律宾湿地的一个主要组成部分，在国家北部分布较为密集，2015年和2017年，菲律宾河流湿地占湿地的比重均在10%以上。2015年，菲律宾河流湿地面积为55.63 km²，在环南海区域9国中排名第四；2017年菲律宾河流湿地面积较2015年有大幅增加，增加了将近4倍，占研究区河流湿地的比重高达34.51%，在9国中排名第二，且与第一名印度尼西亚相差不多。

近海及海岸湿地是菲律宾湿地的一个重要组成部分，2015年和2017年菲律宾河流湿地面积均约占所有湿地的10%。两个年份中，菲律宾近海及海岸湿地的面积均少于同年份的河流湿地面积；其中2017年差距最大，此年份菲律宾河流湿地面积是其近海及海岸湿地的3倍。

3. 印度尼西亚

作为全世界最大的群岛国家，印度尼西亚的环南海100 km 海岸带和海岛面积在9国中排名第一，占了研究区总面积的一半左右，超过第二名中国将近1倍。2015年和2017年，印度尼西亚的湿地总面积保持在第一，但两个年份有明显差异。2017年，印度尼西亚湿地总面积为3904 km²，较2015的1591 km²，增长了约60%；2017年印度尼西亚湿地总面积占整个研究区湿地总面积的比重同样较大，约为2/3，而2015年仅占1/3左右。

印度尼西亚湿地分布广泛，其中，中部的加里曼丹岛和东部的伊里安岛海岸带湿地分布较为集中；河流湿地在各个地区分布零散、均匀；近海及海岸湿地分布更为细碎，无大面积集中分布。2015年和2017年，印度尼西亚河流湿地和近海及海岸湿地占该国所有湿地的比重均在5%至10%之间。研究时间范围内，印度尼西亚河流湿地和近海及海岸湿地的变化趋势相似且面积相近。2015年，印度尼西亚河流湿地和近海及海岸湿地的面积分别为80.70 km² 和120.92 km²，在环南海区域9国中的排名分别为第二、第三，两类湿地面积均占研究区对应类别湿地总面积的20%左右。2017年，印度尼西亚河流湿地和近海及海岸湿地的面积较 2015 年有显著增加，两类湿地在 9 国中的排名也都上升至第一，两类湿地面积各自在研究区该类别湿地面积中所占比重也均增长了 1 倍左右。此外，2017年，印度尼西亚的河流湿地面积超过了近海及海岸湿地面积。

4. 马来西亚

马来西亚的国土被南海分隔成两部分，环南海海岸带与海岛的面积约为 26 万 km^2，在环南海区域 9 国中排名第四，面积占比约 8%。东马来西亚的湿地面积多于西马来西亚，河流湿地分布均匀，近海及海岸湿地分布极少。研究时间范围内，马来西亚湿地总面积属于中间梯队，2015 年和 2017 两年湿地总面积相近，均为 200 多 km^2。

河流湿地是马来西亚湿地的重要组成部分，2015 年和 2017 年河流湿地占马来西亚湿地的比重分别为 9% 和 18%。两个年份中，马来西亚近海及海岸湿地的面积都小于河流湿地的面积，近海及海岸湿地在马来西亚湿地中所占比重都在 3% 以下且面积小于 10 km^2；其中，2015 年占比仅 1.11%，面积仅 2.37 km^2，在 9 国此类湿地总面积中仅占 0.40%，排名第 7。

5. 文莱

文莱位于南海的南岸，与马来西亚接壤，国土面积在环南海区域 9 国中排名倒数第二，全境均在研究区范围之内。与国土面积相应，文莱的各类湿地面积也相对较小，其湿地总面积在 9 国中一直位列最后一个梯队，均属最后三位。2015 年文莱湿地总面积最小，仅有 7.39 km^2，占该年研究区湿地总面积的 0.15%，占文莱国土总面积的 0.12%。

河流湿地是文莱湿地的一个重要组成部分，2017 年文莱河流湿地面积较 2015 年有大幅增加，但也仅为 4.94 km^2。2015 年和 2017 年，文莱近海及海岸湿地面积均不足 0.1 km^2，占文莱湿地总面积的比重均不足 1%。文莱的河流湿地和近海及海岸湿地面积各自在研究区该年此类湿地面积所占比重均小于 0.1%，排名同样靠后，除 2017 年的河流湿地排名第六，其余均排在最末两位。

6. 越南

越南国土狭长、紧邻南海，海岸带长约 3260 km，环南海 100 km 海岸带面积约为 20 万 km^2，在环南海区域 9 国中位列第五。2015 年越南湿地总面积为 702.83 km^2，到 2017 年骤降至 123.34 km^2。2015 年越南湿地面积占整个研究区湿地总面积的百分比较高，约为 14%，在 9 国中排名第三。

越南河流湿地分布零星，近海及海岸湿地分布集中，且集中于最南端的金瓯省。2015年至 2017 年，越南两类湿地面积均大幅减少，且河流湿地的面积均小于近海及海岸湿地的面积。2015 年越南两类湿地面积在研究区对应湿地中占比较大，分别为 18.90% 和 25.93%，在 9 国中分别排名第三和第二。

7. 新加坡

岛国新加坡国土面积为 719 平方公里，是环南海区域 9 国中面积最小的国家；倒数第二的文莱的国土面积是新加坡的 8 倍。2015 年和 2017 年，新加坡的湿地面积一直位居最后，不同年份差异不大，均为个位数，2017年不足1 km²。

湿地面积最小的新加坡，对应河流湿地与近海及海岸湿地的面积也都很小，在9国中基本都排在最末位。2015年至2017年，与湿地面积略有减少的趋势不同，新加坡河流湿地和近海及海岸湿地的面积均略有增加。

8. 柬埔寨

柬埔寨与环南海区域9国中的泰国和越南接壤，西南部与南海相邻，环南海100 km海岸带和海岛面积约为4.14万平方公里（占该国国土总面积的22.87%），在9国中排列第7。2015—2017年，柬埔寨湿地面积也一直属于最后三位。2015年柬埔寨湿地面积为98.2 km²，2017年下降至7.79 km²，降幅约92%。2015年，柬埔寨湿地面积占整个研究区湿地总面积的比重接近2%；2017年明显降低，仅占0.13%。

2015年，柬埔寨河流湿地和近海及海岸湿地面积均在5～10 km²之间，而2017年均下降至不到1 km²。两个年份，柬埔寨两类湿地面积在9国中的排名基本稳定在第七。

9. 泰国

泰国南部的狭长半岛与南海相邻，位于南海西岸，其环南海100 km海岸带和海岛面积约为14.60万平方公里，在环南海区域9国中排名第六。泰国的东南部沿海地区湿地分布较为集中。2015年和2017年，泰国湿地面积都排在第六左右。2015年泰国湿地面积为430.36 km²，占9国湿地面积的比重约为8.83%；2017年面积大幅下降，降至73.81 km²，仅占该国海岸带总面积的0.05%，占9国湿地面积的比例约为1.24%。

泰国河流湿地面积较小，两个年份都在20 km²以下，且河流湿地在泰国湿地中占比较小，均不到10%。同样，泰国近海及海岸湿地面积在泰国湿地总面积中占比也不大，两年都未达到10%。

二、海岸带和海岛净初级生产力

（一）数据和方法

海岸带和海岛净初级生产力分析所采用的数据为MOD17A3HGF数据产品[①]。该产品为全球植被生态系统净初级生产力（Net Primary Productivity，NPP）年数据产品，空间分辨率为0.05°，单位为kg/（m²·a），年限为2000—2017年，数据格式为tif，经转换得到投影为WGS84的GeoTiff文件，并截取环南海区域9国数据进行研究。本数据产品由美国国家航空航天局（National Aeronautics and Space Administration，NASA）使用中分辨率成像光谱仪（Moderate-resolution Imaging Spectroradiometer，MODIS）进行观测，由修正EC-LUE模型（Revised Eddy Covariance-Light Use Efficiency model）对观测数据进行拟合与验证后，获取8天光合作用净产能（Net Photosynthesis）数据产品，消除较差的叶面积指数（Leaf Area Index）和有效光合辐射分数（Fraction of Photosynthetically Active Radiation）输

---

① https://developers.google.com/earth-engine/datasets/catalog/MODIS_006_MOD17A3HGF.

入，用线性插值补充缺失数据后逐年合成得到。

采用 ArcGIS 预处理图像数据和制作地图，采用 MATLAB 和 Excel 计算、整理和分析 2000—2017 年研究区 NPP 数据。使用最小二乘法线性回归各国家（区域）各年份的 NPP 值，并计算各国家（区域）变化的线性系数。

（二）环南海区域各国家（区域）海岸带和海岛净初级生产力概况

NPP 为植被光合作用产能减去呼吸作用消耗得来，代表植被积累有机物的能力。NPP 受当地植被覆盖、土地利用和气候条件等因素影响，而人类活动会造成土地利用的变化（耕地面积更改、城市化等）。下面将分析 2000—2017 年环南海区域各国家（区域）的 NPP 总体情况、变化特点和变化趋势。采用 $g/(m^2 \cdot a)$ 作为 NPP 的单位，其意义是每平方米陆地上的植被一年生产有机物中碳含量的质量。

统计结果显示，2017 年南海区域 NPP 平均值为 504.19$g/(m^2 \cdot a)$，南海区域植被生产碳共 658167 亿吨。2017 年的 NPP 分布情况如图 3.7 所示。北纬 30 度以南，NPP 有显著提升。NPP 较低的主要为内陆和高海拔区域，以及部分低海拔的城市。与陆地面积居多的中国和中南半岛各国相比，菲律宾、印度尼西亚等主要陆地面积在岛屿上的国家有较高的 NPP，大部分区域 NPP 都大于 900$g/(m^2 \cdot a)$。在陆地东面且朝向赤道的海岸区域有明显的低 NPP 条带，而在陆地西面的海岸区域没有这种现象。2000 年的 NPP 分布情况如图 3.8 所示。与 2017 年相比，2000 年环南海区域各地的 NPP 普遍较小，低 NPP 区域分布更广。

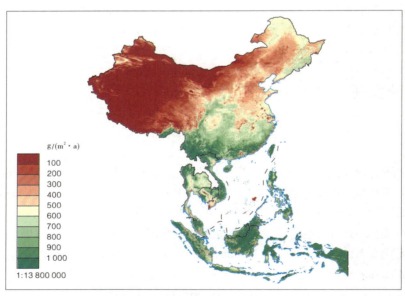

图 3.7　2017 年环南海区域 NPP 分布情况

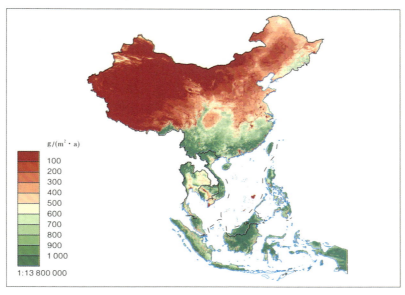

图 3.8 2000 年环南海区域 NPP 分布情况

（三）环南海区域各国家（区域）海岸带和海岛净初级生产力变化状况分析

1. NPP 变化总体状况

环南海区域 NPP 变化不规则且有波动，整体呈上升趋势（图 3.9）。几次比较显著的波动发生在 2001 年、2015 年和 2017 年。南海区域 NPP 平均值在 450～505 g/（m²·a）之间。

图 3.10 和表 3.3 为 2000—2017 年环南海区域 NPP 变化地域差异的全局展示。与 2000 年相比，2017 年环南海区域大部分陆地的 NPP 都有增长，两个主要增长区为黄河中下游流域和赤道附近区域；主要减少区域为越南北部、青藏高原东南部和婆罗洲西北部。青藏高原东南部和赤道周边的 NPP 较高，其变化幅度不如黄河流域和中国东北地区。NPP 变化最大的国家为中国、菲律宾和越南。印度尼西亚和菲律宾 NPP 变化的绝对值最大，都接近 6g/（m²·a）；马来西亚、新加坡、泰国和越南的 NPP 变化值在 0～1 g/（m²·a）的范围之间。在 18 个年份的数据中，中国澳门的 NPP 均为 0。

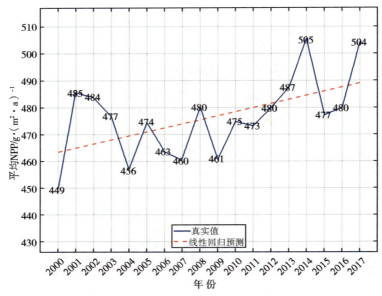

图 3.9　2000—2017 年环南海区域植被 NPP 年平均值变化曲线

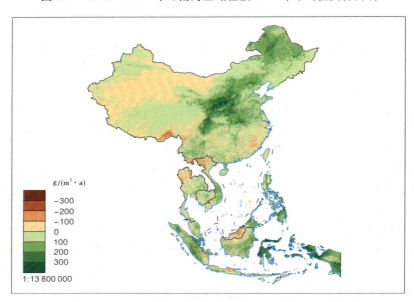

图 3.10　2000—2017 年环南海区域 NPP 总变化量

表 3.3　2000—2017 年环南海各国家（地区）NPP 变化概况

单位：g/(m²·a)

国家（地区）	年平均 NPP（2000 年）	年平均 NPP（2017 年）	年平均 NPP 平均变化量	年平均 NPP 总变化比例
中国大陆（内地）	304.17	354.04	+2.93	+16.40%
中国香港	258.08	267.32	+0.54	+3.58%

续表3.3

国家（地区）	年平均NPP（2000年）	年平均NPP（2017年）	年平均NPP平均变化量	年平均NPP总变化比例
中国澳门	0	0	—	—
中国台湾	989.59	994.77	+0.30	+0.52%
文莱	1137.87	1088.07	-2.93	-4.38%
柬埔寨	754.69	794.7	+2.35	+5.30%
印度尼西亚	851.96	953.97	+6.00	+11.97%
马来西亚	959.83	973.54	+0.81	+1.43%
菲律宾	664.19	762.27	+5.77	+14.77%
新加坡	155.42	163.1	+0.45	+4.94%
泰国	743.74	758.13	+0.85	+1.93%
越南	898.32	909.29	+0.65	+1.22%

资料来源：自制。

环南海区域各国的NPP变化情况大致可以分为三种类型：中国、中南半岛各国和各岛国。中国内陆面积广阔，低NPP区域面积较大，NPP增长的主要区域也在内陆。中南半岛各国（柬埔寨、泰国、越南等）的NPP分布受地形和河流影响较明显，三角洲、平原及部分河流流域的NPP较低，NPP的主要变化也位于这些区域。各岛国或海岛区域面积较大的国家（马来西亚、印度尼西亚、菲律宾等）的NPP水平高，一般大于800g/（m^2·a）。这些国家NPP波动幅度大，波动次数多。

2. 各国家（区域）NPP变化状况分析

（1）中国（含港澳台）。

中国大陆（内地）2017年植被积累碳总量为355068亿吨，占南海区域生产碳总量的50.9%。中国大陆（内地）的NPP增长的线性系数高达0.91，说明中国大陆（内地）的NPP增长情况很稳定。在2001年，中国大陆（内地）年平均NPP有一次涨幅达6%的较大增长。中国大陆（内地）的NPP变化被2003—2004年连续两年和2009年、2013年三个下降期分割为2004—2008年、2009—2010年、2013—2017年三个缓慢增长期和2000—2002年的迅速增长期（图3.11）。

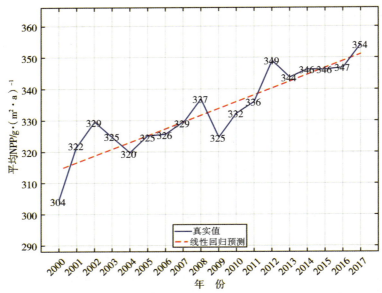

图 3.11　2000—2017 年中国大陆（内地）植被 NPP 年平均值变化曲线

中国大陆（内地）NPP 单年的最大增长在 2001 年，增量达 17.65 g/（m²·a），增长 5.8%。在 2000 年，中国年平均 NPP 较大的区域主要在长江流域以南；东三省朝海的区域 NPP 比周边高，四川盆地 NPP 显著比四周低。随时间变化，高 NPP 区域逐渐向北推进；四川盆地的 NPP 有显著增加；在内蒙古东侧出现了一条较为明显的西南—东北朝向的条带形增长区域。

如图 3.12 所示，中国香港的年平均 NPP 变化总体上没有显著的变化趋势，维持在 235～274 g/（m²·a）的范围内。

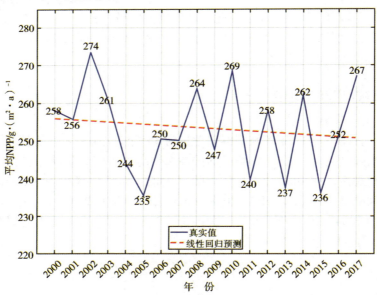

图 3.12　2000—2017 年中国香港植被 NPP 年平均值变化曲线

中国台湾的 NPP 从 2000 年到 2003 年处于稳步增长期（图 3.13），由 990 g/（m²·a）增加至 1051 g/（m²·a）；之后迅速下降，在 2004—2007 年、2009—2012 年、2015—2016 年

形成三个低谷期，在 2008 年、2014 两年出现峰值，低谷与高峰之间的差值分别为 111、68 和 111 g/（m²·a），2003 年、2008 年和 2014 三年的平均 NPP 分别为 1051、1050 和 1040 g/（m²·a），比例变化最高能达到 ±10%。中国台湾年平均 NPP 变化的线性相关系数为 -0.21，增加或减少的趋势不明显。中国台湾的 NPP 变化主要发生在中部，在雪山山脉和玉山山脉处最为明显；西岸的平地区域 NPP 较低，且无显著变化。

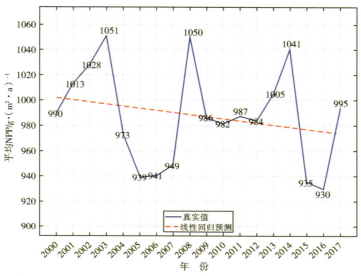

图 3.13　2000—2017 年中国台湾植被 NPP 年平均值变化曲线

（2）菲律宾。

菲律宾的 NPP 分布在 700 g/（m²·a）左右，在部分年份有大于 50 g/（m²·a）的波动（图 3.14）。2014 年 NPP 达到 814 g/（m²·a），变化量为 +115 g/（m²·a）。菲律宾的 NPP 无显著的增加或减少趋势。菲律宾 NPP 的波动在民都洛岛、吕宋岛和东部、南部各岛屿上，棉兰老岛和东侧各岛屿的 NPP 变化量最高可达 300 g/（m²·a）。

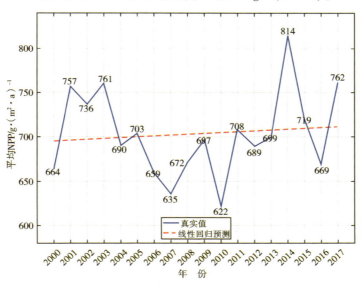

图 3.14　2000—2017 年菲律宾植被 NPP 年平均值变化曲线

(3) 印度尼西亚。

印度尼西亚最高年平均 NPP 为 2014 年的 1001 g/(m²·a)，最低为 2007 年的 832 g/(m²·a)（图 3.15）。印度尼西亚 NPP 没有显著的增加/减少趋势，在研究时间段中以 880 g/(m²·a) 为中轴上下小规模波动，其间有 2001 年、2013—2014 年和 2017 年三次较为显著的增长，前两次涨幅均大于 120 g/(m²·a)。虽然印度尼西亚 NPP 在 2012—2014 年的涨幅是环南海区域各国最大涨幅之一，但是大部分岛屿的总体格局没有显著变化，仅有苏门答腊岛东部的 NPP 有显著增加。

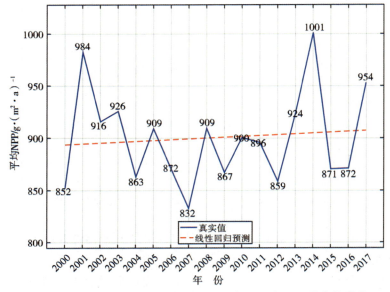

图 3.15　2000—2017 年印度尼西亚植被 NPP 年平均值变化曲线

(4) 马来西亚。

如图 3.16 所示，马来西亚 NPP 的最大值出现在 2001 年，达到 1127 g/(m²·a)；随后逐渐下降，直到 2007 年的 884 g/(m²·a)。之后马来西亚 NPP 变化呈波浪形，于 2009 年、2014 年达到高点，分别为 1005 和 1041 g/(m²·a)；2011 年、2016 年达到低点，分别为 884、898 g/(m²·a)。马来西亚 NPP 的线性系数为 -0.40，主要是因为 2001 年到 2007 年的剧烈减少，并且减少之后也未曾恢复至 2001 年的水平。马来西亚位于婆罗洲上的区域 NPP 分布情况为由中心的高 NPP 区域向东西两个方向辐散，中心的 NPP 高于 1300 g/(m²·a)，而靠近海岸的区域 NPP 为 700～900 g/(m²·a)。在 NPP 减少时，东西两侧海岸的 NPP 减少，NPP 较低的区域向中心侵蚀；部分 NPP 为 0 的区域几乎不会发生变化。马来西亚位于马来半岛上的区域 NPP 的变化于东部最为显著，一年最高的变化量可达 300 g/(m²·a)；中部、西部的高 NPP 区域和东南部的低 NPP 斑块状区域变化较小。

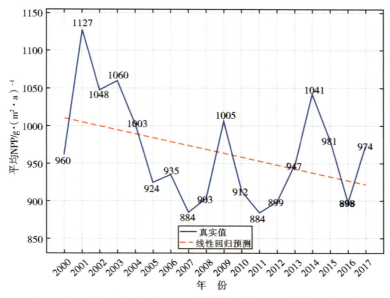

图 3.16 2000—2017 年马来西亚植被 NPP 年平均值变化曲线

（5）文莱。

如图 3.17 所示，文莱的 NPP 在 2001 年有一次较大增长，达到 1335 g/（m²·a），随后于 2002 年降至 1232 g/（m²·a）。2005 年文莱的 NPP 发生了一次 185 g/（m²·a）、15% 的降幅，随后的 12 年间维持在 1100 g/（m²·a）左右的水平，在 2009 年、2015 年两次骤增至超过 1180 g/（m²·a）。文莱 NPP 变化的线性系数为 −0.54，整体上表现为下降趋势，2005 年后的平均 NPP 水平也低于 2000 年的 1138 g/（m²·a）。文莱在 2001 年时大部分地区的 NPP 都超过了 1300 g/（m²·a）；在 2005 年之后，高 NPP 区域的 NPP 水平从东部的 1300 g/（m²·a）逐渐向西减少至 1000 g/（m²·a）。

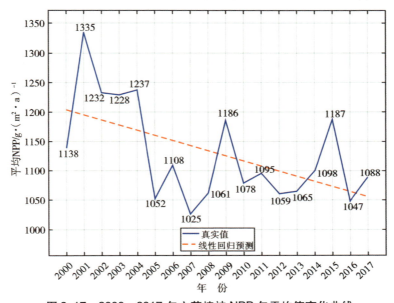

图 3.17 2000—2017 年文莱植被 NPP 年平均值变化曲线

(6) 越南。

如图3.18所示，越南NPP在2002年增加至928 g/（m²·a）后，在2004年降至800 g/（m²·a），并在2005年增至910 g/（m²·a）。在2006年到2011年的区间内NPP经历过数次围绕840 g/（m²·a）、最大幅度约为80 g/（m²·a）的变化。2011年从838 g/（m²·a)稳步增加至2014年的880 g/（m²·a）。随后经过一次下降后，2017年增至909 g/（m²·a），接近2002年的最高值。越南NPP在2002年到2011年之间的波动中总体呈下降趋势。

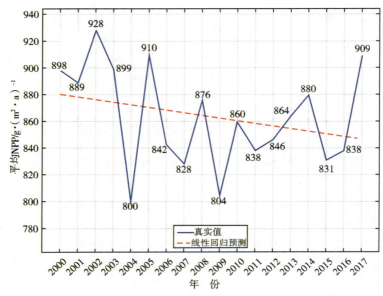

图3.18　2000—2017年越南植被NPP年平均值变化曲线

越南的平均NPP在海拔相对较低的区域变化显著，且发生变化的各区域的变化量比较平均。

(7) 新加坡。

新加坡平均NPP变化的线性系数为－0.51，呈下降趋势。如图3.19所示，新加坡NPP于2001年短暂增长了约40 g/（m²·a）达到顶峰196 g/（m²·a）后，一路降至2012的134 g/（m²·a）；之后的5年在130～175 g/（m²·a）之间波动。与其他国家（区域）相比，新加坡的变化幅度极小。东部的高NPP区域变化量较大，其他大部分区域都稳定处于低NPP状态。

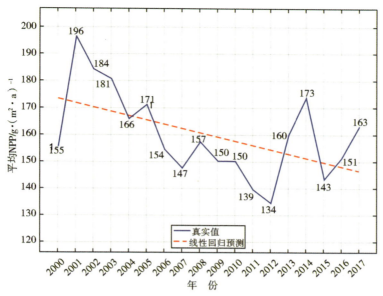

图 3.19　2000—2017 年新加坡植被 NPP 年平均值变化曲线

（8）柬埔寨。

2000—2014 年间柬埔寨平均 NPP 大部分年份在 690～790 g/（m²·a）之间波动（图 3.20），2004 年、2009 年和 2015 年这三年是三个低点，均未超过 640 g/（m²·a）。在 2016 年和 2017 年，柬埔寨 NPP 到达了高于 790 g/（m²·a）的水平。柬埔寨的洞里萨湖及其下游周边区域和与洞里萨湖交汇前的湄公河西岸变化最为显著。在柬埔寨西南角及东部的数个高 NPP 区域也会扩张或收缩。

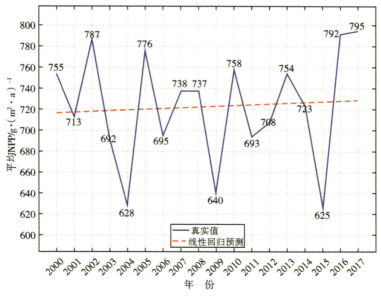

图 3.20　2000—2017 年柬埔寨植被 NPP 年平均值变化曲线

(9) 泰国。

泰国年平均 NPP 变化曲线见图 3.21，泰国的平均 NPP 在 650 g/（m²·a）和 790 g/（m²·a）之间波动，大部分波动幅度在 80～100 g/（m²·a）之间；最高值和最低值分别为 2002 年的 788 g/（m²·a）和 2009 年的 655 g/（m²·a）。泰国 NPP 没有明显的增加或减少趋势，其变化主要反映在各海拔偏低、NPP 低于 800 g/（m²·a）的区域，而各高海拔、高 NPP 的区域不容易变化。

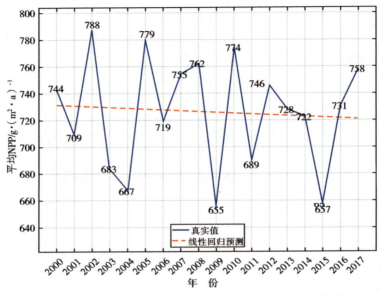

图 3.21 2000—2017 年泰国植被 NPP 年平均值变化曲线

三、结　语

本章对环南海区域湿地资源进行了概述。第一部分基于全球地表覆盖数据，结合河网数据与高程数据，对环南海区域湿地资源进行统计和分析。结果显示，环南海区域 100 km 范围海岸带和海岛湿地空间分布不均匀，不同国家湿地面积差异大；河流湿地空间分布零散，而近海及海岸湿地空间分布集中。第二部分对 2000—2017 年环南海区域 NPP 分布和变化情况进行了分析，使用的数据为 MODIS MOD17A3HGF 数据产品，采用了线性回归的方法辅助分析。通过分析发现，南海各国的 NPP 分布情况和变化模式存在较大差异。从环南海区域各国的统计结果来看，NPP 分布和变化与地形、纬度、海陆位置等因素相关。一般来说，海拔较高、纬度较低或四面环海的区域 NPP 水平较高，NPP 变化幅度大；发展程度较高、海拔较低的区域 NPP 水平较低，NPP 变化幅度小。

参考文献

曹玲玲, 张秋文. 基于 SRTM 的数字河网提取及其应用 [J]. 人民长江, 2007（8）: 150-152.
陈炜, 陈利军, 陈军, 等. GlobeLand30 湿地细化分类研究 [J]. 测绘通报, 2017（10）: 23-28.
杜文丽, 孙少波, 吴云涛, 等. 1980—2013 年中国陆地生态系统总初级生产力对干旱的响应特征 [J].

生态学杂志，2020，39（1）：23－35.

高志强，刘纪远，曹明奎，等. 土地利用和气候变化对区域净初级生产力的影响［J］. 地理学报，2004（4）：581－591.

宫鹏，牛振国，程晓，等. 中国1990和2000基准年湿地变化遥感［J］. 中国科学：地球科学，2010，40（6）：768－775.

郭鸿飞. F检验法和T检验法在方法验证过程中的应用探究［J］. 山西冶金，2019，42（4）：114－116.

李登科，王钊. 基于MOD17A3的中国陆地植被NPP变化特征分析［J］. 生态环境学报，2018，27（3）：397－405.

刘旻霞，焦骄，潘竟虎，等. 青海省植被净初级生产力（NPP）时空格局变化及其驱动因素［J］. 生态学报，2020，40（15）：5306－5317.

刘洋洋，王倩，杨悦，等. 黄土高原草地净初级生产力时空动态及其影响因素［J］. 应用生态学报，2019，30（7）：2309－2319.

徐勇. 中国海岸城市带的形成与发展规划：兼论其地缘战略与文化意义［J］. 战略与管理，2000（2）：16－26.

颜凤芹. 三江平原植被净初级生产力时空变化及其影响因素分析［D］. 长春：中国科学院大学（中国科学院东北地理与农业生态研究所），2017.

育彬. 世界最大的群岛国家：印度尼西亚［J］. 世界知识，1980（16）：13－15.

曾慧卿，刘琪璟，冯宗炜，等. 基于BIOME－BGC模型的红壤丘陵区湿地松（Pinus elliottii）人工林GPP和NPP［J］. 生态学报，2008（11）：5314－5321.

张坤，刘乃文，高帅，等. 数据驱动的植被总初级生产力估算方法研究［J］. 遥感技术与应用，2020，35（4）：943－949.

张仁平，郭靖，张云玲. 新疆草地净初级生产力（NPP）空间分布格局及其对气候变化的响应［J］. 生态学报，2020，40（15）：5318－5326.

GONG P, WANG J, YU L, et al. Finer resolution observation and monitoring of global land cover: First mapping results with Landsat Tm and ETM + Data ［J］. International journal of remote sensing, 2013, 34（7）：2607－2654.

RUNNING S, MU Q, ZHAO M. MOD17A2H MODIS/Terra gross primary productivity 8-day L4 Global 500m SIN Grid V006 ［Data set］. NASA EOSDIS Land Processes DAAC 2015.

RUNNING S, ZHAO M. MOD17A3HGF MODIS/Terra net primary production gap-filled yearly L4 Global 500m SIN Grid V006 ［Data set］. NASA EOSDIS Land Processes DAAC 2015.

TAO J, MISHRA D R, COTTEN D L, et al. A comparison between the MODIS product (MOD17A2) and a tide-robust empirical GPP model evaluated in a Georgia Wetland ［J］. Remote Sensing of Environment, 2018, 10（11）.

VEETTIL B K, COSTI J, MARQUES W C, et al. Coastal environmental changes in Southeast Asia: A study from Quang Nam Province, Central Vietnam ［J］. Regional Studies in Marine Science, 2020, 39：101420.

YUAN W, LIU S, ZHOU G, et al. Deriving a light use efficiency model from eddy covariance flux data for predicting daily gross primary production across biomes ［J］. Agricultural and Forest Meteorology, 2006, 143（3）：189－207.

（李心媛，沈乾辉，李恒利，贺智）

第四章　环南海区域生态可持续发展概述

一、海岸带和海岛可持续发展的国内外研究进展

为了解决人类社会面临的人口膨胀、资源短缺、环境污染等区域问题，合理评估海岸带的各种资源和可持续发展是重要一环。目前，环南海区域海岸带和海岛自然资源的综合评价研究还不多，相关综合评价的理论计算框架仍处于探索阶段。近年来，国内外学者开发了时间序列分析、多元统计分析、系统动力学模型、模糊综合评价等多种方法，应用到海洋可持续发展评价过程中；同时，根据研究区域的不同特点，对评估方法进行了有效改进和综合运用。

（一）生态可持续发展的国内研究进展

国内学者已经在构建海岸带和海岛的生态可持续发展指标体系、开发不同的多判据评价方法、具体区域的案例化研究等方面，开展了一定的研究。例如，骆永明分析了影响我国海岸带可持续发展的十大生态环境问题，并以国际海岸带陆海相互作用计划及国际未来地球海岸计划为背景综述了国际海岸带科学研究进展与趋势。姚佳等采用指标重要值的方法确定了海岸带生态安全评估指标的重要性程度，基于"驱动力—压力—状态—响应"概念框架模型，提出海岸带生态安全评估的指标体系框架。张晓昱等选取连云港沿海3个县区为评价单元，以邻近海域为评价对象，通过对岸线、海域开发强度、渔业资源综合承载指数、海洋功能区水质达标率、海洋生态承载指数、无居民海岛开发强度和生态状况等7项指标测算，开展海域空间资源、海洋渔业资源、海洋生态环境和海岛资源环境四项要素的基础评价和综合承载类型的评级。魏虎进等构建了大亚湾滩涂资源环境承载力的指标体系，包括4个层次14个指标，对大亚湾滩涂区域的资源环境承载能力进行了评估。关道明等将县级行政区所辖海域的海洋资源环境划分为"超载""临界超载"和"不超载"3种类型，评价了京津冀地区中河北和天津县级行政区所辖海域的海洋资源环境承载能力预警等级。

（二）生态可持续发展的国外研究进展

国外学者在海岸带和海岛的生态可持续发展综合评价方面也取得了一定进展。例如，Nguyen等采用层次分析法（AHP）和GIS对16个指标进行评估和空间映射，评估了越南中北部沿海地区的顺化省及其最大的河流系统香水河的生态环境脆弱性，将其分为6个水平。He等以沿海矿业城市龙口市为例，结合层次分析法和GIS的模型，评价区域地质生态环境质量，将其分为5个水平。Wang等结合GIS技术和AHP方法，对杭州湾生态环境

敏感性和环境灾害风险进行评估，获得了生态红线区域。Pourebrahim 等以吉隆坡特大城市沿海地区为案例，采用集成程度分析和模糊 TOPSIS 确定最重要策略和替代方案的相似度，使用 AHP 比较确定标准的权重，计算了 3 个类别中的 17 个标准，评估了 6 个替代性沿海地区保护地点。Chang 等通过 AHP 方法确定 3 个主要标准（工程安全、生态和沿海景观）及其子标准的权重，通过 TOPSIS 方法对台湾苗栗海岸的 22 个区段进行了环境保护优先级排名。

（三）进展小结

总之，海岸带和海岛生态可持续发展的国内外研究尚不够完善，特别是相关指标的分类和选取没有统一标准可以获取，相关综合评估方法体系尚不成熟，特别是针对环南海区域海岸带和海岛的生态可持续发展的综合评估还较少看到报道。

二、生态可持续发展指标体系

我们构建了环南海区域海岸带和海岛的生态可持续发展指标体系。在候选的可持续发展指标体系中，基于数据的可获取性，选择了生态、社会经济和灾害等 3 个一级指标下的 5 个代表性二级指标（表 4.1）。我们分别收集了遥感、再分析和模拟数据，制作了环南海区域 4 年的单个二级指标的变化。

表 4.1　环南海区域生态可持续发展评估指标体系

一级指标	二级指标	单位	来源
生态	生态系统总初级生产力	g/（m^2·a）	GLASS 数据集
社会经济	夜间灯光指数		资源环境科学与数据中心
	人口密度	人/km^2	WorldPOP 数据集
	各国人均 GDP	美元	快易理财网
灾害	高温天数	天	再分析气象数据 ECMWF 中的 ERA-Interim

（一）生态指标

图 4.1 展示了环南海区域 4 年的生态系统总初级生产力的变化。2000—2005 年，大部分地区的生态系统总初级生产力（GPP）都有一定程度的减少；2005—2010 年，马来西亚半岛 GPP 增长明显，加里曼丹岛上印度尼西亚东北地区也有大幅增加；2010—2015 年，除了印度尼西亚的部分地区 GPP 有小幅度增加外，其余地区变化均不明显。GPP 主要受二氧化碳浓度、气候变化、土地覆盖变化以及其他干扰等多种因素的影响，且不同因子对 GPP 的影响程度存在很大差异。环南海区域绝大部分处于热带地区，自然植被类型以常绿阔叶林为主，植被生长环境水热条件充足，故 GPP 受自然环境影响相对较小，主要受人为因素的干涉。2000—2005 年，除越南、菲律宾森林覆盖面积略有增加，新加坡

森林覆盖面积不变外，环南海区域其他国家的森林面积均有一定程度的减小，这是导致2000—2005年环南海区域内GPP减少的主要原因；自2006年以来，老挝、马来西亚、缅甸、菲律宾、泰国和越南建立了新的保护区，这些举措使得森林覆盖年减少率逐渐降低，GPP也略有回升。

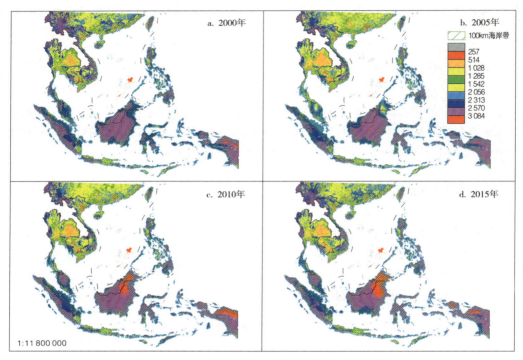

图4.1 环南海区域生态系统总初级生产力指标

资料来源于：http://www.glass.umd.edu/Download.html.

（二）生态指标社会经济指标

1. 夜间灯光指数

图4.2展示了环南海区域夜间灯光指数的变化。夜间灯光指数一方面直接反映着当地的工业化水平和城市化水平，另一方面也反映着一个地区人口集中分布情况。2000—2005年，夜间灯光指数变化极其不明显，这说明该地区在此期间工业化和城市化水平提高不明显，侧面说明其经济发展较为缓慢；2005—2010年，在原有城市群的基础上夜间灯光指数增长最明显，说明这段时期内影响指数的最大因素是城市扩张，吸引了大量务工人员，经济发展迅速，此外，中国西南地区在此期间也经历了经济的高速发展；2010—2013年，夜间灯光指数增加最明显的地区是中国东南沿海地区，这说明该地区在这3年间工业化、城市化水平迅速提高。从夜间灯光指数的分布可以看出，经济发达地区主要集中在河流沿岸、沿海地区和河流入海口地区。

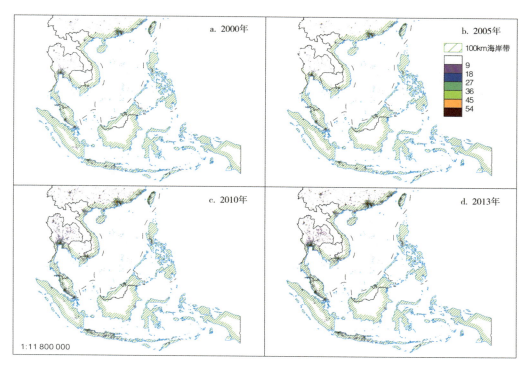

图 4.2 环南海区域夜间灯光指数

资料来源：http://www.resdc.cn/data.aspx? DATAID=213.

2. 人口密度

图 4.3 展示了环南海区域人口数量（人口密度）的变化。2000—2015 年，除印度尼西亚东部人口增长明显，其余地区人口密度变化很小，几乎没有变化；从空间上看，中国珠江三角洲地区，越南湄公河三角洲、红河三角洲地区，泰国湄南河三角洲地区和印度尼西亚的爪哇岛人口稠密。上述人口稠密区大多位于河流入海口或者沿海地区，这些地区大多为平原，地势平坦、交通便利，适宜人类居住和城市发展。

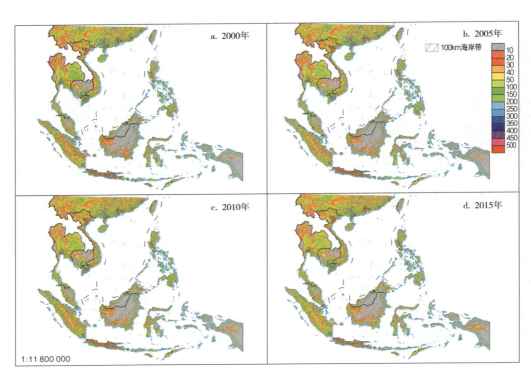

图 4.3　环南海区域人口密度

资料来源：http://maps.worldpop.org.uk/.

3. 人均 GDP

图 4.4 展示了环南海区域各国人均 GDP 的变化。2000—2010 年，环南海区域各国人均 GDP 都增长明显，说明这 10 年内各国经济快速发展，经济生活水平显著提高；2010—2015 年，越南和柬埔寨的人均 GDP 增长较为明显，其他国家有所增长但变化不明显，说明此期间大部分国家经济增长的速度变慢，人均 GDP 的变化不明显。从空间上看，相较于其他国家，中国、新加坡、泰国、马来西亚的人均 GDP 在这 4 个年份均为最高，经济发展状况最好。总的来说，自 2000 年起，环南海区域各个国家经济发展迅速，人均 GDP 明显增长，经济水平显著提升。

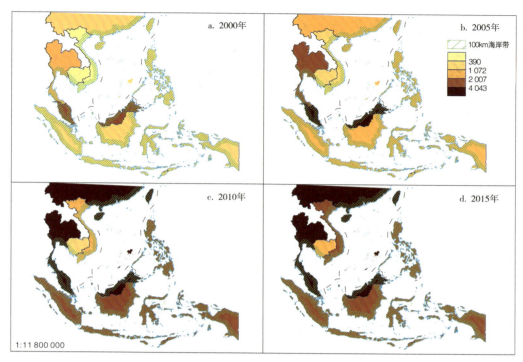

图 4.4 环南海区域各国人均 GDP

资料来源：https://www.kylc.com/stats/global/yearly_overview/g_gdp_per_capita.html.

（三）灾害指标

图 4.5 展示了环南海区域高温天数的变化。2000—2005 年，高温天数几乎没有什么变化；2005—2010 年，中国南部高温天数略有减少，泰国西北部高温天数增加了 40～90 天，马来西亚半岛的高温天数减少了 50～120 天，在加里曼丹岛上，马来西亚东北部地区高温天数显著减少，而印度尼西亚西部地区高温天数明显增多；2010—2015 年，中国南部的高温天数略有回升，越南最北端和湄公河三角洲、柬埔寨、泰国、马来西亚和加里曼丹岛的印度尼西亚高温天数显著增加。总的来看，自 2005 年起，环南海区域所有国家高温天数都在持续增加。导致这个变化的原因主要是：①近年来，全球大气环流等大气环境基本上变化不大，而二氧化碳等温室气体浓度持续增加，引发温室效应导致温度增高；②自 2005 年起，经济高速发展，工业化、城市化进程加快，导致车流量、城市不透水面增多，热岛效应加剧，从而导致高温天数增多。

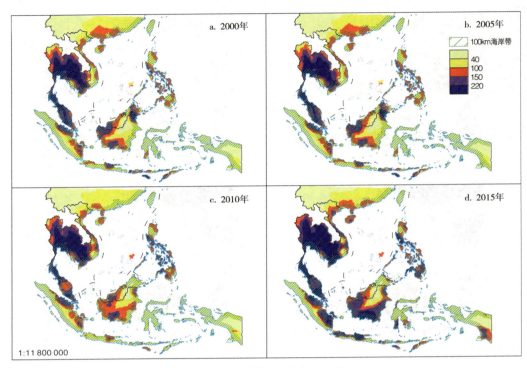

图 4.5 环南海区域高温天数

资料来源：https://www.ecmwf.int/en/forecasts/datasets/reanalysis-datasets/era-interim.

三、区域生态可持续发展综合评估

（一）综合评价方法

层次分析法（AHP）是将一个复杂的多目标决策问题看作一个系统，将总目标分解为多个小目标后，再分解为多指标的若干层次，通过专家打分算出层次单排序和总排序，并将其作为目标、多方案优化决策的多准则决策分析方法。通过调查问卷的方式，收集了若干专家对 3 个一级指标和 6 个二级指标的权重喜好，构建了各指标间的相对优先级构造判断矩阵，通过 AHP 法计算出各个指标的权重（表 4.2）。可以看出，生态和灾害指标的权重较大，而社会经济指标的权重较小。熵权法是一种客观综合评价方法，由于某项指标的离散程度可以用熵值来判断，该法可根据各个指标传递给决策者的信息量的大小来确定指标权重。通过熵权法，计算出各个指标的权重（表 4.3）。可以看出，人口密度和夜间灯光指数占据的权重较大，而灾害指标（高温天数）的权重较小。

表 4.2 基于 AHP 的生态可持续发展评估指标权重

一级指标	二级指标	权重
生态	生态系统总初级生产力	0.4868

续表4.2

一级指标	二级指标	权重
社会经济	人口密度	0.0253
	夜间灯光指数	0.0159
	各国人均GDP	0.1005
灾害	高温天数	0.3715

表4.3 基于熵权法的生态可持续发展评估指标权重

一级指标	二级指标	权重
生态	生态系统总初级生产力	0.1448
社会经济	人口密度	0.3631
	夜间灯光指数	0.2405
	各国人均GDP	0.1900
灾害	高温天数	0.0616

（二）环南海区域的综合评估

基于生态可持续发展指标体系和评价方法，评估环南海区域海岸带和海岛2000年以来生态可持续发展状况。图4.6展示了基于AHP的环南海区域生态可持续发展综合指数的变化。从2000年到2015年，研究区范围内大部分地区综合指数在时间上的变化很小，没有明显变化。从空间上看，中国南部地区、柬埔寨、泰国大部分地区、马来西亚东北部地区以及印度尼西亚部分地区4个年份的综合指数较高，这主要是由于上述地区经济发展水平较好，人口密度较高，故而生态可持续发展综合指数相较于其他地区更高。

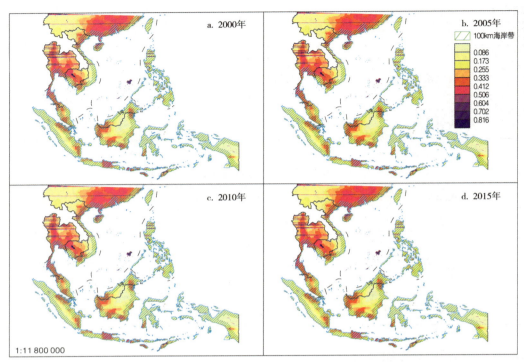

图 4.6　基于 AHP 的环南海区域生态可持续发展综合评估

图 4.7 展示了基于熵权法的环南海区域生态可持续发展综合指数的变化。2000—2015 年，环南海区域大部分地区综合指数在时间上变化不明显。从空间上看，中国南部、柬埔寨西南沿海、越南红河三角洲、泰国湄南河沿岸和位于爪哇岛的印度尼西亚部分地区 4 个年份的综合指数较高，这主要是由于上述地区经济较为发达、人口密度高，故而生态可持续发展综合指数相较于其他地区更高。

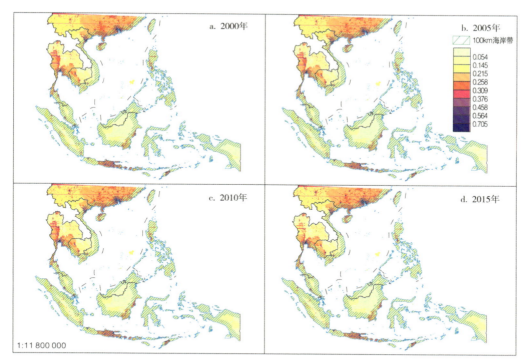

图 4.7 基于熵权法的环南海区域生态可持续发展综合评估

（三）不同国家的综合评估比较

图 4.8 展示了基于 AHP 的环南海区域各国的生态可持续发展综合指数的变化情况。综合指数越高，说明生态可持续发展情况越好。环南海区域各国的综合指数在时间上略有变化，但总体数值变化不大。

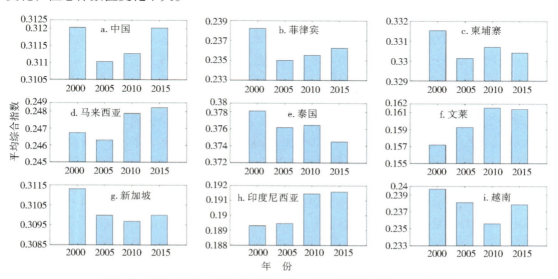

图 4.8 基于 AHP 的环南海区域各国生态可持续发展综合评估比较

中国2000年以来的综合指数在0.31以上。综合指数从2000年到2005年有所下降，约下降了0.6%；2005年到2015年逐渐增加，在2015年已接近2000年的水平。这说明中国在2000年到2005年之间可持续发展状况有所下降，但从2005年以来逐渐好转。这与中国近些年来注重生态环境保护、大力推进可持续发展建设的措施有关。

菲律宾2000年以来的综合指数在0.23以上，变化特征与中国相似。综合指数从2000年到2005年下降2%；2005年到2015年逐年增加，但增幅较小，2005年到2010年增长0.3%，2010年到2015年增长0.4%。这说明菲律宾2005年以来可持续发展状况在逐步改善。这主要是因为菲律宾针对经济、环境、文化多方面制定了可持续发展的长期规划，逐渐改善了生态可持续发展状况。

柬埔寨2000年以来的综合指数在0.33以上，是环南海区域各国综合指数最高的。2000年柬埔寨的综合指数最高，到2005年下降了大约0.4%，2005年到2010年间有所增加，2010年之后又逐渐下降。

马来西亚2000年以来的综合指数在0.24以上。2000年马来西亚的综合指数接近0.247，到2005年有所下降，但下降幅度不大；之后开始逐渐增加，在2015年达到最高峰0.248左右。这说明马来西亚的生态可持续发展状况从2005年开始逐渐好转。

泰国2000年以来的综合指数在0.37以上。从2000年到2015年综合指数总体呈现下降的趋势（在2005年到2010年期间有略微增加），总体下降了1.8%左右。这说明泰国在这几年间生态环境的可持续性逐渐降低。

文莱2000年以来的综合指数在0.15以上，是环南海区域各国中综合指数最低的国家。从2000年到2015年文莱的综合指数总体呈现增加的趋势，2000年到2005年增长1.3%左右，2005年到2010年增长1.4%左右。这说明文莱从2000年开始生态可持续发展状况持续好转。

新加坡2000年以来的综合指数在0.3以上，2000年最高，从2000年到2015年呈现下降的总趋势。2000年到2010年综合指数逐渐下降；2010年到2015年开始增加，但增长幅度较小。这说明新加坡从2000年到2010年间生态的可持续性逐渐降低，从2010年开始有所好转。这与新加坡开始高度重视环境保护和经济发展有关。

印度尼西亚2000年以来的综合指数在0.18以上。综合指数2000年到2005年有略微增加，但增幅较小；2005年到2010年有明显增加，增长了1.1%左右；2010年到2015年同样有略微增加，但增幅较小。总体来看，印度尼西亚2000年到2015年间综合指数呈现增加的总趋势，说明其生态可持续发展能力从2000年开始逐渐提升。

越南2000年以来的综合指数在0.23以上，从2000年到2010年呈现逐渐下降的趋势。综合指数2000年到2005年下降了0.6%；2005年到2010年下降了1.1%；2010年到2015年有所增加，增长了0.9%，但仍然比2000年和2005年的综合指数低。这说明越南近年来的生态可持续发展能力逐渐降低，从2010年起有所提升但生态可持续性仍然较低。

图4.9展示了基于熵权法的环南海周边国家的生态可持续发展综合指数在4个年份的变化情况。环南海区域各国的综合指数在时间上略有变化，但总体数值变化较小。

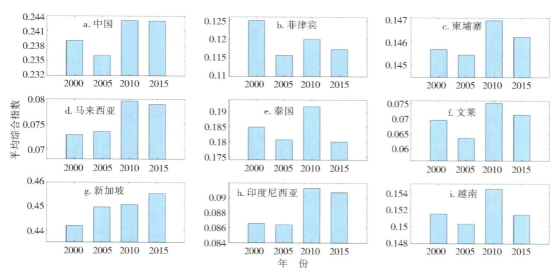

图4.9 基于熵权法的环南海区域各国生态可持续发展综合评估比较

中国2000年以来的综合指数在0.23以上。综合指数从2000年到2005年有所下降,约下降了1.5%;2005年到2010年大幅度增加,2010年综合指数已远超过2000年的水平;2010年到2015年间,综合指数几乎没有变化。这说明中国在2000年到2005年之间可持续发展状况有所下降,但从2005年以来可持续发展状况逐渐好转。这主要依赖于中国近些年来愈发注重生态环境保护、加大力度推进可持续发展。

菲律宾2000年以来的综合指数在0.11以上。综合指数2000年最高,到2005年下降了约8%;2005年到2010年间又缓慢上升;2010年到2015年间再次下降,降幅约为1.7%,比2000年到2005年间略小。

柬埔寨2000年以来的综合指数在0.14以上。综合指数2000年到2005年略有下降,2005年为4个年份中的最小值;2005年到2010年略有增加,增幅约为1.03%;2010年后又逐渐下降。

马来西亚2000年以来的综合指数在0.07以上,2010年最高,2015年次之。2000年马来西亚的综合指数最低;从2000年到2005年有所增加,但增加幅度不大;2005年起开始大幅度增加,在2010年达到0.08左右;但在2010年到2015年再次下降,下降幅度极小。这说明马来西亚的生态可持续发展状况从2005年开始逐渐好转,但情况略有反复。

泰国2000年以来的综合指数在0.18以上,2010年最高。综合指数在2000年到2005年略有下降,但降幅不大;2005年到2010年大幅度增加,增幅约为6.08%;但2010年后迅速降低,降幅达6.25%,2015年为4个年份的最低值。这说明泰国在2010年后生态环境的可持续性逐渐降低。

文莱2000年以来的综合指数在0.06以上,是环南海区域各国中综合指数最低的国家。2000年到2005年间,文莱的综合指数呈减小趋势;2005年后大幅增加,增幅约为15.4%,在2010年达到最大值;自2010年后再次减少。这说明文莱生态可持续发展状况不稳定。

新加坡2000年以来的综合指数在0.44以上,是环南海区域各国中综合指数最高的国家。综合指数从 2000 年到 2015 年持续增加。其中，2000 年到 2005 年增幅最大，约为 1.81%；2010 年到 2015 年次之，约为 1.11%；2005 年到 2010 年间最小，约为 0.22%。这说明新加坡近些年来持续重视生态环境可持续发展。

印度尼西亚 2000 年以来的综合指数在 0.08 以上。综合指数 2000 年到 2005 年有略微减少，但变化较小；2005 年到 2010 年有明显增加，增长了 5.81%；2010 年到 2015 年同样有略微减少，但变化较小。总体来看，印度尼西亚 2000 年到 2015 年间综合指数呈现增加的总趋势，说明其生态可持续发展能力从 2000 年开始在逐渐提升。

越南 2000 年以来的综合指数在 0.15 以上。综合指数 2000 年到 2005 年呈现逐渐下降的趋势，下降了 0.99%；2005 年到 2010 年大幅度增加约 2.53%；2010 年到 2015 年又有所降低，减少了 1.56%。这说明越南自 2005 年来的生态可持续发展能力逐渐好转，但从 2010 年起生态可持续性再次降低。

四、结　语

本章在简要综述海岸带生态可持续发展评价研究基础上，通过收集 2000 年到 2015 年每隔五年的多种遥感、再分析和模拟数据，选择了生态、社会经济和灾害等 3 个一级指标下的 5 个代表性二级指标，利用层次分析法、熵权法和 GIS 等方法，对环南海区域海岸带生态环境可持续发展水平进行了综合评价。

评价结果表明：对单个二级指标而言，空间差异较为明显而时间差异较弱。其中，各国生态系统总初级生产力有一定程度减少；各国夜间灯光指数增长较小，只有中国夜间灯光指数增加较为明显；各国人口密度在时间上的变化很小；各国人均 GDP 有明显增长；各国高温天数有一定程度的增多。

对综合指标而言，环南海区域的生态可持续发展水平的变化都相对较小，没有明显变化。可能的原因是 5 个二级指标在这 4 个年份的波动变化都相对比较小；空间上来看，中国南部、柬埔寨、泰国大部分、马来西亚东北部以及印度尼西亚部分地区的生态可持续发展水平较高。这可能是由于这些地区经济发展水平较好，人口密度较高，且生态环境保护相对较好。由于两种评价法中权重估计的差异性，不同国家生态可持续发展水平的评估略有差异。然而，两种评估结果均表明，中国、印度尼西亚和马来西亚生态可持续发展水平略微增加；而泰国和越南的生态可持续发展水平略微减少。

由于数据的限制，本研究只是采用了生态、社会经济和灾害等 3 个一级指标下 5 个二级指标，更多二级指标的获取和引入将会丰富评估指标体系，使得生态可持续发展水平的评估更加客观和全面。在时间尺度上，本研究只是采用了 4 个年份的数据，所以对相关指标年度动态变化规律的表达还不够细致；本研究中 2015 年的夜间灯光数据无法获取，采用的是 2013 年数据进行比较，影响了数据的可比较性。同时，AHP 方法只是众多的多判据分析方法中的一种。采用和比较不同的评估方法，找到最适合环南海区域的生态可持续发展水平的评估方法，也是本研究将要重点扩展的内容。最后，根据生态可持续发展状况，分析制约发展的重要影响因素，提出初步的响应对策和建议，也是下阶段研究工作的重点内容。

参考文献

关道明, 张志锋, 杨正先, 等. 海洋资源环境承载能力理论与测度方法的探索 [J]. 中国科学院院刊, 2016, 31 (10): 1241–1247.

骆永明. 中国海岸带可持续发展中的生态环境问题与海岸科学发展 [J]. 中国科学院院刊, 2016, 31 (10): 1134–1142.

魏虎进, 黄华梅, 张晓浩. 基于生态系统服务功能的海湾滩涂资源环境承载力研究: 以大亚湾为例 [J]. 海洋环境科学, 2018, 37 (4): 579–585.

姚佳, 王敏, 黄沈发, 等. 海岸带生态安全评估技术研究进展 [J]. 环境污染与防治, 2014, 36 (2): 81–87.

张晓昱, 袁广旺, 矫新明, 等. 连云港市海洋资源环境承载力评估研究 [J]. 海洋环境科学, 2018, 37 (4): 537–544.

ANH K N, LIOU Y, LI M, et al. Zoning eco-environmental vulnerability for environmental management and protection [J]. Ecological indicators, 2016, 69: 100–117.

CHANG H, LIOU J, CHEN W. Protection priority in the coastal environment using a hybrid AHP-TOPSIS method on the Miaoli Coast, Taiwan [J]. Journal of coastal research, 2012, 28 (2): 369–374.

HE F, GU L, WANG T, et al. The synthetic geo-ecological environmental evaluation of a coastal coal-mining city using spatiotemporal big data: A case study in Longkou, China [J]. Journal of cleaner production, 2017, 142: 854–866.

POUREBRAHIM S, BIN MOKHTAR M. Conservation priority assessment of the coastal area in the Kuala Lumpur mega-urban region using extent analysis and TOPSIS [J]. Environmental earth sciences, 2016, 75 (4).

WANG C, DELU P. Zoning of Hangzhou Bay ecological red line using GIS-based multi-criteria decision analysis [J]. Ocean &coastal management, 2017, 139: 42–50.

（任苗苗, 陈舒, 孙伟）

经济发展 编

第五章 环南海区域国家（地区）经济发展现状

全球经济区域一体化程度不断加深，以海洋为联系枢纽的跨区域合作正成为全球经济发展新的模式和潮流。位于西太平洋经济活跃地区的环南海区域国家（地区）资源丰富、人口密集，各国家（地区）联系日趋紧密，是全球经济区域一体化发展重要的组成部分。为更好地理解环南海区域跨国、跨境的社会经济文化联系，本章对环南海区域国家（地区）的经济发展现状进行分析。

一、经济总体发展特征

2018年，环南海区域国家（地区）生产总值（GDP）达18万亿美元。如表5.1所示，中国是环南海区域最大的经济体，占区域经济总量的84.2%。在8个沿海东盟国家中，最大的经济体是印度尼西亚，其经济总量约为同年中国的7.5%；最小的经济体是文莱，其经济总量约为同年印度尼西亚的1.3%。

表5.1 2018年环南海区域国家（地区）宏观经济主要指标

国家（地区）	名义GDP/亿美元（现价）	人均GDP/美元（现价）	GDP增长率/%
中国大陆（内地）	138950	9976	6.75
中国香港	3616.93	48542	3
中国澳门	5508.4	87208	4.7
中国台湾	5894.74	25004	2.6
文莱	135.57	30645	3
柬埔寨	246.34	1541	1.7
印度尼西亚	10415.62	3930	1.2
马来西亚	3584.12	11067	1.1
菲律宾	3426.93	3215	1.6
新加坡	3640.76	64567	0.5
泰国	5050.6	7446	0.3
越南	2410.39	2546	1.1

资料来源：中国经济指标来源于世界银行，东盟8国经济指标来源于东盟秘书处。

中国澳门、新加坡、中国香港、文莱、中国台湾是环南海区域人均GDP最高的前五个地区（图5.1）。其中，中国澳门在世界各国或地区人均GDP排名中位居第二；新加坡全球排名第 12 位。中国虽然经济总量最大,但是人均 GDP 在该区域属于中等水平,在环南海区域中排名第 7 位,全球排名第 74 位。柬埔寨是人均 GDP 最低的国家,全球排名第 147 位。

中国是环南海区域经济增长最快的国家。在 8 个东盟国家中,文莱经济增长速度最快,泰国经济增长速度最慢。

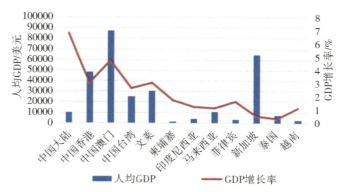

图 5.1 2018 年环南海区域国家(地区)人均 GDP 和 GDP 增长率

资料来源:同表 5.1。

整体来看,环南海区域经济发展有三方面的特点:

第一,经济发展水平不平衡,内部差异大。中国是该区域经济总量最大的经济体,仅是大陆(内地)的经济总量就是 8 个东盟国家经济总量之和的 4.8 倍。按照世界银行人均国民收入分类来看,新加坡、文莱和中国香港、澳门、台湾地区属于高收入国家(地区),中国大陆(内地)、马来西亚、泰国属于中高等收入国家(地区),其他各国属于中低等收入国家。区域内部发展水平的差异与区位、政治环境、开放程度、资源禀赋、社会文化等密切相关。

第二,经济持续增长,增速起伏波动。2014 年,区域 GDP 平均增长速度为 3.76%,2017 年上升至 5.31%,2018 年下降至 4.59%(表 5.2),这与全球经济波动密切相关。

第三,经济对外依存度大。除了泰国和中国大陆(内地)外,其他国家和地区都有较长的殖民地历史,在经济与军事方面与欧美国家存在较强的联系。目前,该区域主要发展外向型经济,出口产品较大依赖欧美市场。除了欧美国家外,中国已逐渐成为环南海区域 8 个东盟国家重要的对外贸易合作伙伴。

表 5.2 2014—2018 年环南海区域国家(地区)经济增长概况

单位:%

国家(地区)	2014 年	2015 年	2016 年	2017 年	2018 年
中国大陆(内地)	7.40	7.00	6.80	6.90	6.70
中国香港	2.70	2.40	2.00	3.80	3.00
中国澳门	-1.20	-21.60	-0.90	9.70	4.70
中国台湾	4.02	0.81	1.51	3.08	2.63

续表 5.2

国家（地区）	2014 年	2015 年	2016 年	2017 年	2018 年
文莱	-2.30	-0.50	-2.40	1.30	0.00
柬埔寨	7.10	7.00	7.00	6.90	7.50
印度尼西亚	5.02	4.80	5.02	5.07	5.17
马来西亚	6.00	5.00	4.20	5.90	4.70
菲律宾	6.10	5.80	6.80	6.70	6.20
新加坡	3.60	1.90	2.00	3.60	3.20
泰国	0.70	2.80	3.20	3.90	4.10
越南	5.98	6.68	6.21	6.88	7.08
平均	3.76	1.84	3.45	5.31	4.58

资料来源：中国资料来源于《中国统计年鉴》，其他国家和地区的资料根据商务部《对外投资合作国别（地区）指南》整理。

二、工业化发展阶段

环南海区域整体处于工业化中期阶段。从单个经济体来看，工业化程度差异大。根据钱纳里经济发展阶段划分标准与三次产业结构特征，可将环南海区域国家（地区）大致分为四类经济体（表 5.3）。

表 5.3　2018 年按经济发展阶段划分环南海区域各国家（地区）类型

类型	发展阶段特征	国家（地区）	三次产业结构/%			人均 GDP /美元
			一产	二产	三产	
第一类型	工业化初期，以传统农业经济为主，工业基础薄弱	柬埔寨*	23.4	30.9	39.7	1541
		越南	14.57	34.28	41.17	2546
第二类型	工业化中期，工业基础较好，旅游业较发达	菲律宾	9.2	30.8	60	3215
		印度尼西亚	12.5	39.8	43.6	3930
		中国大陆（内地）	7.04	39.69	53.27	9976
		泰国*	8.2	36.2	55.6	7446
		马来西亚	7.8	36.7	55.5	11067
		中国台湾	1.61	35.36	63.03	25004
第三类型	工业化后期，以现代服务业为主	中国香港*	0.1	7.5	92.4	48542
		新加坡	0	25.1	64.4	64567
		中国澳门	0	4.2	95.8	87208

续表 5.3

类型	发展阶段特征	国家（地区）	三次产业结构/%			人均 GDP /美元
			一产	二产	三产	
第四类型	资源型国家，以油气生产为主，经济结构单一	文莱	1	62.25	36.75	30645

＊：柬埔寨、泰国和中国香港地区的产业结构比例是 2017 年的。

资料来源：同表 5.2。

第一类处于工业化初期，以传统农业为主，包括柬埔寨和越南。这些国家的第一产业占 GDP 的比重都在 10% 以上，工业基础薄弱。

第二类处于工业化中期，加工制造业与旅游服务业较为发达，包括菲律宾、印度尼西亚、马来西亚、泰国和中国大陆（内地）、台湾地区。这些国家和地区的第二产业比重达 30% 以上，人均 GDP 超过 3 000 美元，正进入工业化加速发展时期。

第三类处于工业化后期，以现代服务业发展为主导，包括新加坡和中国香港、澳门地区，国民收入达到高收入国家（地区）的水平。

第四类是较为特殊的资源型经济体，即文莱。虽然其国民收入达到高收入国家的水平，但经济结构单一，产业结构尚未达到工业化后期阶段。

三、主要产业和工业区分布

为更好地服务于"一带一路"倡议，促进中国与南海周边国家的经贸往来，本节分析环南海区域 8 个东盟国家主要的产业和工业区。

（一）印度尼西亚

印度尼西亚是环南海区域的第二大经济体，也是东盟最大的经济体。印度尼西亚是一个农业大国，主要经济作物有棕榈油、橡胶、咖啡、可可。纺织、电子、木材加工、钢铁、机械、汽车和旅游业是重要的出口创汇产业。2018 年，赴印度尼西亚旅游的国外游客为 1581 万人次，马来西亚、中国、新加坡、东帝汶和澳大利亚为前五大游客来源地。

2011 年，印度尼西亚启动"六大经济走廊"发展规划，分别为：①爪哇走廊，以服务业和高科技产业为主；②苏门答腊岛走廊，重点发展农业种植园以及矿产加工和开采等；③加里曼丹走廊，以农业种植园和采矿业为主；④苏拉维西走廊，主要发展渔业、农业种植园以及采矿业；⑤巴厘和努沙登加拉走廊，重点发展旅游业及手工业，巴厘和龙目岛将打造成旅游休闲中心；⑥巴布亚和马鲁古走廊，以发展渔业、矿业及林业为主。在此基础上，2014 年以来，印度尼西亚政府已批准成立 10 个经济特区，计划发展物流、旅游、能源、出口加工等。

（二）柬埔寨

农业在柬埔寨经济中具有重要地位。2018年，柬埔寨农业生产总值达54.78亿美元，其中种植业占58.1%，水产养殖业占24.1%，畜牧业占11.1%。

制衣业和建筑业是柬埔寨两大支柱工业。其中，服装和鞋类产品是最重要的出口产品，2018年其产品出口总额达100亿美元，占全国出口商品总额的74%。欧盟是柬埔寨的第一大市场，其次为美国。销往欧盟和美国的服装鞋类产品占总出口额的70%。旅游业是柬埔寨国民经济的重要部分，中国是其第一大国际游客来源国。

柬埔寨政府正式批准45个经济特区，主要分布在戈公省、西哈努克省、柴桢省、班迭棉吉省、茶胶省、甘丹省、贡布省、磅湛省和金边市。其中，西哈努克省经济特区数量最多，包括中国商务部首批境外经贸合作区之一的西哈努克港经济特区。中国是柬埔寨最大的外资来源国，投资涉及服装、制鞋、电子、农产品加工等行业。

（三）越南

越南是传统的农业国。2018年在种植面积减少的情况下，水稻产量仍比2017年增加124万吨，达到4398万吨。

汽车业是越南重要的加工制造产业。该产业现有12家外资企业和100多家本国企业，以进口部件组装为主，国产化率较低，仅5%~10%。位于海防市图山工业区的越南华重商用车有限公司是中方在越南唯一的中资汽车企业，主要生产卡车。2018年中国一汽与越南长江公司签署战略合作协议，关注产能对接和产品导入。

越南零售业和旅游业增长较快。2018年越南全年零售和消费服务业营业额约1967亿美元，比2017年增长11.7%。接待国际旅客1550万人，同比增长19.9%。其中，来自中国的旅客数量最多，达496.7万人次，同比增长23.9%。

截至2018年底，越南共设有工业区328个，占用土地总面积9.4万公顷。目前，中资企业在越南共投资建设5个工业园区，即铃中出口加工区、龙江工业区、深圳－海防经贸合作区、仁会工业区B区和海河工业区。其中，龙江工业区是中国国家级境外经贸合作区；铃中出口加工区已实施三期项目，成为越南工业区建设的典范。

（四）马来西亚

马来西亚的农产品以经济作物为主，棕油产量和出口量均仅次于印度尼西亚，是世界第二大生产国和出口国。旅游业是服务业的重要部门之一。2018年，马来西亚吸引游客2583万人次，主要来自新加坡、印度尼西亚、中国、泰国、文莱和韩国。

马来西亚推出五大经济发展走廊，基本涵盖西马半岛大部分区域以及东马的两个州。具体包括：①伊斯干达开发区，重点发展旅游服务、教育服务、医疗保健、物流运输、创意产业和金融咨询服务等。②北部经济走廊，重点发展农业、制造业、物流业、旅游及保健、教育及人力资本和社会发展等。③东海岸经济区，重点发展旅游业、油气及石化产业、制造业、农业和教育等。中马两国合作开发的马中关丹产业园区就位于此范围内。④沙巴发展走廊，重点发展旅游业、物流业、农业及制造业等。⑤沙捞越再生能源走廊，重点发展油气产品、铝业、玻璃、旅游业、棕油、木材、畜牧业、水产养殖、船舶工程和钢铁业等。

（五）菲律宾

菲律宾主要的出口农产品有椰子油、香蕉、鱼和虾、糖及糖制品、椰丝、菠萝和菠萝汁、未加工烟草、天然橡胶等。食品加工、化工产品、无线电通信设备等占制造业产出的65%以上。旅游业发达，2018年到访游客达到710万人次，同比增长7.7%，主要来自韩国、中国、美国、日本、澳大利亚。

菲律宾是全球主要劳务输出国之一。2018年，在海外工作的菲律宾劳工达230多万人，其中24.3%在沙特阿拉伯工作，15.7%在阿联酋工作。

菲律宾经济区主要由经济特区管理委员会（PEZA）所辖的96个各类经济区和独立经营的菲律宾弗德克工业区，苏比克、卡加延、三宝颜等经济区以及克拉克自由港等组成。

（六）新加坡

新加坡的经济结构具有多元化特征，现代工业和服务业都较为发达。其中，电子工业和石化工业是最主要的制造业部门，2018年产值分别占制造业总产值的40.89%和26.06%。新加坡是世界第三大炼油中心和石油贸易枢纽之一，也是亚洲石油产品定价中心，企业主要聚集在裕廊岛石化工业园区。生物医药业是新加坡重点培育的战略性新兴产业，主要聚集在启奥生物医药研究园区和大士生物医药园区。新加坡也是全球第三大金融中心、第三大外汇交易市场和第六大财富管理中心，是亚洲美元中心市场，也是全球第三大离岸人民币中心。截至2017年底，包括157家银行、40家银行代表处、209家保险公司以及主要基金公司、经纪公司等1200多家金融机构在新加坡设立了分支机构。

新加坡境内的特殊工业园包括：裕廊岛的石油化学工业园，淡滨尼、巴西立、兀兰的晶圆制造园区，淡滨尼的先进显示器工业园，大士生物医药园等。新加坡没有经济特区，目前有8个自由贸易区和一些海外工业区。

（七）文莱

文莱是以原油和天然气为主要经济支柱的国家，油气产值占GDP的57.83%。工业设备、农产品、日用品均依赖进口。农业现仅种植少量水稻、橡胶、胡椒和椰子、木瓜等热带水果。发展水稻种植已经成为农业领域工作的重中之重。文莱渔业资源丰富，中资企业已经进入其渔业养殖领域。

文莱政府共划出8个工业区以吸引外国投资。其中，双溪岭工业区是最主要的工业区，主要发展油、气下游产业和高科技产业。目前，在该区最大的外来投资项目是日本投资的甲醇厂项目，总投资6亿美元，设计产能85万吨。

（八）泰国

泰国是世界第一大橡胶生产国和出口国，第一大木薯和大米出口国。旅游业是其服务业的支柱产业，2018年旅游收入约600亿美元，同比增长9.63%。主要制造业门类有汽车装配、电子、塑料、纺织、食品加工等。从2012年起，泰国最大的出口商品为汽车，前五大出口地分别是澳大利亚、菲律宾、沙特阿拉伯、印度尼西亚和马来西亚。泰国是世界第12大机动车生产国和第5大轻型商用车生产国，是东盟最大的机动车生产地。

泰国目前重点鼓励投资的地区为东部经济走廊、南部经济走廊和边境经济特区。东部经济走廊计划连接了北柳、春武里和罗勇三个地区，发展新型汽车、智能电子、高端农业及生物科技、食品加工、机器人、生物材料及信息技术等10大产业。南部经济走廊（SEC）主要涵盖春蓬、拉廊、素叻和洛坤南部4府。

四、结　语

从经济发展趋势上看，环南海区域经济发展潜力巨大。各个国家都在加强与周边国家双边合作机制的建设，不断深化区域内的合作联系，促进区域经济发展。从工业布局上看，各国外向型工业区主要布局在沿海地区和沿边省份，所发展的产业整体上以劳动密集型和资源密集型为主，逐步呈现向技术、资金密集型的高级化、多元化的发展趋势。中国"一带一路"国际合作倡议也在影响和辐射该地区的产业园区布局，未来也将会深刻影响着跨境合作产业园区的空间布局。

环南海区域是一个具有战略意义的重要经济区域，各个国家（地区）所处工业化发展阶段不一，同时存在着资源共享和竞争关系。在理解环南海区域跨国、跨境的社会经济文化联系，探讨建立区域经济合作框架的分析工作上，必须重视各个国家（地区）在经济发展程度、产业结构、工业布局等方面的地域差异，因时、因地、因园而异地提出经济发展建议与合作策略。

参考文献

蒋元涛. 南海经济圈的构建设想及海洋产业选择：来自国外及我国四大经济圈的启示［J］. 华南理工大学学报（社会科学版），2017，19（1）：27－36.

吕拉昌. 关于环南海经济圈的区域整合研究［J］. 地域研究与开发，1997，16（1）：62－66.

袁新国，袁锦富，王兴平. 东南亚地区中国境外产业园区的主要特征及发展策略［J］. 规划师，2020，36（7）：60－68.

张虹鸥，黄耿志，等. 新世纪海上丝绸之路［M］. 北京：商务印书馆，2018：195－196.

郑蕾，刘志高. 中国对"一带一路"沿线直接投资空间格局［J］. 地理科学进展，2015，34（5）：563－570.

（李　玮）

第六章　环南海区域国家（地区）投资环境评价

一、环南海区域国家（地区）的地理区位与资源禀赋

（一）地理区位优越

环南海区域国家（地区）位于亚洲东南部，地理区位优越。其中，东南亚国家联盟是东亚地区首个一体化次区域组织，地处"两洲两洋"的"十字路口"，战略地位重要。①

（二）自然资源禀赋

环南海区域国家中，除新加坡外，其他国家均有丰富的自然资源，以矿产、石油和天然气资源为主。菲律宾的矿产资源、海洋资源与地热资源丰富，渔业是其重要的产业。越南是东南亚的农产品出口国，渔业资源较为丰富。印度尼西亚以农林业为主，矿产资源分布广泛。菲律宾、柬埔寨、印度尼西亚和文莱的林业资源优势明显，具有较高的开发利用潜力。中国大陆（内地）自然资源多种多样，台湾地区拥有丰富的森林、生物、渔业和水力资源，香港和澳门地区自然资源匮乏。

（三）优势产业

地理区位与自然资源禀赋促使菲律宾、越南、文莱、印度尼西亚、马来西亚、泰国、柬埔寨等国家形成以农业、采矿业与旅游业为主导的产业格局。泰国是东南亚最大的汽车生产国和世界第 12 大汽车生产国②，越南、马来西亚和菲律宾等国家的汽车制造业亦初具规模。全球纺织产业逐步向低劳动力成本的东南亚国家转移。

（四）语言环境

英语是新加坡、马来西亚、菲律宾和中国香港的官方语言之一，为外来投资者带来语言便利。

环南海区域国家（地区）的基本情况与资源禀赋小结如表 6.1 所示。

---

① https://www.crggcn.com/studySea? id = 10629，访问日期：2020 年 9 月 20 日。
② http://www.tradeinvest.cn/information/2810/detail，访问日期：2020 年 9 月 20 日。

表 6.1　环南海区域国家（地区）的基本情况与资源禀赋

国家（地区）	官方语言	自然资源	主要产业
新加坡	多语言国家	匮乏	金融业、能源与化工、电子工业、精密设备制造业、炼油业、物流业、旅游业、生物医药
印度尼西亚	印度尼西亚语	棕榈油、橡胶等农产品，矿产、石油和天然气	农林渔业、加工制造业、服务业、采矿业
马来西亚	马来语、英语	棕榈油、橡胶、可可等农产品，石油和天然气	农业、采矿业、制造业、建筑业、旅游业
泰国	泰语	矿藏资源、石油和天然气	农业、旅游业、汽车产业
菲律宾	他加禄语、英语	矿藏、地热、林业、渔业	农业、旅游业、轻工业
越南	越南语	石油和天然气、矿藏、渔业、海洋、大米、玉米等	农业、服务业、汽车产业
柬埔寨	高棉语	林业、矿藏、石油和天然气	农业、纺织服装产业、建筑业、旅游业
文莱	马来语，认可英语	石油、林业	油气产业、农业、林业、渔业
中国香港	普通话、英语	匮乏	金融、贸易及物流、旅游和工商及专业服务
中国澳门	普通话、葡语	匮乏	博彩旅游业、出口加工业、金融业、地产建筑业
中国台湾	台湾地区"国语"	森林、生物、渔业、水力	制造业、批发及零售业、信息及通信传播业、金融及保险业、钢铁业

资料来源：新加坡经济发展局官方网站；"一带一路"工业和信息化数据库；《对外投资合作国别（地区）指南中国香港（2019年版）》；《对外投资合作国别（地区）指南中国澳门（2017年版）》；《对外投资合作国别（地区）指南中国台湾（2017年版）》。

二、投资环境评价指标

20世纪60年代以来，西方学者对东道国的投资环境评价开展研究，提出冷热因素分析法、等级尺度法等方法，通过对投资环境的各种影响因素进行打分。随后，更多的因素被纳入投资环境评估中，包括经济基础、政治体制、工业基础、人力资源、基础设施、文化、历史背景等综合因素。外商直接投资对东道国整体投资环境也有改善的作用。20世纪90年代以来，我国学者开展了关于中国吸引外资的环境因素研究。例如，投资引力模型从基础设施、商业环境、信息技术、金融服务、制度供给等方面构建投资便利化测度体系。

基于已有理论，本章从经济、市场、开放度、基础设施、劳动力、社会安全、环境、研发创新等方面出发，建立环南海区域投资环境评价指标（表6.2）。

表 6.2 环南海区域投资环境评价指标

指标体系	具体指标	资料来源
总体情况	全球竞争力排名 全球营商环境排名	世界经济论坛 世界银行
宏观经济	人均国内生产总值 通货膨胀率 银行的健全性排名	世界银行
市场规模	总人口 城镇人口占比 国内市场规模排名	世界银行
贸易开放度	贸易关税率 关税复杂性排名 边境清关效率排名 非关税壁垒发生率排名	世界银行
交通基础设施	道路连通性排名 道路基础设施质量排名 铁路密度 机场连通性得分排名 航空运输效率排名 海港服务效率排名	世界银行
公用基础设施	电力连通率 供电质量（占输出百分比） 接触不安全饮用水人口比例	世界银行
劳动力市场	平均受教育年限 积极的劳动力市场政策排名 薪酬与生产率排名 雇用外国劳动力便利性排名 现有劳动力技能水平排名	世界银行
社会安全	法律与秩序排名 每 10 万人口的凶杀率	美国盖洛普咨询公司 世界银行
环境保护	能源效率法规排名 可再生能源法规排名	世界银行
研发与创新	研发支出占国内生产总值的比例 研究机构的知名度排名 科学出版物得分排名 每百万人口国际共同发明量 每百万人口专利申请量 每百万人口商标申请量	世界银行

三、环南海区域国家(地区)的投资环境评价

(一)全球竞争力与全球营商环境历年排名

《全球竞争力报告》利用全球竞争力指数研究方法计算一国的竞争力排名,《营商环境报告》提供了营商环境便利度排名。① 从历年排名情况看(图6.1、图6.2),新加坡的竞争力与营商环境排名平稳,基本位列全球前3位;中国香港表现优秀,发展稳定;中国大陆(内地)与台湾地区的营商环境排名稳步上升,竞争力强,马来西亚的竞争力较强,营商环境好。泰国的排名呈下降趋势,但仍处于中上水平;文莱近年来竞争力有所下降,与印度尼西亚属于中上水平。越南竞争力排名平稳,与菲律宾处于中等水平。柬埔寨竞争力呈下降趋势,营商环境处于世界中下水平。

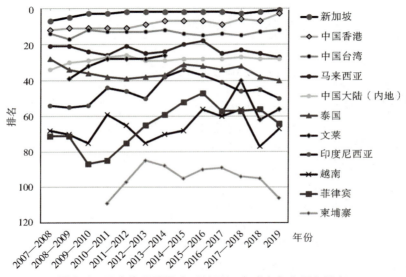

图6.1 环南海区域国家(地区)全球竞争力历年排名

注:暂缺中国澳门的数据。
资料来源:世界经济论坛,经整理。

---

① 详见 https://cn.weforum.org/reports,https://chinese.doingbusiness.org/,访问日期:2020年10月25日。

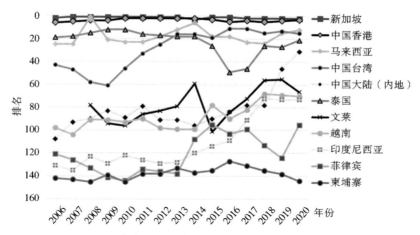

图6.2 环南海区域国家（地区）全球营商环境历年排名

注：暂缺中国澳门的数据。
资料来源：世界银行，经整理。

（二）经济发展平稳，市场规模大

1. 宏观经济平稳发展

2019年，中国大陆（内地）、新加坡、文莱、马来西亚、中国澳门、中国香港与中国台湾的人均GDP均超过1万美元（表6.3）。图6.3显示，新加坡、中国澳门与中国香港的GDP增速显著；文莱近年来GDP增速有所下降，波动较大。从通货膨胀率与银行稳健性排名来看，文莱、新加坡与泰国的物价水平较稳定。新加坡、中国香港、文莱、中国台湾、菲律宾和泰国在银行稳健性指标上表现较佳。

总体而言，新加坡是宏观经济发展最为强劲的国家，中国、马来西亚、泰国、文莱、菲律宾、印度尼西亚和越南等国家的发展较为平稳。

表6.3 环南海区域国家（地区）2019年度宏观经济指标

国家（地区）	人均GDP/美元（现价）	通货膨胀率/%	银行稳健性（全球排名）
中国澳门	84096.4	暂无	暂无
新加坡	65233.3	0.5	2
中国香港	48755.8	1.9	3
文莱	31086.8	0.0	7
中国台湾		1.3	14
马来西亚	11414.8	2.4	41
中国大陆（内地）	10261.7	1.8	95
泰国	7808.2	0.9	28

续表6.3

国家（地区）	人均GDP/美元（现价）	通货膨胀率/%	银行稳健性（全球排名）
印度尼西亚	4135.6	3.5	80
菲律宾	3485.1	4.0	17
越南	2715.3	3.5	114
柬埔寨	1643.1	2.6	97

注：人均GDP指标为2019年的数据，暂缺中国台湾的数据。据世界银行数据，中国台湾2018年的人均GDP为25004美元（现价）。

资料来源：世界银行，https://data.worldbank.org.cn/indicator/NY.GDP.PCAP.CD?end=2019&start=2019&type=points&view=map，访问日期：2020年9月23日，经整理。

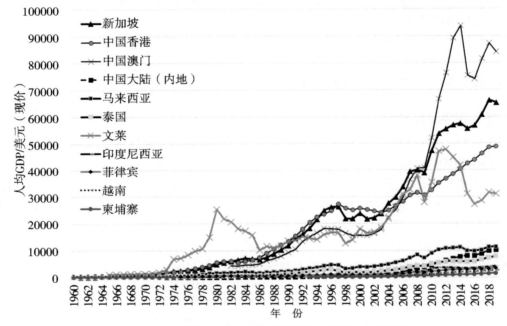

图6.3 1960—2019年环南海区域国家（地区）人均GDP

注：暂缺中国台湾的数据。

资料来源：https://data.worldbank.org.cn/indicator/NY.GDP.PCAP.CD?end=2019&start=2019&type=points&view=map，访问日期：2020年10月25日。

2. 市场规模较大

环南海区域市场规模较大。中国的总人口与城镇人口最多，文莱是最少的国家。在市场规模排名中，中国、印度尼西亚、泰国、马来西亚、新加坡和菲律宾均在世界前列（表6.4）。

表 6.4　2019 年环南海区域国家（地区）人口规模与市场规模世界排名

国家（地区）	总人口/千人	城镇人口占总人口比例	国内（地区内）市场规模世界排名
中国大陆（内地）	1397715.00	60%	1
印度尼西亚	270625.57	56%	7
菲律宾	108116.62	47%	31
越南	96462.11	37%	26
泰国	69625.58	51%	18
马来西亚	31949.78	77%	24
柬埔寨	16486.54	24%	84
中国香港	7507.40	100%	28
新加坡	5703.57	100%	27
中国澳门	640.45	100%	—
文莱	433.29	78%	116
中国台湾	—	—	19

注：总人口数据来自世界银行人口数据库，缺少中国台湾的数据。据《全球竞争力报告 2019》的总人口数据，台湾人口为 2360 万人。

资料来源：世界银行数据库及《全球竞争力报告 2019》，经整理。

（三）贸易开放度差异较大

中国香港、新加坡与文莱设立了低的贸易关税，这有利于国际贸易往来；反之，中国大陆（内地）、柬埔寨、越南、泰国和印度尼西亚则有较高的关税，马来西亚与泰国的关税复杂性相对较高，越南与文莱非关税壁垒发生率高，柬埔寨的边境通关效率相对较低（表 6.5），这些因素都将影响贸易的便利程度。

表 6.5　2019 年环南海区域国家（地区）贸易与投资开放度指标

国家（地区）	贸易关税		关税的复杂性 全球排名	边境通关效率 全球排名	非关税壁垒发生率 全球排名
	数值/%	全球排名			
中国香港	0.00	1	1	9	2
新加坡	0.02	2	3	2	1
文莱	0.38	3	42	3	42
菲律宾	3.77	52	67	52	67
马来西亚	4.59	61	101	61	101
中国台湾	5.05	65	88	22	29
印度尼西亚	5.58	73	69	73	69

续表6.5

国家（地区）	贸易关税 数值/%	贸易关税 全球排名	关税的复杂性 全球排名	边境通关效率 全球排名	非关税壁垒发生率 全球排名
泰国	7.46	92	106	92	106
越南	8.4	96	暂无	96	暂无
柬埔寨	9.5	100	73	100	73
中国大陆（内地）	11.12	123	45	31	60

注：暂缺中国澳门的数据。

资料来源：世界银行《全球竞争力报告2019》，经整理。

（四）基础设施较为完善

1. 机场连通性较好

大部分国家的机场连通性较好。新加坡与中国大陆（内地）的基础设施完善，质量好、效率高。马来西亚、印度尼西亚、越南、柬埔寨等国家的道路连通性较差，降低了对外来投资的吸引力（表6.6）。

表6.6 环南海区域国家（地区）2019年交通基础设施情况

国家（地区）	道路连通性排名	道路基础设施质量排名	铁路密度/km·(1000 km)⁻¹ 数值	铁路密度/km·(1000 km)⁻¹ 排名	火车服务效率排名	机场连通性排名	航空运输服务效率排名	轮船运输连接性排名	海港服务效率排名
新加坡	暂无	1	281.5	1	5	23	1	2	1
中国香港	98	4	219.9	2	2	21	2	4	4
中国大陆（内地）	10	45	7.2	61	24	2	66	1	52
中国台湾	81	12	45.0	22	8	25	16	14	14
泰国	54	55	8.7	55	75	9	48	35	73
文莱	93	32	暂无	暂无	88	91	62	104	69
马来西亚	133	19	6.8	63	13	20	25	5	19
越南	104	103	7.6	58	暂无	22	103	19	83
柬埔寨	107	97	暂无	暂无	54	58	113	93	91
印度尼西亚	109	60	2.6	85	19	5	56	36	61
菲律宾	125	88	1.7	91	100	26	96	59	88

注：暂缺中国澳门的数据。

资料来源：世界银行《全球竞争力报告2019》，经整理。

2. 供电与供水质量较为可靠

大部分国家和地区的供电与供水质量较为可靠，泰国、菲律宾、越南、柬埔寨等国家的饮用水安全仍有提升空间（表6.7）。

表6.7 环南海区域国家（地区）公共基础设施情况

国家（地区）	电力连通率		供电质量（占输出百分比）		接触不安全饮用水人口比例	
	数值/%	全球排名	数值/%	全球排名	数值/%	全球排名
新加坡	100	2	1.9	2	1.7	25
中国台湾	100	2	3.3	8	4.1	38
中国香港	100	2	3.7	10	暂无	暂无
中国大陆（内地）	100	2	4.9	18	18	74
泰国	100	2	5.8	31	52.7	107
文莱	99.9	71	5.7	28	2	28
马来西亚	98.2	87	6.9	38	12	63
印度尼西亚	94.8	95	9.1	54	35.8	98
菲律宾	88.3	103	9.1	53	49	105
越南	98.8	84	10.2	62	34.3	95
柬埔寨	60.6	115	13	89	40.5	99

注：暂缺中国澳门的数据。
资料来源：世界银行《全球竞争力报告2019》，经整理。

（五）劳动力充足

1. 积极的劳动力市场政策

环南海区域各国家（地区）拥有积极的劳动力市场政策（表6.8），大部分国家劳动力充足，一半以上的国家和地区在雇用外国劳工方面较为便利。

表6.8 环南海区域国家（地区）2019年劳动力相关指标的世界排名

收入水平分类	国家（地区）	薪酬与生产率	积极的劳动力市场政策	雇用外国劳工的便利性	现有劳动力的技能水平
高收入国家（地区）	中国香港	1	23	54	13
	新加坡	3	3	93	3
	文莱	66	45	136	44
	中国澳门	暂无	暂无	暂无	暂无
中高等收入国家（地区）	马来西亚	6	16	19	8
	中国大陆（内地）	27	32	39	37
	印度尼西亚	28	46	47	36
	泰国	30	53	68	68

续表6.8

收入水平分类	国家（地区）	薪酬与生产率	积极的劳动力市场政策	雇用外国劳工的便利性	现有劳动力的技能水平
中低等收入国家	菲律宾	13	50	76	19
	越南	56	79	73	103
	柬埔寨	55	85	49	111
其他（地区）	中国台湾	15	37	88	24

注：收入水平国别（地区别）分类为2020—2021年的最新标准；其他指标为2019年的数值。
资料来源：世界银行，经整理。

2. 劳动力技能水平较高

中国香港、中国台湾、新加坡和马来西亚的人口受教育年限大于10年（图6.4）。新加坡、马来西亚、中国香港、菲律宾、中国台湾、印度尼西亚、中国大陆（内地）、文莱、泰国等的现有劳动力技能水平较高（表6.8）。

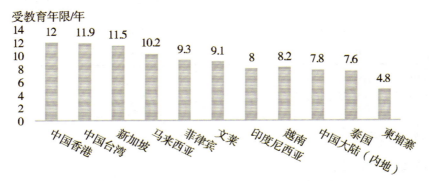

图6.4 环南海区域国家（地区）平均受教育年限指标

注：暂缺中国澳门的数据。
资料来源：联合国开发计划署《人类发展指数与指标2018》，世界银行《全球竞争力报告2018》。

3. 高收入、中高等收入国家（地区）劳动力成本较高

中国香港、新加坡、中国澳门、马来西亚、文莱等地区的劳动力成本较高，可吸引高附加值的外来投资。菲律宾、越南和柬埔寨的劳动力成本较低，对低附加值产业与密集型产业具有吸引力（表6.8）。

（六）大部分国家安全状况良好

《2019年全球法律与秩序报告》[①]通过不同国家（地区）民众的个人安全感、对警察的信心和遭遇犯罪的经历来确定各国（地区）安全指数。其中新加坡全球排名第1，指数

---

① 详见 https://news.gallup.com/poll/267788/gallup-law-and-order-research-center.aspx，访问日期：2020年9月20日，暂缺文莱的数据。

为97；中国排名第9，指数为91；其他环南海区域国家（地区）的指数在79～89的区间内。新加坡、中国、印度尼西亚、文莱等国家的每10万人口凶杀率数值较低（图6.5）。从这两项指标可以看出，大部分国家安全状况良好，菲律宾的相对安全系数较差。

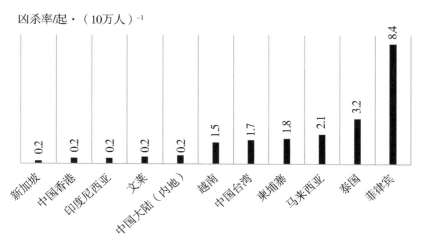

图6.5 2019年环南海区域国家（地区）每10万人口的凶杀率

注：暂缺中国澳门的数据。
资料来源：世界银行《全球竞争力报告2019》，经整理。

（七）重视环境保护

各国（地区）重视当地环境的保护，相关指标基本处于世界中上水平（表6.9）。

表6.9 环南海区域国家（地区）能源效率法规与可再生能源法规全球排名

国家（地区）	能源效率法规	可再生能源法规
新加坡	19	62
中国大陆（内地）	21	37
越南	26	35
菲律宾	39	43
马来西亚	46	50
泰国	42	74
柬埔寨	63	83
印度尼西亚	93	63

注：暂缺中国港澳台地区与文莱的数据。
资料来源：世界银行《全球竞争力报告2019》，经整理。

（八）研发与创新能力存在差异

表6.10和表6.11显示，中国、新加坡、马来西亚、泰国与越南等国家的研究机构具

有较高的知名度，拥有较多的科学出版物数量及较高的引用量；中国大陆（内地）、台湾地区以及新加坡较为重视研发。新加坡、中国、马来西亚、文莱和泰国等国家的创新能力较好，印度尼西亚、柬埔寨的研发与创新能力有待提高。

表 6.10　2019 年环南海区域国家（地区）研发能力情况

国家（地区）	研究机构知名度世界排名	科学出版物数量世界排名	研发支出占 GDP 的比重	
			数值/%	世界排名
中国大陆（内地）	2	13	2.1	15
中国台湾	16	29	3.2	5
新加坡	21	23	2.2	14
中国香港	29	25	0.8	44
马来西亚	38	44	1.3	24
泰国	43	39	0.8	48
印度尼西亚	45	56	0.1	116
越南	58	59	0.4	70
菲律宾	72	55	0.1	102
文莱	90	122	暂无	暂无
柬埔寨	117	102	0.1	108

注：暂缺中国澳门的数据。
资料来源：世界银行《全球竞争力报告 2019》，经整理。

表 6.11　2019 年环南海区域国家（地区）创新能力情况

国家（地区）	每百万人口国际共同发明量		每百万人口专利申请		每百万人口商标申请量	
	数值/件	世界排名	数值/件	世界排名	数值/件	世界排名
新加坡	26.31	5	118.66	15	4821.95	21
中国台湾	24.43	6	447.42	3	暂无	暂无
中国香港	4.59	27	48.61	26	7336.74	15
马来西亚	1.89	34	6.3	41	731.05	60
文莱	1.81	35	1.81	60	424.48	78
中国大陆（内地）	0.90	50	14.46	32	1577.96	46
泰国	0.37	61	0.97	66	544.35	70
菲律宾	0.06	91	0.36	79	169.5	98
越南	0.12	82	暂无	91	385.36	80
印度尼西亚	0.03	98	0.07	101	185.34	97
柬埔寨	0.01	114	0.01	122	85.56	108

注：暂缺中国澳门的数据。
资料来源：世界银行《全球竞争力报告 2019》，经整理。

四、结　语

环南海区域国家（地区）地理区位优越，且大多有丰富的自然资源。英语是新加坡、马来西亚、菲律宾和中国香港的官方语言之一，为外来投资者带来语言便利。从投资环境评价指标的分析发现，环南海区域总体经济发展平稳，市场规模大，基础设施较为完善，劳动力充足，劳动力市场政策积极，安全状况良好，较重视环境保护；但区域内发展水平、全球竞争力水平、贸易开放度、研发与创新能力差异较大（表6.12）。

总体而言，环南海区域内部存在异质性，各国家（地区）在各方面的发展差异较大。新加坡、中国香港和中国台湾各方面表现出色，竞争力强、营商与投资环境好；中国大陆（内地）、马来西亚和文莱的竞争力较强、投资环境较好；泰国、印度尼西亚和越南的投资环境处于中等水平；菲律宾和柬埔寨的投资环境稍差。

表6.12　环南海区域国家（地区）投资环境综合评价

投资环境	新加坡	中国香港	中国澳门	中国台湾	中国大陆（内地）	马来西亚	文莱	泰国	印度尼西亚	越南	菲律宾	柬埔寨
语言便利性	高	高	中	低	低	高	中	低	低	低	高	低
资源禀赋	低	低	低	高	高	高	高	高	高	高	高	高
全球竞争力	高	高	—	高	高	高	高	中	中	中	中	低
全球营商环境	高	高	—	高	高	高	中	高	中	低	中	低
宏观经济实力	高	高	—	高	高	中	高	中	中	中	低	低
银行稳健性	高	高	—	高	中	高	高	高	中	中	高	中
市场规模	高	高	中	高	高	高	低	高	高	高	高	中
贸易开放度	高	高	高	高	中	高	高	中	中	中	中	高
交通基础设施	高	高	—	高	高	高	高	中	中	中	中	中
公共基础设施	高	高	—	高	高	中	中	中	中	中	中	低
劳动力市场	高	高	高	高	高	高	中	中	高	中	高	中
社会安全	高	高	高	高	高	中	高	中	中	高	中	中
环境保护	高	高	—	高	高	中	—	中	中	高	中	低
研发与创新	高	高	—	高	高	中	中	中	中	中	中	低
综合评价	高	高	—	高	偏高	偏高	偏高	中等	中等	中等	偏低	低

参考文献

杜德斌. 美国本土的外国投资与投资环境的地区差异［J］. 世界地理研究，1994，1（1）：31-39.

方尹,陈俊华,代欢欢."一带一路"背景下海湾国家投资环境综合评价[J].世界地理研究,2018,27(2):36-44,94.

刘二虎,陈瑛.丝绸之路经济带背景下中亚五国投资环境比较研究[J].世界地理研究,2018,25(4):100-107.

濮励杰,周生路,彭补拙.江苏省外向型经济投资环境研究[J].经济地理,1998,18(3):99-103.

张长春.影响FDI的投资环境因子分析[J].管理世界.2002,18(11):32-41.

张亚斌."一带一路"投资便利化与中国对外直接投资选择:基于跨国面板数据及投资引力模型的实证研究[J].国际贸易问题,2016,42(9):165-176.

ALFARO L. How does foreign direct investment promote economic growth? Exploring the effects of financial markets on linkages[J]. The world economy, 2006, (12): 111-135.

CAVES R. International corporations: The industrial economics of foreign investment[J]. Economica, 1971, 38(149): 1-27.

DUNNING J H. Location and the multinational enterprise: A neglected factor?[J]. Journal of international business studies, 1998, 29(1): 45-66.

HEAD K, RIES J. Inter-city competition for foreign investment: Static and dynamic effects of China's incentive areas[J]. Journal of urban economics, 1996, 40(1): 38-60.

KINDA T. Investment climate and FDI in developing countries: Firm-level evidence[J]. World development, 2010, 4(38): 498-513.

LITVAK I A, Banting P M. Canadian cases in marketing[M]. Toronto, McGraw-Hill. 1968.

STOBAUGH R B. How to analyze foreign investment climates[J]. Harvard business review, 1969, 47(5): 100-108.

WANG Z Q, Swain N. Determinants of inflow of foreign direct investment in Hungary and China: Time-series approach[J]. Journal of international development, 1997, 9(5): 695-726.

(李子枫)

第七章 环南海区域国家（地区）贸易网络

一、环南海区域国家（地区）贸易现状与发展

（一）贸易总体现状

从贸易总量（图 7.1）来看，中国大陆（内地）在环南海区域内处于绝对优势地位，中国香港、新加坡、中国台湾贸易总量位居前列，泰国、越南、马来西亚的贸易总量紧随其后，其他国家（地区）由于自身经济总量有限，贸易总量不突出。从贸易增速来看，环南海区域各国家（地区）间的差异比较显著，商品贸易总额较大的国家（地区）近年来贸易增长乏力，如中国香港、中国台湾等；相反，商品贸易总额较小的国家（地区）显示出了较大的贸易增长潜力，如泰国、越南、马来西亚、印度尼西亚等东盟国家，其中柬埔寨和文莱增速突出。

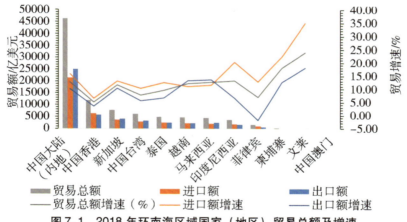

图 7.1　2018 年环南海区域国家（地区）贸易总额及增速

注：澳门缺少 2018 年数据。
资料来源：UNCTAD 数据库。

环南海区域整体贸易增长的不均衡态势逐渐得到扭转，有利于环南海区域内贸易的增长以及贸易结构的优化。呈现出显著贸易顺差的国家（地区）有中国大陆（内地）、新加坡、中国台湾、越南、马来西亚，呈现出显著贸易逆差的国家（地区）有中国香港、印度尼西亚、菲律宾，其他国家（地区）的贸易进出口保持较为均衡的特征。除越南和马来西亚外，其他国家（地区）的进口额增速均高于出口额增速，整体上贸易顺差国家（地区）进出口呈均衡化的态势，而贸易逆差国家（地区）的逆差额有扩大的趋势。

（二）贸易层级特征

根据 2018 年的贸易情况，环南海区域国家（地区）的商品贸易总额大致可被划分为

三个层次（图7.2）：

第一层次为中国大陆（内地），作为区域内最大的经济体，2018年进出口商品贸易总额达4.6万亿美元，占环南海区域贸易总额的49.9%。

第二层次为中国香港、新加坡、中国台湾、泰国、越南、马来西亚、印度尼西亚，其贸易总额占环南海区域贸易总额的47.7%，拥有较大的经济发展潜力，是推动区域贸易合作的重要力量。

第三层次为菲律宾、中国澳门、文莱、柬埔寨，对外贸易总额较小，仅占环南海区域总额的2.4%。由于自身经济总量、地理条件的限制，它们在环南海区域的贸易合作中发挥的力量较小。

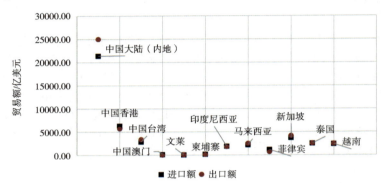

图7.2　2018年环南海区域国家（地区）贸易情况

资料来源：UNCTAD 数据库。

（三）贸易格局变化

环南海区域整体贸易额保持增长趋势。2001—2018 年间，区域内各国家（地区）对外贸易发展逐渐从不景气状态中复苏（图7.3）。受金融危机影响，贸易额及增速均在2009 年出现明显回落，在2010 年又以较快的增速实现贸易复苏。尽管之后 5 年的贸易增速较 2010 年有所下降，但贸易额仍然连续 5 年保持增长。2014 年后又出现连续两年的下降期，2016 年开始回升。

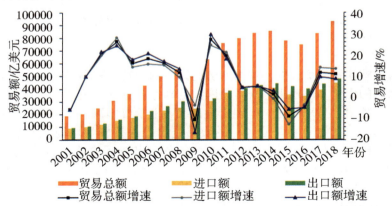

图7.3　2001—2018 年环南海区域国家（地区）对外贸易情况

资料来源：UNCTAD 数据库。

二、环南海区域国家（地区）贸易网络特征与演变

（一）中国大陆（内地）与世界主要经济体的贸易

2001—2018 年，中国大陆（内地）与环南海周边其他国家（地区）、美国、欧美的双边贸易关系整体上都保持稳定增长的趋势，但在 2009 年、2015 年出现了两次显著的下降趋势（图 7.4）。中国自加入世界贸易组织以来，对外开放活力增强，在经济全球化和国际产业转移的背景下一度成为外商投资的乐土，国际贸易逐渐活跃。受 2008 年全球金融危机影响，2009 年中国大陆（内地）进出口各项指标出现自 2000 年以来的首次负增长，全年出口下滑 16%，进口下滑 11.2%；但 2010 年即开始恢复，随后几年保持波动上升状态。2015 年，国际贸易额再次出现负增长。出口贸易受阻一方面是由于日元、欧元的大幅贬值导致中国大陆（内地）与日本、欧美的双边贸易下降；另一方面，随着中国劳动力成本的上升，部分制造业开始转向越南等劳动力成本低廉的周边国家，导致劳动密集型企业出口下降。进口下滑则主要是由于全球主要大宗商品价格下跌，同时国内经济也面临较大下行压力。

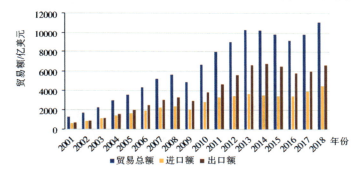

图 7.4　2001—2018 年中国大陆（内地）－环南海区域国家（地区）贸易情况

资料来源：UNCTAD 数据库。

相较美国（图 7.5）、欧盟国家（图 7.6），中国大陆（内地）与环南海区域国家（地区）的双边贸易额一直保持高位，拥有坚实的贸易合作基础。中国大陆（内地）与环南海区域国家（地区）的贸易伙伴关系发展良好。其中，东盟与中国大陆（内地）的贸易额持续上升，逐步超过美国和欧盟，即将成为中国大陆（内地）第一大贸易伙伴（图 7.7）。

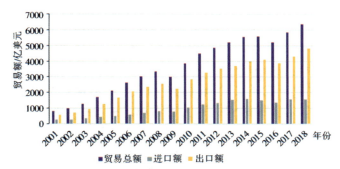

图 7.5　2001—2018 年中国大陆（内地）－美国贸易情况

资料来源：UNCTAD 数据库。

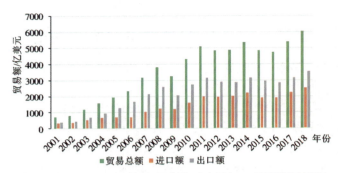

图 7.6　2001—2018 年中国大陆（内地）-欧盟贸易情况

资料来源：UNCTAD 数据库。

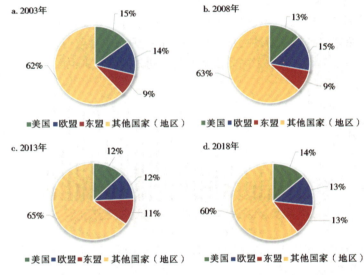

图 7.7　2001—2018 年中国大陆（内地）对外贸易情况

资料来源：UNCTAD 数据库。

（二）中国大陆（内地）与环南海区域国家（地区）的贸易

按照双边贸易总量（图 7.8），中国大陆（内地）与环南海其他国家（地区）的区域内贸易情况大致可分为三个梯队。

第一梯队为中国香港、中国台湾，一直在中国大陆（内地）-环南海其他国家（地区）的区域内贸易中占据非常重要的地位。中国大陆（内地）的出口商品绝大部分是通过中国香港中转进而出口全球，主要是因为香港地区独特的交通枢纽、金融枢纽的地位；来自中国台湾的商品是中国大陆（内地）主要的进口对象，远高于其他国家或地区。

第二梯队为越南、马来西亚、泰国、菲律宾、新加坡、印度尼西亚，一直是与中国大陆（内地）展开贸易合作的重要伙伴。其中，马来西亚、新加坡、泰国、印度尼西亚与中国大陆（内地）的贸易量一直保持前列，双方拥有坚实的贸易合作基础；越南与中大陆（内地）的双边贸易则呈现出快速增长的趋势，从 2013 年的第 7 名跃升到 2018 年的第 3 名，仅次于中国香港、中国台湾。这很大程度上是由于越南自身经济的快速发展，以及中国大陆（内地）与越南之间经贸合作关系愈发紧密的原因。

第三梯队为柬埔寨、中国澳门、文莱，由于自身经济总量较小，对外贸易合作力量相对较弱，在与中国大陆（内地）的贸易合作中处于较低层次。

从进出口情况来看，中国大陆（内地）在与环南海其他国家（地区）的贸易中，主要承担出口国的角色。其中，中国大陆（内地）向中国香港的出口贸易占两个地区间贸易的主要份额，与越南、新加坡、印度尼西亚、菲律宾、柬埔寨、中国澳门、文莱都是出口大于进口，与中国台湾、泰国则是进口大于出口。

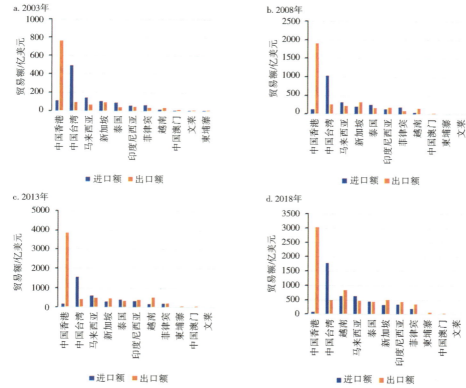

图 7.8　2003—2018 年中国大陆（内地）-环南海区域国家（地区）贸易情况

资料来源：UNCTAD 数据库。

（三）中国大陆（内地）与环南海区域国家（地区）贸易强度

2001—2018 年，中国大陆（内地）与环南海区域国家（地区）进口贸易强度大部分都是保持波动上升的特征（图 7.9）。其中，中国台湾、菲律宾、马来西亚是保持较高进口贸易强度的国家（地区）。马来西亚的进口贸易强度较为稳定，中国台湾进口贸易强度在 2009 年之后衰退明显，菲律宾贸易强度在 2007 年之前保持较快的增速。值得一提的是，越南在 2015 年之后的进口贸易强度增速显著，与中国大陆（内地）的贸易关系更加紧密。

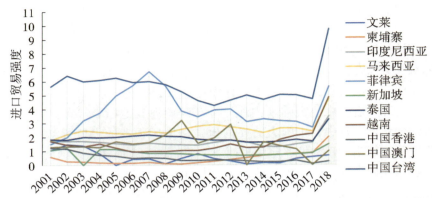

图 7.9　2001—2018 年中国大陆（内地）—环南海区域国家（地区）进口贸易强度

资料来源：UNCTAD 数据库。

中国大陆（内地）与环南海区域国家（地区）出口贸易强度总体上保持波动下降的特征（图 7.10）。其中，中国香港、柬埔寨、越南、菲律宾、文莱在 2017 年是保持较高出口贸易强度的国家（地区）；马来西亚、新加坡、印度尼西亚、泰国等传统贸易合作伙伴保持稳定的贸易强度趋势；中国澳门的出口贸易强度在 2003 年以前保持较高的水平，随后一直保持快速下降的趋势；文莱的出口贸易强度有显著的提升。

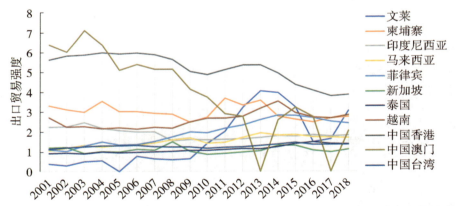

图 7.10　2001—2018 年中国大陆（内地）—环南海区域国家（地区）出口贸易强度

资料来源：UNCTAD 数据库。

（四）中国大陆（内地）与环南海区域国家（地区）贸易格局

2001—2018 年，中国大陆（内地）与环南海区域国家（地区）的贸易显著上升，中国香港、新加坡、马来西亚等国家（地区）增幅明显。以 800 亿美元贸易量为节点可划分两个层级。2003 年，除中国香港外的大多数国家（地区）都在节点以下的第一层级（图 7.11a）。至 2008 年（图 7.11b），贸易量层级由两级变为三级，香港地区的贸易量显著提升，由 2003 年的第二层级上升至第三层级。同时，中国台湾的贸易量也显著增长，成为唯一的第二层级地区。其他国家（地区）的贸易量仍在 800 亿美元以下。2013 年，贸易量层级由三级跃升至五级，中国大陆（内地）与中国香港的贸易量进一步提升，中国香港以绝对优势位列第五层级，中国台湾上升至第三层级，泰国由第一层级上升至第二层级，其他国家（地区）的贸易量仍处于第一层级（图7.11c）。2018年，除中国香港外，中国大陆（内地）与环南海区域国家（地区）的贸易量开始整体提升，中国香港贸易量从2013年的第五层级回落至第三层级，泰国保持在第二层级，新加坡、马来西亚、越南、印度尼西亚则由第一层级上升为第二层级，其他国家（地区）仍处于第一层级（图7.11d）。

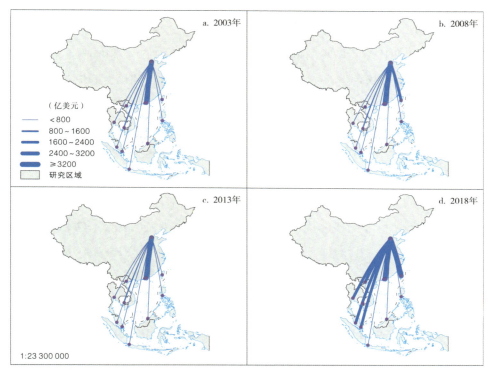

图7.11　2001—2018年中国大陆（内地）—环南海区域国家（地区）贸易格局变化
资料来源：UNCTAD数据库。

三、中国大陆（内地）与环南海区域国家（地区）贸易产品结构特征

（一）中国大陆（内地）与环南海区域国家（地区）贸易产品结构

2018年中国大陆（内地）进口产品集中在加工器械和初级产品（表7.1）。其中电器机械、仪器和用具等仪器类产品的进口占到进口额的55%以上，其余占比较高的产品主要为初级产品。重要进口国家（地区）为中国台湾、马来西亚、菲律宾、越南等。另外，印度尼西亚的石油产品、金属矿砂，马来西亚的石油和石油产品、工业专用机械、天然橡胶，泰国的天然橡胶、科学仪器、初级化工产品等也在中国大陆（内地）进口产品中占据重要地位。

2018年中国大陆（内地）的出口产品主要集中在机械、电子设备和纺织制成品等方面（表7.2）。电气机械、仪器和用具以及办公室机器和自动资料处理仪器两者占比达到35%以上，电信和录音设备占比超10%，纺织物和服装等纺织制成品占比达到7%以上。这些产品主要流向中国香港、越南、中国台湾、泰国等。另外，越南主要进口中国的纺织纱线、织物、钢铁等，菲律宾主要进口服装及衣服配件、钢铁、石油和石油产品等，印度尼西亚主要进口一般工业机械、纺织纱线、织物等。

表7.1 2018年中国大陆（内地）与环南海区域国家（地区）进口贸易的产品结构

单位：亿美元、%

产品类型	进口额	比重	来源国（地区）
电气机械、仪器和用具	1796	40.07	中国台湾、马来西亚、菲律宾、越南、新加坡
办公室机器和自动资料处理仪器	492	10.99	越南、中国台湾、泰国、菲律宾、马来西亚
科学仪器	195	4.34	中国台湾、新加坡、泰国、越南、马来西亚
初级形状塑料	184	4.10	中国台湾、新加坡、泰国、马来西亚、越南
石油、石油产品	178	3.98	马来西亚、新加坡、印度尼西亚、泰国、越南
初级化工产品	159	3.55	中国台湾、新加坡、泰国、马来西亚、印度尼西亚
特殊交易，未定义	111	2.48	越南、中国香港、新加坡、中国台湾、泰国
金属矿砂、废料	84	1.87	印度尼西亚、菲律宾、中国相关、马来西亚、中国台湾
工业专用机械	81	1.80	中国台湾、新加坡、马来西亚、越南、泰国
天然橡胶	80	1.78	泰国、越南、马来西亚、印度尼西亚、新加坡

资料来源：UNCTAD数据库。

表7.2 2018年中国大陆（内地）与环南海区域国家（地区）出口贸易的产品结构

单位：亿美元、%

产品类型	出口额	比重	流向国家（地区）
电器机械、仪器和用具	1396	21.08%	中国香港、中国台湾、越南、马来西亚、新加坡
办公室机器和自动资料处理仪器	967	14.60%	中国香港、越南、新加坡、中国台湾、泰国
电信和录音设备	678	10.25%	中国香港、越南、泰国、新加坡、印度尼西亚
纺织纱线、织物	322	4.86%	越南、中国香港、印度尼西亚、菲律宾、柬埔寨
杂项制品	296	4.48%	中国香港、泰国、马来西亚、越南、新加坡
石油、石油产品	217	3.28%	新加坡、中国香港、菲律宾、越南、马来西亚
一般工业机械	205	3.10%	印度尼西亚、中国香港、泰国、越南、马来西亚
钢铁	199	3.01%	越南、菲律宾、泰国、印度尼西亚、马来西亚
服装及衣服配件	186	2.81%	中国香港、越南、菲律宾、中国台湾、马来西亚
科学仪器	175	2.65%	中国香港、越南、马来西亚、中国台湾、泰国

资料来源：UNCTAD数据库。

（二）中国大陆（内地）与环南海区域国家（地区）贸易产品结构变化

2001—2018 年，中国大陆（内地）主要的进口产品集中在加工器械、初级产品、石油化工产品方面（图 7.12）。其中，电气机械、仪器和用具，办公室机器和自动资料处理仪器，科学仪器等产品占据重要地位，其余占比较高的产品为石油化工产品。这些主要进口产品的重要进口国家（地区）为中国台湾、马来西亚、越南、新加坡、泰国等。

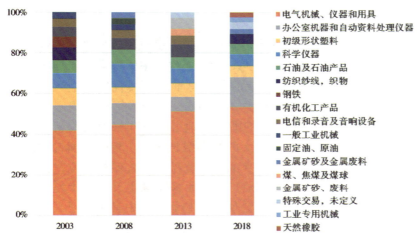

图 7.12　中国大陆（内地）与环南海区域国家（地区）进口贸易的产品结构变化

出口的产品类型主要集中在机械、电子设备和纺织制成品等方面（图 7.13）。电气机械、仪器和用具，办公室机器和自动资料处理仪器，电信和录音设备，纺织物和服装等纺织制成品位居前列。这些主要出口产品的重要出口国家（地区）为中国香港、越南、中国台湾、泰国、新加坡、马来西亚等。

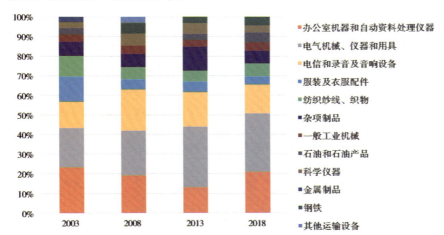

图 7.13　中国大陆（内地）与环南海区域国家（地区）出口贸易的产品结构变化

从进出口产品的变化来看，重要的进口产品依旧是机械、仪器、初级产品、石油化工等产品。其中，电气机械、仪器和办公室机器占比不断提高，科学仪器先增后减，有机化工产品和电信设备在2018年退出主要进口产品行列，2018年天然橡胶和工业专用机械首次成为主要进口产品。重要的出口产品依旧是电气机械、电信和录音设备、办公室机器和纺织制成品。其中，电气机械的出口持续走高，办公室机器等设备则经历了先减后增的发展过程，电信和录音设备出口虽仍占据重要地位，但出现了下降的趋势。另外，纺织制成品、服装两类产品出口下降明显，在一定程度上反映了中国大陆（内地）劳动力成本提高、驱使低端制造业外流的现实状况。

四、结　语

2001—2018年，环南海区域整体贸易额保持乐观增长的趋势。从贸易总量来看，中国大陆（内地）在环南海区域内处于绝对优势地位。中国香港、新加坡、中国台湾贸易总量位居前列，泰国、越南、马来西亚的贸易总量紧随其后且相差不大，其他国家（地区）由于自身经济总量有限，贸易总量并不突出。环南海区域各国家或地区间的贸易增速差异比较显著，商品贸易总额较大的国家（地区）近年来贸易增长乏力，而商品贸易总额较小的国家（地区）显示出了较大的贸易增长潜力。相较美国、欧盟国家，中国大陆（内地）与环南海区域国家（地区）的双边贸易额一直保持高位，拥有坚实的贸易合作基础。其中，东盟与中国大陆（内地）的贸易额持续上升，逐步超过美国和欧盟，显现出成为中国大陆（内地）第一大贸易伙伴的趋势，其中马来西亚、新加坡、泰国、越南、印度尼西亚等国是中国大陆（内地）贸易合作的重要伙伴。

2001—2018年，中国大陆（内地）与环南海区域国家（地区）的区域内贸易显著上升，中国香港、新加坡、马来西亚等国家（地区）增幅明显。中国大陆（内地）在与环南海其他国家（地区）的贸易中主要承担出口国的角色，但出口贸易强度有波动下降的特征；产品结构方面，中国大陆（内地）主要从中国台湾、泰国、越南等国家（地区）进口加工器械、初级产品、石油化工产品，向中国香港、越南、新加坡等国家（地区）出口机械、电子设备和纺织制成品等产品。

参考文献

蒋小荣，杨永春，汪胜兰. 1985—2015年全球贸易网络格局的时空演化及对中国地缘战略的启示［J］. 地理研究，2018，37（3）：495－511.

梁育填，刘鲁论，柳林，等. 广东省与"一带一路"沿线国家（地区）出口贸易格局的时空变化［J］. 热带地理，2015，35（5）：664－670.

牛华，兰森，马艳昕. "一带一路"沿线国家服务贸易网络结构动态演化及影响机制［J］. 国际商务（对外经济贸易大学学报），2020，34（5）：78－93.

宋周莺，车姝韵，张薇. 我国与"一带一路"沿线国家贸易特征研究［J］. 中国科学院院刊，2017，32（4）：363－369.

魏巍，吴明，吴鹏. 不同发展水平国家在全球价值链中位置差异分析：基于国际产业转移视角［J］. 产业经济研究，2016，15（1）：80－91，99.

徐万刚. 我国劳动密集型制造业转移发展的相关研究：一个文献梳理的总结［J］. 经济体制改革，2015，33（5）：123－130.

徐晓东，乔志. 环南海区域内贸易现状及其对"21世纪海上丝绸之路"建设的启示［J］. 广西师范大学学报(哲学社会科学版),2019,55(6):74-82.

赵文军,于津平. 贸易开放、FDI 与中国工业经济增长方式:基于 30 个工业行业数据的实证研究[J]. 经济研究,2012,47(8):18-31. 赵哲,陈烨,吴钢. 美国金融危机对全球贸易网络影响的测度研究[J]. 宏观经济研究,2016,38(2):150-159.

仲伟周,蔺建武. 全球金融危机对我国出口贸易的影响及应对策略研究[J]. 国际贸易问题,2012,38(9):161-168.

周均旭,常亚军. 劳动密集型产业转移:越南的优势及对中国"大国雁阵模式"的挑战[J]. 学术探索,2020,28(1):24-31.

THLE, B TRAN-NAM. Relative costs and FDI: Why did Vietnam forge so far ahead?[J]. Economic analysis and policy, 2018, 59(C):1-13.

(梁育填,张家熙,周政可)

第八章　中国大陆（内地）对环南海区域国家（地区）的投资格局

一、投资现状与发展特征

（一）中国大陆（内地）对外直接投资总体现状

自 2001 年加入世界贸易组织以来，中国大陆（内地）对外开放趋势进一步增强，在持续接受第四次国际产业转移的同时，对外投资稳步上升。2008 年全球金融危机为中国大陆（内地）对外投资进一步创造了机遇，在"走出去"的号召下，中国大陆（内地）对外直接投资保持稳定上升的趋势。2013 年"一带一路"倡议提出后，中国大陆（内地）企业进一步加大对"一带一路"沿线国家和地区的投资，中国大陆（内地）对外投资进入新的发展阶段。受国际环境和国内经济下行影响，中国大陆（内地）对外投资在 2016 年以后出现了短暂的下降趋势（图 8.1）。

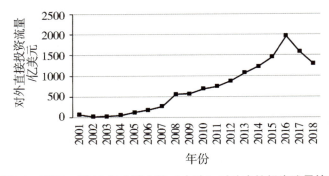

图 8.1　2001—2018 年中国大陆（内地）对外直接投资流量情况

资料来源：根据商务部发布的《中国对外投资统计公报》整理。本章以下未注明资料来源的图、表同此。

（二）中国大陆（内地）对环南海区域国家（地区）直接投资现状

1. 投资流量和存量

中国香港在中国大陆（内地）对环南海区域国家（地区）的投资流量中占绝对核心地位，新加坡、印度尼西亚、马来西亚次之。中国大陆（内地）对环南海区域国家（地区）的投资流量中（图 8.2），中国香港居首位，2018 年的投资流量达 868.69 亿美元。在东盟国家中，新加坡位居首位，投资流量达 64.11 亿美元，占对东盟投资流量的 46.8%，主要投向批发和零售业、租赁和商务服务业、金融业、交通运输/仓储和邮政业等；其次为印度尼西亚，18.65 亿美元，主要投向制造业、租赁和商务服务业、电力/热力/燃气及水的生产和供应业等；马来西亚位列第三，16.63 亿美元，主要投向制造业、电力/热力/燃气及水的生产和供应业等。

中国香港、新加坡、印度尼西亚位居中国大陆（内地）对环南海区域国家（地区）投资存量的前三名。中国大陆（内地）对环南海区域国家（地区）的投资存量（图8.3）中，香港居首位，投资存量达11003.91亿美元。东盟国家中，新加坡、印度尼西亚、马来西亚位列前三。

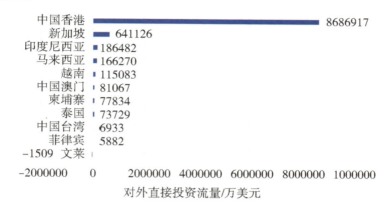

图8.2　2018年中国大陆（内地）对环南海区域国家（地区）直接投资流量情况

资料来源：根据中国对外投资统计公报（2018年）整理。

图8.3　2018年中国大陆（内地）对环南海区域国家（地区）直接投资存量情况

资料来源：根据《中国对外投资统计公报（2018年）》整理。

（三）中国大陆（内地）对环南海区域国家（地区）直接投资格局变化

2003—2018年，中国香港始终处于中国大陆（内地）对环南海区域国家（地区）投资的核心地位，新加坡、印度尼西亚等国家也是重要的投资目的国。2003年，中国大陆（内地）对外投资整体上仍处于起步阶段，对外投资流量仅为11.5亿美元；至2008年，对外投资有了明显增长。从2003—2008年的对外直接投资流量变化（图8.4、图8.5）中可以看出，中国香港在中国大陆（内地）的对外直接投资中占据着极其重要的地位，新加坡、印度尼西亚、中国澳门、泰国、马来西亚、柬埔寨、越南也是重要的投资流向国（地区）。2008—2013年间，中国大陆（内地）对中国香港、新加坡、越南、中国澳门的投资都有一定回落，对柬埔寨、马来西亚、泰国、印度尼西亚的投资则保持上升态势。

2013—2018 年，随着全球经济复苏，中国大陆（内地）对外投资显著增长，除中国香港、中国澳门、中国台湾外，对其他国家的投资流量均超过 2008 年的水平。但总体来看，中国香港仍是绝对核心的投资流入地区，2018 年，中国大陆（内地）对中国香港的投资流量达到 868.69 亿美元，占当年中国对外直接投资总额的 60.7%。

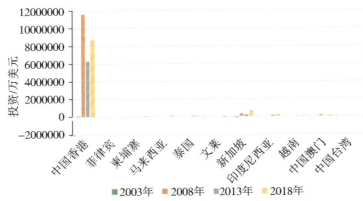

图 8.4　2003—2018 年中国大陆（内地）对环南海区域国家（地区）直接投资流量（包括中国香港）

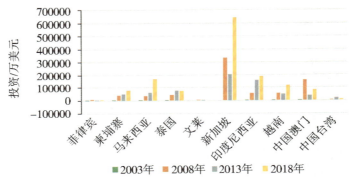

图 8.5　2003—2018 年中国大陆（内地）对环南海区域国家（地区）直接投资流量（不包括中国香港）

从 2003—2008 年的对外直接投资存量变化（图 8.6、图 8.7）中可以看出，中国香港在中国大陆（内地）的对外直接投资中占据着极其重要的地位，投资存量增长显著。此外，新加坡、印度尼西亚、中国澳门、马来西亚、泰国、柬埔寨、越南也是重要的投资流向国（地区）。

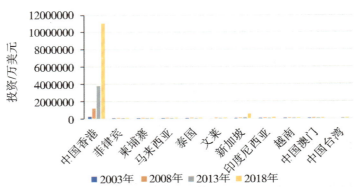

图 8.6　2003—2018 年中国大陆（内地）对环南海区域国家（地区）直接投资存量（包括中国香港）

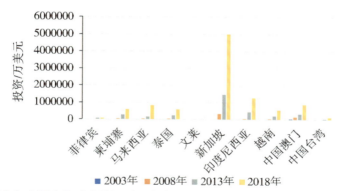

图 8.7　2003—2018 年中国大陆（内地）对环南海区域国家（地区）直接投资存量（不包括中国香港）

中国香港在环南海区域吸引中国大陆（内地）投资的过程中始终占据绝对优势。从中国大陆（内地）对环南海区域国家（地区）的投资流量格局演变（图8.8）来看，2003年，中国大陆（内地）对环南海区域国家（地区）的投资流量总体较小，以200亿美元为节点仅可划分为一个层级，对所有国家（地区）的投资流量都分布在这个节点以下的第一层级。至2008年，投资流量层级由两级跃升为五级，主要是由于中国大陆（内地）对中国香港的投资流量显著提升，使中国香港以绝对优势成为唯一一个位于第五层级的投资流入地区，其他国家（地区）仍处于第一层级。2013年，由于流向中国香港的投资流量回落，其投资流量层级也由五级降为四级，其他国家（地区）仍处于第一层级。2018年，中国香港的投资流量开始上升，投资流量层级由四级升为五级，面对中国香港的绝对核心地位，其他国家（地区）的投资流量虽然也有显著的增长，但始终停留在第一层级。

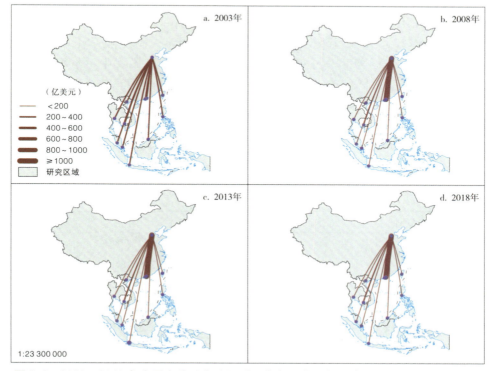

图 8.8　2001—2018 年中国大陆（内地）对环南海区域国家（地区）对外投资格局演变

二、投资行业结构与变化特征

（一）中国大陆（内地）对中国香港投资的行业结构与变化

1. 投资行业结构

由于中国香港在中国大陆（内地）对环南海区域的投资中占据绝对地位，有必要单独对其开展分析。2018年，中国大陆（内地）对中国香港的投资集中于租赁和商务服务业、金融业、批发和零售业、制造业等。从行业构成情况（表8.1）看，投资流向最多的是租赁和商务服务业399.61亿美元，占全部投资流量的46%；金融业位居次席，投资流量167.58亿美元，同比下降11.2%，占19.3%；批发和零售业53.2亿美元，同比下降43.8%，占6.1%；制造业50.34亿美元，同比下降20.7%，占5.8%；信息传输/软件和信息技术服务业37.24亿美元，同比增长66.2%，占4.3%；其他主要行业包括交通运输/仓储和邮政业、采矿业，所占份额均在3%以上，其中采矿业同比增速明显。总体来看，租赁和商务服务业是绝对的核心行业，投资流量波动不大。值得注意的是，制造业投资流量的显著下降和信息行业投资流量的显著上升，在一定程度上反映了信息时代背景下对外投资方向的转变。采矿业投资流量的大幅上升一方面与2017年该行业低迷相关，另一方面非上市型基金在2018年对自然资源投资的关注也对采矿业的投资动向有一定影响。

中国大陆（内地）对中国香港投资存量的行业分布集中于租赁和商务服务业、批发和零售业、金融业等。2018年末，中国大陆（内地）对中国香港的投资存量为11003.91亿美元，占中国大陆（内地）对境外直接投资存量的一半以上。从主要行业构成看，投资存量主要分布在租赁和商务服务业5352.79亿美元，占48.6%；批发和零售业1374.90亿美元，占12.5%；金融业1351.64亿美元，占12.3%；制造业754.22亿美元，占6.9%；采矿业544.16亿美元，占4.9%；交通运输/仓储和邮政业448.26亿美元，占4.1%；房地产业383.29亿美元，占3.5%；信息传输/软件和信息技术服务业246.95亿美元，占2.2%；居民服务/修理和其他服务业127.95亿美元，占1.2%；电力/热力/燃气及水的生产和供应业126.54亿美元，占1.2%；科学研究和技术服务业120.82亿美元，占1.1%；其他行业合计占1.5%。

表8.1 2018年中国大陆（内地）对中国香港投资的主要行业及比重

单位：万美元

行业	流量	比重/%	存量	比重/%
租赁和商务服务业	3996070	46.0	53527886	48.6
金融业	1675757	19.3	13516404	12.3
批发和零售业	531983	6.1	13748976	12.5
制造业	503363	5.8	7542236	6.9
信息传输/软件和信息技术服务业	372442	4.3	2469458	2.2
交通运输/仓储和邮政业	336756	3.9	4482600	4.1
采矿业	317659	3.7	5441624	4.9

续表 8.1

行业	流量	比重/%	存量	比重/%
房地产业	186025	2.1	3832920	3.5
居民服务/修理和其他服务业	178715	2.1	1279478	1.2
科学研究和技术服务业	150900	1.7	1208165	1.1
电力/热力/燃气及水的生产和供应业	127384	1.5	1265413	1.2
建筑业	95047	1.1	590505	0.5
文化/体育和娱乐业	96723	1.0	462801	0.4
农/林/牧/渔业	83005	1.0	264540	0.3
其他行业	26680	0.3	257934	0.2
水利/环境和公共设施管理业	8408	0.1	148168	0.1
合计	8686917	100.0	110039108	100.0

资料来源：根据《中国对外投资统计公报（2018年）》整理。

2. 投资行业结构变化

2008—2018年，中国大陆（内地）对中国香港投资的主要行业发生了较为显著的变化（图8.9）。2008年的主要投资行业为商务服务业（50.9%）、金融业（21.8%）、批发零售业（15.3%），2013年的主要投资行业为租赁和商务服务业（28.1%）、金融业（20.2%）、批发和零售业（17.3%），2008—2013年间，商务服务业显著下降，金融业和批发零售业保持稳定。2018年，主要投资行业为租赁和商务服务业（46.0%）、金融业（19.3%）、批发和零售业（6.1%），租赁和商务服务业的投资出现回升，金融业投资依旧稳健，批发和零售业则下降了11.2%。投资行业所占比例的变化，表明中国大陆（内地）对香港商务服务业的投资信心受金融危机影响较为明显，对金融业投资的热情与信心相对稳定；受全球奢侈品行业倒退，2016年国家税务总局宣布不再征收普通化妆品的消费税、高级化妆品的税率则由30%降至15%，中国大陆（内地）游客入港人数的减少及消费支出的下降等影响，香港的批发零售业不得不经历寒冬，相应的投资额也出现了显著的下降。

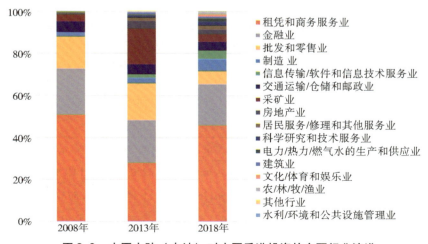

图8.9　中国大陆（内地）对中国香港投资的主要行业演进

(二) 中国大陆（内地）对其他环南海区域国家（东盟八国）投资的行业结构与变化

1. 投资行业结构

2018年，中国大陆（内地）对东盟八国投资流量主要分布在制造业、批发和零售业及租赁和商务服务业。从行业构成情况（表8.2）看，投资的第一目标行业是制造业，44.97亿美元，同比增长41.7%，占32.8%，主要流向马来西亚、印度尼西亚、越南、新加坡和泰国；其次是批发和零售业，34.73亿美元，同比增长41.8%，占25.4%，主要流向新加坡；租赁和商务服务业位列第三，15.02亿美元，同比下降29.9%，占11.0%，主要流向新加坡、印度尼西亚；电力/热力/燃气及水的生产和供应业8.61亿美元；交通运输/仓储和邮政业8.26亿美元，同比增长9%，占6%，主要流向新加坡、柬埔寨等；金融业7.34亿美元，同比下降0.7%，占5.4%，主要流向新加坡、泰国、印度尼西亚、菲律宾等；农/林/牧/渔业5.87亿美元，同比下降5.8%，占4.3%，主要流向新加坡、印度尼西亚；建筑业3.20亿美元，同比下降83.1%，占2.3%，主要流向柬埔寨、泰国、新加坡、越南；房地产业2.40亿美元，同比下降66.2%，占1.8%，主要流向新加坡、泰国等。

中国大陆（内地）对东盟八国的投资存量主要分布在制造业、租赁和商务服务业及批发和零售业。从行业构成（表8.2）看，投向制造业214.18亿美元，占20.8%，主要分布在印度尼西亚、马来西亚、越南、泰国、新加坡、柬埔寨等；租赁和商务服务业188.74亿美元，占18.3%，主要分布在新加坡、印度尼西亚、柬埔寨、越南、马来西亚等；批发和零售业154.30亿美元，占15.0%，主要分布在新加坡、马来西亚、泰国、印度尼西亚、越南等；电力/热力/燃气及水的生产和供应业100.05亿美元，占9.7%，主要分布在新加坡、印度尼西亚、柬埔寨等；采矿业97.63亿美元，占9.5%，主要分布在新加坡、印度尼西亚等；建筑业68.77亿美元，占6.7%，主要分布在新加坡、马来西亚、柬埔寨等；金融业56.76亿美元，占5.5%，主要分布在新加坡、泰国、印度尼西亚、马来西亚等；农/林/牧/渔业49.26亿美元，占4.8%，主要分布在新加坡、柬埔寨等；交通运输/仓储和邮政业33.36亿美元，占3.2%，主要分布在新加坡等；房地产业31.27亿美元，占3.1%，主要分布在马来西亚、新加坡、泰国等；科学研究和技术服务业10.77亿美元，占1.1%，主要集中在新加坡；其他行业合计占2.3%。

表8.2　2018年中国大陆（内地）对东盟八国投资的主要行业及比重

单位：万美元

行　　业	流量	比重/%	存量	比重/%
制造业	449742	32.8	2141843	20.8
租赁和商务服务业	150175	11.0	1887379	18.3
批发和零售业	347307	25.4	1543027	15.0
电力/热力/燃气及水的生产和供应业	86068	6.3	1000527	9.7

续表 8.2

行　　业	流量	比重/%	存量	比重/%
采矿业	338	0.0	976277	9.5
建筑业	32009	2.3	687718	6.7
金融业	73390	5.4	567591	5.5
农/林/牧/渔业	58661	4.3	492641	4.8
交通运输/仓储和邮政业	82625	6.0	333593	3.2
房地产业	24006	1.8	312732	3.1
科学研究和技术服务业	18255	1.3	107658	1.1
信息传输/软件和信息技术服务业	7910	0.6	75966	0.7
居民服务/修理和其他服务业	10265	0.7	70500	0.7
卫生和社会工作	-	0.0	31110	0.3
教育	22787	1.7	25031	0.3
其他行业	5815	0.4	32252	0.3
合计	1369353	100.0	10285845	100.0

资料来源：根据《中国对外投资统计公报（2018 年）》整理。

2. 投资行业结构变化

2008—2018 年，中国大陆（内地）对东盟八国的投资行业产生了显著的变化，制造业、批发和零售业、租赁和商务服务业的比重有显著的提升（图 8.10）。2008 年，中国大陆（内地）主要投资于电力/热力/燃气及水的生产和供应业（47.3%）、交通运输/仓储和邮政业（11.3%）、采矿业（9.7%）、制造业（9.5%），2018 年则主要投资于制造业（32.8%）、批发和零售业（25.4%）、租赁和商务服务业（11.0%）。

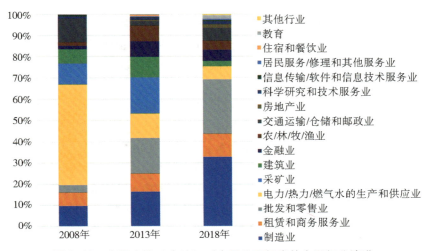

图 8.10　中国大陆（内地）对东盟八国投资的主要行业演进

3. 中国大陆（内地）企业的投资行业结构

中国大陆（内地）企业投资集中在新加坡、越南、印度尼西亚等国家，投资行业主要集中在租赁和商务服务业、低端制造业和中端制造业（图8.11）。单从2001—2016年的企业投资数据（不包括对外承建项目）来看，自2001年以来，共有4542家企业在环南海区域的8个东盟国家（马来西亚、菲律宾、泰国、新加坡、印度尼西亚、文莱、越南、和柬埔寨）投资。企业的投资主要集中在新加坡（22.7%）、越南（21.1%）、印度尼西亚（16.9%）等国家；文莱由于本身经济体量小，对外商投资的吸引不足，投资企业数量仅有27家。整体来看，中国企业投资大多流向租赁和商务服务业（42.1%）、低端制造业（22%）和中端制造业（12.8%）。

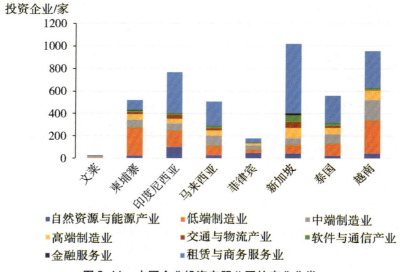

图8.11　中国企业投资东盟八国的产业分类

资料来源：根据中国商务部备案登记的对外直接投资企业整理。

各国因发展基础和自身优势不同而吸引不同类型的企业投资。新加坡主要吸引租赁和商务服务业方面的投资，该行业的投资企业数量占到投资企业总数的60.4%，具有绝对优势地位；其次为高端制造业，占9.5%；低端制造业、软件与通信产业、交通与物流产业的投资企业数量也在5%以上。

越南主要吸引租赁和商务服务业方面的投资，投资企业数量占34.6%，但相较于新加坡，其优势地位并不明显。其次为低端制造业，投资企业数量占31.0%，中端制造业投资企业数量占18.8%，高端制造业的投资企业数量仅占9.1%，制造业总体占58.9%，体现了越南低廉的劳动力成本对制造业企业的投资吸引力。

印度尼西亚主要吸引租赁和商务服务业方面的投资，投资企业数量占比47.9%，行业地位虽不如新加坡，但优势仍然比较突出，体现了印度尼西亚本地庞大的消费市场所具有的潜力。由于自然资源丰富，印度尼西亚也吸引了大量自然资源与能源产业（12.6%）方面的投资。另外，由于劳动力密集且人工成本低廉，也吸引了低端制造业（19.3%）、中端制造业（8.4%）、高端制造业（5.7%）三个层级的制造业企业投资，制造业企业数量占到33.4%。

泰国主要吸引租赁和商务服务业方面的投资，投资企业数量占44.1%，其次为低端制造业（19.4%）、中端制造业（15%）、高端制造业（10.7%）。

柬埔寨主要吸引低端制造业企业投资，投资企业数量占48.8%，其次为租赁和商务服务业（16.7%）、中端制造业（12.6%）、高端制造业（9.8%）。

马来西亚主要吸引租赁和商务服务业、制造业方面的投资，其中租赁和商务服务业吸引投资企业数量占42.9%，三类制造业吸引44.4%的投资企业。制造业按吸引投资企业数量排序依次为中端制造业（17.7%）、低端制造业（16.5%）、高端制造业（10.2%）。

菲律宾的中国投资企业行业分布相对均衡，所占份额从大到小依次是自然资源与能源产业（26.4%）、租赁和商务服务业（23.5%）、低端制造业（18.5%）、中端制造业（18.5%）、高端制造业（11.2%）。

文莱则主要吸引租赁和商业服务业（40.7%）及低端制造业（18.5%）、中端制造业（14.8%）、高端制造业（14.8%）。

三、结　语

总体来看，自2001年成为世界贸易组织成员国以来，中国对外开放趋势进一步增强，在持续接受第四次国际产业转移的同时对外投资也稳步上升。中国香港在中国大陆（内地）对环南海区域国家（地区）的投资目的国（地区）中占绝对核心地位，这与其金融枢纽的地位和发达的转口贸易不无关系，新加坡、马来西亚、印度尼西亚次之。

2018年，中国大陆（内地）对中国香港投资的行业集中于租赁和商务服务业、金融业、批发和零售业、制造业等。2008—2018年，中国大陆（内地）对中国香港投资的主要行业发生了较为显著的变化。2018年，中国大陆（内地）对东盟八国的投资流量主要分布在制造业、批发和零售业及租赁和商务服务业，投资存量主要分布在制造业、租赁和商务服务业及批发和零售业。2008—2018年，中国大陆（内地）对东盟八国的投资行业产生了显著的变化，制造业、批发和零售业、租赁和商务服务业的比重有显著的提升。从企业层面来看，中国大陆（内地）企业投资集中在新加坡、越南、印度尼西亚等国家，投资行业主要集中在租赁和商务服务业、低端制造业和中端制造业。

参考文献

曹监平，张淼. "一带一路"直接投资网络与全球价值链地位的实证［J］. 统计与决策，2020，36（11）：101－105.

陈沛然，王成金，刘卫东. 中国海外港口投资格局的空间演化及其机理［J］. 地理科学进展，2019，38（7）：973－987.

蒋冠宏，蒋殿春. 中国对外投资的区位选择：基于投资引力模型的面板数据检验［J］. 世界经济，2012，35（9）：21－40.

梁育填，周政可，刘逸. 东南亚华人华侨网络与中国企业海外投资的区位选择关系研究［J］. 地理学报，2018，73（8）：1449－1461.

卢昱嘉，陈秧分. 美国对外农业投资格局演变及其影响因素：兼论"一带一路"农业合作［J］. 自然资源学报，2020，35（3）：654-667.

汪胜兰，蒋小荣，杨永春. 中国境外投资企业功能区位的空间格局及其演化［J］. 地域研究与开发，2020，39（5）：1-7.

王曼怡，郭珺妍. "一带一路"沿线直接投资格局优化及对策研究［J］. 国际贸易，2020，39（5）：43-51.

文余源，杨钰倩. 投资动机、制度质量与中国对外直接投资区位选择［J］. 经济学家，2021，33（1）：81-90.

杨波，柯佳明. 新中国70年对外投资发展历程回顾与展望［J］. 世界经济研究，2019，38（9）：3-15，134.

赵云辉，陶克涛，李亚慧，等. 中国企业对外直接投资区位选择：基于QCA方法的联动效应研究［J］. 中国工业经济，2020，38（11）：118-136.

LIU H，JIANG J，ZHANG L，et al. OFDI agglomeration and Chinese firm location decisions under the "Belt and Road" initiative［J］. Sustainability. 2018，10（11）：4060.

（梁育填，张家熙，周政可）

第九章　环南海区域国家（地区）海洋贸易与发展

海洋经济包括为开发海洋资源和依赖海洋空间进行的生产活动，以及直接或间接与开发海洋资源和空间相关的服务性生产活动。具体海洋经济活动的分析需要综合考虑工业产业结构和地理位置的相互作用。海洋产业是具有同一属性的海洋经济活动的集合。世界上多数的海洋国家对海洋产业分类大致相同，如海洋渔业、海洋油气业、海盐业、造船业、港口与海运业以及滨海旅游业等，国际上多数国家海洋经济的产业分类具有可对比性。本章从国际贸易中心（International Trade Centre，ITC）网站筛选出 67 个海洋产品的 HS 4 位海关编码，整理海洋渔业、海洋油气业、海洋矿业、海洋盐业和海洋船舶工业五大海洋传统产业对外贸易名录（表 9.1），分析 2001—2019 年环南海区域的海洋经济发展特点。其中，部分数据缺失情况采用相邻年份替代，文莱、印度尼西亚、柬埔寨、越南的 2019 年数据用 2018 年数据代替，中国澳门 2013 年、2017 年、2018 年数据用相邻年份代替。

表 9.1　海洋对外贸易产品分类

海洋产业分类	海洋产品	HS 编码
01 海洋渔业	鱼类等动物	0301–0308
	其他动物及加工	0508–0509、1504、1506、1603–1605、7101、7116
	水产植物及其制品	1212
02 海洋油气业	原油	2709
	石油制品	2710
	石油气等	2711
03 海洋矿业	海滨天然砂矿	2505
	海滨金属砂矿	2601–2617
	海底煤矿	2701–2708
04 海洋盐业	海盐、海水	2501
05 海洋船舶工业	船舶设备	8406–8410
	海洋装置制造	8426–8427
	各种整船	8901–8908

一、环南海区域国家(地区)海洋贸易现状

(一)海洋贸易规模

全球海洋产品贸易在国际货物贸易总额中的比例不断增加,由2001年的13.0%增长至2012年的21.7%。截至2018年,全球海洋产品贸易占全球贸易总额的15.8%。2001—2019年间,环南海区域海洋产品贸易占全球海洋贸易总额的比重较小,均值在3.6%。一方面是由于区域内海洋合作和交流强度还比较弱,另一方面是因为海洋油气业在全球海洋贸易中的份额高达70%左右,而海洋油气业的最大出口区域集中在中东地区。

环南海区域海洋贸易规模虽然较小,但增长迅速,全球占比从2001年的2.5%增长到2018年的4.7%。2001—2019年,区域内海洋贸易总额从396.6亿美元增长至2765.3亿美元(表9.2),年均增速达到13.4%,高于2002—2019年全球贸易总额年均增速(7.1%)。环南海区域国家(地区)的海洋经济相互依存度日益增强,海洋经济正在快速发展。

表9.2 环南海区域国家(地区)海洋贸易总额和份额

单位:亿美元、%

国家(地区)	2001年		2007年		2013年		2019年	
	贸易额	份额	贸易额	份额	贸易额	份额	贸易额	份额
中国大陆(内地)	61.7	15.6	249.0	16.6	762.7	24.3	809.5	29.3
新加坡	95.9	24.2	437.1	29.2	809.4	25.8	567.5	20.5
印度尼西亚	49.5	12.5	232.0	15.5	527.0	16.8	421.6	15.2
马来西亚	54.8	13.8	181.3	12.1	408.1	13.0	347.3	12.6
泰国	32.9	8.3	100.7	6.7	243.5	7.8	209.4	7.6
中国香港	40.1	10.1	107.0	7.1	161.0	5.1	143.3	5.2
越南	40.4	10.2	112.2	7.5	118.1	3.8	134.8	4.9
菲律宾	10.0	2.5	46.2	3.1	66.7	2.1	90.9	3.3
文莱	7.5	1.9	24.1	1.6	28.4	0.9	20.1	0.7
柬埔寨	2.2	0.5	3.4	0.2	10.4	0.3	18.5	0.7
中国澳门	1.5	0.4	4.6	0.3	5.8	0.2	2.4	0.1
总计	396.6	100	1497.6	100	3141	100	2765.3	100

(二)海洋贸易格局

2015年之前,新加坡的海洋贸易总量稳居区域内第一,但随后被中国大陆(内地)取代。紧随其后的是印度尼西亚、马来西亚,其他国家(地区)的贸易规模较小。《2019

年世界主要海洋城市报告》指出，预计未来 5 年，新加坡将继续保持世界海运业的领先地位，但各国（地区）的竞争将更加激烈，这一事实说明了世界海洋经济重心的变化。2001 年，环南海区域各国家（地区）的海洋贸易总额差距较小，呈现新加坡一家独大的格局。2019 年，中国大陆（内地）和新加坡在区域内的海洋贸易份额合计高达 50%，而中国香港、越南、文莱和中国澳门等国家（地区）在该区域的海洋贸易份额逐年递减，环南海区域的海洋贸易呈现中国大陆（内地）和新加坡两极主导的格局。

（三）海洋贸易平衡性

贸易差额是判断贸易平衡性的标志。从海洋贸易差额来看，2018 年，新加坡、印度尼西亚、中国大陆（内地）、马来西亚、泰国、文莱是环南海区域海洋贸易的顺差国，新加坡贸易顺差领先其他国家，为 91 亿美元；中国香港、菲律宾、越南、柬埔寨和中国澳门则是海洋贸易逆差国家（地区）（图 9.1）。

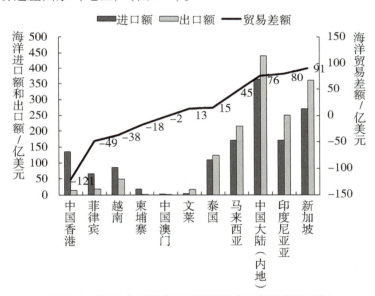

图 9.1　2018 年环南海区域海洋进出口额及贸易差额

二、中国大陆（内地）在环南海区域的海洋贸易

（一）海洋贸易总量

中国大陆（内地）在环南海区域的海洋贸易经历了 13 年的持续增长，从 2001 年的 61.7 亿美元增长至 2013 年的 762.7 亿美元，之后有所回落，2019 年达到 809.5 亿美元。相比中国大陆（内地）海洋生产总值常年占 GDP 的 10% 左右的比例而言，中国大陆（内地）在环南海区域的海洋贸易体量占 GDP 的比重较小（小于 1%），在中国大陆（内地）国际贸易总额中的占比也不到 2%（表 9.3）。海洋传统产业和对外贸易发展有待进一步开拓。虽然中国大陆（内地）在环南海区域的海洋贸易占国内经济总量的比重较小，但

作为区域海洋贸易重要的出口方和供应方，中国大陆（内地）2019年占据了区域海洋贸易29.3%的份额，是该区域主要的海洋贸易主体。

表9.3 中国大陆（内地）在环南海区域的海洋贸易总额和份额

单位：亿美元、%

海洋经济贸易情况	2001年	2007年	2013年	2019年
中国大陆（内地）在环南海区域的海洋进口总额	32.8	120.0	370.3	377.5
中国大陆（内地）在环南海区域的海洋出口总额	28.9	129.0	392.3	431.9
中国大陆（内地）在环南海区域的海洋贸易总额	61.7	249.0	762.7	809.5
中国大陆（内地）在环南海区域的海洋进出口总额/GDP	0.5	0.7	0.8	0.6
中国大陆（内地）在环南海区域的海洋进口总额/总进口额	1.3	1.3	1.9	1.8
中国大陆（内地）在环南海区域的海洋出口总额/总出口额	1.1	1.1	1.8	1.7
中国大陆（内地）在环南海区域的海洋贸易总额/总贸易额	1.2	1.1	1.8	1.8
中国大陆（内地）在环南海区域的海洋贸易总额/区域总额	15.6	16.6	24.3	29.3

（二）双边贸易现状

从中国大陆（内地）与环南海区域国家（地区）的双边贸易总额看，印度尼西亚、中国香港、新加坡、马来西亚是中国大陆（内地）在环南海区域的前四大贸易伙伴。不同时间的最大贸易伙伴有所变化，2001年是新加坡，2007年也是新加坡，2013年变为印度尼西亚，2019年是马来西亚（图9.2）。

从贸易差额看，中国大陆（内地）在环南海区域的海洋贸易总体上是顺差状态。中国香港对中国大陆（内地）的贸易顺差最大，而印度尼西亚对中国大陆（内地）是最大的贸易逆差方（图9.3）。

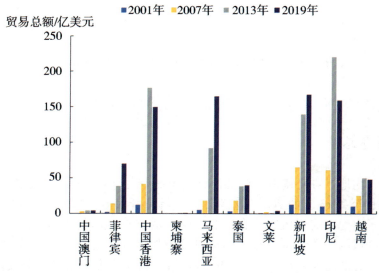

图9.2 2001—2019年中国大陆（内地）在环南海区域的海洋贸易总额

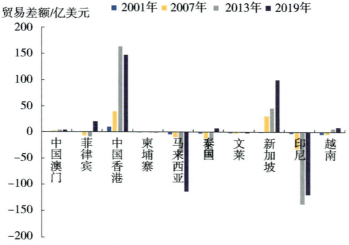

图 9.3　2001—2019 年中国大陆（内地）在环南海区域的海洋贸易差额

（三）海洋进出口市场及产品结构

从海洋进口市场看，印度尼西亚和马来西亚是中国大陆（内地）最大的海洋进口市场（图 9.4）。2019 年，中国大陆（内地）从印度尼西亚和马来西亚进口的海洋产品均占中国大陆（内地）在该区域进口总额的 37%，进口规模远大于从其他国家（地区）的进口。从产品上看，中国大陆（内地）在环南海区域主要进口海洋油气和海洋矿业产品（图 9.5）。2019 年，中国大陆（内地）从环南海区域国家（地区）进口的海洋油气和海洋矿业产品占进口总额的 91%。随着陆地石油资源的衰退，海洋油气成为中国大陆（内地）未来重要的能源供给来源，尤其是目前中国大陆（内地）海洋石油探明程度为 12%，海洋天然气探明程度为 11%，远低于世界平均水平的 60%。目前全球油气的 40% 来自海洋，而中国海洋油气的产量只占到 26%，因此，中国对海洋油气贸易存在较大的依赖，同时也表明中国海洋油气开发产业潜力较大，将是未来能源产业发展的战略重点。

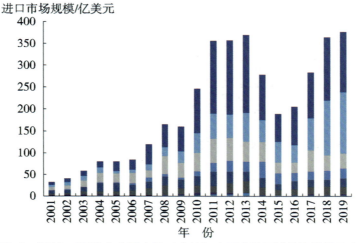

图 9.4　2001—2019 年中国大陆（内地）在环南海区域的海洋进口市场

113

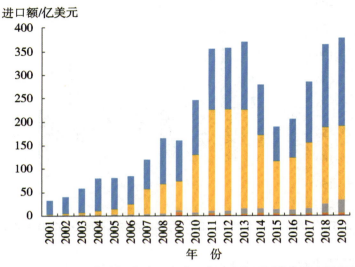

图9.5 2001—2019年中国大陆（内地）在环南海区域的海洋产品进口额

从海洋出口市场上看，中国香港和新加坡是中国大陆（内地）最大的海洋出口市场。2019年，中国大陆（内地）出口到中国香港和新加坡的海洋产品分别占比34%和31%（图9.6）。从产品来看，中国大陆（内地）主要出口海洋油气和海洋船舶产品（图9.7）。

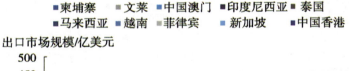
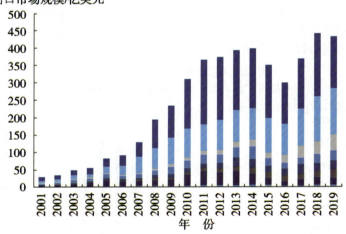

图9.6 2001—2019年中国大陆（内地）在环南海区域的海洋出口市场

图9.7　2001—2019年中国大陆（内地）在环南海区域的海洋产品出口额

三、环南海区域国家（地区）海洋产业发展特点

在环南海区域，2001—2019年，海洋油气产品贸易一直占据海洋贸易市场的主导地位；海洋矿业和海洋船舶工业产品的贸易占比逐渐扩大，分别从2001年的6%和7%增长至2019年的16%和9%；海洋渔业产品占比下降，从2001年的9%降至2019年的6%；海洋盐业产品贸易额从2001年的0.33亿美元增长至2019年的0.88亿美元，但在环南海区域海洋贸易市场上占比下降，从0.08%降低0.03%。

环南海区域的海洋贸易格局正在发生变化，中国大陆（内地）逐渐取代新加坡，成为该区域海洋贸易的最大市场主体，主导了除油气产品之外的各海洋产业贸易（图9.8、图9.9）。

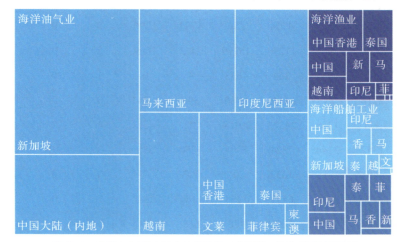

图9.8　2001年环南海区域国家（地区）的海洋贸易活动

注：因图幅有限，小图块中仅标示相关国家（地区）名称的头一两个字或简称，如中国＝中国大陆（内地），澳＝中国澳门，柬＝柬埔寨，印尼＝印度尼西亚。图9.9同。

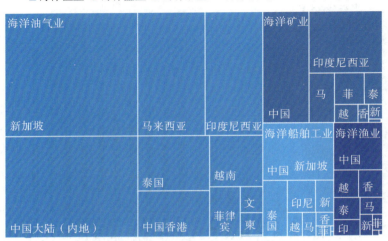

图 9.9　2019 年环南海区域国家（地区）的海洋贸易活动

环南海区域海洋贸易市场的格局从比较均衡转向单一市场主导。2001 年，海洋油气业、海洋渔业、海洋船舶工业、海洋矿业和海洋盐业的主要贸易市场分别集中在新加坡、中国香港、中国大陆（内地）、印度尼西亚和马来西亚。2019 年，除了海洋油气业之外，中国大陆（内地）主导了其余海洋产品的贸易（表 9.4）。

表 9.4　2019 年环南海区域国家和地区不同海洋产业贸易进口和出口额

单位：百万美元

国家（地区）	海洋船舶工业		海洋油气业		海洋矿业		海洋盐业		海洋渔业	
	进口额	出口额	进口额	出口额	进口额	出口额	进口额	出口额	进口额	出口额
中国大陆（内地）	550	12571	18637	25061	15802	928	0	26	2763	4608
菲律宾	459	50	4754	256	1773	1296	8	0	344	153
马来西亚	724	332	11273	15779	2423	1669	8	3	720	523
文莱	32	26	264	1633	9	0	1	0	43	6
印度尼西亚	2218	731	14349	8780	396	14311	0	0	108	1272
新加坡	534	1348	24223	29104	211	432	4	7	662	222
泰国	1352	3144	7324	5395	1250	585	3	10	1037	836
柬埔寨	49	0	1657	0	123	7	3	0	9	1
越南	705	458	6451	2288	1184	194	7	0	288	1901
中国香港	483	305	10279	488	615	39	5	2	1653	457
中国澳门	2	0	132	0	4	0	0	0	100	3
总计	7108	18965	99343	88784	23790	19461	39	48	7727	9982

（一）海洋油气业

2000 年以来，世界海上油气勘探开发步伐明显加快，海上油气新发现超过陆地，成为全球油气资源的战略接替区。特别是随着海洋油气勘探新技术的不断应用和成熟，全球进入深水油气开发阶段，海洋油气勘探开发成为全球石油行业主要投资领域之一。海洋油气业是一个高风险、高投入、高回报的行业，整个过程需要产业链上各领域服务商相互合作才能获得最大收益。石油公司是整个行业的最终需求端，其景气程度决定了对勘探开采服务和海洋工业装备的需求，对产业链的运行至关重要。

2001—2019 年，环南海区域海洋油气产品贸易额由 307 亿美元增长至 1881 亿美元，增长 6 倍多，在区域海洋产品贸易市场中占主导地位，但占比有所下降，从 78% 下降至 68%。

新加坡虽然缺乏油气资源，但是其利用有利的地理位置，发展炼油工业，主要炼油厂有埃克森美孚、壳牌、新加坡炼油公司。同时，凭借先进的技术设备，新加坡积极参与印度尼西亚等国家的石油勘探和开采。作为世界第三大炼油中心，新加坡在环南海海洋油气贸易中始终占据着最大的份额。中国大陆（内地）、马来西亚、印度尼西亚石油储量相对丰富，也一直是环南海区域前四大海洋油气产品贸易国（地区）。中国大陆（内地）的占比从 2001 年的 15% 增长至 2019 年的 23%；其余三国份额基本不变，2019 年，新加坡、马来西亚和印度尼西亚的占比分别为 28%、14% 和 12%。

2019 年，在环南海区域的海洋油气产品贸易中，菲律宾、柬埔寨、中国香港、中国澳门油气资源有限，是净进口国家（地区），进口份额达到 95% 以上；文莱是一个资源型国家，其 86% 的油气产品供出口。

（二）海洋矿业

2001—2019 年，环南海区域海洋矿业产品贸易额飞速增长，由 24 亿美元增长至 433 亿美元，增长 17 倍之多。海洋矿业的市场需求从 6% 增长至 16%，成为环南海区域海洋贸易的新热点。

印度尼西亚和中国大陆（内地）是环南海区域海洋矿业产品交易大国。2001 年，市场份额占 10% 以上的国家（地区）有印度尼西亚、中国大陆（内地）、泰国、菲律宾、马来西亚、中国香港；到 2019 年，中国大陆（内地）和印度尼西亚分别占有 39% 和 34% 的份额，整体市场从分散向集中发展。

2019 年，在环南海区域海洋矿业贸易中，中国大陆（内地）、文莱、柬埔寨、越南、中国香港、中国澳门是净进口国家（地区），进口份额达 94% 以上；印度尼西亚 97% 的海洋矿业产品用于出口。

（三）海洋船舶工业

2001—2019 年，环南海区域海洋船舶工业产品贸易额由 29 亿美元增长至 261 亿美元,增长8倍。海洋船舶工业的市场需求略有提升,从7%增长至9%。

近年来,世界船舶工业快速发展,日本、韩国、中国大陆(内地)是世界三大造船国,东盟国家的造船业异军突起。在海洋船舶工业的贸易中,中国大陆(内地)一直是环南海区域最大的交易市场,市场份额从2001年的23.6%增长至2019年的50.3%。2001年市场份额占10%以上的国家(地区)还有新加坡、印度尼西亚和中国香港,分别占22.2%、20.3%和10.2%;到2019年,泰国代替新加坡,跃升为环南海区域海洋船舶工业的第二大交易市场,占比17.2%,印度尼西亚的占比则降低至11.3%。

2019年,在环南海区域海洋船舶工业产品贸易中,中国大陆(内地)是最大的交易市场,也是最大的出口市场,出口额占贸易额的95.8%,出口目的地主要是中国香港和新加坡;泰国和新加坡的出口额占70%。菲律宾、柬埔寨和中国澳门的进口额占90%以上,印度尼西亚和马来西亚的进口额占70%左右。

(四) 海洋渔业

环南海区域拥有漫长的海岸线和广阔的海域,渔业资源十分丰富。其中,中国大陆(内地)、印度尼西亚、菲律宾、泰国和马来西亚渔业产量均列世界前25位。2001—2019年,环南海区域海洋渔业产品贸易额由35亿美元增长至177亿美元,增长了4倍;但相比其他四大海洋产业,增速较低,市场份额小幅下降。

中国大陆(内地)在环南海的海洋渔业市场不断扩大,贸易份额从2001年的12.2%增长至2019年的41.6%。越南的市场份额变动不大,一直在12%上下。中国香港的占比从30.1%降至11.9%。泰国的市场份额也从16.4%降为10.6%。

2019年,海洋渔业产品出口比例较高的国家有印度尼西亚、越南和中国大陆(内地),出口占比分别为92.2%、86.8%和62.5%;中国澳门、柬埔寨、文莱、中国香港、新加坡和菲律宾等国家(地区)的海洋渔业产品进口占比较多,达到70%以上。

(五) 海洋盐业

2001—2019年,环南海区域海洋盐业产品贸易额由0.33亿美元缓慢增长至0.88亿美元,在五大海洋产品的贸易份额中分量不及0.1%。

2001年,环南海区域海洋盐业产品交易最大的市场是马来西亚。2019年,中国大陆(内地)成为环南海区域最大的海洋盐业产品市场,占比30.0%;其次是泰国和马来西亚。

由于海洋盐业自身的行业特点,其进入壁垒较低。目前中国盐业已经进入了产能过剩、供大于求的阶段,产业整体进入成熟期。2019年,中国大陆(内地)在环南海区域的海洋盐业产品贸易98.3%为出口,泰国为78.6%,新加坡为62.0%。其余国家(地区)的海洋盐业产品都依赖进口,特别是菲律宾、柬埔寨和中国澳门,在大多数年份没有海洋盐业产品的出口,属于海洋盐业产品的净进口国家(地区)。

四、结　语

本章分析环南海区域国家（地区）的海洋经济伙伴关系和海洋经济贸易状况，有助于认识中国大陆（内地）海洋经济发展态势，建设海洋强国。全球海洋产品贸易在国际货物贸易总额中的比例不断增加，说明海洋经济贸易日益重要。目前，环南海区域海洋贸易占全球海洋贸易总额的比重还较小，环南海区域国家（地区）的海洋经济贸易合作有较大拓展空间。

2001—2019年，环南海区域国家（地区）的海洋贸易总额及中国大陆（内地）与该区域国家（地区）的双边贸易都呈现出先快速增长、后波动发展的态势，说明该区域海洋经济贸易的格局处于变动状态。中国大陆（内地）与环南海区域国家（地区）间的联系趋于紧密，总体上是顺差状态。印度尼西亚和马来西亚是中国大陆（内地）最大的海洋经济进口来源地，中国香港和新加坡是中国大陆（内地）最大的海洋出口目的地。中国大陆（内地）对区域内的海洋油气和海洋矿业产品需求旺盛；同时，中国大陆（内地）的海洋油气和海洋船舶产品在区域内具有出口优势。

2001—2019年，环南海区域的海洋油气业产品贸易一直保持着较高的热度。近年来，海洋矿业产品贸易占比扩大，成为新的焦点；技术含量较高的海洋船舶工业产品的贸易重要性得到提升；海洋渔业产品贸易的比重呈现下降趋势；海洋盐业产品贸易发展最为缓慢，市场份额小。海洋产业市场的交易格局从比较均衡转向单一市场主导，主要体现在，中国大陆（内地）在海洋渔业、海洋船舶工业、海洋矿业和海洋盐业等海洋产品领域取代了新加坡等国家，成为环南海区域海洋贸易的最大市场主体，主导了除油气产品之外的各类海洋产品贸易。总体上，环南海区域国家（地区）传统海洋产业规模不断扩大，贸易产品开始由原材料和水产品向工业品拓展，但海洋产业贸易结构优化不明显，经贸交流有待继续深化，未来应关注海洋经济合作与海洋资源可持续开发利用，聚焦环南海区域国家（地区）的海洋能源消费需求、海洋资源消费强度及海洋经贸消费市场，促进区域海洋产业合作向深度和广度发展。

参考文献

董伟，徐丛春. 中外海洋经济统计分类比较分析 [J]. 海洋经济，2011，1（6）：59－64.

郝乐. 双边贸易水平的综合评价与比较 [J]. 国际经贸探索，2018，34（12）：70－80.

何广顺. 海洋经济核算体系与核算方法研究 [M]. 青岛：中国海洋大学出版社，2006.

前瞻产业研究院. 中国海洋经济发展趋势及产业规划思路 [R]. 前瞻产业研究院，2019：1－63.

张耀光，刘锴，王圣云，等. 中国与世界多国海洋经济与产业综合实力对比分析 [J]. 经济地理，2017，37（12）：103－111.

JAKOBSEN E, MELLBYE C S, OSMANMS, et al. The leading maritime capitals of the world 2017 [R/OL]. Menon Economics, Publication, 2017 (28). https://www.dnvgl.com/news/leading-maritime-capitals-of-the-world-report-2019-singapore-still-on-top-145477.

KILDOWJT, COLGANCS, SCORSEJ. State of the US ocean and coastal economies [R]. Retrieved from National Ocean Economics Program, 2009：1－60.

KILDOWJT, MCLLGORMA. The importance of estimating the contribution of the oceans to national economies

[J]. Marine policy, 2010, 34 (3), 367 – 374.

PARKDKS, KILDOWDJT. Rebuilding the classification system of the ocean economy [J]. Journal of ocean and coastal economics, 2014 (1): 1 – 39.

SURÍS-REGUEIRO J C, GARZA-GIL M D, VARELA-LAFUENTE M M, et al. Marine economy: A proposal for its definition in the European Union [J]. Marine policy, 2013, 42, 111 – 124.

WANG Q. Oil imports hit alarming level in China: Study [N/OL]. China Daily, 2010 – 01 – 14. http://www.chinadaily.com.cn/bizchina/2010-01/14/content_9317926.htm.

（史钊源，韦春竹）

第十章　环南海区域国家（地区）贸易竞争性和互补性

一、环南海区域国家（地区）贸易发展总体特征

（一）贸易规模大，增长迅速

2000 年，中国大陆（内地）与环南海区域国家（地区）的贸易额为 1241 亿美元；2018 年，中国大陆（内地）与环南海区域国家（地区）的贸易额增长至 11116 亿美元，占 2018 年中国大陆（内地）对世界贸易总额的 24%（图 10.1）。其中，中国大陆（内地）对环南海区域国家（地区）的出口额由 2000 年的 671 亿美元增长至 2018 年的 6633 亿美元，占 2018 年中国大陆（内地）对世界总出口额的 26.6%。中国大陆（内地）从环南海区域国家（地区）的进口额从 2000 年的 571 亿美元增长至 2018 年的 4483 亿美元，占 2018 年中国大陆（内地）对世界总进口额的 21.0%。2018 年中国大陆（内地）对环南海区域国家（地区）的贸易顺差为 2150 亿美元，是 2000 年贸易顺差的 21.5 倍。

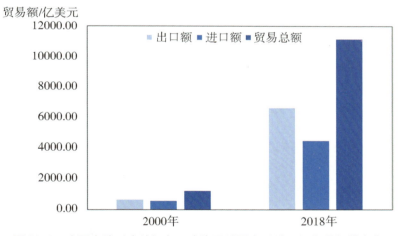

图 10.1　中国大陆（内地）与环南海区域国家（地区）贸易规模变化

（二）中国大陆（内地）贸易伙伴从以中国港台地区为主转向较平衡的贸易格局

2000 年，中国大陆（内地）在环南海区域国家（地区）的贸易伙伴主要是中国香港和中国台湾，其贸易额占中国大陆（内地）在环南海区域贸易总额的 68%，其中与中国香港的贸易额占比为 43.5%（图 10.2）。2018 年，中国大陆（内地）的贸易伙伴格局发生了较大变化，与中国港台地区的贸易额占比下降至 48%，其中与中国香港的贸易额占比下降至 28.0%，与中国台湾的贸易额占比下降至 20.3%。2018 年，中国大陆（内地）

与其他环南海区域国家（除了港澳台）的贸易额占比达到51.4%。其中，中国大陆（内地）与越南的贸易增长最为显著，贸易占比由2000年的2.0%增长至2018年的13.3%。越南成为除中国港澳台以外中国大陆（内地）在环南海区域的最大贸易伙伴。中国大陆（内地）在环南海区域（除中国港澳台之外）的第二大贸易伙伴是马来西亚，贸易额占比9.8%；再次是泰国、新加坡、印度尼西亚。

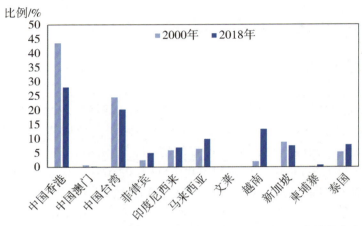

图10.2 中国大陆（内地）与环南海区域国家（地区）贸易额占比

（三）贸易产品主要是机械及运输设备、主要按材料分类的制成品和杂项制成品

2000年，中国大陆（内地）与环南海区域国家（地区）贸易前三大产品依次是机械及运输设备、主要按材料分类的制成品和杂项制成品，三者占比分别为39.4%、23.0%和16.3%。到2018年，主要的贸易产品仍然是这三类，但各自占比有所变化，分别变为56.3%、11.7%和11.1%，即贸易领域更集中于机械及运输设备（图10.3）。

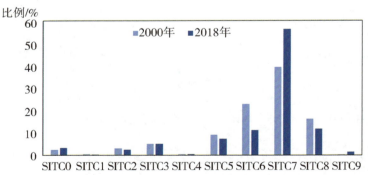

SITC0—粮食及活动物；SITC1—饮料及烟叶；SITC2—除燃料外的非食用未加工材料；SITC3—矿物燃料、润滑油及有关物质；SITC4—动物及植物油、脂肪及蜡；SITC5—未列明的化学及有关产品；SITC6—主要按材料分类的制成品；SITC7—机械及运输设备；SITC8—杂项制成品；SITC9—未列入其他分类的货物及交易

图10.3 中国大陆（内地）与环南海区域国家（地区）商品贸易额比重

表10.1显示，中国大陆（内地）在该区域的主要出口产品是机械及运输设备和主要按材料分类的制成品；对个别国家（地区）主要出口其他产品，如中国大陆（内地）对

中国澳门的主要出口产品包含矿物燃料、润滑油及有关物质,对泰国的主要出口包含未列明的化学及有关产品。

中国大陆(内地)在该区域进口的主要产品存在较大差别(表10.1)。中国大陆(内地)从中国香港主要进口除燃料外的非食用未加工材料、未列明的化学及有关产品和未列入其他分类的货物及交易,从中国澳门主要进口饮料及烟叶(SITC1)和未列明的化学及有关产品,从中国台湾主要进口机械及运输设备,从文莱主要进口矿物燃料、润滑油及有关物质和未列明的化学及有关产品两大类,从柬埔寨主要进口主要按材料分类的制成品和杂项制成品,从印度尼西亚主要进口除燃料外的非食用未加工材料和矿物燃料、润滑油及有关物质,从马来西亚主要进口机械及运输设备和矿物燃料、润滑油及有关物质,从新加坡主要进口机械及运输设备和未列明的化学及有关产品,从泰国主要进口机械及运输设备、未列明的化学及有关产品和除燃料外的非食用未加工材料,从菲律宾主要进口机械及运输设备,从越南主要进口机械及运输设备和杂项制成品。

表10.1 中国大陆(内地)与环南海区域国家(地区)贸易主要产品及其比重

单位:%

贸易伙伴	主要出口		主要进口		主要贸易额	
	产品名称	占比	产品名称	占比	产品名称	占比
中国香港	SITC7	71.87%	SITC9	31.05%	SITC7	70.17%
			SITC2	22.04%	SITC8	14.38%
			SITC5	16.07%		
中国澳门	SITC3	26.14%	SITC5	45.56%	SITC3	25.61%
	SITC6	19.10%	SITC1	29.94%	SITC6	18.75%
	SITC8	18.50%			SITC8	18.23%
	SITC7	16.55%			SITC7	16.37%
中国台湾	SITC7	56.49%	SITC7	72.62%	SITC7	69.15%
菲律宾	SITC7	31.72%	SITC7	74.29%	SITC6	19.75%
	SITC6	29.37%			SITC8	13.33%
	SITC8	18.88%				
印度尼西亚	SITC7	41.72%	SITC3	33.19%	SITC7	26.05%
	SITC6	27.35%	SITC2	18.34%	SITC6	21.99%
					SITC3	15.57%
马来西亚	SITC7	43.92%	SITC7	60.26%	SITC7	53.40%
	SITC6	20.03%	SITC3	19.64%	SITC3	12.68%
文莱	SITC7	48.63%	SITC3	49.74%	SITC7	42.11%
	SITC6	40.89%	SITC5	48.58%	SITC6	35.41%

续表 10.1

贸易伙伴	主要出口		主要进口		主要贸易额	
	产品名称	占比	产品名称	占比	产品名称	占比
越南	SITC7	39.11%	SITC7	55.97%	SITC7	46.40%
	SITC6	29.44%	SITC9	15.38%	SITC6	19.54%
	SITC8	14.30%			SITC8	12.27%
新加坡	SITC7	49.19%	SITC7	41.46%	SITC7	46.08%
	SITC6	11.16%	SITC5	26.43%	SITC3	15.99%
柬埔寨	SITC6	65.72%	SITC8	43.05%	SITC6	58.43%
	SITC7	18.57%	SITC6	26.56%	SITC7	16.73%
					SITC8	15.80%
泰国	SITC7	42.36%	SITC7	42.92%	SITC7	42.65%
	SITC8	13.37%	SITC5	16.86%	SITC5	15.06%
	SITC5	13.17%	SITC2	14.86%	SITC6	13.27%

资料来源：UN Comtrade 数据库。

二、环南海区域国家（地区）贸易竞争性格局

（一）中国大陆（内地）与环南海区域国家（地区）在世界市场上的出口相似度较高，贸易竞争有所增强

出口相似度指数（ESI）用于分析一国与其他国家出口在世界市场上的竞争情况。表10.2 显示，中国大陆（内地）与区域内各经济体在世界市场上的出口相似度较高，存在激烈的贸易竞争。其中，中国大陆（内地）与中国台湾、越南的出口相似度指数大于80，在世界市场的贸易竞争最大。中国大陆（内地）与香港、菲律宾、新加坡、泰国的出口相似度指数在70～80之间，在世界市场上的贸易竞争也较为激烈。柬埔寨与中国大陆（内地）的贸易竞争程度较弱。文莱与中国大陆（内地）的贸易竞争最小，这与文莱是一个资源型国家、主要依靠石油出口的经济结构有关系。

表 10.2 中国大陆（内地）与环南海区域国家（地区）出口相似度指数

年份	中国香港	中国澳门	中国台湾	菲律宾	印度尼西亚	马来西亚	文莱	越南	新加坡	柬埔寨	泰国
2000	90.54	55.25	71.00	55.61	65.70	59.12	NA	53.00	35.70	NA	74.50
2018	74.03	NA	81.68	70.27	51.02	76.81	10.87	83.52	71.37	40.92	77.77

资料来源：Un Comtrade 数据库。

从 2000—2018 年的发展变化看，有两点值得注意。第一，中国大陆（内地）与中国香港的出口相似度下降，但与中国台湾的出口相似度有较大增加，说明在此期间，中国大

陆（内地）经济由于由劳动密集型产业向技术密集型产业转型，在世界市场上与香港的贸易竞争有所降低，而与台湾的贸易竞争显著增强。第二，中国大陆（内地）与越南的出口相似度有显著增加，出口相似度指数由53增加到近84，表明越南正在成为中国大陆（内地）在国际贸易市场的竞争对手，这与越南过去十几年大力改革开放、引进外资有紧密关系。此外，在世界市场上与中国大陆（内地）的贸易竞争增强的国家还有菲律宾、马来西亚、新加坡，其中与新加坡的贸易竞争程度增加了近1倍。

（二）中国大陆（内地）与环南海区域国家（地区）的对外贸易结构较为相似，贸易竞争性较强

贸易竞争性指数（CI）刻画了国家（地区）间的贸易结构，指数越趋近1，表明国家（地区）间贸易结构越一致，意味着贸易竞争性越强。表10.3显示，除文莱、柬埔寨之外，中国大陆（内地）与多数经济体的贸易结构具有较大相似性，CI指数在0.5～0.9之间。在港澳台地区中，中国大陆（内地）与香港、台湾的贸易结构相似度均较高，不同的是，中国大陆（内地）与香港的贸易结构相似性在2000—2018年期间减小，而与台湾的贸易结构相似性增强，说明中国大陆（内地）与台湾的贸易竞争性日益加强。

表10.3 中国大陆（内地）与环南海区域国家（地区）贸易竞争性指数

年份	中国香港	中国澳门	中国台湾	菲律宾	印度尼西亚	马来西亚	文莱	越南	新加坡	柬埔寨	泰国
2000	0.95	0.66	0.78	0.66	0.71	0.68	0.13	0.59	0.40	0.52	0.81
2018	0.84	0.75	0.89	0.81	0.55	0.85	0.09	0.90	0.80	0.46	0.86

注：由于文莱、柬埔寨2000年数据缺失，采用2001年数据。
资料来源：Un Comtrade数据库。

2000—2018年，与中国大陆（内地）的贸易结构相似性增强的国家有新加坡、越南、马来西亚和菲律宾。中国大陆（内地）与越南的CI指数从0.59增加至0.90，接近1，说明双方的出口贸易结构非常相似，贸易竞争性很强。中国大陆（内地）与新加坡的CI指数增加了1倍，从0.4增长至0.8，贸易竞争性加强。印度尼西亚是唯一一个与中国大陆（内地）的贸易结构相似度显著下降的国家，由0.71下降至0.55，说明印度尼西亚与中国大陆（内地）的贸易竞争性下降，互补性增强。此外，中国大陆（内地）与泰国的CI指数从0.81增加至0.86，双方贸易结构相似性也较强。

（三）中国大陆（内地）在资源和能源密集型产品的贸易竞争力相对较弱，在资本密集型和劳动力密集型产品的贸易竞争力相对较强

显性比较优势指数（RCA）刻画各国（地区）产业在国际市场上的贸易竞争力。表10.4显示，菲律宾、印度尼西亚、马来西亚、越南、新加坡、柬埔寨和泰国在粮食及活动物（SITC0），饮料及烟叶（SITC1），除燃料外的非食用未加工材料（SITC2），矿物燃料、润滑油及有关物质（SITC3），动物及植物油、脂肪及蜡（SITC4）等产品贸易中具有

较强或极强的国际竞争力，中国大陆（内地）在这些商品上的国际竞争力较弱。在未列明的化学及有关产品（SITC5）、主要按材料分类的制成品（SITC6）、机械及运输设备（SITC7）、杂项制成品（SITC8）等四类产品中，中国大陆（内地）具有较强或极强的国际竞争力。

表 10.4　中国大陆（内地）与环南海区域国家（地区）商品贸易显性比较优势分析

年份	商品分类	中国大陆（内地）	中国香港	中国澳门	中国台湾	菲律宾	印度尼西亚	马来西亚	文莱	越南	新加坡	柬埔寨	泰国
2000	SITC0	1.66	0.43	0.09	0.39	1.14	1.90	0.58	0.01	8.22	0.27	3.38	4.73
	SITC1	0.75	1.14	1.77	0.08	0.34	0.95	0.82	0.00	0.31	1.76	6.85	0.63
	SITC2	1.04	0.72	0.47	0.73	0.76	4.02	1.60	0.01	1.52	4.26	23.46	2.28
	SITC3	0.64	0.05	0.14	0.23	0.27	5.09	1.94	9.46	5.32	0.03	0.00	0.65
	SITC4	0.20	0.28	0.01	0.10	5.30	12.09	14.69	0.01	1.81	29.51	NA	0.47
	SITC5	0.88	0.94	0.15	1.13	0.16	0.93	0.70	0.17	0.69	0.03	1.08	
	SITC6	2.89	2.49	2.06	3.30	0.63	3.37	1.17	0.14	0.91	11.43	7.42	1.98
	SITC7	1.89	2.18	0.32	3.32	4.33	0.99	3.56	0.10	0.49	0.46	0.56	2.48
	SITC8	6.20	6.82	14.16	2.18	2.06	2.87	1.44	0.37	4.99	0.61	228.96	2.60
	SITC9	0.07	0.17	0.00	0.06	0.13	0.21	0.27	0.03	1.06	1.12	2.34	0.92
2018	SITC0	0.89	0.57	2.82	0.43	2.05	2.46	1.07	0.07	3.47	0.75	1.58	4.16
	SITC1	0.37	1.07	5.46	0.44	2.04	1.85	0.90		0.56	2.43	0.68	2.00
	SITC2	0.40	0.19	0.74	0.73	2.13	5.65	1.48	0.17	1.33	0.49	1.43	2.70
	SITC3	0.38	0.02	0.00	0.83	0.34	4.70	3.14	18.34	0.33	2.64	0.00	0.85
	SITC4	0.19	0.03	18.50	0.11	7.44	52.46	23.75	0.00	0.30	0.26	0.81	1.16
	SITC5	1.22	0.52	0.14	2.19	0.36	1.13	1.38	0.68	0.44	2.57	0.14	1.91
	SITC6	2.78	1.23	3.75	2.35	0.96	2.48	1.57	0.17	1.88	0.58	0.98	2.14
	SITC7	2.76	3.85	2.35	3.32	3.86	0.71	2.59	0.15	2.74	0.45	2.51	
	SITC8	4.06	2.29	3.50	1.48	1.53	2.15	1.75	0.18	5.10	1.42	13.94	1.54
	SITC9	0.08	2.21	NA	0.22	0.62	0.38	0.23	0.05	0.52	3.02	0.09	0.58

注：由于文莱 2000 年数据缺失，采用 2001 年数据代替。
资料来源：UN Comtrade 数据库。

2000—2018 年中国大陆（内地）在 SITC0～4、6 类产品上的国际竞争力减弱，在 SITC5、7、8 类产品上的竞争力增强，SITC9 类产品未发生明显变化。中国香港在 SITC7 和 SITC9 类产品上竞争力有所增强。中国澳门在 SITC0、1、4、6、7 类商品上竞争力都明显增强。中国台湾在 SITC5 类商品的竞争力有较为显著的增强之外，其他商品的竞争力或减弱或没有发生显著变化。新加坡在 SITC7 类商品的竞争力有较为显著的增强之外，其他商品的竞争力或减弱或未发生明显变化。越南在 SITC5、6、7 商品的竞争力有所增强。菲律宾在 SITC1、2 类产品上的竞争力增强。印度尼西亚在 SITC1、5、7 类产品竞争力增长明显。马来西亚在 SITC5 类产品上的竞争力增长明显。

上述分析表明：①2000—2018 年区域内产品贸易竞争力格局发生了较大变化，这与欠发达国家（如越南、菲律宾）发展经济、加入全球化分工紧密联系。②中国大陆（内地）着重于工业制成品（包括化学品、轻纺和橡胶制品及矿冶产品、机械及运输设备、杂项制品）的贸易出口，但面临着来自马来西亚、菲律宾、新加坡、越南和泰国的竞争。③在初代产品（包括食品、饮料及烟草、非食用原料、矿物燃料、动植物油脂及蜡）中，中国大陆（内地）的竞争力较弱，这与中国大陆（内地）的产业结构是以工业和服务为主有关，也说明中国大陆（内地）与其他环南海区域国家（地区）在初代产品贸易中具有较大互补性。

三、环南海区域国家（地区）贸易互补性格局

（一）中国大陆（内地）与环南海区域国家（地区）贸易结构匹配指数总体上逐渐上升，贸易互补性较强

贸易结构匹配指数通过对特定时间段内一国（地区）的出口结构与另一国（地区）的进口结构进行比较来计算，指数越趋于 1，表明两国（地区）的贸易互补性越高。表 10.5 显示，2000—2018 年间中国大陆（内地）与环南海区域国家（地区）贸易结构匹配指数处于 0.50~1.00 之间，总体呈现上升态势。

表 10.5 2000—2018 年中国大陆（内地）与环南海区域国家（地区）贸易结构匹配指数

国家（地区）	2000	2001	2002	2003	2004	2005	2006	2007	2008	2009	2010	2011	2012	2013	2014	2015	2016	2017	2018
中国香港	0.87	0.89	0.90	0.91	0.92	0.93	0.93	0.94	0.93	0.93	0.92	0.91	0.89	0.86	0.86	0.86	0.86	0.86	0.86
中国澳门	0.78	0.81	0.83	0.80	0.82	0.81	0.81	0.83	0.81	0.79	0.73	0.72	0.76	N/A	0.77	0.78	0.69	N/A	0.68
中国台湾	0.75	0.77	0.79	0.82	0.85	0.84	0.83	0.87	0.75	0.79	0.80	0.77	0.73	0.74	0.76	0.82	0.83	0.83	0.83
菲律宾	0.69	0.71	0.72	0.76	0.78	0.78	0.78	0.77	0.76	0.78	0.78	0.66	0.75	0.76	0.76	0.80	0.83	0.84	0.85
印度尼西亚	0.64	0.66	0.67	0.66	0.66	0.64	0.62	0.63	0.74	0.77	0.76	0.72	0.73	0.70	0.74	0.77	0.76	0.77	0.77
马来西亚	0.70	0.73	0.76	0.78	0.81	0.81	0.82	0.83	0.83	0.84	0.85	0.84	0.82	0.81	0.82	0.85	0.84	0.84	0.84
文莱	N/A	0.77	0.82	0.84	N/A	0.85	0.87	0.87	0.87	0.85	0.86	0.83	0.85	0.86	0.85	0.82	0.82	0.84	
越南	0.72	0.75	0.75	0.76	0.74	0.71	0.70	0.74	0.74	0.75	N/A	0.75	0.78	0.81	0.81	0.83	0.84	0.86	0.86
新加坡	0.71	0.74	0.76	N/A	0.82	0.65	0.64	0.82	0.71	0.81	0.80	0.74	0.73	0.69	0.77	0.83	0.83	0.81	0.78
柬埔寨	0.65	0.61	0.60	0.58	0.52	0.63	0.67	0.72	0.65	0.62	0.61	0.60	0.64	0.66	0.66	0.65	0.65	0.64	
泰国	0.71	0.74	0.76	0.79	0.77	0.80	0.80	0.81	0.81	0.78	0.81	0.80	0.78	0.80	0.77	0.79	0.83	0.85	0.84	0.82

资料来源：UN Comtrade 数据库。

中国大陆（内地）与中国香港之间的贸易结构匹配指数变化不大，中国香港是该区域中与中国大陆（内地）贸易匹配程度最高的地区，指数保持在 0.86 以上，表明中国大陆（内地）与中国香港的贸易合作程度高。中国大陆（内地）与中国澳门的贸易匹配程

度有所降低,互补性减弱。中国大陆(内地)与中国台湾的贸易匹配程度在波动中有所上升,贸易互补性有所增强。

中国大陆(内地)与越南、菲律宾的贸易结构匹配程度很高,指数达 0.85 以上。尽管越南在世界市场的贸易中逐渐成为中国大陆(内地)的竞争者,但双方存在大量贸易往来,贸易互补性较高。中国大陆(内地)与菲律宾的贸易互补性在 2011 年达到历史最低,这与 2011 年菲律宾就南海领土纠纷向联合国提出抗议的事件有关;2012 年以后,双方贸易互补性不断上升,说明双方有很大的贸易合作潜力。

中国大陆(内地)与马来西亚、文莱、新加坡、印度尼西亚、泰国之间的贸易结构匹配程度逐渐上升,表明贸易往来不断深化,贸易互补程度不断提高。相比而言,中国大陆(内地)与印度尼西亚的贸易互补性相对较低,未来尚有贸易合作的空间。

中国大陆(内地)与柬埔寨之间的贸易结构匹配程度最低,指数介于 0.58～0.72 之间,双方贸易合作程度不高。

(二) 中国大陆(内地)与域内经济主体在资本和劳动密集型产品方面存在较强的出口贸易互补,在能源产品方面存在较强的进口贸易互补

综合贸易互补性指数(TCI)用于衡量国家间各产品贸易互补程度。当某国的主要出口产品类别与另一国的主要进口产品类别相对应时,两国间的贸易互补性指数就大;否则,两国间的贸易互补性指数就小。表 10.6 显示,中国大陆(内地)出口与环南海区域国家进口具有较强贸易互补性的产品主要是 SITC6(按材料分类的制成品)、SITC7(机械及运输设备)。表 10.7 显示,中国大陆(内地)进口与环南海区域国家出口具有较强贸易互补性的主要是 SITC7 类产品,并在少数几个产品类别上与某些国家存在较强的贸易互补性。综合来看,中国大陆(内地)与环南海区域国家之间在 SITC7 产品上存在较强的贸易互补性,说明双边在此类产品生产网络中存在高度的合作和依赖关系。此外,中国大陆(内地)与文莱、印度尼西亚在 SITC3(矿石燃料、润滑油及有关物质)上有较强的进口贸易互补性,表明中国大陆(内地)对文莱和印度尼西亚有相对较大的能源产品需求。

表 10.6　2018 年中国大陆(内地)出口与环南海区域国家进口的综合贸易互补性指数

商品分类	菲律宾	印度尼西亚	马来西亚	文莱	越南	新加坡	柬埔寨	泰国
SITC0	0.03	0.04	0.02	0.05	0.03	0.01	0.02	0.02
SITC1	0.02	0.02	0.01	0.03	0.01	0.03	0.11	0.01
SITC2	0.00	0.01	0.01	0.00	0.01	0.00	0.00	0.00
SITC3	0.01	0.02	0.02	0.01	0.01	0.03	0.01	0.02
SITC4	0.00	0.00	0.00	0.00	0.00	0.00	0.00	0.00
SITC5	0.05	0.07	0.06	0.03	0.06	0.04	0.04	0.06
SITC6	0.18	0.21	0.15	0.37	0.27	0.07	0.53	0.22

续表 10.6

商品分类	菲律宾	印度尼西亚	马来西亚	文莱	越南	新加坡	柬埔寨	泰国
SITC7	0.68	0.46	0.64	0.56	0.59	0.70	0.30	0.51
SITC8	0.11	0.10	0.13	0.14	0.13	0.15	0.13	0.15
SITC9	0.00	0.01	0.01	0.00	0.01	0.02	0.01	0.02
总计	1.08	0.94	1.04	1.19	1.11	1.06	1.16	1.01

资料来源：Un Comtrade 数据库。

表 10.7　2018 年中国大陆（内地）进口与环南海区域国家出口的综合贸易互补性指数

商品分类	菲律宾	印度尼西亚	马来西亚	文莱	越南	新加坡	柬埔寨	泰国
SITC0	0.03	0.04	0.02	0.00	0.06	0.01	0.03	0.07
SITC1	0.04	0.04	0.02	0.00	0.06	0.01	0.03	0.07
SITC2	0.09	0.24	0.06	0.01	0.06	0.02	0.06	0.12
SITC3	0.02	0.24	0.16	0.95	0.02	0.14	0.00	0.04
SITC4	0.01	0.09	0.04	0.00	0.00	0.00	0.00	0.00
SITC5	0.02	0.05	0.06	0.03	0.02	0.11	0.01	0.08
SITC6	0.04	0.09	0.06	0.01	0.07	0.02	0.04	0.08
SITC7	0.86	0.16	0.58	0.03	0.53	0.61	0.10	0.56
SITC8	0.06	0.09	0.07	0.01	0.21	0.06	0.58	0.06
SITC9	0.02	0.01	0.01	0.00	0.02	0.10	0.00	0.02
总计	1.18	1.06	1.08	1.04	1.04	1.08	0.85	1.11

资料来源：UN Comtrade 数据库。

（三）中国大陆（内地）与环南海区域国家（地区）在不同商品上存在差异化的产业内贸易互补性

加权产业内贸易指数（G－L 指数）刻画国家（地区）间的产业内贸易联系，数值越大表明两个国家（地区）之间的产业内贸易水平越高，则贸易互补性越低；反之，则表明贸易互补性越高。

表 10.8 显示，中国大陆（内地）与菲律宾在 SITC1、2、3、4、5、6、8、9 类商品上的 G－L 指数较低，产业内贸易互补性较高。中国大陆（内地）与印度尼西亚仅在 SITC2、7 类商品上的 G－L 指数较低，产业内贸易互补性较高。中国大陆（内地）与马来西亚在 SITC2、3、4、6、8、9 类商品上的 G－L 指数较低，产业内贸易互补性较高。中国大陆（内地）与文莱在除了 SITC2 之外的商品上的 G－L 指数较低，产业内贸易互补性较高，而在 SITC2 商品上文莱对中国大陆（内地）出口占有主导地位，产业内互补性较低。中国大陆（内地）与越南在 SITC1、5、6、9 类商品上的 G－L 指数较低，产业内贸易互补性较高。中国大陆（内地）与新加坡在 SITC2、5、6 类商品上的 G－L 指数较低，

产业内贸易互补性较高。中国大陆（内地）与柬埔寨在除了 SITC8 之外的商品上的 G‑L 指数较低，产业内贸易互补性较高。中国大陆（内地）与泰国在 SITC2、3、4、6、9 类商品上的 G‑L 指数较低，产业内贸易互补性较高。

表 10.8　2018 年中国大陆（内地）与环南海区域国家（地区）间产业内贸易指数

商品分类	中国香港	中国澳门	中国台湾	菲律宾	印度尼西亚	马来西亚	文莱	越南	新加坡	柬埔寨	泰国
SITC0	0.07	0.02	0.49	0.73	0.96	0.67	0.15	0.71	0.77	0.36	0.68
SITC1	0.11	0.27	0.56	0.20	0.75	0.86	0.00	0.20	0.94	0.48	0.68
SITC2	0.45	0.00	0.82	0.13	0.22	0.31	0.92	0.61	0.36	0.48	0.16
SITC3	0.04	0.00	0.38	0.29	1.00	0.20	0.08	0.55	0.87	0.00	0.31
SITC4	0.05	0.00	0.95	0.08	1.00	0.11	0.42	0.80	0.96	0.38	0.48
SITC5	0.45	0.05	0.42	0.34	1.00	0.93	0.47	0.34	0.37	0.26	0.85
SITC6	0.06	0.09	0.78	0.13	0.61	0.25	0.00	0.29	0.31	0.17	0.46
SITC7	0.01	0.00	0.35	0.73	0.24	0.56	0.00	0.95	0.80	0.32	0.92
SITC8	0.03	0.02	0.52	0.24	0.56	0.45	0.10	0.71	0.69	0.95	0.75
SITC9	0.56	0.26	0.46	0.04	0.73	0.45	0.07	0.08	0.88	0.47	0.05
总计	0.04	0.04	0.41	0.51	0.44	0.51	0.06	0.68	0.73	0.34	0.72

资料来源：UN Comtrade 数据库。

四、结　语

环南海区域国家（地区）贸易发展迅速，是亚太地区活跃的经济区域，也是中国大陆（内地）对外经济贸易合作的重要区域。随着中国大陆（内地）的产业转型以及其他环南海区域国家（地区）参与全球经济分工的发展，中国大陆（内地）与该区域经济主体的竞争性和互补性发生着变化。

在竞争性格局方面，区域内经济主体在世界市场的贸易竞争性日益增大，区域内部贸易联系日益紧密。对于中国港澳台地区，中国大陆（内地）与香港、澳门的贸易竞争性有所减弱，与台湾的贸易竞争性增强；对于其他国家，中国大陆（内地）与越南的贸易竞争性发生显著的增强，与新加坡、菲律宾的贸易竞争性亦有所增强，而与文莱、柬埔寨等资源型和较落后国家的贸易竞争性减弱。在具体产品的贸易竞争力方面，在本区域内，中国大陆（内地）在未列明的化学及有关产品、主要按材料分类的制成品、机械及运输设备、杂项制成品等四类产品中具有较强的竞争力。

在互补性格局方面，中国大陆（内地）与环南海区域国家（地区）之间的贸易互补性不断增强。中国大陆（内地）与环南海区域国家（地区）的出口贸易互补性较强的产品类型是资本和劳动密集型产品，如机械及运输设备和按材料分类的制成品，进口贸易互补性较强的产品类型是能源密集型产品，如矿石燃料、润滑油及有关物质。此外，由于区域内经济主体发展阶段不一，中国大陆（内地）与不同经济主体的产品贸易互补强度存在差异，如中国大陆（内地）与文莱、柬埔寨之间具有较强贸易互补的产品类型最多，其次是菲律宾、泰国、马来西亚，而与新加坡、越南、印度尼西亚的较强贸易互补产品较少。

参考文献

桑百川，杨立卓. 拓展我国与"一带一路"国家的贸易关系：基于竞争性与互补性研究［J］. 经济问题，2015，37（8）：1-5.

王金波. "一带一路"经济走廊贸易潜力研究：基于贸易互补性、竞争性和产业国际竞争力的实证分析［J］. 亚太经济，2017，34（4）：93-100，175.

赵亚博，刘晓凤，葛岳静. 中国与中亚地区贸易与商品格局分析［J］. 经济地理，2020，40（7）：93-103.

FINGER J M, KREININ M E. A measure of "export similarity" and its possible uses［J］. Economic journal，1979，89（356）：905-912.

（黄耿志，邢祖哥，张沈圆）

交通基础设施 编

第十一章　环南海区域交通发展概况

一、航海运输发展概况

（一）环南海区域国家（地区）港口集装箱吞吐量

从 2005 年到 2018 年，环南海区域的港口在全球的重要性不断上升，承担的集装箱吞吐由全球的 37.84% 上升到 45.03%。也就是说，到了 2018 年，全球有近一半的集装箱吞吐是由环南海区域的国家（地区）贡献的（表 11.1）。而该区域的港口集装箱吞吐又主要是由中国大陆（内地）的港口承担的，2005 年中国大陆（内地）港口集装箱吞吐量占全球的 17.87%，到了 2018 年上升到 28.49%。换言之，全球约 1/3 的港口集装箱吞吐是由中国大陆（内地）的港口承担的。就环南海区域而言，这一比值则分别是 47.23% 和 63.27%。相较于中国大陆（内地）的强势增长，环南海区域其他国家（地区）则有停滞，有波动，也有增长。文莱表现为停滞，新加坡、中国香港和马来西亚在全球的重要性是在下降的，新加坡从 2005 年的 6.16% 下降到 2018 年的 4.62%，中国香港从 2005 年的 6.01% 下降到 2018 年的 2.48%，马来西亚从 2005 年的 3.24% 下降至 2018 年的 3.15%；印度尼西亚和菲律宾表现为波动，印度尼西亚为倒 V 形，2005 年到 2010 年经历了一轮增长，从 1.46% 增长到 1.73%，2018 年回落到 1.62%；与之相反，菲律宾为正 V 形，2005 年到 2010 年略有下降，之后则迎来一轮回升。泰国、马来西亚、越南和柬埔寨则是增长型。泰国 2005 年至 2010 年基本保持平稳，2018 年增长至 1.41%；越南则从 0.67% 增长到 2.07%；柬埔寨在全球港口集装箱吞吐中的比重不高，2018 年仅为 0.09%。

表 11.1　环南海区域国家（地区）港口集装箱吞吐量占世界的比重

单位：%

国家（地区）	2005 年	2010 年	2018 年
中国大陆（内地）	17.87	25.48	28.49
新加坡	6.16	5.19	4.62
马来西亚	3.24	3.23	3.15
中国香港	6.01	4.21	2.48
越南	0.67	1.06	2.07
印度尼西亚	1.46	1.73	1.62
泰国	1.36	1.35	1.41
菲律宾	0.97	0.91	1.09

续表 11.1

国家（地区）	2005 年	2010 年	2018 年
柬埔寨	0.06	0.04	0.09
文莱	0.03	0.02	0.02
环南海区域	37.84	43.22	45.03

注：文莱和柬埔寨 2005 年数据采用平均值法推到所得，数据年份分别是 2008 年和 2007 年；缺中国台湾、中国澳门数据。

资料来源：https://data.worldbank.org/indicator/IS.SHP.GOOD.TU? type = points&year.

2005—2018 年，环南海区域国家（地区）港口集装箱吞吐量总量表现出明显的极化特征（表 11.2）。2005 年、2010 年和 2018 年极差分别为 67140530，142876780，225690224，差距巨大，极化特征极其明显，且在扩大。2005 年，亿 TEU 级国家缺失，所有国家（地区）集中在千万 TEU 级、百万 TEU 级和万 TEU 级（表 11.3）。从 2005 年到 2018 年，中国大陆（内地）的全球制造业中心地位不断巩固，跃升至亿 TUE 级。新加坡、马来西亚、中国香港是全球重要的转口港，2005 年至 2018 年保持千万 TEU 级国家（地区）的地位。越南、印度尼西亚、泰国从百万 TEU 级迈入千万 TEU 级。柬埔寨和文莱垫底，仅为万 TEU 级。

表 11.2 2005 年、2010 年和 2018 年环南海区域国家（地区）港口集装箱吞吐量总量

单位：TEU

国家（地区）	2005 年	2010 年	2018 年
中国大陆（内地）	67245263	142970010	225828900
新加坡	23192200	29147000	36600000
马来西亚	12197750	18141919	24956000
中国香港	22601630	23600000	19641000
越南	2537487	5968343	16374195
印度尼西亚	5503176	9692442	12853000
泰国	5115213	7553154	11185200
菲律宾	3633559	5087499	8637520
柬埔寨	242263	224206	742100
文莱	104733	93230	138676
极差	67140530	142876780	225690224

注：缺中国澳门、中国台湾数据。

资料来源：https://data.worldbank.org.cn/indicator/IS.SHP.GOOD.TU.

表 11.3 2005 年、2010 年、2018 年环南海区域国家（地区）港口集装箱吞吐量分级

年份	亿 TEU 级	千万 TEU 级	百万 TEU 级	万 TEU 级
2005		中国大陆（内地）、新加坡、马来西亚、中国香港	越南、印度尼西亚、泰国、菲律宾	柬埔寨、文莱

续表 11.3

年份	亿 TEU 级	千万 TEU 级	百万 TEU 级	万 TEU 级
2010	中国大陆（内地）	新加坡、马来西亚、中国香港	越南、印度尼西亚、泰国、菲律宾	柬埔寨、文莱
2018	中国大陆（内地）	新加坡、马来西亚、中国香港、越南、印度尼西亚、泰国	菲律宾	柬埔寨、文莱

注：缺中国台湾数据。

资料来源：https://data.worldbank.org.cn/indicator/IS.SHP.GOOD.TU.

（二）环南海区域国家（地区）港口集装箱吞吐量增长变化

环南海区域国家（地区）港口集装箱吞吐量体量不一，差异较大。2005—2018 年，中国大陆（内地）港口集装箱吞吐量在该区域保持领先地位，且保持快速增长，年均增长率为 9.77%（图 11.1，表 11.4）。位于马六甲海峡的新加坡、马来西亚港口集装箱吞吐量保持快速增长，年均增长率分别是 3.57%、5.66%。越南、印度尼西亚、泰国港口集装箱吞吐量保持高速增长，年均增长率分别为 15.42%、6.74%、6.20%。中国香港呈现出下降趋势，这可能是粤港澳大湾区港口竞争加剧的结果。

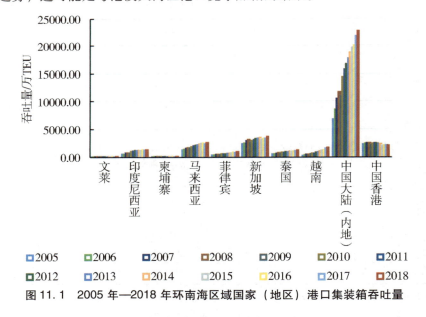

图 11.1 2005 年—2018 年环南海区域国家（地区）港口集装箱吞吐量

注：每一个柱形代表一个年度的数据，时间段为 2005—2018 年；缺中国台湾、中国澳门数据。

资料来源：https://data.worldbank.org.cn/indicator/IS.SHP.GOOD.TU.

表 11.4 2005—2018 年环南海区域国家（地区）港口集装箱吞吐量年均增长率

单位：%

国家（地区）	年均增长率	国家（地区）	年均增长率
越南	15.42	泰国	6.20
中国大陆（内地）	9.77	马来西亚	5.66
柬埔寨	8.99	新加坡	3.57
菲律宾	6.89	文莱	2.18
印度尼西亚	6.74	中国香港	-1.07

注：缺中国台湾数据。

资料来源：https://data.worldbank.org.cn/indicator/IS.SHP.GOOD.TU.

二、航空运输发展概况

（一）航空运输货运

1. 环南海区域国家（地区）航空运输货运量

全球航空货物运输有 1/5～1/4 是由环南海区域承担的，2000—2018 年该区域占全球的比重从 16.55% 上升至 22.57%（表 11.5），比港口集装箱吞吐量占全球比重低约 20 个百分点，这可能是货物运输性差异所致。航海运输适合大宗货物，中国是世界工厂，东南亚地区也是世界重要的工业基地，无论是石油、煤炭等能源货物运进及工商业产品运出都需要依靠航海。而航空运输适合高附加值轻便货物。该区域航空货物运输主要是由中国大陆（内地）、中国香港和新加坡贡献的，2018 年三者贡献了全球航空货物运输的 19.54%，环南海区域航空货物运输的 86.57%，2000 年这两个数值分别为 12.7%、76.73%。2018 年，中国大陆（内地）承担该区域航空货运量的 50.71%，全球的 11.44%。中国大陆（内地）和中国香港航空货物运输的重要性均在上升，新加坡则由 2000 年的 5.08% 下降到了 2018 年的 2.35%，同样表现出衰退趋势的还有文莱、马来西亚、泰国和中国澳门。印度尼西亚、菲律宾和越南三者虽然占全球的比重均未超过 1%，但都表现出良好的增长趋势，2000 年到 2018 年三者分别从 0.35%、0.25%、0.10% 增长到 0.51%、0.38%、0.22%。

表 11.5 环南海区域国家（地区）航空运输货运量占世界的比重（%）

单位：%

国家（地区）	2000 年	2010 年	2018 年
中国大陆（内地）	3.30	9.45	11.44
中国香港	4.32	5.70	5.74
新加坡	5.08	3.91	2.35
泰国	1.45	1.61	1.21

续表 11.5

国家（地区）	2000 年	2010 年	2018 年
马来西亚	1.58	1.41	0.64
印度尼西亚	0.35	0.37	0.51
菲律宾	0.25	0.25	0.38
越南	0.10	0.23	0.22
文莱	0.12	0.08	0.06
中国澳门	0.02	0.02	0.01
柬埔寨	0.01	0.00	0.00
环南海区域	16.55	23.04	22.57

注：柬埔寨 2000 年数据为采用平均值法通过 2003 年数据推导所得；缺中国台湾数据。

资料来源：https://data.worldbank.org.cn/indicator/IS.AIR.GOOD.MT.K1。

环南海区域国家（地区）间差异明显，国土面积、人口、经济体量、经济发展层次等均差异显著。因此，区域内不仅航海运输两极分化特征显著，航空运输及铁路运输也表现出显著的极化特征。2000 年到 2018 年，该区域国家（地区）间机场的航空货运量极化特征明显，极差扩大（表 11.6）。中国大陆（内地）是该区域的主要航空货运市场，中国香港是该区域重要的航空货运转运市场，二者于 2010 年迈入百亿吨·公里①级行列，2018 年继续保持区域领头羊地位（表 11.7）。2000 年，中国大陆（内地）航空运输货物量不足 4000 百万吨·公里，2010 年猛增至 17193.88 百万吨·公里，2018 年超过 20000 百万吨·公里。中国香港是该区域仅次于中国大陆（内地）的航空货运市场，2010 年和 2018 年货运量均超过 10000 百万吨·公里。新加坡、泰国和马来西亚稳定保持在第二梯队，印度尼西亚 2018 年成功加入十亿吨·公里级行列。菲律宾、越南和文莱稳定保持在亿吨·公里级，中国澳门和柬埔寨则处于末端的亿吨·公里以下级。2000 年，区域内极化特征显著，航空运输货运量排位第一的是新加坡，6004.89 百万吨·公里，货运量最少的是柬埔寨，5.73 百万吨·公里，极差为 5999.16 百万吨·公里。到了 2010 年，极差翻了近两倍。这一年中国大陆（内地）和中国香港超越新加坡，分列第一、二位，航空运输货运量超过 10000 百万吨·公里；有 3 个国家超过 1000 百万吨·公里，绝大部分国家位于 100 百万吨·公里到 10000 百万吨·公里区间；尤其值得关注的是，柬埔寨仅为 0.02 百万吨·公里。2018 年继续保持这一格局，极差扩大到 25255.53 百万吨·公里，两极分化程度加深。

---

① 吨·公里，飞机载 1 吨货物飞行 1 公里的度量单位。

表 11.6 环南海区域国家（地区）航空运输货运量总量

单位：百万吨·公里

国家（地区）	2000 年	2010 年	2018 年
中国大陆（内地）	3900.08	17193.88	25256.21
中国香港	5111.51	10373.43	12676.72
新加坡	6004.89	7121.41	5194.90
泰国	1712.88	2938.67	2666.26
马来西亚	1863.84	2564.66	1404.41
印度尼西亚	408.54	665.66	1131.91
菲律宾	289.95	460.19	835.90
越南	117.33	426.92	481.37
文莱	140.23	148.52	129.35
中国澳门	21.90	36.71	31.84
柬埔寨	5.73	0.02	0.68
极差	5999.16	17193.85	25255.53

注：缺中国台湾数据。

资料来源：https://data.worldbank.org.cn/indicator/IS.AIR.GOOD.MT.K1.

表 11.7 环南海区域国家（地区）航空运输货运量分级

年份	百亿吨·公里级	十亿吨·公里级	亿吨·公里级	亿吨·公里以下级
2000		中国大陆（内地）、中国香港、新加坡、泰国、马来西亚	印度尼西亚、菲律宾、越南、文莱	中国澳门、柬埔寨
2010	中国大陆（内地）、中国香港	新加坡、泰国、马来西亚	印度尼西亚、菲律宾、越南、文莱	中国澳门、柬埔寨
2018	中国大陆（内地）、中国香港	新加坡、泰国、马来西亚、印度尼西亚	菲律宾、越南、文莱	中国澳门、柬埔寨

注：缺中国台湾数据。

资料来源：https://data.worldbank.org.cn/indicator/IS.AIR.GOOD.MT.K1.

2. 环南海区域国家（地区）航空运输货运量增长变化

环南海区域国家（地区）1970—2018 年航空运输货运量变化趋势（图 11.2）可分为三种类型：

（1）1997 年金融危机后显著下降的国家，2008 年金融危机后表现出明显上升趋势，如印度尼西亚、菲律宾。1997 年金融危机之前，印度尼西亚和菲律宾航空运输货运量均保持较快的增长速度，金融危机发生后，出现断崖式下跌并一直持续到 2008 年金融危机时，但 2008 年金融危机后二者却快速回弹，货运量陡增，一跃超过历史最高值，且增长势头未见衰退。

（2）1997年金融危机后显著上升的国家，2008年金融危机后却表现出明显下降趋势，如新加坡、马来西亚、中国香港、中国大陆（内地）、越南、泰国。新加坡和马来西亚可归为一组，2008年危机之后航空运输货运量持续衰减，未有回暖迹象。中国香港、中国大陆（内地）、越南、泰国则在2008年金融危机后反弹，实现了增长，其中中国大陆（内地）波动最不明显，两次危机对其冲击并不大。

（3）波动剧烈型，分为两组：文莱，中国澳门和柬埔寨。文莱不同于任何国家或地区，1997年金融危机之前，其航空运输货运量陡增，1997年金融危机后并未马上下跌，2000年到2001年遽然下跌，2001年到2002年又陡增，随后直到2009年跌至谷底，2009年到2011年短暂上升，之后波动下降。其次是中国澳门和柬埔寨。二者的差异在于：柬埔寨在1997年金融危机后，尤其是进入2000年后，货运量猛跌，受2008年金融危机二次冲击，几乎降到零点，不过之后强力反弹；中国澳门经历了过山车式的增减，2000年后实现猛增，一度接近200百万吨·公里，2008年金融危机后又猛跌，之后趋于平稳。

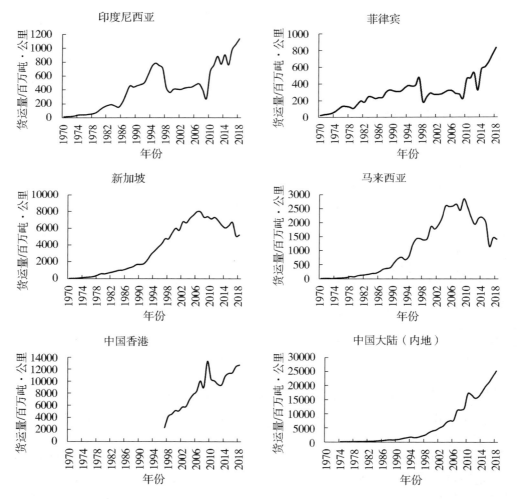

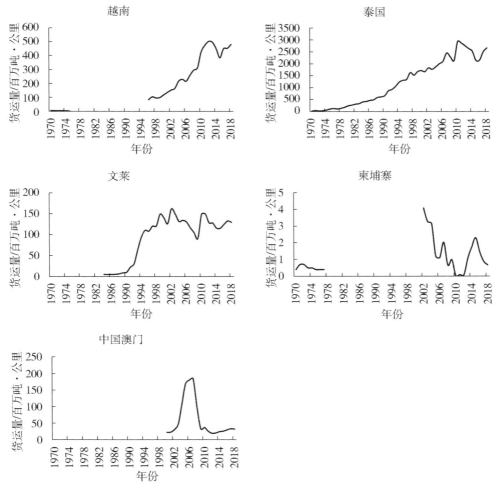

图 11.2 环南海区域国家（地区）航空运输货运量变动趋势

注：缺中国台湾数据。
资料来源：https://data.worldbank.org.cn/indicator/IS.AIR.GOOD.MT.K1.

就年均增长率而言，1970—2018 年环南海区域所有国家（地区）航空运输货运量均保持增长，但差距较大（表 11.8）。从增长倍数来看，中国大陆（内地）最突出，增长了 863.9 倍；其次是新加坡，增长了 557.6 倍；泰国、马来西亚、越南也增长了 100 倍以上；增长最少的是柬埔寨，仅 0.7 倍。从增长率来看，有 5 个国家年均增长率在 10% 以上，3 个在 10% 以下。增长最快的国家中中国大陆（内地）最显著，年均增长率为 16.61%；其次为新加坡、泰国，分别是 14.09%、12.51%；越南也在 10% 以上；与增长倍数一样，柬埔寨也是增长最慢的国家。

表 11.8 1970—2018 年环南海区域国家（地区）航空运输货运量年均增长率

国家（地区）	增长倍数	年均增长率/%
中国大陆（内地）	863.9	16.61

续表 11.8

国家（地区）	增长倍数	年均增长率/%
新加坡	557.6	14.09
泰国	285.7	12.51
马来西亚	150.0	11.02
越南	103.6	10.17
印度尼西亚	78.7	9.55
菲律宾	37.5	7.90
柬埔寨	0.7	1.10

注：中国大陆（内地）1970 年数据由 1974 年数据替代；缺文莱、中国香港、中国澳门和中国台湾数据。

资料来源：https://data.worldbank.org.cn/indicator/IS.AIR.GOOD.MT.K1。

（二）航空运输客运

1. 环南海区域国家（地区）航空运输客运量

从 2000 年到 2018 年，环南海区域航空运输客运量占全球比例从 8.83% 上升到 24.72%（表 11.9）。2018 年，全球近 1/4 的航空旅客运输量是由环南海区域承担的，中国大陆（内地）承担该区域航空运输客运量的 58.42%，全球的 14.44%。环南海区域各国/地区占世界的比例普遍上升，中国大陆（内地）、印度尼西亚、泰国、马来西亚、越南、中国香港、菲律宾和柬埔寨均上升，新加坡、中国澳门和文莱则略有下降。

表 11.9 环南海区域国家（地区）航空运输客运量占全球的比例

单位：%

国家（地区）	2000 年	2010 年	2018 年
中国大陆（内地）	3.70	10.13	14.44
印度尼西亚	0.59	2.26	2.72
泰国	1.04	1.10	1.80
马来西亚	0.99	1.30	1.43
越南	0.17	0.55	1.11
中国香港	0.86	1.08	1.11
菲律宾	0.34	0.86	1.02
新加坡	1.00	0.95	0.95
中国澳门	0.09	0.05	0.07
文莱	0.05	0.05	0.03
柬埔寨	0.00	0.01	0.03
环南海区域	8.83	18.33	24.72

注：缺中国台湾数据。

资料来源：https://data.worldbank.org.cn/indicator/IS.AIR.PSGR。

与港口集装箱吞吐量总量特征相似，环南海区域航空运输客运量总量也呈现出两头小中间大的极化特征，且极差在扩大（表11.10）。2000年，中国大陆（内地）客运总量为61891807人次，柬埔寨垫底，仅为45511人次，极差为61846296人次；2010年极差扩大到266015294.9人次；2018年极差为610205375人次，是2000年的近10倍，极化差异显著扩大。

表11.10 环南海区域国家（地区）航空运输客运量总量

单位：人次

国家（地区）	2000年	2010年	2018年
中国大陆（内地）	61891807	266293020	611439830
印度尼西亚	9916365	59384361.61	115154100.9
泰国	17392091	28780723	76053042.75
马来西亚	16560793	34239014.17	60481772
中国香港	14377973	28347688	47101822
越南	2877894	14377619	47049671
菲律宾	5756288	22575356	43080118
新加坡	16704341	24859825.16	40401515
中国澳门	1532189	1329721	3157524
柬埔寨	45511	277725.05	1411059
文莱	863547	1263270	1234455
极差	61846296	266015294.9	610205375

注：柬埔寨2000数据为采用平均值法由2002年数据推导所得；缺中国台湾数据。
资料来源：https://data.worldbank.org.cn/indicator/IS.AIR.PSGR。

人口大国是主要的航空客运市场。2010年仅有中国大陆（内地）迈入亿人次级，到了2018年印度尼西亚也加入亿人次级行列（表11.11）。2000年，没有国家（地区）航空运输客运量超过1亿人次，超过一半数量的国家（地区）位于中间部分（千万人次级和5000万人次级），其中中国大陆（内地）是唯一达到5000万人次级的国家（地区），千万人次以下级的有4个国家（地区）。2010年极化拉大，各国（地区）航空运输客运量均有增长，中国大陆（内地）成为唯一跻身亿人次级的国家（地区），千万人次以下级的数量减少1个，为3个；印度尼西亚跃升为5000万人次级，菲律宾和越南跃升为千万人次级，中间部分数量增加至7个。2018年，泰国、马来西亚迈入5000万人次级，可能是二者旅游业的发展带来的；中国香港和新加坡保持在千万人次级，这可能是二者全球城市地位的巩固及其城市转运功能贡献的结果。

表11.11 环南海区域国家（地区）航空运输客运量分级

年份	亿人次级	5000万人次级	千万人次级	千万人次以下级
2000		中国大陆（内地）	泰国、新加坡、马来西亚、中国香港	菲律宾、越南、中国澳门、文莱
2010	中国大陆（内地）	印度尼西亚	马来西亚、泰国、中国香港、新加坡、菲律宾、越南	中国澳门、文莱、柬埔寨

续表 11.11

年份	亿人次级	5000 万人次级	千万人次级	千万人次以下级
2018	中国大陆（内地）、印度尼西亚	泰国、马来西亚	中国香港、越南、菲律宾、新加坡	中国澳门、文莱、柬埔寨

注：缺中国台湾数据。

资料来源：https://data.worldbank.org.cn/indicator/IS.AIR.PSGR.

2. 环南海区域国家（地区）航空运输客运量增长变化

1970—2018 年，环南海区域国家（地区）航空运输客运量整体呈上升趋势，1997 年和 2008 年两次金融危机之间波动明显，但很快恢复了增长（图 11.3）。所有国家（地区）的波动趋势都可分为 1997 年金融危机前、1997 年至 2008 年两次金融危机之间、2008 年金融危机后三个阶段。除了文莱和越南外，第一阶段为平缓上升型，文莱在 1991—1994 年陡升，而越南在 1970—1997 年先降后升。第二阶段为波动型，各国/地区或多或少都出现下滑趋势，但期间又有反弹，文莱和中国澳门波动最为剧烈，其次为印度尼西亚、柬埔寨和马来西亚。第三阶段，各国/地区出现一轮增长势头，除文莱继续波动外，均迅速增长。

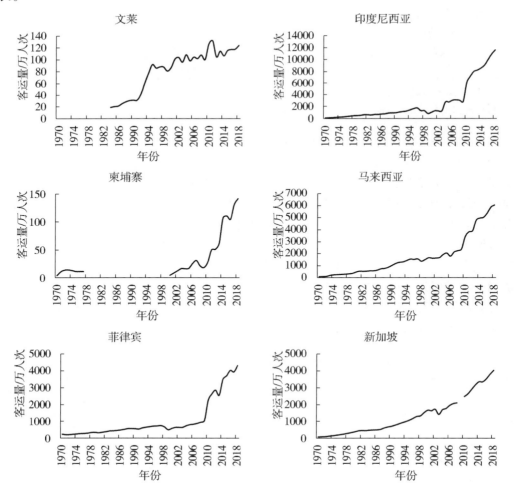

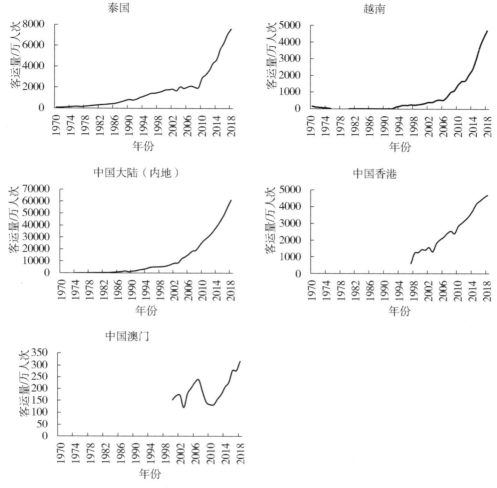

图 11.3 环南海区域国家（地区）航空运输客运量变动趋势

注：缺中国台湾数据。
资料来源：https://data.worldbank.org.cn/indicator/IS.AIR.PSGR.

就年均增长率而言，1970—2018 年，环南海区域国家（地区）航空运输客运量均保持稳定较快增长（表 11.12），从增长倍数来看，中国大陆（内地）最为抢眼，增长了 860.2 倍，其次是印度尼西亚，增长 138.3 倍，泰国、马来西亚、新加坡也增长了 50 倍以上。从年均增长率来看，所有国家（地区）均增长较快，增长最快的是中国大陆（内地），达到了 16.6%；其次是印度尼西亚和泰国，均保持在 10% 以上；增长最慢的菲律宾年均增长率也达到了 6.23%。

表 11.12 1970 年—2018 年环南海区域国家（地区）航空运输客运量年均增长率

国家（地区）	增长倍数	年均增长率/%
中国大陆（内地）	860.2	16.60
印度尼西亚	138.3	10.83

续表 11.12

国家（地区）	增长倍数	年均增长率/%
泰国	98.5	10.06%
马来西亚	79.8	9.58
新加坡	52.9	8.66
柬埔寨	33.8	7.68
越南	29.8	7.40
菲律宾	17.2	6.23

注：中国大陆（内地）1970 年数据由 1974 年数据替代；缺文莱、中国香港、中国澳门和中国台湾数据。

资料来源：https://data.worldbank.org.cn/indicator/IS.AIR.PSGR.

三、铁路运输发展概况

（一）铁路运输货运

1. 环南海区域国家（地区）铁路运输货运量

铁路运输在中国大陆（内地）、越南、马来西亚（有大面积陆域）仍发挥着重要的货物运输功能。1995 年至 2018 年，环南海区域国家（地区）铁路运输货运量差异巨大（表 11.13）。中国大陆（内地）远超任何国家（地区），铁路运输货运量从 2000 年的 1333606 百万吨·公里增长到 2018 年的 2238435 百万吨·公里。越南和马来西亚分别从 1921 百万吨·公里、916 百万吨·公里增长至 3989 百万吨·公里、1234 百万吨·公里。印度尼西亚从 2000 年的 4997 百万吨·公里增长至 2010 年的 7166 百万吨·公里。泰国也超过了 2000 百万吨·公里。柬埔寨数量最少，2000 年仅为 92 百万吨·公里。

表 11.13　环南海区域国家（地区）铁路运输货运量

单位：百万吨·公里

国家（地区）	2000 年	2010 年	2018 年
中国大陆（内地）	1333606	2451185	2238435
越南	1921	3901	3989
马来西亚	916	1482.69	1234
印度尼西亚	4997	7166	—
泰国	2247	2701	—
柬埔寨	92	—	—

注：马来西亚 2018 年数据采用 2017 年数据替代；缺文莱、新加坡、中国台湾、中国澳门数据。菲律宾和中国香港数据缺失严重，所选时间段刚好缺失。

资料来源：https://data.worldbank.org.cn/indicator/IS.RRS.GOOD.MT.K6.

2. 环南海区域国家（地区）铁路运输货运量增长变化

1995—2018 年，环南海区域国家（地区）铁路运输货运量中，中国大陆（内地）体量巨大，柬埔寨和菲律宾体量极小。1995年中国大陆（内地）铁路运输货运量为1283601百万吨·公里，2018年增长至2238435百万吨·公里。柬埔寨和菲律宾体量极小，柬埔寨仅为9百万吨·公里，菲律宾仅为1百万吨·公里；到了2003年，柬埔寨依然未过百，菲律宾跌至0.695百万吨·公里（二者缺失2004年以后数据）。中间部分，印度尼西亚体量最大，均值在4000百万吨·公里以上（图11.4），远超马来西亚、泰国，后二者2000年后出现下降趋势。2017年，马来西亚为1234百万吨·公里，相对于1995年的1416百万吨·公里，减少了182百万吨·公里；2011年，泰国铁路货运量为2562百万吨·公里，比1995年下降680百万吨·公里。越南在波动中增长，2009年达到峰值4139百万吨·公里，之后有升有降，2018年为3989百万吨·公里，比1995年增加了2238百万吨·公里。

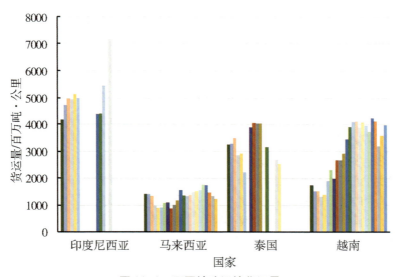

图11.4 四国铁路运输货运量

注：每一个柱形代表一个年度的数据，从左到右为1995—2018年，空缺处为数据缺失年度。
资料来源：https：//data.worldbank.org.cn/indicator/IS.RRS.GOOD.MT.K6.

（二）铁路运输客运

1. 环南海区域国家（地区）铁路运输客运量

2000年、2010年和2018年，环南海区域国家（地区）铁路运输客运量差距大（表11.14），中国大陆（内地）和印度尼西亚居于顶端，均超过10000百万乘客·公里，中国大陆（内地）又显著高于印度尼西亚，二者差距先扩大后缩小，2000年，中国大陆（内地）是印度尼西亚的22.96倍，2010年扩大到38.90倍，到了2018年回落到26.55倍。泰国、越南、马来西亚处于中间，均保持在1000百万乘客·公里以上，但三者差距同样显著，其中泰国最高，马来西亚最低。底端是菲律宾和柬埔寨，不足1000百万乘客·公里。

表 11.14　环南海区域国家（地区）铁路运输客运量

单位：百万乘客·公里

国家（地区）	2000 年	2010 年	2018 年
中国大陆（内地）	441468	791158	681203
印度尼西亚	19228	20340	25654
泰国	9935	8187	—
越南	3200	4378	3542
马来西亚	1220	2414.88	2028.51
菲律宾	123	—	384
柬埔寨	45.4	—	—

注：印度尼西亚和马来西亚 2018 年数据采用 2017 年数据替代，菲律宾 2018 年数据采用 2016 年数据替代；缺文莱、新加坡、中国台湾、中国澳门、中国香港数据。

资料来源：https://data.worldbank.org.cn/indicator/IS.RRS.PASG.KM.

2. 环南海区域国家（地区）铁路运输客运量增长变化

1995—2018 年，环南海区域国家（地区）铁路运输客运量体量差异大，呈现先增长后下降或平缓下降趋势。铁路运输客运量体量可分为四组（图 11.5）：中国大陆（内地）单独为一组，客运量从 1995 年的 30 万百万乘客·公里上升至 2018 年的超过 70 万百万乘客·公里；印度尼西亚和泰国为一组，平均值在 10000 百万乘客·公里以上；马来西亚和越南为一组，平均值在 1000 百万乘客·公里以上；菲律宾和柬埔寨为一组，平均值在 500 百万乘客·公里以下。从变动趋势来看，中国大陆（内地）和越南相似，呈抛物线形，先升后降；印度尼西亚呈"W"形，2000 年后出现下降，2005 年后回升，到 2010 年达到峰值又开始下降，后又回升，2017 年达到历史最高值 25654 百万乘客·公里；泰国持续下降，从 1995 年的 12975 百万乘客·公里直降至 2011 年的 8032 百万乘客·公里；马来西亚和柬埔寨变动则较为平缓；菲律宾 2010 以前一直保持在低位，没超过 250 百万乘客·公里，2010 年后快速上升至 300 百万乘客·公里以上。

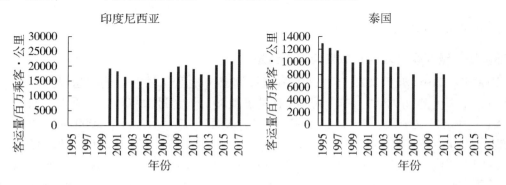

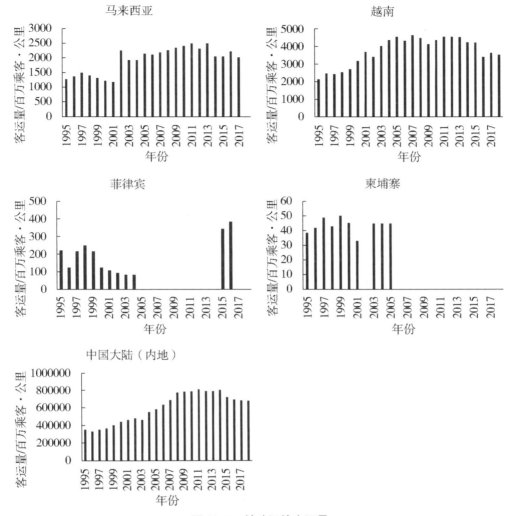

图 11.5　铁路运输客运量

注：缺文莱、新加坡、中国台湾、中国澳门、中国香港数据。

资料来源：https://data.worldbank.org.cn/indicator/IS.RRS.PASG.KM.

　　环南海区域国家（地区）交通发展表现出不同的特征，是自然地理环境（陆域面积、国土连续性）和社会经济发展水平等因素共同作用的结果。就陆域面积而言，中国（含港澳台）拥有约 960 万 km^2 陆地面积，而最小的国家如文莱、新加坡等，却不足 1 万 km^2，这是造成该区域各种交通运输极化特征非常明显的重要原因。国土连续性是又一个变量，它使该区域交通发生了又一次偏转，由于环南海区域的东南亚部分国家是群岛国家，虽然其国土面积不小，但铁路发展受到严重限制。如菲律宾，国土面积约为 30 万 km^2，越南约为 33 万 km^2，二者体量相当，但菲律宾铁路总里程仅为 600 多 km，越南则超过 3000 km。这一约束促进菲律宾、印度尼西亚等岛屿国家航空运输的重要性不断提高，在客运方面对航空依赖性极高，货物运输则依赖港口和航空。社会经济发展水平是另外一个重要变量，它使得某些面积非常小的国家（地区）交通运输客货运量异常庞大。例如中国香港和新加坡，在航空运输客货运及港口集装箱吞吐量方面，表现得非常抢眼，在环南海区域甚至全球都有很重要的地位和影响力。受人口因素影响，中国大陆（内地）和印度尼西亚的航空运输客运量和铁路运输客运量远超其他国家（地区）。受制造业发展水平影响，2018年，世界工厂中国的港口集装箱吞吐量占世界比重接近30%，如果加上世界重要的工业基地——东南亚（环南海区域），其比重为约45%。新加坡和中国香港作为重要的全球城市及转运国家（地区），为该区域制造业提供金融、法律、货物集散（物流）等高级生产者服务，二者无论是航海运输还是航空运输在区域和世界的重要性都不言而喻。

四、结　语

20世纪70—80年代以来，全球化浪潮席卷全球，伴随着新的国际劳动分工的出现，世界经济格局开始新一轮调整，第三次和第四次国际产业转移依次展开。与此同时，世界城市、全球城市区域成为新的世界经济景观，城市间联系愈加紧密，形成了世界城市网络。在这轮经济格局调整中，亚洲"四小龙"崛起，东南亚地区成为世界重要的工业基地，中国大陆（内地）成为世界工厂。该区域崛起如新加坡、曼谷、吉隆坡、香港、深圳、广州、上海等世界城市，粤港澳大湾区、长三角城市群也成为世界重要的全球城市区域。交通作为社会经济发展的基础、基础设施的重要组成部分、物流的关键环节和世界城市网络连接的纽带，在这一过程中发挥着不可替代的重要作用。本节利用世界银行数据，研究了70—80年代以来，环南海区域航海运输（2005—2018年）、航空运输（1970—2018年）、铁路运输（1995—2018年）的变化趋势。研究发现，环南海区域的交通运输在全球的重要性不断上升，至2018年，该区域集装箱吞吐量占全球比重已达45.03%，航空货运量占全球比重达22.57%，航空旅客运量也占了全球近1/4。因此可知，环南海区域交通的发展与该区域融入世界经济的程度密切相关。未来，随着世界经济格局的进一步调整，东南亚地区一体化进程的深化，中国国际地位和国际影响力的进一步提升，该区域交通运输在全球的地位将进一步提升。

参考文献

宋涛，唐志鹏. 中国"出口世界工厂"的效率格局演变［J］. 地理科学，2016，36（7）：973-979.
孙浩进. 国际产业转移的历史演进及新趋势的启示［J］. 人文杂志，2011，55（2）：85-88.
BEAVERSTOCK J V, TAYLOR R G S A. World-city network: A new metageography? ［J］. Annals of the Association of American Geographers, 2000, 90 (1): 123-134.
JOHN FRIEDMANN. The world city hypothesis ［J］. Development &change, 1986, 17 (1): 69-83.
SCOTT A J, AGNEW J, SOJA E W, et al. Global city-regions: An overview ［M］. Oxford: Oxford University Press, 2001: 37-56.

（周辉权，薛德升，王波）

第十二章　环南海区域港口与航运网络体系

交通运输网络是连接国家或城市网络的重要基础，其中海上航运尤其是集装箱运输因其运送大量货物而价格低廉，逐渐成为全球贸易或货物运输的主要运送方式。环南海区域地处太平洋和印度洋之间，拥有丰富的海岸带资源，是沟通亚洲、非洲、欧洲、大洋洲的海上航行必经之地，区域海上航运发展迅速，海上航运逐渐在区域发展中扮演重要角色。一方面，环南海区域内各港口之间发展水平不同使得区域港口体系呈现不同的结构和层次，并以集中化、分散化的趋势交替发展，影响区域发展。另一方面，由航运航线所组成的航运网络，不仅代表港口间的航运联系，同时刻画出港口间的经济等联系以及港口在区域港口中的地位与作用。

一、港口体系及变化

迄今为止，国内外相关领域的众多学者已经对港口体系演化发展的问题进行了深入的研究。综合来看，研究区域多围绕单独以国家为研究单元，如美国、中国、东南亚国家等，或以跨行政区域包括海上丝绸之路沿线、长江三角洲地区、环渤海地区、东北亚地区等作为研究单元进行区域港口体系演化的研究。不同地区的港口体系发展具有不同的发展模式与特点，而环南海区域作为全球海上航运运输的重要组成部分，区域内包含众多国际性、区域性重要港口，对其进行港口体系发展与演化的分析，对于正确认识环南海区域航运及其区域的发展具有一定意义。

本章港口列表来源于全球 Top100 航运集装箱吞吐量港口列表，以 2004—2018 年作为纵向时间序列，以 2018 年全球港口集装箱吞吐量排名为标准，从中筛选出 21 个环南海区域相关港口（表 12.1），进行环南海区域港口体系相关指数的测算与评估。各港口的航运集装箱吞吐量资料来源于航运机构 Alphaliner、英国 Lloyd's List、国际集装箱年鉴及各国港务局网站等。

表 12.1　环南海区域主要集装箱港口

国家（地区）	港口
中国大陆（内地）	深圳港、广州港、厦门港、东莞港、福州港、上海港、宁波港、青岛港、天津港、大连港
中国香港	香港港
中国台湾	高雄港
菲律宾	马尼拉港
印度尼西亚	丹戎不碌港、丹戎佩拉港（泗水港）

续表 12.1

国家（地区）	港　　口
马来西亚	巴生港、丹戎帕拉帕斯港
越南	西贡港（胡志明港）、盖梅港（头顿港）
新加坡	新加坡港
泰国	林查班港

资料来源：http://www.alphaliner.com/.

（一）港口体系整体发展

如图 12.1 所示，以 21 个港口集装箱吞吐量为代表的环南海区域集装箱港口体系发展势头良好。2004—2018 年间区域海运集装箱吞吐量总体整体呈现上升趋势，从 2004 年整体集装箱吞吐量总量 1.2 亿 TEU 逐步上升至 2018 年的 3 亿 TEU，平均年增长 1200 万 TEU，年平均增长率为 6.8%；局部邻近年份间呈现波动上升的趋势，如 2008—2009 年有明显下降趋势，应是受全球经济危机影响，全球海运贸易市场产生波动所致。

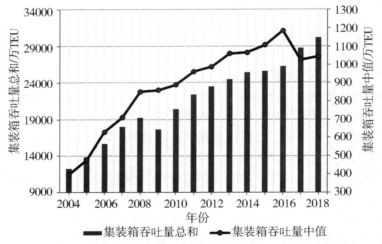

图 12.1　2004—2018 年环南海区域港口体系集装箱吞吐量

资料来源：Lloyd's List—One Hundred Ports, 2004—2018.

能否接近世界市场，在很大程度上取决于经常的、有效的海上运输关联的可得性。在集装箱海运盛行的时代，海上运输关联的可得性主要集中在班轮运输业务的可得性。联合国贸易和发展会议（UNCTAD）公布的班轮运输相关性指数（LSCI），旨在通过测量班轮运输的相关性指数来了解一个国家在现有的班轮运输网络中的整体水平，班轮运输相关指数表明各国与全球航运网络的连通程度。该指数是根据海运部门的五部分数据计算得出：船舶数量、船舶集装箱承载能力、最大船舶规模、班轮业务的服务量、在一国港口部署集装箱船舶的公司数量。

通过各国家（地区）班轮运输相关性指数 LSCI 的变化图（图 12.2、表 12.2）可知，班轮运输相关性指数除中国香港外均展现一定的上升趋势，表明环南海区域国家（地区）

的海运整体上发展良好,环南海区域的良好发展促进了海运连通性的提高。其中,中国大陆(内地)、马来西亚、越南、新加坡的上升势头明显,与 2004 年相比,2019 年班轮运输相关性指数得分增加幅度高于 25,其中中国大陆(内地)与越南变化高于 50;泰国、印度尼西亚、菲律宾等国展现一定的上升变化趋势,得分变化在 18 左右;而柬埔寨与文莱 LSCI 指数变化不大,整体波动幅度在 5 左右,其国家因贸易量太小而没有必要依靠本国的港口展开贸易联系;中国香港与 2004 年 LSCI 得分对比 2019 年的得分呈现下降变化特征,下降幅度在 5 左右,但对其在环南海区域国家(地区)中的相对地位的影响不大。

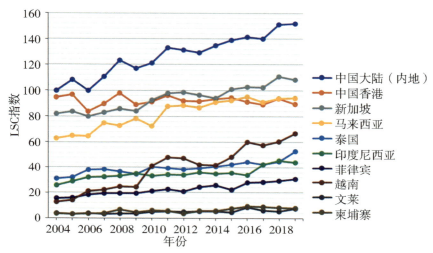

图 12.2　环南海区域国家(地区)班轮运输相关性系数

资料来源:https://data.worldbank.org.cn/indicator/IS.SHP.GCNW.XQ.

表 12.2　环南海区域国家(地区)班轮运输相关性指数变化

2019 年排名	国家(地区)	2019 年得分	2004 年得分	变化
1	中国大陆(内地)	151.91	100.00	51.91
2	新加坡	108.08	81.87	26.21
3	马来西亚	93.80	62.83	30.97
4	中国香港	89.47	94.42	-4.95
5	越南	66.51	12.86	53.65
6	泰国	52.92	31.01	21.91
7	印度尼西亚	44.36	25.88	18.48
8	菲律宾	30.63	15.45	15.18
9	柬埔寨	8.00	3.89	4.11
10	文莱	7.68	3.91	3.77

资料来源:https://data.worldbank.org.cn/indicator/IS.SHP.GCNW.XQ.

(二)港口体系变化趋势

集中度是量化行业市场结构的重要指标,有绝对集中度和相对集中度之分。绝对集中度即直接计算前几位市场主体所占的市场份额，主要包括行业集中度指数、赫芬达尔—赫希曼指数、熵指数和贝恩指数等。相对集中度是反映产业内所有市场主体规模分布的集中度指标，主要包括洛伦兹曲线、基尼系数等。自1981年Hayuth采用市场集中度来研究美国集装箱港口体系变迁之后，学界陆续将市场集中度指标作为衡量集装箱港口体系变迁的重要分析工具。综合相关港口体系分布研究，我们采用赫芬达尔—赫希曼指数（HHI指数），综合考虑集装箱港口体系内所有港口集装箱吞吐量，可充分反映体系内各个港口之间的竞争情况。HHI值越大，说明港口体系中集装箱吞吐量分布越不均衡，港口体系空间结构内集装箱吞吐量分布越不均衡，港口体系空间结构趋于集中；反之，港口体系空间结构趋于分散。

由区域内相关港口集装箱吞吐量，经过计算可以得出2004—2018年环南海区域港口体系集中度HHI指数的变化情况（图12.3）。可以发现，自2004年开始，HHI指数整体呈现下降的趋势，个别年份2014年、2018年有波动反弹上升的趋势，但整体变化幅度较小。这表明环南海区域的集装箱港口体系日趋分散，港口间的竞争加剧。以HHI值为基准的市场结构分类，一般而言，HHI值介于0～1之间。美国司法部利用HHI值作为评估某一产业集中度的指标，分类判别标准见表12.3。

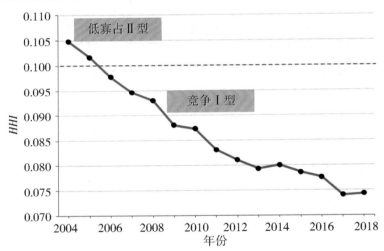

图12.3　环南海区域集装箱港口体系HHI指数变化

表12.3　市场集中度判别标准

市场结构		HHI
寡占型	高寡占Ⅰ型	$HHI \geq 0.3$
	高寡占Ⅱ型	$0.18 \leq HHI < 0.3$
	低寡占Ⅰ型	$0.14 \leq HHI < 0.18$
	低寡占Ⅱ型	$0.1 \leq HHI < 0.14$
竞争型	竞争Ⅰ型	$0.05 \leq HHI < 0.1$
	竞争Ⅱ型	$HHI < 0.05$

资料来源：根据曹有挥等（2004）、刘涛等（2018）整理。

低寡占Ⅱ型阶段（2004—2005 年），以新加坡港、深圳港、香港港为区域内主要集装箱吞吐量大港，其集装箱吞吐量均超过 1000 万 TEU，其中新加坡港、香港港高于 2000 万 TEU，远高于环南海区域内其他港口。区域港口体系以新加坡港、深圳港、香港港为主要寡头港口，港口体系较为集中。其中新加坡港、香港港的相对领先地位较为突出。新加坡港位于新加坡南部沿海，西邻马六甲海峡的东南侧，南邻新加坡海峡的北侧，地处太平洋及印度洋之间的航运要道，战略地位十分重要。该港凭借其重要的地理位置逐渐发展为亚太地区最大的转口港、世界上最大的集装箱港口之一，其服务范围覆盖东南亚以及东亚地区。香港港地处我国与邻近亚洲国家的要冲，位于经济增长迅速的亚洲太平洋周边的中心，凭借其良好的港口条件与优越的地理区位，长时间作为全球供应链上的主要枢纽港提供全球的班轮运输服务。香港港拥有 15 个港区，其平均超过 10 米深的港内航道，使大型远洋货轮可随时进入码头和装卸区，为世界各地船舶提供了方便而又安全的停泊地；与此相匹配的是，香港港还拥有优良的港口设施和高效的作业流程，港口管理先进。连续几年位居世界集装箱吞吐量第一的香港港，在 2005 年首次被新加坡港取代，在其后的发展中，仍然保持世界大港前列。

竞争Ⅰ型阶段（2006—2018 年），环南海区域港口发展较为迅速。以深圳港、广州港、厦门港等为代表的中国大陆（内地）港口的发展较为迅猛，整体集装箱吞吐量大幅上升，占据环南海区域港口前列；中游港口高速发展，高雄港、巴生港集装箱吞吐量先后突破 1000 万 TEU；低吞吐量港口同步发展，逐渐缩小内部差异。至 2018 年，除新加坡港仍占据首位外，深圳港、广州港、香港港、巴生港、厦门港、高雄港集装箱吞吐量均突破 1000 万 TEU，整体集装箱港口体系日趋分散，港口间的竞争加剧。

二、航运网络及变化

网络由节点和连线组成，其中节点和连线都是广义的，节点表示网络中的元素，两节点的连线表示元素之间的相互作用。如果将海上运输系统中的每个港口看作网络中的节点，将港口与港口之间通过船舶进行货物转移的相互联系看作网络中节点与节点之间边的连接关系，航运网络即可作为复杂网络的一种具体形式，由此形成的港口体系时空演变受实体空间经济、文化、制度等因素的影响，也与网络内部各港口间的相互作用息息相关。选取集装箱海上运输航线作为环南海区域港口体系研究的原始数据，以港口为网络节点，以港口之间的航线及数量为边和边权，以 Gephi 8.0.2 软件为平台，构建 2019 年全球及环南海区域集装箱海上运输有向无权网络并进行航运网络分析。

（一）资料来源

以全球 Top10 班轮运输公司（占全球海运运输市场份额合计为 60% 左右）[①] 港口集装箱航线数据，班轮运输公司列表及介绍如表 12.4 所示。通过班轮运输公司官网公布的航线数据以及船期表，整理获得截至 2019 年度相关船舶在各航线运输中的港口航线信息，

---

① 班轮运输公司市场份额数据详见航运统计网站（http://www.alphaliner.com/top100/）。

构建得出基于全球 Top10 班轮运输公司的航线网络数据，统计并整理得到 162 个国家和地区、613 个港口、3255 条航线的数据，覆盖西北欧、地中海、东亚、东南亚、西亚中东、澳新地区、北美、拉丁美洲和非洲。环南海区域涉及 11 个国家和地区、64 个港口、436 条航线的数据，其中中国大陆（内地）北部港口青岛港、上海港、宁波港等因与环南海区域港口航线联系密切，也纳入本章环南海区域研究中。

表 12.4 全球 Top10 班轮运输公司

排名	班轮运输公司	国家（地区）
1	APM-Maersk（马士基）	丹麦
2	Mediterranean Shg Co（地中海航运）	瑞士
3	COSCO Group（中国远洋海运）	中国大陆（内地）
4	CMA CGM Group（法国达飞）	法国
5	Hapag-Lloyd（赫罗伯特）	德国
6	ONE（Ocean Network Express）（日本邮船）	日本
7	Evergreen Line（长荣海运）	中国台湾
8	Yang Ming Marine Transport Corp.（阳明海运）	韩国
9	Hyundai M. M.（现代商船）	韩国
10	PIL（Pacific Int. Line）（太平商务）	新加坡

资料来源：http://www.alphaliner.com/top100/.

（二）研究方法

随着复杂网络理论的发展，尤其是无标度模型和小世界模型提出后，该理论广泛地运用于各领域的网络研究中，也十分常见其被运用于航运网络的相关研究中。因此，我们采用复杂网络分析方法，从整体和局部两方面对全球区域以及环南海区域航运网络进行评价，主要使用复杂网络理论中的五个指标（表 12.5）进行量化分析，采用 Gephi 软件进行航运网络的可视化和部分统计指标计算。

表 12.5 复杂网络基本指标

复杂网络基本指标		地理意义
整体网络特征	度与度的分布	港口的度是与该港口有航线连接的港口数量，表示港口的联系范围
	平均路径长度	连接两个港口的平均最短航段数，可以反映航运网络整体的连通性
	聚类系数	港口与其他港口联系的紧密性，聚类系数越大，周边节点越易于形成区域集聚
局部网络特征	度中心性	港口在航运网络中与其他港口的直接可达性，表示港口的联系范围
	中介中心性	港口的中转和衔接功能，反映港口的枢纽性地位

资料来源：作者根据郭建科等（2018）、王列辉等（2016）、Watts 等（1998）整理。

（三）航运网络分析

1. 环南海区域航运网络整体特征

（1）数量联系特征：港口间差异较大，港口航线联系数量分布展现长尾特征。

港口度值代表港口所连接航线数量，环南海区域各港口间度与度的分布空间差异性较大。网络中航线联系数量较多的港口有新加坡港、香港港、高雄港、上海港、深圳港、巴生港、胡志明港、丹戎帕拉帕斯港等，表明以上港口在环南海区域航运网络中占据着重要地位，其联系范围较大，与网络中众多港口建立航线网络联系；大部分港口的度值均小于5，航线联系数量较少。整体来看，环南海区域航运网络中各港口度值分布空间差异较大，各港口间航线联系程度存在一定差异（图12.4）。通过计算，环南海区域各港口的度平均值为6.708，表明平均每个港口有6～7条航线。

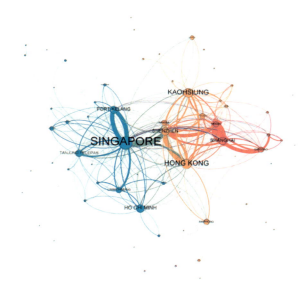

图12.4 环南海区域航运网络度中心性分布

注：图中以港口的度值为节点属性，以模块化系数为分区属性。
资料来源：据各航运公司数据整理，Gephi软件自绘。

从度累积概率分布图（图12.5）来看，环南海区域航运网络累计概率分布呈现出一定的长尾特征，即少数港口航线联系数量较多，多数的港口航线联系数量处于较低程度且相近。其中度值排名靠前的港口度值和航线联系数量差距较大，而排名靠后的港口度值差距开始逐渐减小，航线联系数量低水平相接近。港口度的分布基本满足递减幂律分布，累计概率分布曲线幂拟合值比较大，网络具有一定的无标度特性。

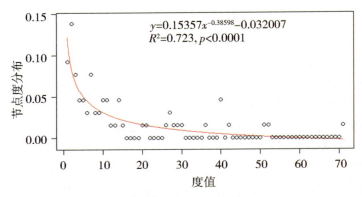

图 12.5 环南海区域航运网络度累计概率分布

注：图中横坐标为港口节点度值从高到低排序后港口位序数值。

资料来源：据各航运公司数据整理，Gephi 软件自绘。

（2）网络连通度特征：港口间联系便捷，运输组织效率高，小世界特征显著。

通过网络相关拓扑特征数值计算（表 12.6），环南海区域航运网络中任意两个港口之间进行航线连接需要通过 2.497 个航段（网络平均路径长度为 2.497），略低于同等规模随机网络的平均最短路径理论值，这表明环南海区域航运网络中节点之间的连通度较小，港口间可较容易建立彼此间的航线联系；环南海区域航运网络平均聚类系数较大，为 0.442，远高于随机网络理论值 0.210，即环南海区域航运网络具有较强的集聚性，表明网络中各港口形成短距离联系的可能性较大。总体来看，环南海区域航运网络展现出一定的小世界特征，表明环南海区域内部各个港口之间的联系较为密切，区域航运网络连通性较强，航运网络的运输组织效率较高。

表 12.6 环南海区域航线网络拓扑特征统计

指标	环南海区域航线网络	同等规模随机网络
平均度	6.708	—
平均加权度	48.338	—
网络直径	7	—
模块化	0.323	—
平均聚类系数	0.442	0.210
平均路径长度	2.497	3.097

资料来源：Gephi 软件计算汇总。

2. 环南海区域航运网络局部港口特征

综合来看，采用不同的评价方法，中心性排名前 10 位的港口顺位会发生一定的变化，但整体港口列表没有发生明显的变化，表明环南海区域航运网络主要由重点港口把握，整体发展以大型港口为主。

（1）重点港口：新加坡港、香港港、高雄港领先地位显著。

新加坡港（新加坡）、香港港（中国香港）与高雄港（中国台湾）排名靠前。新加坡港位于新加坡南部沿海，西临马六甲海峡的东南侧，南临新加坡海峡的北侧，是亚太地区最大的转口港，也是世界上最大的集装箱港口之一，是世界航运网络中的重要枢纽，沟通欧洲与亚洲等地的重要节点，服务范围覆盖东南亚、东亚等地区，其港口与其他港口的联系功能、转运功能以及核心枢纽地位均处于环南海区域前列。香港港作为远东的航运中心，其地处中国与邻近国家的要冲，同时位于经济增长迅速的亚洲太平洋的中心，占据良好港口条件与优越地理位置等，成为世界最繁忙和最高效率的国际集装箱港口之一，被认为是全球供应链上的主要枢纽港。近年来虽受到全球贸易疲软、码头用地不足、中国内地码头崛起等诸多因素的影响，整体国际地位受到一定的冲击，但香港港仍不断适应国际经济、贸易、航运和物流发展的要求，逐步成为国际物流中心。高雄港是中国台湾南部最重要的商港，也是中国台湾最大的港口，集装箱吞吐量约占中国台湾港口集装箱吞吐量的3/4，货物吞吐量约占中国台湾港口货物吞吐量的1/2，在20世纪90年代，曾位居世界集装箱吞吐量第三大港，仅次于中国香港和新加坡。近年来，受到环南海区域内的其他港口的发展冲击与竞争挑战，高雄港排名有一定的下滑，但作为区域内的枢纽港，其与其他港口的联系紧密程度以及转运等功能，仍处于环南海区域前列。

除以上三港口外，胡志明港（越南）、丹戎帕拉帕斯港（马来西亚）、深圳港［中国大陆（内地）］、上海港［中国大陆（内地）］等港口也处于环南海区域航运网络前列，表明这些港口作为区域性枢纽与其他港口联系较为密切，对环南海区域航线网络的构建起着重要的中转功能和衔接作用。以上大型港口拥有良好的港口建设条件，作为航线中的重要节点港口决定了整个航线网络的通达状况。

环南海区域航运网络的建设对以上重点港口具有明显的依赖性。

（2）港口直接可达性：巴生港、林查班、青岛港航线联系广。

根据表12.7的统计结果，从度中心性分析，新加坡港具有绝对领先的地位，其作为网络中重要的枢纽节点，连通、辐射范围广，能够一定程度上吸引其他港口与其建立直接的航线联系，其余港口之间度中心性差异不大。除以上重点港口外，巴生港（马来西亚）、林查班港（泰国）、青岛港［中国大陆（内地）］也处于环南海区域前列。巴生港是马来西亚最大的港口，是马来西亚的海上门户。巴生港港区建于巴生河口，其西港有良好的深水码头，可以停靠世界最大吨位的货船，是东南亚集装箱的重要转运中心。林查班港是泰国最大的深水港，曾经作为曼谷港的集装箱中转港区，目前已经发展成为泰国最重要的国际集装箱枢纽港。青岛港作为中国北方的重要港口，其航线可直达东南亚、中东、地中海、欧洲、非洲、大洋洲等重要区域，成为中国沿黄河流域和环太平洋的国际贸易口岸和中转枢纽。以上港口作为区域内的重要港口，与其他港口航线联系密切。

表12.7 环南海区域航线网络中心性排名前10位港口

排名	港口	度中心性	排名	港口	中介中心性
1	新加坡港	71	1	新加坡港	0.3201
2	香港港	52	2	香港港	0.1544
3	高雄港	51	3	高雄港	0.1104

续表 12.7

排名	港口	度中心性	排名	港口	中介中心性
4	胡志明港	42	4	胡志明港	0.0966
5	深圳港	40	5	丹戎帕拉帕斯港	0.0647
6	上海港	40	6	深圳港	0.0540
7	巴生港	40	7	宁波港	0.0489
8	丹戎帕拉帕斯港	36	8	西哈努克港	0.0400
9	林查班港	30	9	上海港	0.0387
10	青岛港	29	10	青岛港	0.0370

资料来源：Gephi 软件计算汇总。

（3）港口枢纽中转功能：港口间差异较大，西哈努克港中转功能突出。

从中介中心性分析，各港口的中介中心性较小，介于 0～0.33 之间，仅有新加坡港的中介中心性相对较大，有 40% 左右的港口的中介中心性低于 0.001 或表现为 0。其中前三位港口中介中心性高于 0.1，新加坡港的中介中心性达到 0.32，远高于其余港口。中介中心性测量的是节点对资源控制的程度，这说明在环南海区域航线网络中，众多航线、众多港口想要进行联系，都一定程度上要经过新加坡港，体现其在整个网络中处于核心枢纽的地位。除以上重点港口外，西哈努克港（柬埔寨）的中介中心性位于环南海区域前列。西哈努克港是柬埔寨唯一的深水海港，其国内港口与外界的联系多通过西哈努克港进行中转，该港海运线路可抵达美国、欧盟、中国、日本、韩国以及其他东南亚国家。另从少数低值港口来看，少数度中心性和接近度中心性较小的港口，其中介中心性相对较高，如湛江港、达沃港、台北港、岘港等，表明该类港口在整体航运网络中节点作用较明显，表现出一定的中转与衔接功能，在整体区域航运网络中有一定的地位。

（4）环南海区域港口分级差异显著。

应用系统聚类方法，选取离差平方和方法，综合度中心性指标、中介中心性指标对环南海区域航线网络中 64 个港口层级结构进行分析，得到的聚类结果如表 12.8 表示。聚类结果表明，环南海区域航线网络港口节点的分级较为明显。其中第一等级为区域枢纽港口，有 8 个港口，以新加坡港为中心，同时包括丹戎帕拉帕斯港、胡志明港、深圳港、上海港、巴生港、高雄港、香港港等港口，此类港口作为区域的中心枢纽港口，辐射范围广，航线联系范围大，中转功能、枢纽功能均较突出。第二等级为区域普通港口，有 6 个港口，包括林查班港、海防港、宁波港、广州港、厦门港、青岛港等，集中表现为航线联系范围较广，有一定的中转枢纽功能。第三等级是数量较多的区域中小型港口，有 50 个港口，占据全体港口的 3/4 左右。中小型港口与区域枢纽港口以及区域普通港口相比，其航线联系范围以及中转枢纽功能较弱，但其地理位置有相对的优势，也对环南海区域航运网络的建设起到了较大的作用。

表 12.8 环南海区域航线网络港口中心性系统聚类统计

层次	港口	数量/个	所占比例/%
区域枢纽港口	新加坡港、丹戎帕拉帕斯港、胡志明港、深圳港、上海港、巴生港、高雄港、香港港	8	12.5
区域普通港口	林查班港、海防港、宁波港、广州港、厦门港、青岛港	6	9.375
区域中小型港口	泗水港、马尼拉港、钦州港、大连港、归仁港、蔡兰港、烟台港、泉州港、汕头港等	50	78.13

资料来源：SPSS 软件结果整理。

三、结　语

环南海区域港口发展较为迅速，区域港口体系由寡头领先逐渐向多港口竞争的分散模式发展，港口间的竞争逐渐加剧；中国大陆（内地）港口发展迅速，深圳港、广州港、上海港、宁波港逐渐在环南海区域中占据重要地位。

区域航运网络整体呈现出以主要港口为关键节点，扩散发展，如新加坡港、香港港、巴生港、深圳港在航运网络中作为关键节点，与区域其他港口进行联系与沟通。其中，在航线联系数量上，区域港口间差异较大，新加坡港、香港港、高雄港等港口航线联系范围处于领先地位；在网络连通性方面，区域航运网络连接较便捷，任意两个港口间通过 2.5 条航段即可建立联系，港口间联系范围、转运功能、枢纽功能等呈现差异；环南海区域港口分级特点明显，可分为区域枢纽港口、区域普通港口、区域中小型港口等类别，整体以传统大型港口如新加坡港、香港港等领先发展，中小型港口发展迅速。

参考文献

曹有挥，李海建，陈雯. 中国集装箱港口体系的空间结构与竞争格局 [J]. 地理学报，2004，59（6）：1020 – 1027.

程佳佳，王成金. 珠江三角洲集装箱港口体系演化及动力机制 [J]. 地理学报，2015，70（8）：1256 – 1270.

郭建科，何瑶，侯雅洁. 中国沿海集装箱港口航运网络空间联系及区域差异 [J]. 地理科学进展，2018，37（11）：1499 – 1509.

郭建科，何瑶，王绍博，等. 1985 年以来中国大陆沿海集装箱港口体系位序 – 规模分布及其网络联系 [J]. 地理研究，2019，38（4）：869 – 883.

郭建科，侯雅洁，何瑶. "一带一路"背景下中欧港口航运网络的演化特征 [J]. 地理科学进展，2020，39（5）：716 – 726.

贺良辉，薛德升. 环中国南海周边国家及地区地缘经贸关系动态演化探析 [J]. 世界地理研究，2020，29（3）：469 – 479.

黄耿志，张虹鸥. 新世纪海上丝绸之路：东南亚发展与区域合作 [M]：北京：商务印书馆，2018：195 – 196.

刘婵娟，胡志华. "21 世纪海上丝绸之路"海运网络空间格局及其复杂性研究 [J]. 世界地理研究，2018，27（3）：11 – 18.

刘涛，刘均卫. 长江干线集装箱港口体系集中度演进分析 [J]. 经济地理，2018，38（3）：113 – 119.

潘峰华，赖志勇，葛岳静. 经贸视角下中国周边地缘环境分析：基于社会网络分析方法［J］. 地理研究，2015，34（4）：775-786.

彭宾，刘小雪，杨镇钟，等. 东盟的资源环境状况及合作潜力［M］. 北京：社会科学文献出版社，2016：72-73.

秦奇，吴良，李飞，等. 基于社会网络分析的东南亚地缘关系研究［J］. 地理学报，2018，73（10）：2014-2030.

王列辉，洪彦. 直航背景下海峡两岸集装箱港口体系空间结构：基于复杂网络的视角［J］. 地理学报，2016，71（4）：605-620.

王勤. 东南亚地区发展报告：2017—2018［M］. 北京：社会科学文献出版社，2018：108-019.

王绍卜. 我国沿海集装箱港口体系的空间结构及演化［J］. 经济地理，2016，36（8）：93-98.

徐剑华. 2004—2017年全球班轮运输相关指数和连通性变迁［J］. 中国船检，2018（3）：32-36.

曾庆成，滕藤. 海上丝绸之路航线网络的复杂性分析［J］. 中国航海，2015，38（2）：122-125.

WATTS D J, STROGATZ S H. Collective dynamics of "small-world" networks［J］. Nature，1998，393（7）：440-442.

（王琪，薛德升，陈炜，韦春竹）

第十三章 环南海区域机场与航空网络体系

交通运输网络是构建区域城市网络的重要基础,其中航空运输因其运送速度快、跨越距离长等优点已迅速发展为目前重要的交通方式之一,是影响城市等级和区域网络的重要因素。随着经济全球化和区域经济一体化程度的不断加深,航空运输在环南海区域发展中扮演着日益重要的角色。一方面,航空运输的快速发展在加强区域内各国间商贸交流的同时推动了区域的经济发展;另一方面,区域内不同国家、城市的航空发展差异也影响着区域航空网络和机场乃至城市的等级体系。

本章航空资料来源于 OAG(Official Aviation Guide)在线分析平台中的航班运力分析模块(Schedules Analyzer)。该模块覆盖了全球近 1000 家航空公司和 4000 多个机场的客货航班计划信息,主要包括航班代码、起始地、目的地、起飞时间、降落时间、座位数、机型、飞行频次等字段。我们分别收集了 2000 年、2010 年和 2018 年环南海区域各机场的所属国家与地区、所在城市、经纬度坐标、国际货运量数据及国际客运量数据,考虑到数据重复的干扰影响,剔除了共享重复的航班运力以及双向重复的航班运力。

一、环南海区域机场体系及变化

(一)机场排名及变化

1. 货运机场排名及变化

头部机场排名一定程度上能够反映机场的竞争力和区域的影响力。2000 年、2010 年和 2018 年环南海货运机场分别有 26 个、42 个和 44 个,以国际货运量为排名依据,将 Top20 作为货运机场体系的头部机场,其各年度排名及变化如表 13.1 所示。

2000—2018 年环南海区域机场货运排名层级变化差异显著,Top5 排名整体变化小,Top5 至 Top20 排名变化明显。HKG(香港)、TPE(台北)、SIN(新加坡)长期居于前列,优势地位稳定。2010 年,PVG(上海)跻身进入 Top5 并在 2018 年稳居第二;BKK(曼谷)及 KUL(吉隆坡)排名持续下降并分别于 2010 年及 2018 年跌出 Top5;2010 年新增 HAN(河内),排名迅速攀升并于 2018 年跻身 Top5,位居第五名。

Top6 至 Top20 的机场排名相较 Top5 而言,变化较大,2010 年与 2018 年排名较同期排名中上下浮动超过 3 的机场分别有 6 个和 8 个。2010 年,TSN(天津)、XMN(厦门)、CAN(广州)排名上升迅速,同时 MNL(马尼拉)排名显著下跌;2018 年,CAN(广州)、SGN(胡志明)、CKG(重庆)迅速上升,其中 CGK(重庆)排名前进 17 位并一举跃升至第 15 位,而 KUL(吉隆坡)、TSN(天津)、PEK(北京)、XMN(厦门)、SZX(深圳)排名明显下滑,且除 KUL(吉隆坡)外均为中国机场。

表 13.1 2000 年、2010 年、2018 年环南海区域 Top20 机场排名（货运）

排名	2000 年	2010 年	排名变化	2018 年	排名变化
1	HKG（中国）	HKG（中国）	—	HKG（中国）	—
2	TPE（中国）	PVG（中国）	＋9	PVG（中国）	—
3	SIN（新加坡）	TPE（中国）	－1	TPE（中国）	—
4	BKK（泰国）	SIN（新加坡）	－1	SIN（新加坡）	—
5	KUL（马来西亚）	BKK（泰国）	－1	HAN（越南）	＋11
6	SFS（菲律宾）	PEK（中国）	＋2	CAN（中国）	＋7
7	PEN（马来西亚）	KUL（马来西亚）	－2	BKK（泰国）	－2
8	PEK（中国）	TSN（中国）	＋8	CGO（中国）	＊
9	SHA（中国）	PEN（马来西亚）	－2	PEN（马来西亚）	—
10	MNL（菲律宾）	MFM（中国）	＋4	SGN（越南）	＋5
11	PVG（中国）	SZX（中国）	＋2	KUL（马来西亚）	－4
12	CGK（印度尼西亚）	XMN（中国）	＋12	TSN（中国）	－4
13	SZX（中国）	CAN（中国）	＋9	CGK（印度尼西亚）	＋1
14	MFM（中国）	CGK（印度尼西亚）	－2	PEK（中国）	－8
15	KHH（中国）	SGN（越南）	＋4	CKG（中国）	＋17
16	TSN（中国）	HAN（越南）	＊	MNL（菲律宾）	＋2
17	CEB（菲律宾）	NKG（中国）	＊	XMN（中国）	－5
18	URC（中国）	MNL（菲律宾）	－8	PNH（柬埔寨）	＊
19	SGN（越南）	DLC（中国）	＋2	SZX（中国）	－8
20	SHE（中国）	CTU（中国）	＊	CTU（中国）	—

注：＊为同期新增机场，—为同期机场排名没有变化。
资料来源：https://www.oag.com/schedules-analyzer。

2. 客运机场排名及变化

客运机场体系以国际客运量为依据，将区域内 Top50 机场作为头部机场。表 13.2 反映了环南海区域 2000 年、2010 年和 2018 年 Top50 机场的排名及其变化情况，由此可见近 20 年机场竞争力的变化。与航空货运相仿，客运机场排名的层级变化差异也较为显著。

Top10 的机场排名相对稳定，2018 年与 2000 年相比，Top10 中的机场仅有 3 个机场有一定变动。由于 2008 年 3 月 26 日上海浦东国际机场（PVG）第二航站楼及第三跑道正式通航，2010 年 SHA（上海）被 PVG（上海）取代，DPS（巴厘岛）则被 SGN（胡志明）取代。2018 年，MNL（马尼拉）下跌至第 11 位，CAN（广州）进入 Top10。

Top11 至 Top20 排名变化较小，其中 2010 年同期排名变化大于 2018 年同期排名变化。2010 年同期排名变化中有 5 个机场排名浮动大于等于 3，CAN（广州）、MFM（澳门）、PEN（槟城）、HGH（杭州）排名明显上升，KHH（高雄）则明显下降。在 2018 年同期排名变化中浮动超过 3 的机场仅有 PNH（金边）和 CTU（成都），且均为上升。

Top21 至 Top50 的机场排名变化最为显著。2010 年排名上升迅速的机场有 REP（暹粒）、CTU（成都）、SZX（深圳）、NKG（南京）、CSX（长沙）、SZB（吉隆坡），2018 年排名上升迅速的机场有 DAD（岘港）、CNX（清迈）、KBV（甲米），以上机场排名上升幅度大于等于 10。

表 13.2　2000 年、2010 年、2018 年环南海区域 Top50 机场排名（客运）

排名	2000 年	2010 年	排名变化	2018 年	排名变化
1	SIN（新加坡）	HKG（中国）	+1	HKG（中国）	—
2	HKG（中国）	SIN（新加坡）	−1	SIN（新加坡）	—
3	BKK（泰国）	BKK（泰国）	—	BKK（泰国）	—
4	TPE（中国）	KUL（马来西亚）	+1	TPE（中国）	+1
5	KUL（马来西亚）	TPE（中国台北）	−1	KUL（马来西亚）	−1
6	MNL（菲律宾）	PVG（中国）	+5	PVG（中国）	—
7	PEK（中国）	PEK（中国）	—	PEK（中国）	—
8	CGK（印度尼西亚）	CGK（印度尼西亚）	—	CAN（中国）	+3
9	SHA（中国）	MNL（菲律宾）	−3	CGK（印度尼西亚）	−1
10	DPS（印度尼西亚）	SGN（越南）	+2	SGN（越南）	—
11	PVG（中国）	CAN（中国）	+4	MNL（菲律宾）	−2
12	SGN（越南）	DPS（印度尼西亚）	−2	DPS（印度尼西亚）	—
13	MFM（中国）	HAN（越南）	+7	HAN（越南）	—
14	KHH（中国）	MFM（中国）	−1	HKT（泰国）	+2
15	CAN（中国）	PEN（马来西亚）	+3	PNH（柬埔寨）	+4
16	BWN（文莱）	HKT（泰国）	+1	MFM（中国）	−2
17	HKT（泰国）	KHH（中国台北）	−3	DMK（泰国）	*
18	PEN（马来西亚）	HGH（中国）	+19	KHH（中国）	−1
19	PNH（柬埔寨）	PNH（柬埔寨）	—	CTU（中国）	+6
20	HAN（越南）	XMN（中国）	+1	XMN（中国）	—
21	XMN（中国）	BWN（文莱）	−5	SHA（中国）	+8
22	BKI（马来西亚）	SUB（印度尼西亚）	+4	HGH（中国）	−4
23	DLC（中国）	REP（柬埔寨）	+12	TAO（中国）	+4
24	KMG（中国）	BKI（马来西亚）	−2	REP（柬埔寨）	−1
25	TAO（中国）	CTU（中国）	+11	SZX（中国）	+3
26	SUB（印度尼西亚）	MES（印度尼西亚）	+2	PEN（马来西亚）	−11

续表 13.2

排名	2000 年	2010 年	排名变化	2018 年	排名变化
27	XIY（中国）	TAO（中国）	-2	TSA（中国）	+6
28	MES（印度尼西亚）	SZX（中国）	+42	DAD（越南）	+42
29	CEB（菲律宾）	SHA（中国）	-20	KMG（中国）	+2
30	SHE（中国）	DLC（中国）	-7	FOC（中国）	+4
31	KWL（中国）	KMG（中国）	-7	CEB（菲律宾）	+4
32	FOC（中国）	NKG（中国）	+10	CKG（中国）	+9
33	KCH（马来西亚）	TSA（中国）	*	BKI（马来西亚）	-9
34	TSN（中国）	FOC（中国）	-2	WUH（中国）	+5
35	REP（柬埔寨）	CEB（菲律宾）	-6	SUB（印度尼西亚）	-13
36	CTU（中国）	SHE（中国）	-6	NKG（中国）	-4
37	HGH（中国）	TSN（中国）	-3	DLC（中国）	-7
38	SWA（中国）	KCH（马来西亚）	-5	TSN（中国）	-1
39	HDY（泰国）	WUH（中国）	+9	XIY（中国）	+8
40	URC（中国）	CRK（菲律宾）	*	CNX（泰国）	+17
41	HAK（中国）	CKG（中国）	+4	KNO（印度尼西亚）	*
42	NKG（中国）	CSX（中国）	+12	BWN（文莱）	-21
43	YNT（中国）	SZB（马来西亚）	+21	USM（泰国）	+9
44	CNX（泰国）	HAK（中国）	-3	CSX（中国）	-2
45	CKG（中国）	RMQ（中国）	*	SHE（中国）	-9
46	LGK（马来西亚）	NGB（中国）	+4	CGO（中国）	+7
47	SYX（中国）	XIY（中国）	-20	KBV（泰国）	+20
48	WUH（中国）	SYX（中国）	-1	HAK（中国）	-4
49	HRB（中国）	KWL（中国）	-18	CXR（越南）	*
50	NGB（中国）	BDO（印度尼西亚）	*	CRK（菲律宾）	-10

注：＊为同期新增机场，—为同期机场排名没有变化。

资料来源：https://www.oag.com/schedules-analyzer。

（二）机场体系变化趋势

赫芬达尔—赫希曼指数（Herfindahl-Hirschman Index，HHI）是测度行业集中度的重要指标之一。运用 HHI 来测量环南海区域机场体系的集中度趋势，可反映机场体系内各个机场间的竞争情况。HHI 市场集中度判别标准如表 13.3 所示，依据 HHI 值可以有效判断市场结构类型，一级分类为寡占型和竞争型，并可细分为多个二级分类。总体而言，

HHI 值越大，则机场体系中机场国际货运量分布越不均衡，机场的空间结构趋于集中；相反，*HHI* 值越低，则机场的国际货运量分布越均衡，空间结构趋于分散。

表 13.3　市场集中度判别标准

市场结构		*HHI*
寡占型	高寡占Ⅰ型	*HHI* ≥ 0.3
	高寡占Ⅱ型	0.18 ≤ *HHI* < 0.3
	低寡占Ⅰ型	0.14 ≤ *HHI* < 0.18
	低寡占Ⅱ型	0.1 ≤ *HHI* < 0.14
竞争型	竞争Ⅰ型	0.05 ≤ *HHI* < 0.1
	竞争Ⅱ型	*HHI* < 0.05

资料来源：根据郭建科等（2019）、莫辉辉等（2017）、秦志琴等（2018）整理。

1. 货运机场体系变化趋势

如图 13.1 所示，环南海区域货运机场体系呈集中趋势，货运 *HHI* 持续上升。根据市场集中度判别标准，2000 年环南海区域航空货运机场体系为低寡占Ⅱ型；2010 年向集中化方向演进，市场结构转变为低寡占Ⅰ型；2018 年其市场结构进一步变化为高寡占Ⅱ型。结果表明航空货运市场集中化程度提高，市场垄断逐渐替代市场竞争，航空货运体系呈现向寡头机场不断集聚的趋势。

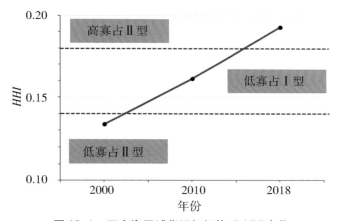

图 13.1　环南海区域货运机场体系 *HHI* 变化

2. 客运机场体系变化趋势

如图 13.2 所示，环南海区域客运机场体系择呈分散的趋势，客运 *HHI* 逐年下降。该区域航空客运市场 2000 年为低寡占Ⅱ型，并于 2010 年转变为竞争Ⅰ型，2018 年保持这一市场结构的同时，*HHI* 进一步下降，客运机场体系的竞争进一步加剧。总体而言，航空客运市场集中化程度降低，市场竞争加剧，航空客运体系日趋分散。

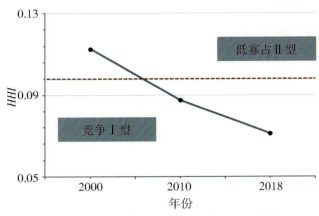

图 13.2 环南海区域客运机场体系 HHI 变化

二、航空网络及变化

航空运输在环南海区域的交通运输中扮演着重要的角色。在区域经济迅速发展、低成本航空公司市场的填补以及机场运输的多重作用下,近 20 年来环南海区域航空网络变化显著。目前,国内外学者对航空网络的研究主要集中在网络复杂性以及应用其探究城市等级体系等方面。

复杂网络最初利用统计物理学以分析复杂系统实体及其之间通过相互作用构建的网络及其结构与动力学特征,运用复杂网络探究航空网络等交通网络的研究是其在地理学领域的重要应用之一。本节运用社会网络分析方法,以区域内各货运机场为网络节点,以机场间的航线及班次作为边和边权,运用 Gephi 8.0.2 软件,分别构建 2000 年、2010 年和 2018 年环南海区域航空货运无向无权的网络,并通过相关指标(表 13.4),从整体和局部两方面对航空网络进行评价。

表 13.4 复杂网络基本指标

复杂网络基本指标		地理意义
整体网络特征	度与度的分布	机场的度是与该机场有航线连接的机场数量,表示机场的联系范围
	平均路径长度	连接两个机场的平均最短航段数,可以反映航运网络整体的连通性
	聚类系数	机场与其他机场联系的紧密性,聚类系数越大,周边节点越易于形成区域集聚
局部网络特征	度中心性	机场在航运网络中与其他机场的直接可达性,表示机场的联系范围
	中介中心性	机场的中转和衔接功能,反映机场的枢纽性地位

资料来源:根据刘婵娟等(2018)、潘峰华等(2015)整理。

(一) 航空货运网络及变化

1. 航空货运网络整体特征

（1）网络覆盖范围不断扩大，联系密度有所下降。

一方面，由表 13.5 可知，航空货运网络的机场数量不断增加，由 2000 年的 26 个增长到 2010 年的 42 个，并在 2018 年持续增长到 44 个；同时班次数量增加明显，从 2000 年的 53 班增加将近 1 倍至 2018 年的 100 班；从图 13.3 至图 13.5 也可以看出，从 2000 年到 2018 年拓扑网络趋于复杂。另一方面，航空网络的平均度（表 13.5）由 2000 年的 5.579 显著下降至 2010 年的 4.909（网络覆盖范围在扩大，但联系密度并未有效提高），虽在 2018 年有所恢复（5.405），但总体来看网络平均度略有下降，网络的联系密度整体弱化，这可能与区域航空货运体系的集聚化发展趋势带来的冲击不无关系。

表 13.5 环南海区域航空网络覆盖范围变化（货运）

年份	机场数量/个	班次数量/个	平均度
2000 年	26	53	5.579
2010 年	42	81	4.909
2018 年	44	100	5.405

资料来源：https://www.oag.com/schedules-analyzer，Gephi 软件计算绘制。本章以下各图、表，除注明外均同此。

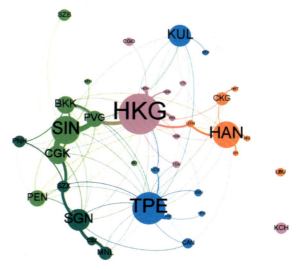

图 13.3 2000 年环南海区域航空网络度中心性分布（货运）

注：图中以机场节点度值为节点属性，以模块化系数为分区属性。

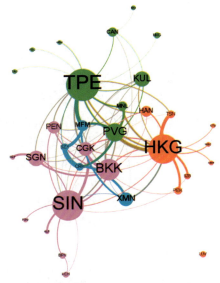

图 13.4　2010 年环南海区域航空网络度中心性分布（货运）

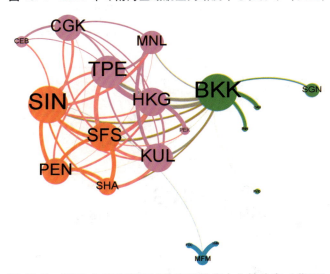

图 13.5　2018 年环南海区域航空网络度中心性分布（货运）

（2）机场间联系便捷，运输组织效率提升，小世界特征显著。

总体而言，2000—2018 年的航空货运网络平均路径均小于同等规模随机网络，同时其平均聚类系数均明显大于同等规模随机网络且差值逐渐增大（表 13.6）。这说明近 20 年环南海区域航空货运网络组织效率有所提升，集聚性增强，呈现出了明显的小世界特征（图 13.3 至图 13.5）。从平均路径长度来看，2000 年的航空货运网络和其同等规模随机网络的平均路径长度分别为 2 和 2.012，前者略小于后者但差值较小，仅为 0.012；2010 年，由于网络覆盖规模的整体扩大，航空货运网络的平均路径长度略有增加（2.176），但仍小于其同等规模随机网络的平均路径长度（2.256），且两者差值扩大至 0.08；2018 年，环南海航空货运网络在覆盖范围扩大的同时，其平均路径相较 2010 年有所减小，为

2.114，仍小于其同等规模随机网络的2.182，且相较2000年仍保持了0.068这一较大的差值。从平均聚类系数来看，2000年、2010年和2018年航空货运网络的平均聚类系数均大于其同等规模的随机网络，同时差值由2000年的0.401不断扩大至2010年的0.476再到2018年的0.529，小世界特征更加显著。

表13.6 环南海区域航空货运网络小世界特征对比变化（货运）

年份	指标	环南海区域航空货运网络	同等规模随机网络	差值
2000	L	2	2.012	<0（-0.012）
	C	0.714	0.313	>0（0.401）
2010	L	2.176	2.256	<0（-0.08）
	C	0.609	0.133	>0（0.476）
2018	L	2.114	2.182	<0（-0.068）
	C	0.65	0.121	>0（0.529）

注：L指平均路径长度，C指平均聚类系数。

(3) 机场间差异较大，机场班次数量分布呈现"长尾"特征。

机场度值代表机场所连接航线的数量即班次数量，环南海区域各机场（货运）间度与度的分布空间差异较大。从图13.6来看，环南海区域航空货运网络的度累积概率分布在2000年、2010年和2018年均呈现幂律分布的态势，"长尾"分布特征明显，即少量机场节点具有较高的度值，而多数机场节点度值较低，差值也较小，且"长尾"特征由年份递加而更趋明显；同时，度累积概率分布曲线的拟合值即R^2由2000年的0.6738整体增加至2018年的0.8781。以2018年为例，平均度值为5.405，即该区域航空货运网络中每个机场有5~6条航线，但大部分机场的度值均小于5。

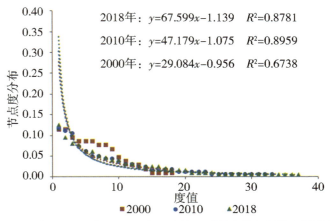

图13.6 2000年、2010年、2018年环南海区域航空货运网络度累积概率分布

注：图中横坐标为机场节点度值从高到低排序后的机场位序数值。

2. 航空货运网络局部机场特征

基于航空网络探究其机场节点能更好地反映机场在整体网络中的地位及变化，具有较好的外部性。本节选取反映机场节点在网络中联系广度的度数中心性和反映机场节点可达性的中介中心性作为其节点特征指标，选取该区域 14 个主要的机场作为研究对象。

从可达性视角（表 13.7）来看，环南海区域航空货运网络中主要节点的可达性变化多样，可归为以下两类：第一类为可达性增强。PVG（上海）、SGN（胡志明市）、CGK（雅加达）和 HAN（河内）等大部分重要机场在联系范围不断扩大的同时，对外联系的紧密程度也在不断增强，通达性有所改善，在网络中的地位得到提升，其发展潜力相对较大；MNL（马尼拉）和 PEK（北京）联系的机场数量有所下降，但联系强度反而提升，表明其在网络中的联系趋于集中。第二类为可达性减弱。BKK（曼谷）和 MFM（澳门）的联系强度和通达性收缩趋势明显，地位下降显著。

表 13.7　2000—2018 年环南海区域重要机场节点特征变化（货运）

机场代码	所在国家	所在地区	度数中心性	中介中心性
PVG	中国	上海	△	△
SGN	越南	胡志明市	△	△
CGK	印度尼西亚	雅加达	△	△
HAN	越南	河内	△	△
CAN	中国	广州	△	△
HKG	中国	香港	△	△
TPE	中国	台北	△	△
KUL	马来西亚	吉隆坡	△	△
SIN	新加坡	新加坡	△	△
PEN	马来西亚	槟城州	△	△
MNL	菲律宾	马尼拉	▽	△
PEK	中国	北京	▽	△
BKK	泰国	曼谷	▽	▽
MFM	中国	澳门	▽	▽

注：△表示上升，▽表示下降。

（二）航空客运网络及变化

1. 航空客运网络整体特征。

（1）客运网络覆盖范围明显扩大，机场间联系日趋紧密。

据表 13.8，环南海区域航空客运网络机场节点数量不断增加，由 2000 年的 97 个增加至 2010 年的 112 个再到 2018 年的 152 个；航班数量增加也颇为迅速，各年之间班次数量增长速度几近成倍，2000 年班次数量仅为 236 班，2010 年已增长为 412 班，到 2018 年更是扩张至 951 班；同时，环南海区域航空客运网络的平均度增加明显，由 2000 年的 4.866 增加至 2010 年的 7.357，继而增加至 2018 年的 12.513，体现出网络联系的紧密程度不断深化。以上变化反映到图 13.7 至图 13.9 中，可以明显看出节点数量迅速增加，机场间联系明显增多，网络联系日益紧密以及网络规模不断扩大。

表 13.8　环南海区域航空客运网络覆盖范围变化

年份	机场数量/个	班次数量/个	平均度
2000 年	97	236	4.866
2010 年	112	412	7.357
2018 年	152	951	12.513

资料来源：根据 OAG（Official Aviation Guide）在线分析平台中的航班运力分析模块（Schedules Analyzer）数据编制、计算而得。

图 13.7　2000 年环南海区域航空客运网络度中心性分布图

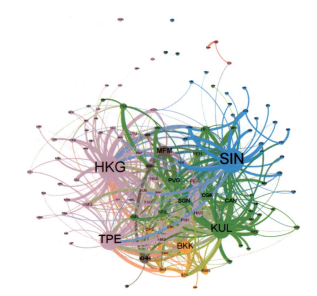

图 13.8 2010 年环南海区域航空客运网络度中心性分布图

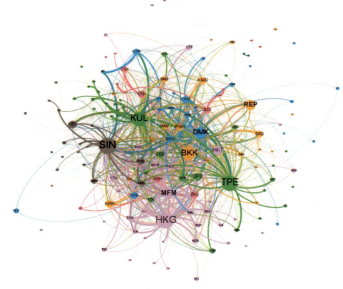

图 13.9 2018 年环南海区域航空客运网络度中心性分布图

（2）机场间联系便捷，运输组织效率提升，小世界特征显著。

据表 13.9，总体而言，2000 年、2010 年和 2018 年环南海区域航空客运网络的平均路径长度均小于同等规模的随机网络，其平均聚类系数均大于同等规模的随机网络，环南海区域航空客运网络具有明显的小世界特征，且网络的组织结构效率整体提升。从度中心性分布图（图 13.7 至图 13.9）中也可看出机场节点呈现出明显的组团式布局。具体来看，从环南海区域航空客运网络的平均路径长度而言，2000 年的平均路径长度为 2.454，明显小于同等规模随机网络的 3.064；2010 年的平均路径长度显著缩短至 2.265，小于同等规模随机网络的 2.564；2018 年的平均路径长度略有增加，为 2.275，仍小于其同等规模随机网络的 2.288。可以说，环南海区域航空客运网络的平均路径长度总体上有所缩短。从环南海区域航空客运网络的平均聚类系数来看，2000 年的平均聚类系数为 0.473，虽大于同等规模随机网络的 0.336，但两者差值相对较小，仅为 0.137；2010 年的平均聚类系数为 0.618，明显大于同等规模随机网络的 0.071，且差值较大；相较 2000 年而言，2018 年在保持平均聚类系数大于同等规模随机网络的同时，差值也相对较大。

表 13.9 环南海区域航空客运网络小世界特征对比变化

年份	指标	环南海区域航空网络	同等规模随机网络	差值
2000 年	L	2.454	3.064	<0（−0.61）
	C	0.473	0.336	>0（0.137）
2010 年	L	2.265	2.564	<0（−0.299）
	C	0.618	0.071	>0（0.547）
2018 年	L	2.275	2.288	<0（−0.013）
	C	0.473	0.081	>0（0.392）

注：L 指平均路径长度，C 指平均聚类系数。

（3）机场间差异较大，机场班次数量分布呈现"长尾"特征。

从图 13.10 中可以看出，2000 年、2010 年和 2018 年环南海区域航空客运网络的度累积概率分布均呈现明显的"长尾"特征，且由 2000 年至 2018 年网络的"长尾"特征更趋显著，即少数机场其班次数量较多，多数的机场班次数量处于较低程度且相近。其中，度值排名靠前的机场度值差异较大，班次数量差距较大；排名靠后的机场度值差异开始逐渐减小，班次数量低，水平相接近。同时，近 20 年网络的度累积概率分布曲线的拟合值 R^2 均相对较高。总体而言，环南海区域航空客运网络在 2000—2018 年间的度累积概率分布呈现明显的幂律分布态势且拟合值均相对较高。

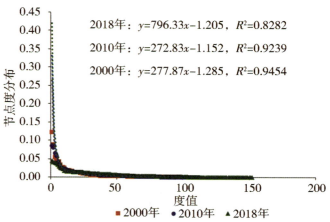

图 13.10 2000 年、2010 年、2018 年环南海区域航空客运网络度累积概率分布

注：图中横坐标为机场节点度值从高到低排序后的机场位序数值。

2. 航空客运网络局部节点特征

从可达性（表13.10）来看，环南海航空客运网络的主要机场节点整体连通性处于上升态势，同时网络分散趋势明显。大部分机场可达性增强。PVG（上海）和SGN（胡志明市）等大部分重要机场在网络中的地位提升明显，其在扩张联系机场范围的同时，与其他机场节点的联系强度仍不断增强。仅少数机场可达性减弱。MNL（马尼拉）和HKG（香港）地位有所下降，其联系的机场节点仍在增多，但联系强度有所减弱，整体通达性有所降低，说明其新近联系的机场多为通达性较差的边缘机场。

表13.10　2000—2018年环南海区域重要机场节点特征变化（客运）

机场代码	所在国家	所在地区	度数中心性	接近中心性
PVG	中国	上海	△	△
SGN	越南	胡志明市	△	△
BKK	泰国	曼谷	△	△
CAN	中国	广州	△	△
CGK	印度尼西亚	雅加达	△	△
HAN	越南	河内	△	△
KUL	马来西亚	吉隆坡	△	△
MFM	中国	澳门	△	△
PEK	中国	北京	△	△
PEN	马来西亚	槟城州	△	△
SIN	新加坡	新加坡	△	△
TPE	中国	台北	△	△
HKG	中国	香港	△	▽
MNL	菲律宾	马尼拉	△	▽

注：△表示上升，▽表示下降。

资料来源：根据OAG（Official Aviation Guide）在线分析平台中的航班运力分析模块（Schedules Analyzer）数据计算而得。

三、结　语

环南海区域作为世界经济的重要增长极之一，航空运输承载了区域内很大一部分的物流。航空运输作为区域重要的运输方式之一，总体来看发展颇为迅速。无论是航空货运还是航空客运，其网络覆盖范围均明显扩大，网络中的机场节点数量不断增多，运输效率也在提高。然而，区域内航空运输的发展也是不均衡的。从机场排名来看，排在前列的机场相对稳定，说明机场间的竞争力悬殊明显；从航空网络来看，长尾特征明显，即机场间航空联系数量差异悬殊，大部分班次集中在少数的头部机场。

伴随区域整体的发展和内部竞争的加剧，环南海区域航空网络在扩张的同时，也在进行内部的结构调整与升级，各机场的功能与角色仍在不断更新。以重要机场为关键节点，航空网络不断扩展。货运网络中71%的机场联系范围扩大，86%的机场可达性增强；客运网络中所有重要机场的联系范围均有所扩大，仅中国香港国际机场和菲律宾马尼拉国际机场可达性下降。

参考文献

曹小曙，廖望. 全球多机场区域空间格局与类型划分［J］. 地理科学进展，2018，37（11）：1473 – 1484.
杜超，王姣娥. 南方航空网络空间格局及市场范围［J］. 地理研究，2015，34（7）：1319 – 1330.
郭建科，何瑶，王绍博，等. 1985年以来中国大陆沿海集装箱机场体系位序 – 规模分布及其网络联系［J］. 地理研究，2019，38（4）：869 – 883.
郭建科，侯雅洁，何瑶. "一带一路"背景下中欧机场航运网络的演化特征［J］. 地理科学进展［J］，2020，39（5）：716 – 726.
刘婵娟，胡志华. "21世纪海上丝绸之路"海运网络空间格局及其复杂性研究［J］. 世界地理研究，2018，27（3）：11 – 18.
刘涛，刘均卫. 长江干线集装箱港口体系集中度演进分析［J］. 经济地理，2018，38（3）：113 – 119.
刘望保，韩茂凡，谢智豪. 全球航线数据下世界城市网络的连接性特征与社团识别［J］. 经济地理，2020，40（1）：34 – 40.
马学广，鹿宇. 基于航空客运流的中国城市空间格局与空间联系［J］. 经济地理，2018，38（8）：47 – 57.
苗毅，王成新，吴莹，等. 中国民航机场结构的时空演变特征及优化选择［J］. 经济地理，2017，37（11）：37 – 45.
莫辉辉，胡华清，王娇娥. 2017. 中国货运航空企业发展过程及航线网络演化格局［J］. 地理研究，36（8）：1503 – 1514.
莫辉辉，金凤君，刘毅，等. 机场体系中心性的网络分析方法与实证［J］. 地理科学，2010，30（2）：204 – 212.
潘峰华，赖志勇，葛岳静. 经贸视角下中国周边地缘环境分析：基于社会网络分析方法［J］. 地理研究，2015，34（4）：775 – 786.
秦志琴，郭文炯. 山西省煤炭产业空间集聚过程及其驱动因素［J］. 地理科学，2018，38（9）：1535 – 1542.
王成金，王伟，王姣娥. 基于航空公司重组的枢纽机场航班配置网络演变：以北京、上海和广州为例［J］. 地理研究，2015，34（6）：1029 – 1043.
吴威，王聪，曹有挥，等. 长江三角洲地区机场体系基础设施效率的时空演化［J］. 长江流域资源与环境，2018，27（1）：22 – 31.
薛俊菲. 基于航空网络的中国城市体系等级结构与分布格局［J］. 地理研究，2008，27（7）：23 – 33.
张凡，宁越敏. 基于全球航班流数据的世界城市网络连接性分析［J］. 南京社会科学，2015（11）：60 – 68.
CHEUNG T K Y, WONG C W H, ZHANG Anming. The evolution of aviation network: Global airport connectivity index 2006 – 2016［J］. Transportation research part E: Logs and transportation review, 2020, 133（5）: 1 – 21.
Jimenez Edgar, Claro João, Pinho de Sousa Jorge. Spatial and commercial evolutionof aviation networks: A case study in Mainland Portugal［J］. Journal of transport geography, 2012, 24（9）: 383 – 395.
WATTS D J, STROGATZ S H. Collective dynamics of "small-world" networks［J］. Nature, 1998, 393（7）: 440 – 2.

（雷雅钦，张琪，王波，薛德升）

第十四章　环南海区域交通可达性与社会经济耦合发展

一、交通可达性空间布局

可达性指基于某种交通系统从给定区位到达活动地点的便利程度，反映了某一区域与其他区域间发生空间相互作用的难易程度。城市作为经济社会资源集中的中心区域，周边地区到达城市的可达性一定程度上反映了区域的资源集中程度、社会公平状况和总体发展情况。在此背景下，本节以可达性为主要指标，探究环南海区域交通可达性2015年的空间格局，从而可窥见环南海区域基于交通可达性的发展现状及区域差异，为区域交通设施建设提供参考。

（一）资料来源

环南海区域交通可达性的数据主要来源于疟疾地图计划项目（The Malaria Atlas Project）于2018年合成的全球2015年前往城市的旅行时间地图这一产品（https://malariaatlas.org/research-project/accessibility_to_cities/）。2015年前往城市的全球旅行时间地图基于Open Street Map和Google提供的前所未有的高精度交通网络，整合国界、路网、铁路和水系等10个影响人类移动速度因素的全球尺度表面和13840个高密度城市中心，1 km×1 km的空间分辨率量化了2015年前往城市的旅行时间。其中，该产品将可达性定义为到达最近的城市中心（连续区域每平方公里至少有1500个居民或大部分建成土地有至少5万个居民）的旅行时间，并用旅行时间作为可达性的替代指标。该产品以分钟为单位，考虑到可视化的效果，在可达性地图中将单位换成为小时呈现。本章中提及的可达性均基于该定义展开阐述与讨论。

（二）区域可达性分析

1. 环南海区域整体可达性水平较高

相较全球，环南海区域内整体可达性水平较高（图14.1）。全球可达性水平区间分布为［0，41556］（以分钟为单位），其中48 h即2天以内的可达性栅格占全球区域的72%。对比而言，环南海区域的可达性区间为［0，11554］，其可达性的最低水平明显高于全球范围内可达性的最低水平，总体水平超过了全球18%的区域，居于前82%；其中环南海区域98%的值集中分布在48 h（2天）及以内，高于全球平均水平。

从以上可达性总体区间及48 h占比这两方面来看，环南海区域的可达性水平总体较高。这虽然一定程度上反映了区域内总体交通基础设施建设相对较好，人们到达城市中心的容易程度较高，但同时也需要考虑人口密度的影响。疟疾地图计划将衡量可达性指标中的城市中心定义为连续区域每平方公里至少有 1500 个居民或大部分建成土地有至少 5 万个居民，而环南海区域是人口分布相对稠密的区域，即构成的城市中心相对较多，从而也对可达性产生了积极影响。

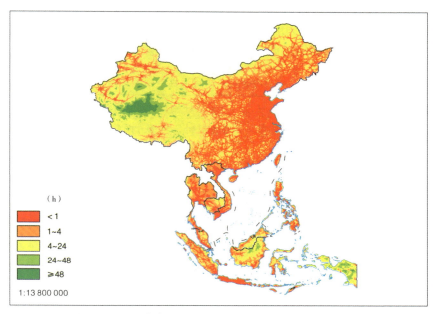

图 14.1　环南海区域交通可达性空间布局（2015 年）

资料来源：据 https：//malariaatlas.org/research-project/accessibility_to_cities/数据绘制。

2. 可达性水平基本呈现出由沿海向内陆逐渐降低的规律

具体来看，区域内可达性空间差异明显，可达性水平基本呈现出由沿海向内陆逐渐降低的规律。从图 14.1 中可以看出，环南海区域的可达性分布存在空间差异。其中有 2% 的区域位于城市中心，即可达性值为 0，24% 的区域位于城市中心的 1 h 可达圈内（可达性值区间为 [0，60]），该部分可达性极高的区域主要分布于各国沿海地区；28% 的区域可达性范围在 1 h～4 h 之间（不包括 1 h），该部分区域可达性较高，主要分布于各国部分沿海地区及部分内陆；40% 的区域可达性范围在 4 h～24 h 之间（不包括 4 h），区域可达性相对一般，部分区域由可达性较高的区域向内陆地区进一步蔓延；可达性较低的区域（>48 h）占环南海区域的 5%，集中分布在内陆深处。

总的来说，区域内可达性水平差异较大，可达性水平较高的区域（0～4 h）和可达性水平较低（4 h 及以上）的区域占比较为接近。表现在地理空间上，环南海区域的可达性空间分布差异明显，区域内大部分国家沿海地区可达性水平相对较高，而内陆地区可达性水平相对较低，可达性呈现出由沿海向内陆逐渐减弱的趋势，这与区域内部人口的分布及社会经济发展水平不无关系。

3. 各国可达性空间分布存在鲜明特点

从国家尺度来看，各国及其内部可达性差异同样明显（表 14.1），分别来说：

中国和印度尼西亚的可达性水平空间差异最为显著，前者可达性水平由东部沿海地区向西部内陆地区逐渐降低，在部分西北地区和西南地区可达性达到最低水平；后者可达性水平则由西部向东部逐渐降低，可达性低值集中在加里曼丹岛中部以及新几内亚岛西部的大部分地区。这与两国较大的国土面积、人口的区域分布密度及区域经济发展水平差异有关。两国国土面积在环南海区域各国中居于前列；中国人口多分布在胡焕庸线以东，印度尼西亚人口则多分布在爪哇岛；相应地，人口较为稠密的地区也即经济发展水平相对较好的区域，这就与人口较为稀疏的地区在可达性上拉开了差距。

表14.1 环南海区域各国可达性空间分布特点

国家	可达性分布特征
中国	由东部沿海地区向西部内陆地区逐渐降低，在部分西北地区和西南地区可达性达到最低水平
印度尼西亚	由西部向东部逐渐降低，可达性低值集中在加里曼丹岛中部以及新几内亚岛西部的大部分地区
马来西亚	由沿海向内陆可达性逐渐降低，与印度尼西亚接壤的区域可达性更低，即可达性相对较好的区域集中分布在马来半岛
菲律宾	相对较高，其低值呈带状分布在北部岛屿东侧、零星分布在南部岛屿部分沿海区域
泰国	相对较高，集中分布在24 h以内，且大部分区域的可达性时长为4 h及以内
越南	相对较高，集中分布在24 h以内，沿海区域可达性高于内陆地区
柬埔寨	相对较高，可达性较差的区域分布在其北部和西南地区，中部地区可达性水平较高
新加坡	整体可达性水平高
文莱	整体可达性水平高，沿海地区的可达性水平略高于其内陆地区

其次，马来西亚国内的可达性差异也相对较大，呈现出由沿海向内陆可达性逐渐降低的趋势，与印度尼西亚接壤的区域可达性更低，即可达性相对较好的区域集中分布在马来半岛。菲律宾整体的可达性相对较高，但也存在24~48 h相对较低的可达性，其低值呈带状分布在北部岛屿东侧、零星分布在南部岛屿部分沿海区域。泰国和越南的整体可达性水平相对较高，集中分布在24 h以内，且大部分区域的可达性时长为4 h及以内。而柬埔寨总体可达性水平也相对较高，可达性较差的区域分布在其北部和西南地区，中部地区可达性水平较高。新加坡和文莱国土面积较小，故而可达性水平差异也相对较小，前者整体可达性水平较高，而后者其沿海地区的可达性水平略高于其内陆地区。总的来说，各国在可达性整体水平及其内部可达性空间分布上存在明显的差异，特点鲜明。

二、交通可达性与社会经济耦合分析

社会经济因素反映到交通方面，交通基础设施与距离一起成为影响可达性的重要因素。目前，国内外针对交通可达性和社会经济耦合协调度的相关研究较为丰富，主要集中在对特定区域可达性与社会经济的耦合关系分析以及特定交通运输方式影响下的可达性与社会经济的耦合协调研究等方面。近20年来，环南海区域社会经济发展迅速，在全球经济中的参与度不断提升，区域内部各国间贸易往来密切加深。在此背景下，运用莫兰指数

(Moran's I)等方法探究环南海区域交通可达性与社会经济的耦合关系,明晰区域及其内部社会经济与可达性关系的协调差异,从而为区域交通设施建设提供方向。

(一)资料来源

夜间灯光提供了人类经济活动的独特视图,且因其数据在空间上的广泛性、时间上的连续性及其独立于社会经济变量的误差而优于其他功能相近的指标。大量研究表明,夜间灯光能够充分表现出经济发展的变化特征与分布格局。经济活动强度越大,灯光也越亮。因此,本文选取夜间灯光作为社会经济发展的替代指标,用以探究环南海区域交通可达性与社会经济的耦合关系。夜间灯光资料来源于爱荷华州立大学合成的1992—2018年全球夜间灯光数据集(https://doi.org/10.1038/s41597-020-0510-y)。LI 等通过协调 DMSP 数据间相互校准的夜间灯光观测值和 VIIRS 数据模拟 DMSP 的夜间灯光观测值,生成了全球范围内完整的、精确度更高的 1992—2018 年长时间序列的夜间灯光数据集,其分辨率为 1 km×1 km。图 14.2 为基于该数据集提取的 2015 年环南海区域夜间灯光空间分布。

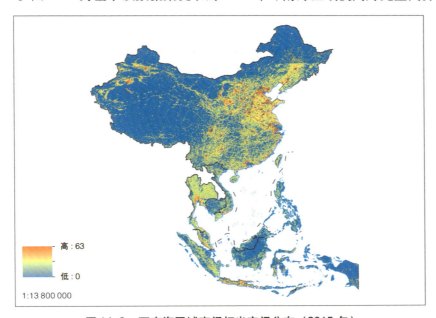

图 14.2　环南海区域夜间灯光空间分布(2015 年)

资料来源:据 https://doi.org/10.1038/s41597-020-0510-y 数据绘制。

(二)研究方法

全局自相关分析用以确定在全局的空间范围内,各区域与整体空间的关联及差异水平,通常使用莫兰指数作为全局自相关分析的主要判断指标。全局(单变量)莫兰指数即狭义上的莫兰指数主要用于分析地理实体间的空间相关性,其数值区间介于[-1,1],反映区域邻近单元观测值的相似程度。$I=0$ 为不相关,$I>0$ 为正相关,$I<0$ 表示负相关;I 越大,表明相关程度越强。双变量莫兰指数是在全局单变量莫兰指数的基础上加

以拓展的结果，用以解释空间中某一要素与其相邻位置另一要素的相关关系。本节运用 GeoDa 1.14 实现双变量莫兰指数的计算。

（三）空间自相关分析

环南海区域社会经济与交通可达性空间集聚效应显著，经济对可达性存在一定影响。利用全局双变量莫兰指数分析的目的在于探究数据模式的空间分布。将夜间灯光强度值作为第一变量反映社会经济发展状况，将可达性作为第二变量，得到全局莫兰指数为 -0.25，即两者存在空间相关性，且为负相关，社会经济较为发达的地区，其邻近地区的可达性值更小，可达性水平越高。换句话说，社会经济与可达性存在空间集聚效应。社会经济发展较好的地方，对交通基础设施的需求更大，投入也相应较大，故而其交通基础设施建设水平相对较高；同时，社会经济发展较好的地区，人口相对稠密。社会经济发展水平作用于交通设施建设和人口分布等多种因素，最终影响了地区的交通可达性水平。

在计算莫兰指数的基础上，运用蒙特卡罗随机模拟方法即随机化方法可以检验双变量莫兰指数的显著性。将莫兰指数与随机置换近千次（999 次）的实验结果相比较，从以上伯努利实验的零假设可以得出概率 p 值，用于判断莫兰指数的显著性水平。基于蒙特卡罗随机化方法，检验双变量莫兰指数的显著性，得到 p 值（图 14.3）<0.01，通过了 1% 的显著性检验，即环南海区域的社会经济因素与交通可达性空间相关性十分显著；Z 值为 -485，即为标准差的 485 倍。从显著性上看，环南海区域交通可达性与社会经济呈现明显的负相关，空间集聚鲜明。

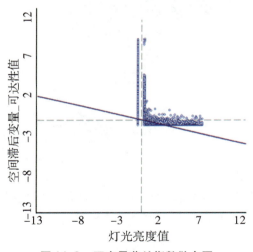

图 14.3　双变量莫兰指数散点图

资料来源：据 https://doi.org/10.1038/s41597-020-0510-y 数据绘制。

三、结　语

交通可达性是区域可持续发展坚实的物质基础。伴随区域内人、物等要素流动的日益频繁，交通可达性在促进区域发展方面扮演着更加重要的角色。总体而言，环南海区域交通可达性与社会经济发展在空间上存在负相关性，社会经济发展好的地方，交通可达性也较高。这表明区域在社会经济发展的同时对交通基础设施的建设有所重视，交通基础设施和社会经济总体保持了发展的一致性。然而，在区域内经济欠发达的地区，落后的交通条件与经济发展相互阻碍，易陷入发展困境。

相较全球，环南海区域的可达性水平较高，但区域内可达性空间差异仍然较大，可达性水平基本呈现出由沿海向内陆逐渐降低的规律，各国之间及国家内部可达性差异也较大。在保持区域快速发展的同时，区域内部应更注重协调发展，尽可能减少区域内部发展的不均衡现象，从而促进区域的可持续发展。

参考文献

安俞静，刘静玉，李宁，等. 中原城市群铁路网络可达性及经济联系格局［J］. 长江流域资源与环境，2018，27（9）：49-59.

崔晶，李雪涛，初楠臣. 欠发达地区高铁可达性与经济社会的协调性研究［J］. 经济地理，2020，40（3）：43-51.

冯雨豪，王瑾，毕如田，等. 基于GIS格网模型的亳清河经济区产业开发空间适宜性评价［J］. 地域研究与开发，2018，37（6）：39-45.

焦志伦. 中国城市消费的空间分布与空间相关关系研究［J］. 经济地理，2013，33（7）：41-46.

聂春祺，谷人旭，王春萌，等. 城市空间自相关特征及腹地空间格局研究：以福建省为例［J］. 经济地理，2017，37（10）：74-81.

唐晓华，陈阳，张欣钰. 中国制造业集聚程度演变趋势及时空特征研究［J］. 经济问题探索，2018（5）：172-181.

汪德根，孙枫. 长江经济带陆路交通可达性与城镇化空间耦合协调度［J］. 地理科学，2018，38（7）：1089-1097.

谢守红，周芳冰，吴天灵，等. 长江三角洲城乡融合发展评价与空间格局演化［J］. 城市发展研究，2020，27（3）：28-32.

徐康宁，陈丰龙，刘修岩. 中国经济增长的真实性：基于全球夜间灯光数据的检验［J］. 经济研究，2015，50（9）：17-29.

张莉，赵英杰，陆玉麒，等. 中国铁路客运流联结的城市时间可达性［J］. 地理科学，2020，40（3）：354-363.

CAO J, LIU X C, WANG Y, et al. Accessibility impacts of China's high-speed rail network［J］. Journal of transport geography, 2013, 28（4）：12-21.

DOLL CNH, MULLER JP, MORLEY J G. Mapping regional economic activity from night-time light satellite imagery［J］. Ecological economics, 2006, 57（1）：75-92.

ELVIDGE CD, BAUGH KE, KIHN EA, et al. Relation between satellite observed visible-near infrared emissions, population, economic activity and electric power consumption［J］. International journal of remote sensing, 1997, 18（6）：1373-1379.

HENDERSON JV, STOREYGARD A, WEIL D N. Measuring economic growth from outer space［J］. American economic review, 2012, 102（2）：994-1028.

LI X, ZHOU Y, ZHAO M, et al. A harmonized global nighttime light dataset 1992-2018［J］. Scientific data, 2020, 7（1）：1-9.

MORRIS JM, DUMBLE PL, WIGAN MR. Accessibility indicators for transport planning［J］. Transportation research part A: general, 1979, 13 (2): 91 – 109.

PINKOVSKIY M, SALAIMARTIN X. Newer need not be better: Evaluating the Penn World Tables and the world development indicators using nighttime lights [J]. Staff reports, 2016, 778 (6): 1 – 36.

SOMENAHALLI SVC, TAYLOR MAP, SUSILAWATI S. Road network accessibility and socio-economic disadvantage across adelaide metropolitan area [J]. Transportation in developing economies, 2016, 2 (2): 1 – 8.

WEISS D J, NELSON A, GIBSON HS, et al. A global map of travel time to cities to assess inequalities in accessibility in 2015 [J]. Nature, 2018, 553 (1): 333 – 336.

ZHANG W, NIAN P, LYU G. A multimodal approach to assessing accessibility of a high-speed railway station [J]. Journal of transport geography, 2016, 54 (6): 91 – 101.

（雷雅钦，王波，薛德升）

社会文化编

第十五章　环南海区域的人口迁移

一、环南海区域人口的迁移特征

环南海区域的人口迁移活动相当频繁，并呈现出各种形式。除了向永久定居国的移徙外，该区域还有向中东和亚洲的临时劳工移徙以及区域内的劳工流动。区域内有四个国家是主要移民国：新加坡、马来西亚、文莱和泰国。从宏观层面来看，环南海区域的人口移徙活动主要有以下三个特征：第一，经济因素引致的人口迁移。从1984年起，马来西亚、新加坡、泰国等国经济发展腾飞，展现了强大的吸引力。第二，地理位置引致的人口迁移。迁移发生水平较高的国家之间共享边界，特别是泰国的边境与邻国柬埔寨，长期迁移走廊是明显的，主要有临时劳动力迁移、个体和家庭迁移，以及学生的被迫迁移等。第三，劳工迁移引致的人口迁移。劳工移徙者长期以来一直是该次区域主要目的国家（如马来西亚、新加坡和泰国）经济的组成部分，他们帮助填补劳动力市场的空白。与此同时，就业前景和更高的工资往往促使来自菲律宾和印度尼西亚等国家的人转移到次区域内较繁荣的经济体。从微观层面来看，环南海区域人口流动主要有三种模式。第一，循环流动的迁移方式，即人口流动具有短期性、重复性的往返迁移，这种迁移不伴随非常清晰的定居意愿，如中缅边境的人口流动、新马之间的人口流动等；第二，家庭迁移已经逐步成为最主要的迁移模式；第三，女性群体的流动相对活跃，如菲佣等。同时，环南海区域的人口迁移还伴随着显著的社会网络体系特征，其中具体包括：妈祖信仰的传播与华人社区的流动，穆斯林信仰的网络与人口流动，贸易与商品为载体的人口流动（如丝绸、瓷器和香料、橡胶为代表），华人与华商社会网络，区域内难民流动与文化认同，等等。

近来，环南海区域日益进入理论研究与政治经济实践视野，已经成为当代国家利益焦点问题凸显的核心场域，涉及多方面的社会事实及相关的理论思考。事实上，正是不同群体的国民在行动中实践着国家利益。在这一视角下，学者们所关注的环南海区域海洋资源的利用与开发、多族群社会形成的历史与现状、传统的延续和再造等问题，都不是空洞的学术问题，而是涉及现实中人们的流动、交往与行动。从区域内不同群体的层面来看环南海区域的多边利益，即从"利益"实践者的角度来看何谓国家利益，才是适应这一区域整体性与多样性相结合的有效研究视角。

二、环南海区域各国的人口迁移

在2019年，全球大约有2.72亿国际移民，占全球人口数量的3.5%。环南海区域的国际移民数量在1000万～2000万人之间，为该区域国家和地区带来了巨大的人口流动性，促进了区域间经济交流，也带来了较大的"移徙红利"。然而，不同国家和地区的移民特征受其经济、地理、政治、文化等因素的深刻影响，具有不同的特点。在环南海区域，非法移民问题显著突出，包括跨国贩卖妇女儿童等走私行为猖獗。另外，环南海区域的人员流动具有较强的不规则性，有以劳动力输入为主的经济发展较好的国家，如新加坡、文莱；也有以劳动力输出为主的国家，如菲律宾、越南、柬埔寨、越南、马来西亚等，这些国家往往在经济、政治上面临较为复杂的局面；也有人口迁入和迁出特征均尤为显著的国家和地区，如中国大陆（内地）等。

（一）菲律宾

菲律宾是环南海区域主要的移民输出国，根据《2000年世界移民报告》，大约有700万菲律宾人在国外工作，并且菲律宾移民的主要目的国家为亚洲和中东地区国家，菲律宾在这两个地区移民的人数占到该国总移民人数的80%以上。1997年，菲律宾派往亚洲地区工作的人数比中东多，而且流向东南亚地区的人数不足亚洲地区的1/5，每年约有5.5万人移民美国，约有190万海外菲律宾人属于非法移民状态。同时，考虑到马来西亚沙巴州移民人数的不确定性，估计在东南亚居民中菲律宾人口可能高达35万。1992—1997年，菲律宾劳动移民人员主要从事服务业和劳工，并且两个工种的人数都占到已知移民人数的30%以上。表15.2反映了1984—1997年间各地区雇佣菲律宾工人的数量，可以看到，亚洲和中东地区是菲律宾工人的主要输送地点。

表15.2 各地区雇佣菲律宾工人的数量（1984—1997年）

单位：人

年份	非洲	亚洲	美洲	欧洲	中东	大洋洲	联合国托管领土	其他	合计
1984	1843	38817	2515	3683	250210	913	2397		300378
1985	1977	52838	3744	4067	253867	953	3048		320494
1986	1847	72536	4035	3693	236434	1080	3892		323517
1987	1856	90434	5614	5643	272038	1271	5373		382229
1988	1958	92648	7902	7614	267035	1397	6563		385117
1989	1741	86196	9962	7830	241081	1247	7289		355346
1990	1273	90768	9557	6853	218110	942	7380		334883
1991	1964	132592	13373	13156	302825	1374	11409	12567	489260
1992	2510	134776	12319	14590	340604	1669	11164	32023	549655
1993	2425	168205	12228	13423	302975	1507	8890	41219	550872
1994	3255	194120	12603	11513	286387	1295	8489	47564	565226
1995	3615	166774	13469	10279	234310	1398	7039	51737	488621
1996	2494	174308	7731	11409	221224	1429	4469	61589	484653
1997	3517	235129	7058	12626	221047	1970	5280	72600	559227

资料来源：根据菲律宾海外就业管理局未公布的数据汇编，摘自《2000年世界移民报告》。

对表 15.2 中的数据进行趋势分析（图 15.1）可以发现，1984—1997 年菲律宾总人口外迁务工的总量处于逐年增加的趋势。1997 年以前，菲律宾工人绝大部分都在中东地区务工；1997 年以后，菲律宾工人在亚洲地区务工的人数超过在中东地区务工的人数，说明亚洲地区的吸引力增强。

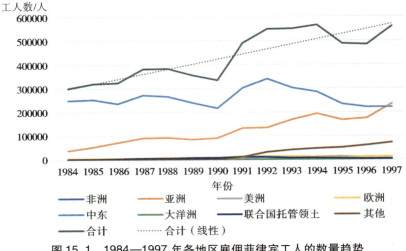

图 15.1　1984—1997 年各地区雇佣菲律宾工人的数量趋势

《2010 年世界移民报告》中指出，菲律宾是全球对外劳动力移民最多的国家之一，估计有 340 万海外移民；在海外就业的菲律宾人中，有一半以上是妇女，而且越来越多的人抱怨家庭为这种移民付出了高昂的代价。

菲律宾是 2018 年因灾害流离失所人数最多的国家，人数高达 380 万人。2019 年菲律宾在世界国际移民来源国排名第九，总人数在 600 万左右；同时，菲律宾在美国的移民，在世界移民走廊中排名第十一位。由此可见菲律宾移民数量之大。

从世界银行公布的数据来看，菲律宾的总人口从 1990 年的 6000 多万增长到 2019 年的 1.08 亿，城镇化率稳定在 45%～47% 范围内；国际移徙者占总人口的比重略有下降，预计在 2019 年将稳定在 20% 左右（表 15.3）。同时，观察人口增长率变化趋势（图 15.2）可以看出，近年来，菲律宾总人口的增长速度在不断放缓。

表 15.3　1990—2019 年菲律宾人口及相关指标情况

单位：人、%

年份	人口总数	城镇人口占总人口比例	65 岁及以上人口（男性）占男性人口比例	35～39 岁人口（男性）占男性人口比例	10～14 岁人口（男性）占男性人口比例	国际移民占人口的百分比
1990	61895160	46.986	2.644653	6.053199	12.241	0.25
1991	63454786	46.901	2.632603	6.130482	12.19629	
1992	65020116	46.815	2.612244	6.156496	12.16122	

续表 15.3

年份	人口总数	城镇人口占总人口比例	65岁及以上人口（男性）占男性人口比例	35～39岁人口（男性）占男性人口比例	10～14岁人口（男性）占男性人口比例	国际移民占人口的百分比
1993	66593904	46.73	2.590245	6.150082	12.13272	
1994	68180859	46.645	2.574656	6.139355	12.11153	
1995	69784088	46.56	2.569497	6.140466	12.10012	0.30
1996	71401749	46.475	2.607593	6.153095	12.09711	
1997	73030884	46.39	2.649096	6.17092	12.10452	
1998	74672014	46.305	2.689951	6.190158	12.11614	
1999	76325927	46.22	2.725052	6.203947	12.11564	
2000	77991755	46.135	2.752393	6.208005	12.08494	0.41
2001	79672873	46.05	2.799713	6.205771	12.01404	
2002	81365258	45.965	2.838212	6.198381	11.92648	
2003	83051971	45.88	2.870427	6.186749	11.82992	
2004	84710542	45.795	2.900244	6.173807	11.74151	
2005	86326250	45.71	2.931141	6.163368	11.67562	0.30
2006	87888675	45.625	3.033557	6.239119	11.58624	
2007	89405482	45.54	3.137101	6.309688	11.51564	
2008	90901965	45.455	3.239455	6.37187	11.4421	
2009	92414158	45.371	3.343548	6.428681	11.34717	
2010	93966780	45.332	3.457144	6.484006	11.21817	0.22
2011	95570047	45.522	3.532353	6.490198	11.10104	
2012	97212638	45.712	3.608415	6.510888	10.97465	
2013	98871552	45.903	3.685525	6.536787	10.8428	
2014	100513138	46.093	3.766137	6.557567	10.71566	
2015	102113212	46.284	3.853127	6.569106	10.60067	0.21
2016	103663927	46.475	3.987027	6.569078	10.47368	
2017	105173264	46.682	4.130397	6.570452	10.36803	
2018	106651922	46.907	4.281048	6.576723	10.27609	
2019	108116615	47.149	4.434525	6.59306	10.19664	

资料来源：世界银行2020年10月13日公布的世界发展指标。

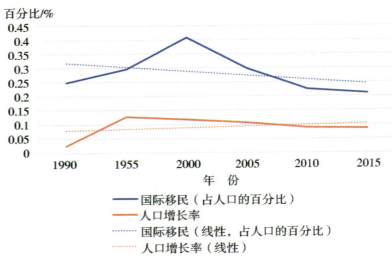

图 15.2　1990—2015 年菲律宾国际移民比重变化及人口增长趋势

（二）印度尼西亚

《2000 年世界移民报告》指出，印度尼西亚是新加坡和马来西亚的流动劳动力的主要来源之一。其中，马来西亚的大多数移民都是临时工，且主要的原籍国是印度尼西亚的占到 64%，印度尼西亚人主要从事农业和建筑业。印度尼西亚主要移民目的地是中东和亚太，并且移民总人数在一年一年地倍增。2010 年报告中菲律宾成为东南亚国际移徙者的选择之一，排名在第五位。同时在 1996 年到 2009 年期间，印度尼西亚对于移民的评价从过高转变为令人满意。2004 年海啸发生后，加拿大、瑞士、英国暂停了对印度尼西亚等国家的个人驱逐。《2020 年世界移民报告》中，印度尼西亚在移民出口国中排名世界第十一位，2019 年印度尼西亚合法移民人数为 353135 人。

从印度尼西亚的人口移徙结果来看，存在较大的性别差异。表 15.4 展示了 1994—1997 年印度尼西亚移民劳工在目的地区的性别分布情况，可以发现，印度尼西亚的男性劳工主要输送到马来西亚和文莱，女性劳工主要输送到沙特阿拉伯、马来西亚和文莱，女性劳工数量要大于男性劳工。总体而言，1994—1997 年，印度尼西亚的劳工主要输送到沙特阿拉伯、马来西亚、文莱、新加坡、中国香港、韩国、中国台湾、日本等国家（地区）。

表 15.4　1994—1997 年印度尼西亚移民劳工在目的国（地区）的性别分布

单位：人、%

目的国（地区）	男性		女性		合计	
	人数	百分比	人数	百分比	人数	百分比
沙特阿拉伯	20970	6.8	246221	48.9	267191	32.8
其他中东国家	795	0.3	15283	3.0	16078	2.0

续表 15.4

目的国（地区）	男性		女性		合计	
	人数	百分比	人数	百分比	人数	百分比
马来西亚/文莱	218193	70.3	174319	34.6	392512	48.2
新加坡/中国香港	19035	6.1	61187	12.1	80222	9.9
韩国/中国台湾/日本	38361	12.4	6895	1.4	45256	5.6
其他国家（地区）	13018	4.2	75	0.1	13156	1.6
总计	310372	100.0	503980	100.0	814415	100.0

资料来源：Riwanto Tirtosudarmo, and Romdiati Haning, *A Needs Assessment Concerning Indonesian Women Migrant Workers to Saudi Arabia*, Centre for Population and Manpower Studies, Indonesian Institute of Sciences, Jakarta, 1998, p. 6.

金融危机对于移民的影响十分显著。表 15.5 展示了 1996—1997 年金融危机对印度尼西亚合同式劳工移民分布情况，结果显示，除韩国外，印度尼西亚合同式劳工中，男性劳工迁往其他国家的人数均下降，女性劳工迁往其他国家的人数有小幅度的上升。

表 15.5　1996—1997 年金融危机对印度尼西亚合同式劳工移民分布情况的影响

单位：人

国家	1996 年 7—12 月			1997 年 7—12 月		
	男性	女性	总计	男性	女性	总计
亚太地区						
文莱	302	959	1261	362	1018	1380
中国香港	35	1444	1479	35	1026	1061
日本	1388	39	1427	1627	4	1631
韩国	5438	722	6160	2989	809	3798
马来西亚	2566	16859	19425	1910	18585	20495
新加坡	2664	13346	16010	2483	13880	16363
中国台湾	4314	1137	5451	2757	1775	4532
其他	77	1	78	44	0	44
小计	16784	34507	51291	12207	37097	49304
美洲						
美国	168		168	374	0	374
其他	81	0	81	57	0	57
小计	249	0	249	431	0	431
欧洲	207	2	209	378	0	378
中东						
沙特阿拉伯	4391	66469	70860	4941	57235	62176

续表 15.5

国家	1996 年 7—12 月			1997 年 7—12 月		
	男性	女性	总计	男性	女性	总计
阿联酋	150	3970	4120	36	4879	4915
其他	81	99	180	180	193	373
小计	4622	70538	75160	5170	62307	67464
总计	21862	105047	126909	18186	99404	117577

资料来源：Aris Ananta, Daksini Kartowibowo, Nur Hadi Wiyono, Chotib, "The Impact of the Economic Crisis on International Migration: The Case of Indonesia", *Asian and Pacific Migration Journal*, 1998, 7 (2-3), p. 323.

表 15.6 展示了 1990—2019 年印度尼西亚人口及相关指标的变化情况。从总量来看，印度尼西亚的总人口从 1990 年的 1.8 亿增长到 2019 年的 2.7 亿，国际移民从 1990 年的 465612 人降低到了 2015 年的 328846 人，占总人口的比例相应由 0.26% 降低到 0.13%（图 15.3）。

表 15.6　1990—2019 年印度尼西亚人口及相关指标情况

单位：人、%

年份	人口总数	人口增长（年度百分比）	15~64 岁的人口占总人口的百分比	按国家或避难地区划分的难民人口	65 岁及以上人口（男性）	国际移民
1990	181413402	1.782056	59.77488	3278	3140182	465612
1991	184591903	1.736904	60.26504	3157	3260113	
1992	187739786	1.690943	60.72549	3530	3376660	
1993	190851175	1.643705	61.17880	2402	3490624	
1994	193917462	1.593868	61.65969	97	3603386	
1995	196934260	1.543735	62.18259	19	3716244	378960
1996	199901228	1.495342	62.63378	61	3853980	
1997	202826446	1.452728	63.13691	29	3989439	
1998	205724592	1.418767	63.66524	51	4124214	
1999	208615169	1.395292	64.16866	162492	4259281	
2000	211513823	1.37991	64.60847	122611	4394590	292307
2001	214427417	1.368095	64.78682	73542	4520299	
2002	217357793	1.357351	64.93127	28593	4629385	
2003	220309469	1.348842	65.05655	230	4718544	
2004	223285676	1.341877	65.18241	164	4786757	
2005	226289470	1.336301	65.31797	82	4837527	289568

续表 15.3

年份	人口总数	人口增长（年度百分比）	15～64 岁的人口占总人口的百分比	按国家或避难地区划分的难民人口	65 岁及以上人口（男性）	国际移民
2006	229318262	1.329581	65.61064	291	4971741	
2007	232374245	1.323837	65.83622	306	5091672	
2008	235469762	1.323331	66.00301	360	5199496	
2009	238620563	1.329218	66.11977	794	5290976	
2010	241834215	1.337774	66.20938	808	5358416	305416
2011	245116206	1.347998	66.43168	1004	5516046	
2012	248452413	1.351892	66.60768	1811	5658819	
2013	251806402	1.340922	66.77005	3195	5802861	
2014	255129004	1.310877	66.95357	4267	5969136	
2015	258383256	1.267466	67.16559	5954	6169739	328846
2016	261554226	1.219766	67.24298	7824	6449454	
2017	264645886	1.175103	67.40315	9782	6759532	
2018	267663435	1.13377	67.59164	10786	7095983	
2019	270625568	1.100585	67.73458	10287	7451985	

资料来源：世界银行 2020 年 10 月 13 日公布的世界发展指标。

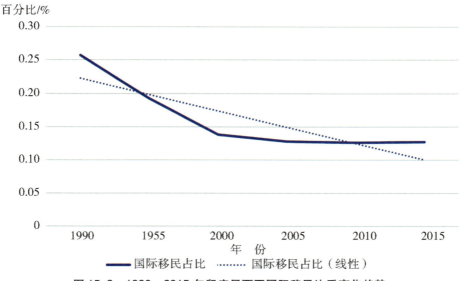

图 15.3　1990—2015 年印度尼西亚国际移民比重变化趋势

(三) 泰国

泰国人口的国际间迁移以劳动力流动为主（劳务输出），出国留学、难民流入等为辅。泰国在2019年亚洲国家移民迁入和迁出人口总数的前20名中排第十四位。国内人口流动以城市与农村双向流动为主。柬埔寨、老挝、缅甸和越南是人口迁移到泰国的主要国家，官方估计在泰国的移民务工人员（大部分来自缅甸）有60万人；非官方统计则有100万移民。

在东南亚，马来西亚和新加坡凭借经济优势成为重要的移民目的地，2010年约有240万泰国人口迁入其中。20世纪80年代，泰国正式开始自己的劳动力迁移计划，约70%迁入中东，特别是沙特阿拉伯。1997年，13.6万泰国人迁至中国台湾并且主要从事建筑工作。

始于20世纪90年代初的劳动力迁移到泰国则是一个新现象，其中大约80%的移民都来自缅甸，他们在泰国从事建筑和农业工作；据估计，来自缅甸的劳动力中有一半原来在缅甸从事渔业。与此同时，20世纪末泰国的内部迁移模式也发生改变，18.8万人离开大城市回到农村地区，尤其是东北地区；政府宣布遣返30万未经授权的工人回到其归属地。

表15.7反映了1990—2019年泰国人口及相关指标的变化情况，图15.4反映了该阶段泰国总人口增长率和国际移民占总人口百分比的变化趋势。泰国在1990—2019年近30年里人口增长呈现放缓状态，而国际移民的接收总量在逐年增多。

表15.7 1990—2019年泰国人口及相关指标情况

单位：人、%

年份	人口总数	人口增长（年度百分比）	15~64岁的人口占总人口的百分比	劳动力参与率（劳动力占15~64岁总人口的百分比）	15~64岁的人口	按国家或避难地区划分的难民人口	65岁及以上人口	国际移民
1990	56558186	1.399497	65.26815	78.846	36914482	99821	2555251	528693
1991	57232465	1.185136	65.77769	78.605	37646192	88164	2681251	
1992	57811021	1.005812	66.23637	78.397	38291922	63625	2813608	
1993	58337773	0.907036	66.65651	78.188	38885926	119232	2952360	
1994	58875269	0.917133	67.05512	77.994	39478880	100817	3098052	
1995	59467274	1.000502	67.44019	78.428	40104842	106565	3252208	809720
1996	60130186	1.108583	67.90476	79.012	40831257	107962	3409433	
1997	60846582	1.184367	68.34391	79.214	41584934	169154	3573807	
1998	61585103	1.206436	68.76178	78.499	42347010	138334	3745830	

续表 15.7

年份	人口总数	人口增长（年度百分比）	15～64岁的人口占总人口的百分比	劳动力参与率（劳动力占15～64岁总人口的百分比）	15～64岁的人口	按国家或避难地区划分的难民人口	65岁及以上人口	国际移民
1999	62298571	1.151848	69.14539	77.42	43076589	100133	3925433	
2000	62952642	1.044424	69.48759	77.924	43744276	104966	4111833	1257821
2001	63539196	0.927425	69.84671	77.31	44380041	110711	4303444	
2002	64069087	0.830501	70.15566	77.279	44948092	112614	4499856	
2003	64549866	0.747606	70.42986	77.28	45462380	119056	4696714	
2004	64995299	0.68769	70.69438	77.45	45948026	121145	4888142	
2005	65416189	0.645482	70.96002	77.639	46419339	117050	5072459	2163447
2006	65812536	0.604057	71.20167	77.225	46859626	133107	5248867	
2007	66182067	0.55992	71.42388	77.922	47269797	125627	5420233	
2008	66530984	0.525823	71.62424	78.054	47652309	112916	5594028	
2009	66866839	0.50354	71.79244	78.193	48005332	105286	5778493	
2010	67195028	0.489609	71.91934	77.194	48326219	96666	5978274	3224131
2011	67518382	0.480063	71.82307	79.059	48493778	89245	6204845	
2012	67835957	0.469251	71.74533	78.664	48669131	84475	6446326	
2013	68144501	0.453807	71.66852	76.704	48838154	136489	6705334	
2014	68438730	0.430843	71.56619	75.956	48978995	130227	6984422	
2015	68714511	0.402151	71.42375	75.525	49078481	108252	7285134	3913258
2016	68971331	0.373053	71.34828	74.726	49209859	106431	7591025	
2017	69209858	0.345238	71.20921	74.13	49283796	104605	7915506	
2018	69428524	0.315448	71.01212	74.714	49302665	102234	8262614	
2019	69625582	0.283427	70.77021	74.708	49274173	97556	8637924	

资料来源：世界银行 2020 年 10 月 13 日公布的世界发展指标。

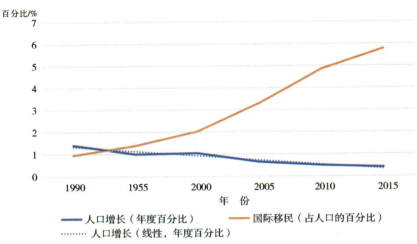

图 15.4　1990—2015 年泰国人口增长与国际移民比重变化趋势

（四）柬埔寨

柬埔寨人口的国际迁移以劳动力输出为主。地理因素在东南亚人口的迁移中起着关键的作用，柬埔寨与泰国、老挝、缅甸等国家相互之间的人口迁移非常频繁。2019 年，柬埔寨人口总数为 1648.65 万人，比 2018 年增长了 23.67 万人；与 2010 年人口数据对比，柬埔寨近 10 年人口增长了 217.43 万人。1990—2019 年柬埔寨人口及相关指标情况如表 15.8 所示。

表 15.8　1990—2019 年柬埔寨人口及相关指标情况

单位：人、%

年份	人口总数	人口增长（年度百分比）	15～64 岁的人口总数	65 岁及以上人口总数	国际移民	国际移民占人口的百分比
1990	8975597	3.218301	4740441	260359	38375	0.43
1991	9289299	3.435364	4870578	273197		
1992	9623889	3.538535	4976025	285342		
1993	9970733	3.540566	5075972	297198		
1994	10317899	3.422605	5205033	309654		
1995	10656138	3.225591	5380462	323108	92230	0.87
1996	10982917	3.0205	5566226	333529		
1997	11298600	2.833776	5807326	344135		
1998	11600508	2.637007	6098436	354887		
1999	11886458	2.435088	6412548	365137		
2000	12155239	2.23605	6725344	374389	146085	1.20
2001	12405408	2.037224	7009970	391241		

续表 15.8

年份	人口总数	人口增长（年度百分比）	15～64 岁的人口总数	65 岁及以上人口总数	国际移民	国际移民占人口的百分比
2002	12637727	1.855404	7260201	406702		
2003	12856163	1.713676	7480667	421188		
2004	13066469	1.622602	7689906	435324		
2005	13273354	1.570924	7903891	449550	114031	0.86
2006	13477709	1.527857	8126989	466150		
2007	13679962	1.4895	8350593	482659		
2008	13883834	1.479301	8576108	499363		
2009	14093604	1.499594	8797141	516480		
2010	14312212	1.539208	9008112	534326	81977	0.57
2011	14541423	1.588818	9202173	552092		
2012	14780454	1.63043	9406756	570677		
2013	15026332	1.64985	9610515	590744		
2014	15274503	1.638084	9802042	613388		
2015	15521436	1.603707	9976968	639356	73963	0.48
2016	15766293	1.565227	10146089	671273		
2017	16009414	1.530262	10296732	706149		
2018	16249798	1.490355	10437230	742401		
2019	16486542	1.446393	10581563	777797		

资料来源：世界银行 2020 年 10 月 13 日公布的世界发展指标。

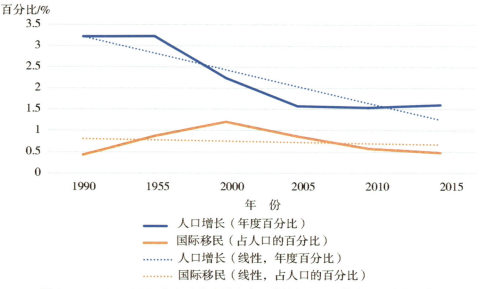

图 15.5　1990—2015 年各阶段柬埔寨人口增长与国际迁徙者比重变化趋势

1991年,《柬埔寨和平协定》在巴黎签署。1992年3月,联合国难民署与联合国柬埔寨临时权力机构开始遣返柬埔寨难民。在20世纪90年代初,共有三四十万难民被遣返回本国。随着柬埔寨经济持续蓬勃的发展,尤其是制造业、建筑业、工业的发展提供了充足的就业机会,拉动大量农村人口向城市流动。

(五)越南

2000年以前,越南人口迁移主要表现为难民为躲避战争去往他国和劳工迁移等。1975—1996年,839228人离开越南,其中755106人得到重新安置,81136人自愿返回越南。越裔社区现在构成了美国、加拿大和澳大利亚的重要社区,并成为吸引更多家庭成员移民的一个因素(30%的越南移民到美国是为了家庭团聚)。1980—1991年,越南工人主要移民到苏联、东欧国家,数量达到30万人。20世纪90年代初,越南工人每年外流约6万人。

2010年,亚洲地区自然灾害数量增多,越南受灾害影响程度较大,不少人口向美国等国迁徙,其中男性占63.4%。2020年数据显示,越南到北美国家的移民通道已经发展为涉及北美的前十大移民通道,排名第六位。

1990—2019年间,越南的总人口也处于一个减速增长的状态,但国际移民占总人口的比重这一指标基本保持平稳(表15.9和图15.6)。

表15.9 1990—2019年越南人口及相关指标情况

单位:人、%

年份	人口总数	人口增长(年度百分比)	0~14岁的人口	15~64岁的人口	国际移民	国际移民占人口的百分比
1990	67988862	2.138684	25330738	38752592	28118	0.04
1991	69436954	2.107531	25663793	39757173		
1992	70883481	2.061821	25994841	40769507		
1993	72300308	1.979097	26290427	41788938		
1994	73651218	1.851229	26490702	42829188		
1995	74910461	1.695287	26553421	43900926	51262	0.07
1996	76068743	1.53439	26550696	44931691		
1997	77133214	1.389653	26355653	46046573		
1998	78115710	1.265721	26017620	47218466		
1999	79035871	1.171062	25624860	48395578		
2000	79910412	1.100434	25230644	49549995	56754	0.07
2001	80742499	1.035891	24638383	50859644		
2002	81534407	0.976004	24158388	52049656		
2003	82301656	0.936613	23728914	53186579		

续表 15.9

年份	人口总数	人口增长（年度百分比）	0～14 岁的人口	15～64 岁的人口	国际移民	国际移民占人口的百分比
2004	83062821	0.920597	23258141	54367249		
2005	83832661	0.922548	22720487	55625772	51768	0.06
2006	84617540	0.931889	22325806	56761689		
2007	85419591	0.94339	21857887	57986694		
2008	86243413	0.95982	21382948	59239641		
2009	87092252	0.979424	21007587	60419839		
2010	87967651	1.000122	20784261	61474294	61756	0.07
2011	88871561	1.022305	20727595	62383848		
2012	89802487	1.042048	20773379	63212277		
2013	90753472	1.053406	20914435	63946323		
2014	91714595	1.05348	21114069	64593718		
2015	92677076	1.043962	21343372	65162932	72793	0.08
2016	93638724	1.032287	21571523	65676647		
2017	94596642	1.017796	21849508	66096018		
2018	95540395	0.992716	22139267	66450585		
2019	96462106	0.96011	22392547	66783127		

资料来源：世界银行 2020 年 10 月 13 日公布的世界发展指标。

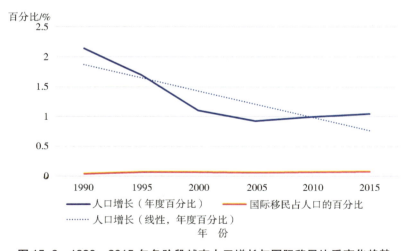

图 15.6　1990—2015 年各阶段越南人口增长与国际移民比重变化趋势

（六）新加坡

2000 年以前，新加坡作为东南亚最具活力的经济次区域，吸引了大量移民，其人口迁入来源主要是印度尼西亚等落后的东南亚国家。1970 年，新加坡人口约为 200 万，就有约 5 万名外国人在新加坡工作。新加坡外国人的数量在 1980 年翻了一番，在 1990 年又翻了一番多（表15.10、图15.7）。到1997年，新加坡外国工人超过50万人，占新加坡劳动力的27%。流向新加坡的劳动力主要来自马来西亚（传统来源国）、泰国、印度尼西亚、斯里兰卡、印度和菲律宾等（非传统来源国），以及中国（包括港台地区）（新的亚洲来源国）。

表15.10 1970—1997年新加坡外籍劳动人口占总人口的情况

单位：千人、%

年份	总人口	外籍人口	外籍人口占总人口比重	外籍劳动力	外籍劳动力占外籍人口比重
1970	2074.5	60.9	2.94	48.7	79.97
1980	2413.9	131.8	5.46	105.4	79.97
1990	3016.4	311.3	10.32	249.0	79.99
1991	3089.9	327.2	10.59	261.8	80.01
1992	3178.0	359.8	11.32	287.7	79.96
1993	3259.4	385.6	11.83	308.5	80.01
1994	3363.5	433.3	12.88	346.6	79.99
1995	3467.5	481.0	13.87	384.8	80.00
1996	3612.0	567.7	15.72	454.2	80.01
1997	3736.7	633.2	16.95	506.6	80.01

资料来源：Hui, Weng-Tat, "The regional economic crisis and Singapore: implications for labor migration", *Asian and Pacific Migration Journal*, 1998, 7 (2-3), pp. 187-218.

图15.7 1970—1997期间新加坡外来人口占总人口变化趋势

1990年，马来西亚人占新加坡总人口的14%，其中90%出生在新加坡。从马来西亚到新加坡的移民没有确切的数字，但估计有10万名马来西亚人在新加坡工作。20世纪80年代初，每年大约只有2000名移民迁出新加坡，80年代末增加到每年4000多人，2000年增加到5000多人。新加坡政府根据经济状况调整移民人口结构，1997年驱逐非法移民的人数增加了1/3；1998年继续上升，有2.3万名非法移民和逾期居留者被捕（几乎是1997年的两倍）。2005—2010年，亚洲的净移民率继续为负，但新加坡净移民率仍然很高,达到22%。新加坡是东南亚国际移民的最主要目的地,2010年有近200万移民迁入新加坡。人口预测表明,到2019年,新加坡国民仅占新加坡总人口的46.2%。

(七) 马来西亚

马来西亚人外迁主要迁移到新加坡,1990年马来西亚移民占新加坡人口的14%(其中90%人口在新加坡出生)。

1998年马来西亚有120万合法移民,主要来自印度尼西亚(64%)和孟加拉国(27%),以及菲律宾、泰国和巴基斯坦(表15.11);马来西亚的印度尼西亚社区人数大约为140万人。

马来西亚没有制定连贯的移民政策。东马来西亚(尤其是沙巴省)由于其地理位置、历史和经济结构,构成了一个不同的迁移子系统。沙巴对移民有很大的依赖性(特别是农业部门),所以马来西亚半岛和沙巴有大批未经许可的印度尼西亚移民。沙巴合法移民人口近60万,主要来自印度尼西亚、菲律宾。1997年沙巴登记移民中印度尼西亚人约29万(71.2%),菲律宾人约12万(28.8%)。受1997年经济危机的影响,1998年初到1999年3月,有15.9名工人自愿离开马来西亚,同时有8万名未经许可的移民(大部分来自印度尼西亚)被抓获和遣返,使在马来西亚登记的外国工人从1998年的100万下降到71.4万。2000年马来西亚约有150万移民,2005年约有200万,2010年约有240万。马来西亚的汇款外流2002年是37亿美元,2005年是57亿美元,2008年是64亿美元。

作为一个依赖对外贸易和投资流动的东南亚国家,2008年因经济危机影响,东亚出口活动放缓,马来西亚的移徙工人受到很大打击,面临大规模失业。为了应对国内失业问题,马来西亚政府采取停止发放或更新工作许可证的措施。这使得马来西亚的220万注册移徙工人减到190万(到2009年8月)。2009年上半年大约有3.2万人登记裁员。马来西亚当局还出台了一项快速驱逐出境政策,可能影响到居住在马来西亚的大约100万未经许可的移徙工人。

表15.11 马来西亚外来雇员的岗位分布及地区分布情况(1998年)

单位:人、%

部门	数量	比重	来源国家	数量	比重
家政服务	112373	9.3	印度尼西亚	716033	63.9
制造业	375951	31.0	孟加拉国	307696	27.5
种植业	313988	25.9	菲律宾	24882	2.2
建筑业	245186	20.2	泰国	21438	1.9
服务业	134741	11.1	巴基斯坦	18052	1.6
其他	29325	2.4	其他	32071	2.9
合计	1211564	100.0	合计	1120172	100.0

资料来源:A. Kassim, "The case of a new receiving country in the development world: Malaysia", Paper presented at the Technical Symposium on International Migration and Development, The Hague, Netherlands, 29 June – 3 July, 1998.

（八）文莱

文莱的总人口为 30 万（表 15.12、图 15.8），其经济以石油为主导，长期以来依靠移民劳动力来满足劳动力市场的需求。其大多数移民来自东盟国家，主要是邻近的马来西亚的沙巴省、沙捞越省和菲律宾。1986 年，临时移民占文莱劳动力的 32%；1988 年，移民劳动力占文莱私营部门劳动力的 71%。

文莱 2000 年有 10.4 万移民，2005 年有 12.4 万，2010 年有 14.8 万；移民占总人口的比重达 30% 以上（2000 年占 31.2%，2005 年占 33.6%，2010 年占 36.4%）。

表 15.12 文莱人口及相关指标数据情况

单位：人、%

年份	人口总数	城镇人口占总人口比例	人均 GDP（现价）/美元	15～24 岁人口的劳动力参与率（模拟劳工组织估计）	65 岁及以上人口数	15～64 岁的人口数	国际移民占人口的百分比
1990	258721	66.438	13607.52	46.078	6756	162334	28.49
1991	266210	66.585	13905.06	46.25	6929	167667	
1992	273892	67.078	15274.44	46.423	7105	173225	
1993	281681	67.604	14575.73	46.588	7297	178921	
1994	289454	68.126	14120.85	46.783	7522	184758	
1995	297114	68.644	15933.35	47.039	7790	190773	28.73
1996	304622	69.158	16793.28	47.213	7814	196776	
1997	311958	69.666	16660.36	47.551	7835	203078	
1998	319144	70.17	12693.79	47.977	7869	209595	
1999	326210	70.669	14101.35	48.398	7888	216292	
2000	333165	71.164	18012.56	48.715	7890	223137	29.13
2001	340034	71.652	16472.15	48.405	8471	229158	
2002	346782	72.046	16850.15	47.634	9039	235399	
2003	353293	72.421	18560.61	47.248	9596	241484	
2004	359433	72.794	21902.09	47.158	10164	247250	
2005	365114	73.163	26105.28	47.112	10782	252717	27.20
2006	370263	73.529	30979.88	46.164	11399	257035	
2007	374965	73.892	32663.57	45.354	11966	261432	
2008	379421	74.252	37934.38	44.836	12451	265809	
2009	383906	74.608	27955.71	44.587	12847	270154	

续表 15.12

年份	人口总数	城镇人口占总人口比例	人均 GDP（现价）/美元	15～24 岁人口的劳动力参与率（模拟劳工组织估计）	65 岁及以上人口数	15～64 岁的人口数	国际移民占人口的百分比
2010	388646	74.961	35269.55	44.414	13174	274583	25.58
2011	393688	75.31	47055.84	43.734	13717	279706	
2012	398989	75.656	47740.51	42.857	14333	284500	
2013	404421	75.997	44740.09	41.881	15037	289082	
2014	409769	76.332	41726.78	40.969	15883	293588	
2015	414907	76.663	31164.56	40.221	16903	298058	24.28
2016	419800	76.99	27157.82	39.617	18054	301483	
2017	424473	77.312	28572.15	39.162	19389	305350	
2018	428962	77.629	31628.33	37.767	20904	309283	
2019	433285	77.942	31086.75	37.789	22569	312722	

资料来源：世界银行 2020 年 10 月 13 日公布的世界发展指标。

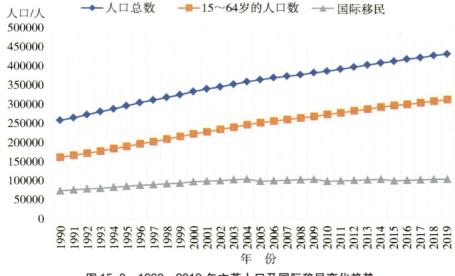

图 15.8　1990—2019 年文莱人口及国际移民变化趋势

（九）中国大陆（内地）

近现代以来，随着经济的复苏和发展，中国人口呈现爆炸式增长。于是 20 世纪五六十年代计划生育政策成为控制人口的主要手段。在 1949 年《中国人民政治协商会议共同纲领》中还把自由迁徙列为公民的自由权。在人口增长的同时，迁徙也在进行。1949—1958 年，中国实行宽松的人口迁移政策。因战争带来的创伤需尽快恢复，国家主张恢复国民经济，发展生产。此时大部分人口迁移主要去向南部地区，迁移人口主要为知识分子、领导干部及其家属，迁移目的是促进南方经济的复苏和发展。另外，新中国的成立也号召了大批留学人员回国。此为第一阶段的人口迁移，时间主要在1949—1958年。在新中国成立的背景之下，社会主义在中国的发展成为中央工作关注重点，"三大改造"、人民公社化运动都是在此背景下的中央决策。面对国际形势的严峻、经济发展的压力，大力发展生产力、"超英赶美"等成为时代号召。这段历史中的"一五计划"也是人口迁徙的主要原因。"一五计划"即第一个五年计划（1953—1957年），是中国国民经济计划的重要部分。该计划强调集中力量发展工业化建设，加快推进各领域的社会主义改造。当时东北地区拥有较强的工业基础，西北地区富有丰富的自然资源，实现了国家政策导向之下的人口迁移。而在第一阶段国民经济得到恢复的背景之下，国家对于人口迁移控制较为严格，呈现逐步收紧状态。第二阶段的人口迁移主要为1958—1978年，政治性人口迁移是该阶段的主要特征。而第三阶段，即自1978年改革开放以来，中国南部沿海地区经济得到快速发展，人口劳动力需求逐渐增大。相比之下，中西部较为贫穷落后，于是人口迁移主要呈现由中西部迁向东部沿海地区，其中西部迁出人数较多。这样的大方向在今天还是没有实质性的改变，但是局部地区也出现了新的迁移情况。如今东部沿海地区经济发展逐步呈现饱和状态，且大力强调产业转型升级，需要大量劳动力的生产制造业逐渐转移到内陆地区，即中部城市。在人们对美好生活的向往之下，更有东北人口大量南迁的情况，如三亚的"候鸟老人"。而对于求学者来说，每年都有大量人口去往西方国家进行交流学习。现如今的人口迁移呈现出多样化发展的特点。

世界上一半的国际迁徙者都生活在发展中国家。中国在人口迁徙上，既是一个巨大的迁出国，也是一个巨大的迁入国。2019年，全世界所有国际移民中超过40%（1.12亿）出生在亚洲，主要来自印度（最大的原籍国）、中国和孟加拉国、巴基斯坦和阿富汗等国家。2019年亚洲移民国家前20名中，中国排名第三。移徙通常发生在同一大陆内。1975—1994年来自亚洲国家的劳工移徙情况表明，除来自中国的移民外，平均不到10%的移民离开亚洲。中国作为亚洲最大的发展中国家，更是承接了许多亚洲国家的人口迁入。一直以来中国也是中东地区人口迁徙的目的地。随着中国的经济不断发展，对于劳动力的需求也越来越大。中国和菲律宾于2018年签署协议，允许30万菲律宾工人，包括10万名英语教师在中国工作。另外，外向劳动力移徙，特别是从中国移徙，意味着中国是世界上最大的国际汇款接受国之一。在2019年，中国出生的国际移民是世界上第三大外国出生人口，仅次于印度人和墨西哥人，近1100万中国移民生活在中国以外。2018年全球汇款流量近6900亿美元，中国收到的汇款超过670亿美元，是世界上仅次于印度的第二大国际汇款份额。而东亚的移徙日益具有明显的外向和内向学生流动的特点，中国在2018年仍然是全球国际学生的主要来源，有50多万学生开始在国外深造，比2017年增加了8%以上。中国高等教育机构的国际学生人数在2018年超过49万。

1990—2019年中国大陆（内地）人口及相关指标数据情况如表15.13所示，1990—2015年中国大陆（内地）人口及国际移民变化趋势如图15.9所示。

表 15.13 中国大陆（内地）人口及相关指标数据情况

单位：人、%

年份	人口总数	人口增长（年度百分比）	0～14岁的人口数	15～64岁的人口数	国际移民	国际移民占人口的百分比
1990	1135185000	1.467303	324546177	746726066	376361	0.03
1991	1150780000	1.364434	328581656	756677632		
1992	1164970000	1.225536	328596758	768952440		
1993	1178440000	1.149619	326580984	782325624		
1994	1191835000	1.130261	325280651	794860325		
1995	1204855000	1.086509	325698399	805367614	442198	0.04
1996	1217550000	1.048142	320435561	820493214		
1997	1230075000	1.02345	319849182	831124788		
1998	1241935000	0.95955	320906193	839669246		
1999	1252735000	0.865851	319203340	849907147		
2000	1262645000	0.787957	312993544	863641938	508034	0.04
2001	1271850000	0.726381	307972185	875614116		
2002	1280400000	0.67	298071840	891647554		
2003	1288400000	0.622861	285390312	909846945		
2004	1296075000	0.593933	273788404	926808358		
2005	1303720000	0.588125	265351992	940817540	678947	0.05
2006	1311020000	0.558374	258543763	952765169		
2007	1317885000	0.522272	254375415	961863202		
2008	1324655000	0.512387	252408571	968715052		
2009	1331260000	0.497381	251102769	974558542		
2010	1337705000	0.48296	249615182	980077454	849861	0.06
2011	1344130000	0.47915	248796397	984319837		
2012	1350695000	0.487231	248118129	988398458		
2013	1357380000	0.49371	247587326	991985917		
2014	1364270000	0.506312	247401658	994542472		
2015	1371220000	0.508137	247557811	995702268	978046	0.07
2016	1378665000	0.541479	248085474	995434082		
2017	1386395000	0.559121	248682677	994288090		
2018	1392730000	0.4559	248978380	991653198		
2019	1397715000	0.357291	248856284	988510153		

资料来源：世界银行2020年10月13日公布的世界发展指标。

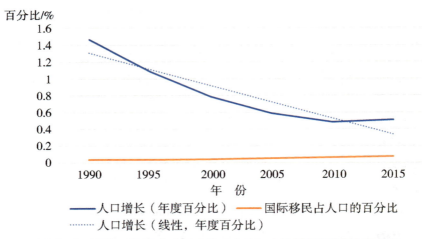

图 15.9 1990—2015 年中国大陆（内地）人口及国际移民变化趋势

（十）中国台湾

中国台湾四面临海，是个资源丰富的宝岛。就台湾本岛来看，台湾山脉横亘中部，贯穿南北，将东西分隔。西部多平原，东部多山地，东高西低。主要的工业中心分布在西部和北部，南部和东部较少。受经济因素影响，西部产业带来的利润和就业机会形成拉力，吸引东部的人进行迁移，是其人口产生迁移行为的动力机制。总体上来看，东部为主要净迁出地，西部则是净迁入地；南部和北部相比也是同样的情况。就外部环境来看，随着其本身的经济不断发展，历年来吸引了许多国外迁入者，主要为发展中国家（集中在环南海区域）人口。台湾在环南海区域受欢迎程度较高，是周边国家和地区迁入意向较高的重点地区。台湾经济较为发达，亚洲"四小龙"的身份也大大提高了该地区的知名度，发达的制造业吸引着劳动力入台务工。

1973 年石油危机以来，海湾国家和利比亚成为新的全球移徙目的地，与此同时，地处东亚的中国台湾经济发展良好，成为亚洲内部新的移徙增长极。20 世纪 90 年代以来，中国台湾每年都在纳入大量移民，并且周边国家迁入中国台湾的意向一直很高。其中，1993—1996 年泰国海外工人派遣的数据显示，1993 年去中国台湾的人数为 66891 人；1994 年、1995 年出现大幅增长，分别为 91058 人、120278 人；1996 年有所下降，仍有 96097 人。泰国于 1980 年正式开始的劳工移民方案使其移民数在仅仅 10 年之内跃升到 12.5 万人，亚洲国家和地区成为其主要移民目的地。其中中国台湾省也是其重点移民目的地地之一，1997 年接收泰国移民大约 13.6 万人，在中国台湾省移民群体中占据主导地位。1995—1997 年，从印度尼西亚迁往中国台湾的移民数分别为 4160 人、6909 人、9445 人；从迁移人口性别来看，男性人数远远高于女性。

（十一）中国香港

中国香港在 20 世纪 90 年代就是东南亚国家迁移人口的主要目的地。1990—1995 年，东南亚国家与和中国大陆（内地）流入中国香港地区的人数持续增加；在1996—1999年，东南亚部分国家如泰国、印度尼西亚、菲律宾等国家流入中国香港的人数减少。《2000年世界移民报告》数据显示，1993—1995年泰国海外工人输出计划中，前往中国香港的计划数分别是5398人、5812人、5816人，是继文莱、中国台湾、日本之后的第四大选择目的地。1995—1997年，由印度尼西亚流入中国香港的计划数由4205人减少为2019人，且保持着女多男少的结构，其流入人数的减少主要是女性流入人口减少所致。1998年，印度尼西亚政治局势的动荡导致了排华事件的发生，成千上万的印度尼西亚华人逃往新加坡、中国香港、中国台湾和澳大利亚。

进入21世纪，中国香港的人口流入开始回暖。萨塞克斯大学全球移民数据库的人口普查数据显示，在2000年，约有250万人迁入中国香港，中国香港是第五大亚洲人口迁移目的地，其中中国大陆（内地）的移民占中国香港迁入人口的绝大部分。据《2010年世界移民报告》，2005—2010年，亚洲多个国家人口迁入率平均为0.3%，而中国香港以3.2%的高增长率遥遥领先。2009年联合国经济和社会事务部公布数据显示，中国香港是东亚国际移民的主要目的地，2005年有270万东亚移民移入中国香港，且2000年、2005年、2010年三年东亚国家流入中国香港的人口总数在东亚地区均排第一；同时，按照流入人口占当地总人口的比例，中国香港在2000年、2005年、2010年三年接收移民的比例均排第二，仅次于中国澳门。报告中还显示，中国香港是大量女性迁移的目的地。在2000—2010十年间，中国香港的人口迁移以流入为主，且流入人口不断增加，其中女性占多数。

参考文献

ANANTAA, KARTOWIBOWO D, WIYONONH. The impact of the economic crisis on international migration: The case of Indonesia [J]. Asian and pacific migration journal, 1998, 7 (2/3): 323.

HUIWT. The regional economic crisis and Singapore: Implications for labor migration [J]. Asian and pacific migration journal, 1998, 7 (2/3): 187 – 218.

INTERNATIONAL ORGANIZATION FOR MIGRATION. World Migration Report (2000) [R]. Geneva, 2000.

INTERNATIONAL ORGANIZATION FOR MIGRATION. World Migration Report (2010) [R]. Geneva, 2010.

INTERNATIONAL ORGANIZATION FOR MIGRATION. World Migration Report (2020) [R]. Geneva, 2020.

KASSIMA. The case of a new receiving country in the development world: Malaysia [C]. Paper presented at the Technical Symposium on International Migration and Development, The Hague, Netherlands, 1998, 29 June – 3 July.

TIRTOSUDARMOR, HANINGR. A needs assessment concerning Indonesian women migrant workers to Saudi Arabia [R]. Centre for Population and Manpower Studies, Indonesian Institute of Sciences, Jakarta, 1998.

WORLD BANk. World development indicators [R/OL]. Accessed 13th October, 2020. http://wdi.worldbank.org/tables.

（张博，蔡晓梅）

第十六章　环南海区域华人华侨的迁移历史与群体分布

一、华人、华侨的定义

中国政府从法律层面对当下华人、华侨的身份内涵做出明确的规定。"华人"是对"外籍华人"的简称，指已加入外国国籍的原中国公民及其外国籍后裔，中国公民的外国籍后裔。[①]"华侨"则是指定居在国外［已取得住在国长期或永久居留权，并已在住在国连续居留两年，两年内累计居留不少于18个月；或虽未取得住在国长期或者永久居留权，但已取得住在国连续5年以上（含5年）合法居留资格，5年内在住在国累计居留不少于30个月］的中国公民。[②] 在上述定义中，由法律所赋予的"国籍"身份是区分华人、华侨的重要标准。值得一提的是，在学术研究领域有关华人、华侨的身份内涵，因历史原因而具有一定的时代性，学者们通过华侨、华人、华族、华裔、新华人等概念，得以深入探讨这一群体的身份内涵并指出其动态变化的过程。如王赓武、陈达、庄国土、李明欢、刘宏、张秀明、曾少聪等学者，都对华人华侨的身份提出了自己的见解，对丰富与深入研究华人华侨群体具有启示作用。

为了便于讨论，本章对环南海区域相关群体的身份定义及称谓，如无特殊说明，一般将按照我国国务院侨务办公室所作规定执行。此外，本课题所谓环南海区域的华人华侨，以东南亚地区的华人华侨群体为主，特此说明。

二、环南海区域国家华人华侨的迁移历史

（一）印度尼西亚

中国与印度尼西亚地区发生经济文化往来的历史久远。如果追溯印度尼西亚华侨的迁移历史，有学者认为根据考古发掘所得资料显示，可将汉代视为其序幕；依据历史文献记载，可将唐代视为印度尼西亚华侨历史的开端；到南宋时，印度尼西亚华侨社会初步形成；至元末明初时期，印度尼西亚华侨社会已呈现出繁华的样貌。

16—18世纪，西欧国家凭借先进的航海技术，开始在全球范围内寻找机会建立殖民地，以满足资本主义原始积累与扩张的需要。荷兰殖民者垂涎印度尼西亚群岛的丰富资

[①] 国务院侨务办公室：《关于界定华侨外籍华人归侨侨眷身份的规定》（国侨发〔2009〕5号文件），2009年4月24日。

[②] 国务院侨务办公室：《关于界定华侨外籍华人归侨侨眷身份的规定》。

源，为了在当地建立殖民秩序以保证其贸易垄断地位，企图将该地区的所有资源占为己有，因此以极其严厉和残酷的手段发动侵略战争，挑拨离间，逼迫各土侯国家签订不平等条约，破坏当地早已形成的正常商贸关系，以血腥残杀以及暴力迫害来镇压当地人民。在荷兰东印度公司殖民掠夺印度尼西亚群岛将近 200 年的历史中，生活在该地区的华侨也成为他们剥削压迫的对象。

由于历史上中国商人以及寓居当地的华侨与本地居民保持着良好的交往关系，有些华侨早已在印度尼西亚群岛从事贸易以及农业、手工业生产，因此被欧洲殖民者视为"危险"的竞争者。因此，荷兰殖民者以及欧洲其他国家的侵略者，经常发动海盗式的袭击劫掠中国商船，不但抢劫中国商人的货物和钱财，甚至还将船上的人掳至印度尼西亚地区的岛上充当劳动力，更甚者以诱拐、掳夺的方式到中国南方沿海省份强抢人口，将其强行移民至印度尼西亚群岛充当劳动力。被迫留在当地的中国人与土著结合，生育出带有中国血统的混血儿，客观上使得印度尼西亚群岛上的华侨数量有所增加。为了完全垄断香料贸易，荷兰殖民者采取强硬措施禁止华侨商人从事香料贸易，只允许华侨从事农业生产、伐木制材等行业，同时禁止或限制华侨商船在该地航行，通过种种手段扼制这一地区华侨的贸易往来、人口流动与增长，想尽办法阻止该地区华侨势力的成长。有学者统计了 17 世纪中后期至 20 世纪初期印度尼西亚安汶岛地区华侨人口的变化（表 16.1），以说明荷兰东印度公司在此期间对该地区华侨人口采取限制措施，使得当地华侨人口增长极为缓慢。

表 16.1　17 世纪中后期至 20 世纪初期印度尼西亚安汶岛地区华侨人口统计

年份	人口数/人
1676 年	317
1683 年	320
1689 年	315
1708 年	381
1795 年	429
1915 年	500

资料来源：李学民、黄昆章著：《印度尼西亚华侨史》，第 109 页。

安汶岛的情况只是历史上荷兰东印度公司在印度尼西亚群岛地区进行资源掠夺、殖民压迫的一个局部缩影，类似的情形在当时印度尼西亚群岛地区的各个国家、城市上演，如万丹、雅加达等地，都受到了荷兰殖民者的残酷剥削以及无情压迫。万丹的华侨人口在荷兰殖民者的打击与残害下，从 16 世纪末的 3000～4000 人，减少到 1619—1620 年期间的 2000 人，并在其不断地驱逐逼迫下锐减至 18 世纪 80 年代的 200 人，可见荷兰殖民者的残忍以及当时华侨的悲惨境遇。又如，雅加达在荷兰殖民者入侵之后被改名为巴达维亚（Batavia），作为荷兰东印度公司殖民统治印度尼西亚的中心。因此，殖民者用尽一切卑鄙手段逼迫中国商人只能来此通商，并且从中国南部沿海地区、中国南海岛屿以及在该地区行驶的商船上抢夺资源、掳掠人口为巴达维亚所用，并且威逼利诱强迫抢劫而来的人口留居在巴达维亚，使其成为被压迫的当地华侨，客观上使得这一地区的华侨数量有所增长。有学者统计了1619—1739年雅加达地区的华侨人口数（表16.2），其基本趋势就是增长的。

表16.2 1619—1739年雅加达（巴达维亚）市区的华侨人口统计

年份	人口数/人
1619	300～400
1628	3000
1661	5382
1673	2747
1682	2000～3000
1700—1709	4292（同时，乡区有华侨5256人）
1739	4386（同时，乡区有华侨10574人）

资料来源：李学民、黄昆章著：《印度尼西亚华侨史》，第122～124页。

荷兰殖民者上述种种行径在一定程度上客观地促进了印度尼西亚雅加达地区华侨人口的增长，这违背了其扼制华侨势力发展的本意。于是，眼见当地华侨商人实力日渐壮大，荷兰殖民者便采取更加强硬的人口政策以限制华侨群体的发展，终于在1740年迫使当地华侨发动起义。于是殖民统治者以此为借口，制造了屠杀华侨的"红溪事件"。在这场惨案之中有1万多人被残杀，其中大部分都是当地华侨，使得华侨社会的元气大伤。"红溪事件"之后，1741—1743年当地爆发了大规模的华侨与爪哇人民联合反抗荷兰殖民统治的斗争，具有重要的历史意义。1800年1月1日，荷兰东印度公司的殖民统治被迫宣告结束，继而换成英国和法国在1800—1816年间对印度尼西亚进行短暂的殖民统治。在此期间，西方殖民者继续通过各种手段满足自身攫取当地资源的需求，同时将压榨印度尼西亚人民的罪行推卸到华侨的身上，造成印度尼西亚人民与华侨民众之间的感情隔阂与民族仇恨情绪。1816—1870年，荷兰重又占领印度尼西亚，夺回殖民权力，将东印度公司施行的强迫种植制和强迫劳役制恢复了一半，并且征收各类苛捐杂税，使得印度尼西亚人民与华侨苦不堪言，受尽折磨与虐待。根据相关资料，相比过去而言，印度尼西亚地区的华侨人数在艰难中仍然有所增长，1860年已超过22万，至1930年已达123万，1940年则达到143万。究其原因，一方面由于中国在1840年被西方列强的坚船利炮强开国门之后，硝烟四起，社会动荡，人民生活困苦，急需寻找避难之地，而"南洋"成为其逃难避祸的选择；另一方面，这一时期的西方殖民者需要大批劳动力填补其在东南亚地区的种植园、矿山、工厂的劳动力空缺，于是放宽其所控制的殖民地移民条件，招募大量中国移民。这些移民也被称为"新客"。而在当地出生的第二代、第三代等华侨被称作土生华侨，土生华侨的自然增值也被视为印度尼西亚华侨人口增加的重要原因。1949年，印度尼西亚华侨人口增长至200万左右。

1950年，印度尼西亚取得民族独立并建立共和国，民族主义情绪泛滥，加之意识形态的不同，印度尼西亚政府决定采取限制中国人入境的政策，并对本国华侨实施严厉的监管措施，导致印度尼西亚华人华侨人口发生变动，部分华人华侨被迫返回中国，无法再回印度尼西亚，原本考虑前往印度尼西亚的中国人也不得不打消念头。所以，这一阶段印度尼西亚华侨人口的外部来源基本被切断，主要依靠本土华侨的自然生育得以保持一定的增长。有资料称，至1954年印度尼西亚华人华侨总数为300万，其中210万为华侨，90万为印度尼西亚籍华裔。随着印度尼西亚国籍法的实施以及双重国籍条约的生效，一些华侨选择加入印度尼西亚籍，从印度尼西亚华侨转变为印度尼西亚华人。据1965年9月30日前的统计显示，当时的中国籍印度尼西亚华侨有1134420人，无国籍者为1252人。值得一提的是，20世纪五六十年代的几次大规模排华运动，给当地的华人华侨社会造成了不可弥补的巨大损失，包括人员死伤、被迫逃离、财产受损等，使印度尼西亚华人华侨社会元气大伤。1967年新政府上台，颁布新令，要求当地华侨重新登记，但是又通过不合理的政策设置阻挠华侨入籍，使得许多华人华侨进退两难，部分华侨在1966—1970年间还遭到政府驱赶。1980年，出于对选票的考虑以及为了解决外侨归化印度尼西亚的问题，苏哈托颁布第13号决定书，这对当地华侨加入印度尼西亚国籍是个积极信号。有资料显示，80年代初印度尼西亚已经有600万左右的华人华侨。1990年，华侨入籍印度尼西亚的规定再次简化，大多数华侨都得以入籍。1995年，苏哈托发出第6号训令，要求简化并加速外侨入籍过程，有人推算此时的印度尼西亚华人华侨大约为770万人。1996年，简化外侨入籍的总统第56号决定发布，又大大降低了外侨入籍的难度。至20世纪末期，印度尼西亚华人华侨总数估计超过800万。有学者根据相关资料进行汇总与推算，给出了自1999年至2011年几个不同年份中，印度尼西亚华人华侨总数的大致数量：1999年为1100万；2003年为1000万～2000万；2007年为1000多万；2011年为1057万。可见，学者们估计，在进入21世纪之后，印度尼西亚华人华侨的人口数量基本上已经位于千万级别。

（二）马来西亚

中国与马来西亚地区接触较早，有研究认为汉朝史料《汉书·地理志》中出现的都元国，指的就是今马来西亚的登嘉楼州地区。一般认为，首批中国大陆（内地）移民出现于15世纪的马六甲王国，被学者视为华人开发马来西亚的历史序幕；1786年英国人占领槟榔屿，设立自由港，为华人大量移民该地区打开了新的纪元；移民大规模迁居马来西亚主要发生在19世纪末20世纪初这一阶段。

相关研究指出，西马来西亚华人人口变化主要分四个阶段：第一阶段为1786年之前。1750年马六甲聚居着2161名华人，其中多以商人为主，而1786年的槟榔屿还没有华人聚居。第二阶段为1786—1921年。该阶段因英国在东南亚殖民地区建设自由港，吸引了大量华人移民前往当地从事经商、工匠、劳工等多种职业，据称1821年槟州有华人7588人，1871年增至36561人，1921年达到135288人。在西马来西亚，1911年的华人人口数为693228人，1921年则达到了855863人。可见这一阶段华人人口增长之迅速。有研究认为这与大量的华人移民输入分不开。有资料估计，19世纪共有500万华人进入英属马来亚地区（包括新加坡）。第三阶段为1921—1947年。1921—1929年，华人移民马来西亚有所波动，与马来西亚的经济发展情况有着直接关系；1930—1938年，马来西亚直接停止中国移民，限制成年男性的输入，但不限制华人儿童与女性的输入，客观上对马来西亚华人社会的男女比例造成了影响，该阶段华人社会的自然增长率在总体趋势上得到提升。1947年，西马来西亚华人达到1884534人。第四阶段为1947—1990年。第二次世界大战之后，中国移民基本停止输入西马来西亚。1947—1980年间，有695300名华人移民移居国外，造成人口流失。但西马来西亚华人由于基数较大，在自然增长方面仍略有保持，1947—1990年，西马来西亚华人增加了3289812人。

有学者认为，截至20世纪初，移民至马来西亚的华人主要采取三种定居模式：港口城市、矿区和农村社区。港口城市定居模式始于15世纪的小贸易社群，1786年英国人设立自由港后吸引了大批华人前往经商谋生。华人移民聚居于相对开放的港口地区，信息流通与获取的便利造就了不少华人商业奇迹。港口城市模式是华人移民定居模式中最灵活自由的模式。矿区模式始于19世纪初砂拉越河流域石隆门的金矿中心，由于西方殖民者急切地开采东南亚地区的矿产资源，因而需要大量的劳动力，不少华工或自愿或被强迫地被带到矿区成为劳工，逐渐形成矿区范围内的华人社区。由于地理因素的影响，矿区定居模式相对港口城市而言要封闭许多，主要构成群体是从事采矿业的劳工和相关人士。该群体因地缘或共同语言的联系而彼此团结，对外较排斥。农村社区模式的出现，主要是因为19世纪中期商品农业化的发展，胡椒、甘蜜等贸易兴起，需要投入大量人力物力在种植园中，因而一部分华工在到达当地之后，被西方殖民的制度政策裹挟在种植园之中从事农业生产，逐渐形成农业移民群体。

上述三种定居模式，其背景及对应人群实际上与相应时期华人移民的原因以及移民群体分类基本重合。相关研究认为，1786—1947年间的马来西亚华人移民大致分为自由移民与契约劳工两类。自由移民指的是自费或由亲友代付船费的移民。这部分人不受契约束缚，能够自由行动以及选择自己的生计方式；多为商人、店主、受薪工人、小贩、菜农、园丘工、矿工等。契约劳工相对自由移民要悲惨许多，他们多为从中国乡下被招募、拐骗、绑架的社会底层人士，被当作"猪仔"贩卖到西马来西亚以及印度尼西亚去做苦工，在种植园中从事种植劳作或在矿区中挖山开矿。他们不仅不能自由选择自己的职业，还不得不忍受雇主的无情压迫和剥削。

历史上，英国殖民者集中开发西马来西亚地区，所以移民至马来西亚的华人或主动或被动地聚集在该区域内，客观上促进了西马来西亚地区的经济发展，因而西马来西亚地区的开发程度较东马来西亚地区要好得多。从历史上的人口迁移分布来看，西马来西亚地区的华人也最为集中，并且这种状态一直保留到了现在。

（三）泰国

有学者提出，早在13世纪便已经有中国商人定居在暹罗湾沿岸的市场与港口，因而中国人迁居至泰国的历史最早可能追溯至这一时期。

13世纪末至14世纪初，中国的商船已经开至春蓬、素叻他尼或那坤是贪玛叻等地区。一些研究认为14—15世纪行至当地的中国商人，在那坤是贪玛叻发现并开采锡矿，因而在这一时期暹罗南部应该已经存在定居的华人采矿者。16世纪初期，在大城已经出现了至少一个华人聚居区。16世纪后半期，在暹罗西南部的北大年地区，林道乾及其同行的2000多人迁居当地,从而形成大量中国居民聚居的情况。

17世纪初期,华商在暹罗已经取得重要地位,华人数目增多并且在当地社会中受到尊敬。截至1620年的那坤是贪玛叻地区,华人商业社会的规模以及实力都不容小觑。虽然在1620—1632年间,华商的地位因当时该地区统治者的态度以及与其他国家商人的商业竞争而大幅下降,但是由于华商在航海贸易中的重要性完全无法被忽视,该地统治者在17世纪30年代中后期又开始重视华商。有资料称,在17世纪后期暹罗国内以及海外的一切海上事务和商业事务都是交由华人经理,华人在大城私商中的地位至高无上。有观点认为,华人在这一时期之所以能取得如此顺利的发展以及商业成功,是因为他们从未被泰国人视为外国人。这或许能够证明16—17世纪时的华人已经较好地融入了当地社会甚至发生了同化,这一时期大量的华人被吸引到暹罗地区去谋生。据戴·拉·卢贝尔的估计,暹罗的大城地区有3000～4000名华人。施坚雅据此推算在17世纪后半叶,暹罗的华人至少达到1万,其主体为大小商人以及其他职业者,如从事养猪业、工匠业、戏班、医生等,甚至还有华人士大夫的存在。

18世纪华人对暹罗的贸易和移民多受到限制性的皇家法令阻挠,当时中国正处于清朝康熙统治时期,在1708—1722年间中暹两国官方正式的贸易往来因为清朝统治者禁止国内与南洋通商而基本停止。在此之后,鉴于朝贡体制以及清廷对南洋货品的需求,清朝统治者不得不在限制民众前往南洋私相贸易的同时,又培育一批能永久住在暹罗的海外华人从事中暹贸易,以满足中国对暹罗货物如大米的需求。因而,18世纪期间逐渐形成了庞大的帆船队伍,他们航行于中暹之间,不断扩大着彼此间的贸易往来。直至大城王朝末期,当地的华人聚居区一直稳定地位于首都区域的东南角,而且人数一定远超6000人。随着大城王朝的没落,暹罗新的统治者披耶达信(即郑昭)登上历史舞台。郑昭的父亲是潮州人,母亲是泰人,他精通泰华两国的语言,统治暹罗长达十四年(1767—1782年)。郑昭在统治期间非常照顾潮州籍的华人,当时的暹罗潮州人甚至被称为"皇家华人",可见一斑。在郑昭的鼓励下,越来越多的潮州籍华人迁居暹罗,因而当地华人的人数得到繁荣增长。

18世纪中后期至19世纪初期的暹罗在拉玛三世的统治下,与柬埔寨、缅甸、老挝之间战争不断,导致城邦残毁、资源消耗、人口减少。得益于19世纪初期英、法等国的干预,暹罗终结了与邻国的战争,客观上获得和平发展的时机。而19世纪初期的中国正处于鸦片战争的前期,潜伏着巨大的社会危机。鸦片战争爆发之后,中国南方省份被迫开放通商口岸以及19世纪中期爆发的太平天国运动,都在客观上促使了移民的产生,人们为了从天灾人祸、战争动乱的危险中逃出来而选择前往南洋地区避祸,当时和平与发展的暹罗吸引了大量中国移民。有研究认为,1917年以前的暹罗华人主要由40%的潮州人,18%的海南人,各占16%的客家人和福建人,以及9%的广东人组成。1918—1955年期间,大批中国人涌入泰国,这种大规模的移民潮止于泰国政府颁布限制移民的相关条例。直到20世纪80年代中国改革开放后,又出现中国人移民泰国的潮流。

(四)菲律宾

有学者认为最迟至晚唐时期,可能已经有中国移民存在于菲律宾地区;而一般认为,宋代时菲律宾地区已经出现寓居的华侨；可以肯定的是最迟16世纪70年代之后，菲律宾的土地上已经有中国侨民的身影存在。1570年，西班牙殖民者在试图将整个菲律宾地区收入囊中的过程中，首次与中国商船接触，虽然二者间发生了冲突，但西班牙殖民者伪装出的善意获得了中国商人的信任，一定程度为二者合作进行商贸奠定了基础。16世纪末期，中国商人与西班牙殖民者之间的贸易关系直接建立了起来。为了取得西班牙殖民者手中的白银，许多中国商人赴菲律宾与西班牙人进行贸易，有的直接在菲律宾的港口住下，成为寓居华侨，菲律宾华侨数量逐渐增加，其中以马尼拉最为明显。有研究指出，这一时期西班牙殖民者所谓的"亲华"态度是伪善的，其背后隐藏着经济考虑、侵华计划以及仇华情感。这在16世纪80年代逐渐显露，包括征收进出口商品税、停泊税，抢夺商品，强迫华侨服苦役，禁止华侨从事零售业，设立荒地为华商华侨聚居区，限制华侨在马尼拉居住，等等；16世纪90年代更是大规模驱逐菲律宾华侨。

1603年，菲律宾华侨与西班牙殖民者之间的尖锐矛盾不可调和，西班牙殖民者不断的反华、排华行径激化了彼此的仇恨，华侨为反抗而爆发了起义。当时马尼拉的华侨人口在2万～3万，绝大多数华侨都参与其中，有小部分人持消极态度没有参加。这场起义由于华侨缺乏强兵利器和军事经验，最终以失败告终，对马尼拉的华侨社会造成巨大损失，据称有2万多华侨死亡。在这场大屠杀过后，由于缺少华人经济以及劳动力的助力，菲律宾经济巨幅滑落，殖民当局为了恢复考虑，不得不又于1604年开始鼓励华人赴菲。而当时中国正处在明朝末年，政治腐败、社会动荡，不少农民、工匠、商人等因破产而出走南洋谋生，菲律宾成为他们的选择之一，于是掀起一股移民潮。有资料显示1639年之前的菲律宾华人有3万～4万人。虽然西班牙殖民者需要华人的到来帮助重建经济，但是其内心仍然和之前一样充满算计，因而一直通过各种条文、法令等手段限制菲律宾华侨的发展，并且采取隔离、歧视的政策对待华侨。1639年，不堪重负和虐待的华侨再次爆发抗暴起义。起义华侨经过四个月的艰难抗争，死伤2.2万人，最终迫于无奈向殖民当局投降。殖民当局对菲律宾华侨的这类大屠杀在之后又发生过三次。菲律宾华侨所受迫害令人唏嘘。

到18世纪中叶，菲律宾仍然只有约4万华侨分布在全国各地。西班牙殖民者对菲律宾华侨持续不断的迫害，使得菲律宾华侨苦不堪言。同时，华侨人口数量也一直处于低位，19世纪40年代中期，菲律宾华侨人口甚至只有5700人。直到西班牙政府对菲律宾华侨的态度与政策有所改善之后，菲律宾华侨社会才渐渐有好转的趋势，到19世纪90年代增长到10万人。到1899年，由于菲律宾爆发革命战争，华侨为避战乱纷纷出走，人口数下降到4万人，到1918年仍然只有43802人，可见华侨人口在此期间增长较为缓慢，有很大一部分原因是菲律宾限制移民入境造成的。

"二战"前，菲律宾华侨在美国统治菲律宾时期受到诸多限制，但是相较于西班牙时期要好得多，因此菲律宾华侨社会有所发展，人口也在缓慢增长。"二战"后，菲律宾政府排斥华侨，有学者认为这一阶段最突出的特点为"严格限制华侨加入菲律宾国籍"，因为这从根本上影响了菲律宾华侨身份向华人身份的转换，这种情形一直持续到1975年中菲建交前。中菲建交后，菲律宾政府改变对华侨入籍菲律宾的态度并将相关政策放宽、简化，使得大部分菲律宾华侨在此之后得以按照自身意愿从华侨身份转变为华人身份。

在中菲建交之后，除了原来生活在菲律宾的华侨逐步转变为华人之外，有学者也开始关注菲律宾的华侨华人"新移民"群体。菲律宾华侨华人新移民被划分为20世纪70—80年代赴菲的"第一代"新移民，以及20世纪90年代后赴菲的"第二代"新移民。相关研究认为，菲律宾新移民主要来自闽南侨乡，第一代主要出于经济原因赴菲，政治原因其次；他们已经融入华人社会，被老华人接纳，呈现出明显的社会分层。第二代新移民的赴菲动机更为多元，相对于第一代出境者多申请探亲签证的情况，第二代新移民多申请旅游或劳工签证；另外，第二代新移民相较于第一代适应当地华人社会的程度要差一些，与老华人相处不太融洽。鉴于中国的发展以及国际关系的影响，2005年之后中国的赴菲移民潮已经消失。

（五）越南

中国与越南山水相连，两国间的交往历史源远流长，中越民族间的关系复杂，互动历史甚至能够追溯到先秦时期。一般来说，丁朝建立之前的越南"北属"于中国，是中国版图中的一部分，此时自中国内地迁居越南地区的中国人，不能称其为华侨或华人；只有在越南建立丁朝，成为独立自主的封建国家之后，与中国的交往才属于国家之间的交往，此时迁居越南的中国人，才能用华侨或华人的身份内涵来进行描述。值得注意的是，由于中越两国地理位置原因，使得中国人迁居越南既能通过陆路进行，又能通过海路实现。因此有学者认为，历史上的中国人通过陆路向越南北部迁移比较方便，通过海路向越南中部及南部迁移较为便利。

在宋末元初、明末清初、鸦片战争前后以及太平天国时期这些特殊历史节点，才会出现比较大规模的中国人主动迁居越南的情况，一般都是为了躲避战乱、寻求生机而出走。另外，零星的中国人向越南迁移的情况，从宋朝到清朝从未间断。根据史料可知，南宋时便已经有商贾、侨民前往越南定居谋生；宋末元初时期，因不堪战乱以及不甘受元朝的统治，许多宋朝的官吏、兵将以及百姓选择前往越南逃难。而越南称这一时期自中国而来的这些人为"宋人"，采取接纳、安置、隔离、管制的政策。宋人在与越南人共同的生产生活中，逐渐融入越南的朝堂和社会之中。

1407—1427年，越南曾有过一段短暂的"属明"时期，这意味着有明朝军队直接进入越南。在"属明"时期结束后，部分人留在当地成为新的侨民。值得一提的是，15世纪20年代末至18世纪末期，越南统治者根据不同背景，将旅居越南的华侨分别称为明人、清人、旧唐人、新唐人、外国客、客住者等。其中，旧唐人指的是17—18世纪时移居越南的明乡人后裔（大多为华越混血儿），新唐人指新移居越南的清朝人。15世纪20—30年代，越南封建统治者严格管理华商（及其他外商）的地理活动范围，将云屯、万宁、芹海、会统、会潮、葱岭、富良、三哥、竹华等地作为其专事经营之地，并规定外商不能擅入京城；另外还要求明人在外形、服饰上与京人一致，期望对其进行同化。明末清初，不愿接受清朝统治的明朝将领、遗民等携带家眷迁居海外，越南成为一些人的选择。具有代表性的如郑玖、杨彦迪、陈上川等将领及其率领的兵众部族等，他们定居越南南部地区后，积极参与当地开发，并随着社会以及时代的变化，从明乡人、侨民转变为越南人。

19世纪中叶至20世纪中叶越南民主共和国建立之前，即越南的法属阶段，此时相当于中国清朝至民国时期。在这段时期，有部分中国人被法国殖民开发时期新的就业机会吸引，决定移居越南谋生；另外，在中国爆发抗日战争时，大批逃难至越南的华侨，也成为这一阶段越南华侨迁移的主要群体。1945年越南成立越南民主共和国，一些当地华侨与越南民众一同参与到抗法斗争中，并赢得胜利。1975年越南实现南北统一，这时也是越南华侨人数最多的时候，达到了100多万人。后因越南政府的对华政策等原因，华人数量有所减少。目前越南的华人总数未超过100万。

三、环南海区域华人华侨当下群体分布

根据国务院侨务办公室官方网站的信息显示，目前全球的华人华侨人口数量已经超过6000万，其中大部分主要集中东南亚地区。需要注意的是，由于一直以来对华人华侨的人口数量统计，面临"当地国人口统计资料匮缺、民族身份确定标准不同、华人刻意隐瞒身份"以及引用数据资料来源不同等各种因素影响，导致在数据资料与文献研究中，有关华人华侨人口数量的差异普遍存在。目前，对华人华侨具体人数及分布状况的统计，基本上是通过综合各方的数据资料与研究成果汇总出大致的轮廓，特此说明。根据相关的统计信息来看，当下以东南亚国家为主的环南海区域华侨华人总数约为3263.73万人（表16.3）。

表16.3 环南海区域八国华人华侨总数

单位：万人、%

国家	全国总人口	华人华侨人口	华人华侨占总人口比例
印度尼西亚	26200	1057	4.03
马来西亚	3258.14	742.86	22.8
泰国	6655.89	718	10.79
新加坡	570	433.2	76
菲律宾	10970.93	162	1.48
越南	9650	74.95	0.78
柬埔寨	1530	71	4.64
文莱	45.95	4.72	10.3

资料来源：印度尼西亚国家统计局网站（https://www.bps.go.id）、《2019年马来西亚统计手册》、泰国国家统计局网站（http://www.nso.go.th）、《2019年新加坡人口简报》、《2015年菲律宾人口普查报告》、《2019年越南53个少数民族基本特征统计》、《2017年柬埔寨社会经济调查报告》、《2019年年中文莱人口预估报告》、《华人华侨研究报告（2013）》等相关资料。

（一）东南亚华人华侨的人口分布概况

通过统计数据可知，环南海区域各国的华人华侨人口数量及人口比例差距较大。其

中，华人华侨人口在 100 万以上的国家有 5 个，但是华人华侨在其所在国人口占比超过 5% 的国家仅有 4 个，这和不同国家的人口基数、族群构成、移民政策以及华人华侨迁移历史等各种因素相关。

若单纯从数量上来看，拥有 2 亿 6000 多万人口的印度尼西亚华人华侨人口也最多，已经突破了 1050 万，但是华人华侨在其国家占比却只有约 4%；文莱的华人华侨人口数在东盟各国中最少，仅有不到 5 万人，但因其本国人口不到 46 万人，因此华人华侨人口占比比印度尼西亚要高出许多，达到了 10% 以上。从人口比例来看，新加坡华人华侨的人口比例最高，达到 76%；越南的人口比例最低，仅为 0.78%。可见，环南海区域内不同国家的华人华侨分布存在较大差异，这也在客观上直接影响着华人华侨社会的内部构成及其在当地的适应情况。

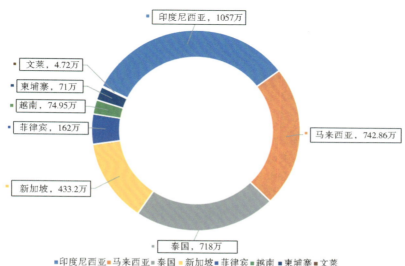

图 16.1　环南海区域各国华人华侨分布

(二) 东南亚华人华侨的方言群体构成

从人口角度来看，虽然有大量的华人华侨聚居于东南亚各国，但是并不能认为东南亚华人华侨是一个具有完全相同特征的统一体。上文已经提到，由于东南亚不同国家的华人华侨数量差距较大，不同国家的华人华侨人口比例不同，所以各国的华人华侨社会规模也并不相同，这也导致了各国的华人华侨社会发展水平参差不齐。这种情形也符合王赓武所认为的东南亚地区所谓单一南洋华人社会其实并不存在的观点。研究者们通常认为，由于受到不同国家社会制度、政治经济形势、历史文化以及地理环境等因素的影响，华人华侨各自具有其地方性特点，形成了彼此不同的"某国的"华人华侨社会特质。不仅如此，有时同一国家不同背景的华人华侨群体，也常因如历史、地缘、业缘、血缘、神缘等各类原因而形成对彼此差异的分类认知，从而形成华人华侨社会中的"亚群体"，其中最为常见的就是通过祖籍地与方言进行区分。

由于客观现实的统计难度以及数据上的缺乏，并不能十分准确地对东南亚诸国华人华侨社会中各类祖籍地或方言群体进行具体详尽的人数统计，所以在结合目前已有资料及统计数据的基础上，本文以祖籍地或方言为划分标准，形成了对环南海区域各国华人华侨内部方言群体构成与分布比例情况的轮廓（表16.4）。

表16.4 环南海区域各国华人华侨方言群分布结构

国家	华人华侨人口总数/万	华人华侨方言群内部构成
印度尼西亚	1057	福建省（50%），广东省（35%），海南、广西、江苏、浙江、山东、湖北等省籍（15%）；华人集中在各大中城市及爪哇、马都拉、苏门答腊、加里曼丹、苏拉威西、伊利安加亚等岛
马来西亚	742.86	福建人（33%）、广府人（20%）、客家人（20%）、潮州人（10%）、海南人（5%）、其他（12%）
泰国	718	泰国华人以潮州人为主（56%），其次是客家人（16%）、海南人（11%）、福建人（7%）、云南人与广府人。华人主要集中在曼谷、清迈、合艾等城市。其中，曼谷有50多万华人；清迈约有华人华侨30万；泰南地区主要聚居的是闽南人，如普吉府约30万华裔；泰北地区17个府共有105万华人华侨，祖籍多为云南、广东及海南等地
新加坡	433.2	福建（闽南）人（40.04%）、潮州人（20.12%）、广府人（14.62%）、客家人（8.34%）、海南人（6.35%）、福州人（1.94%）、兴化人（0.91%）、上海人（0.79%）、福清人（0.59%）、其他（6.29%）
菲律宾	162	福建省（以泉州为主）（85%~90%），广东省（10%~12%）；华人集中在大马尼拉地区，其余散居于维萨亚斯群岛与棉兰老岛等处，遍布全国
越南	74.95	越南华人华侨以广府人最多，其次为潮州人、客家人、福建人以及海南人，主要集中在胡志明市以及越南西南部城市等地
柬埔寨	71	潮州人（80%），其他包括广府人、客家人以及海南人
文莱	4.72	福建省（80%）、广东省（18%）、海南省（2%）

资料来源：本文表16.3的数据、《2012/2013华人经济年鉴》以及《华人华侨研究报告（2013）》等相关资料。

环南海区域各国基本上都有华人华侨的分布，但是不同国家的华人华侨人口数量与内部构成各有差异。从人口数量上来看，以印度尼西亚的华人华侨数量最多，目前已经突破1000万；文莱的华人华侨数量最少，不足5万人。从人口比例上来看，新加坡的华人华侨占比最高，达到76%，这意味着该国至少3/4的人具有华人血统；越南的占比最低，仅为0.78%，不足1%。这些差异主要由不同国家的历史变迁、政治体制、经济发展程度、人口族群结构以及地理环境等因素造成，同时还与华人华侨的迁移历史相关。此外，上述原因同样也造成了不同国家华人华侨社会内部构成的差异。从总体上来看，环南海区域各国华人华侨中，以福建籍的数量最多，其次是广东籍（包括广府人、潮州人和客家人），再次是海南籍。

参考文献

黄昆章. 印尼华侨华人史 [M]. 广州：广东高等教育出版社，2005.
黄滋生，何思兵. 菲律宾华侨史 [M]. 广州：广东高等教育出版社，1987.
李学民，黄昆章. 印尼华侨史 [M]. 广州：广东高等教育出版社，1987.
林水檺，何启良. 马来西亚华人史新编：第一册 [M]. 马来西亚中华大会堂总会，1998.
林水檺，骆静山. 马来西亚华人史 [M]. 马来西亚留台校友会联合总会，1984.
刘文正，王永光. 二十一世纪的东南亚华人社会：人口趋势、政治地位与经济实力 [C] //丘进，张禹东，骆克任. 华侨华人研究报告：2013. 北京：社会科学文献出版社，2014：35-60.
邵岑. 马来西亚华人人口变动历程、现状与趋势分析 [C] //贾益民，张禹东，庄国土. 华侨华人研究报告：2018. 北京：社会科学文献出版社，2018：277.
施坚雅. 泰国华人社会：历史的分析 [M]. 许华，等译. 厦门：厦门大学出版社，2010.
施雪琴. 菲律宾华人移民政策与人口的变化：从十七世纪初至二十世纪九十年代 [J]. 南洋问题研究，1996（3）：48.
徐善福，林明华. 越南华侨史 [M]. 广州：广东高等教育出版社，2011.
朱东芹. 菲律宾华侨华人新移民：历史、现状与前景 [C] //贾益民. 华侨华人研究报告（2016）. 北京：社会科学文献出版社，2016：228-258.
庄国土. 世界华侨华人数量和分布的历史变化 [J]. 世界历史，2011（5）：4-14，157.

（谢林轩，蔡晓梅）

第十七章　环南海区域的华商网络

历史上，东南亚地区的华人华侨为了在迁入地获得最大限度的生存空间与良好的发展环境，常常采取团结的策略，形成以血（亲）缘、地缘、业缘、神缘、物缘等"五缘"文化关系为基础的各类民间单位、组织或团体，在生产生活的互动过程中构建起联系紧密的华人华侨网络。其中，以华商为主所构建的华商网络被认为是海外华人华侨得以成功立足当地的独特优势与重要手段，因而备受关注。华商无疑是海外华人华侨社会中的极为关键的组成部分。

一、东南亚地区的华商及华商网络

华商，通常来说指的是华裔商人的总称。2007 年，中国新闻社《世界华商发展报告》课题组曾尝试给出更为详细的定义，认为华商"一般指具有中国国籍或华裔血统、活跃在世界经济舞台上的商人群体，其中包括港澳商人、台湾商人以及遍布世界各地的华侨华人中从事商业活动者。他们被统称为'世界华商'。从中国大陆走出去，正活跃在国际经济舞台上的中国大陆商人，也在此研究之列"[①]。很明显，这段描述中"华商"一词所涵盖的群体范围多元而复杂，涉及的区域也较为广泛。为了便于研究，如无特殊说明，本章对"华商"的基本定义将以此为准。此外，因本章主要讨论环南海区域内的华人华侨网络，因此行文将以东南亚地区（除缅甸、老挝外）的华商为主要研究对象。

东南亚地区华人华侨移民史的绝大部分篇幅，几乎都依托于当地华商的发展史与血泪史。因受制于迁入地的政治、经济、文化、族群、资源等多种原因，历史上大部分的华人华侨在迁入地的生计方式，主要涉及农业生产、苦力劳工和贸易经商等三个方面。其中，通过商业扎根当地并取得更长久发展的华人华侨较多，这也是为什么当下东南亚地区聚集了数量最为庞大的海外华商的历史原因之一。如今，在保守估计占据全球华人华侨人口总数 70% 以上的东南亚地区，华商在泰国、新加坡、菲律宾、马来西亚、印度尼西亚等国的经济领域内都发挥着不可小觑的作用，拥有着非常重要的经济地位。有研究指出，上述几个国家的华商资本早已占据其所在国总资本的 1/3；当前，东盟的华商资本总量高达 1.35 万亿美元。根据福布斯 2020 年全球亿万富豪榜的数据，在全球排名前 500 名的富豪中，东南亚地区的上榜富豪共有 20 位，其中印度尼西亚、泰国、新加坡和马来西亚的华商占了 14 个位置，并且还囊括了该区域内富豪榜排名前十的席位，资产总额达到 1119 亿美元（表 17.1），可见华商在东南亚地区强大的经济实力。

---

① 中国新闻社《世界华商发展报告》课题组：《2007 年世界华商发展报告》，http://www.mofcom.gov.cn/article/resume/n/200802/20080205366281.shtml。

表 17.1　2020 年东南亚地区华人华侨十大富豪榜

东南亚地区排名	中文名	资产/亿美元	国籍	行业	全球排名
1	黄惠忠	136	印度尼西亚	银行业、烟草	80
2	谢国民	135	泰国	多元化经营	81
3	黄惠祥	130	印度尼西亚	银行业、烟草	86
4	李西廷	116	新加坡	医疗器械	108
5	张勇	110	新加坡	餐饮	118
6	黄志祥、黄志达	109	新加坡	房地产	123
7	吴清亮	104	新加坡	漆料	129
8	郭鹤年	96	马来西亚	棕榈油、航运	141
9	郭令灿	92	马来西亚	银行业、房地产	147
10	苏旭明	91	泰国	酒精，房地产	150

资料来源：2020 年福布斯全球亿万富豪榜，https://www.forbeschina.com/lists/1733。

华商在环南海区域所取得的经济成就，既有历史积累的原因，同时更是华商自身努力的结果。有研究在讨论东亚与东南亚地区经济发展的原因时提到，应当重视区域内华商所保有的儒家传统价值观念对华人社会的影响，并以此暗示华商儒家传统与区域经济发展之间的联系。相关学者指出，东南亚地区的华商及其商业实践具有三个较为常见的特征，即家庭所有权、强韧的商业网络、商业组织和企业管理深受儒家传统的影响，而这三个特点同时也较好地揭示了海外华商在当地谋求存续的生存策略。简单来说，华人华侨以家庭为商业活动的基础单位，在物质资源上有利于集中整个家（族）的资本与人力；在管理运营上因"家长制""孝道""服从"等文化、观念的影响，更易于管控家庭经商人员的行为；同时，因为家（族）中较为明确的权力关系结构，因而能够较为迅速灵活地进行商业决策。这些都有利于提高华商家庭商业单位的竞争力。不过，学者们也注意到这种家庭商业模式存在较为明确的适用范畴，即对中小型单位的运行管理更具价值；如果企业追求多元化与扩张，将有可能在发展过程中面临缺少资本、人才、技术、资源以及管理瓶颈、管理权威等问题。

一般认为，对华商而言，强大的商业网络或称华商网络功不可没，被认为是海外华商在迁入国得以生存发展的重要手段，同时也被视作华商在经济层面能够获得巨大成功的关键性因素之一。华商网络，通常指的是华商因市场、商品、活动地域、共同利益关系而形成的相对稳定的联系网络，有学者认为其本质上是一种社会关系网络，是由于中国人不断移民国外而形成的关系网络，随着华人华侨之间的经济联系的增强而逐渐产生和发展；华商网络可以看作华商彼此间协作与联系的网络，是在市场自发秩序基础上形成的内生与外生各要素相互作用下的产物。张禹东对华商网络的内涵做出总结：华商网络，是一种以海外华人商人群体为特定主体，以家族、族群、地区、行业、社团等为社会基础，以五缘关系为联结纽带，以共同利益尤其是共同经济利益为核心的关系网。它是一种以经济性网络为主的综合性网络，实质上是一种基于共同利益的泛商业网络。可见，华商网络是个复杂的综合体，同时具有一定的流动性和相对的稳定性，既是不断构建的动态过程，又是相对稳定的社会关系结构。海外华商网络由海外华商的社会网络与经济网络结合而成，其核心是经济网络，社会网络有助于促进经济网络的形成与发展。

有学者认为海外华商的商业网络是通过"关系"与"信用"建立起来的。简单来说，"关系"提供了人际交往的路径、模式以及需要遵守的规则，"信用"则起到巩固"关系"从而增强人际交往与彼此联系的作用。这意味着如果在华商网络中保持关系并保证信用，将很大程度上获得商业合作的良性循环。根据费孝通提出的"差序格局"理论来理解华商网络，可以清晰地注意到关系与信用先作用于个人之间的交往，再以此为基础向外推广，转变为家族与家族、集团与集团之间联系的建立，从而以点、线、面逐级、逐步带动推广的形式拓展形成庞大的华商网络。在网络建立的过程中，资本、信息及人员的彼此交流，将使得华商的经营策略与实践获得更多的选择性与灵活性，从而在成本控制、风险评估、营收计算等方面得到更为积极的结果。美国学者约翰·奈斯比特曾形容华商网络是"隐形、复杂和微妙的"。然而，对于受到传统儒家文化影响的华商而言，华商网络其实并不神秘难见，因为传统儒家文化中包含着对人际关系和交往准则的教育与约束，这种文化规训使得华商得以遵从相似的标准维持网络并达成合作。从这个角度看，实际上华商大都能够从容地面对与构建华商网络，因为这是华商日常生活的一部分，对华商而言既是孕于生活的生产，又是育于生产的生活。

二、东南亚各国的华商网络

东南亚各国间的华人华侨社会存在差异，这种差异在华商层面从资本规模、商业形式、从业人数、生产技术等各种角度来看显得更加明显。环南海区域各个国家由于政治、经济、文化、历史、地理等因素的影响，在社会制度、发展程度、人文风俗、地理环境等层面各有特点，在各国宏观背景存在差异的情况之下，不同国家的华商为应对与适应其所在国的特殊时空环境，也产生了差异和特点。

（一）印度尼西亚

印度尼西亚是东南亚地区华人华侨人口数最多的国家，目前已经超过 1000 万；由于印度尼西亚整个国家的人口较多，因此华人华侨数量在印度尼西亚全国人口中的占比相比其他东南亚国家而言并没有排在前列，而是以 4.03% 排在倒数第三位。华人华侨迁居印度尼西亚的历史非常久远，有学者认为可以追溯至汉代，不过一般认为古代有确切记录中国人迁居印度尼西亚地区岛屿的史料见于唐朝；明朝时郑和下西洋的壮举，被认为带动了华侨向东南亚迁移的局面。19 世纪中后期欧洲在东南亚地区的殖民统治，客观上又吸引了大量中国劳工前往东南亚各国，增加了该区域内的华侨人口，并在漫长的历史进程中逐渐形成所谓的"南洋华人"群体。其中，留居印度尼西亚的华人华侨通过与当地的本土族群通婚，在人口繁衍的层面打破了生存限制，发展至今，造就了东南亚地区华人华侨人数最多的地方华人社会。

在与当地族群漫长的融合过程中，印度尼西亚华人华侨已经深入到印度尼西亚的各个行业，并且在经济上具有重要地位。耳熟能详的印度尼西亚华商集团如三林集团、金光集团、盐仓集团、力宝集团、国信集团等，都是规模巨大、资本雄厚的企业，主要涉及石化、烟草、棕榈油、房地产等多种行业。根据福布斯发布的2019年印度尼西亚前50位富豪榜，上榜的华商共29位，超过了榜单席位的50%；资产总额达到了1035.6亿美元，约占前50位富豪总资产的77.86%；并且华商资本在前10位的位置中占到了7位，首富黄氏兄弟的资产更是遥遥领先。可见华人在印度尼西亚的经济领域的确扮演着重要的角色。

福布斯排行榜上的华商资本实力强劲，并且有研究指出，曾有观点认为占印度尼西亚全国人口比例并不高的华人华侨群体，其华商几乎掌控了整个国家的经济命脉，控制数额从全国财富的50%到80%不等，甚至一说华人经济占到印度尼西亚总产业的90%。然而，这个观点近来被我国学者所批判，认为应该斟酌考虑这类信息传播源头的真实目的，因为很有可能是夸大其词，借故挑起当地仇视华人的情绪。庄国土通过研究认为，印度尼西亚华商中虽然存在大型企业，但是绝大多数华商仍以中小型企业为主，并且华商富豪们的资本实力再强大，仍然不可能超过当地国家资本的实力。

相较于东南亚地区其他国家而言，印度尼西亚华人华侨的境况有所不同。因为他们既不像新加坡华人能够在政治上完全占据主导地位，为华人华侨创造较为优越的发展环境，又不像马来西亚华人形成了相对独立成熟的华人华侨社会体系，为大马华人的自主生存提供一定保障。印度尼西亚与泰国有一点相似，华人华侨都是通过与本地人通婚的方式达到融入当地社会的目的；但是，印度尼西亚并没有泰国那样相对宽松的环境，相反的是印度尼西亚对待华人华侨不仅严苛，还存在着较为长久的体制性、系统性的歧视与排斥华人的历史传统。一直到2006年，印度尼西亚国会才通过新的《国籍法》，取消了部分带有种族歧视和性别歧视的内容；2008年才通过《消除种族歧视法》；2014年才废除苏哈托时代对中国及华人的歧视侮辱性称呼。不得不说，印度尼西亚改革开放后的一系列社会民主化进程，对华人华侨的生存发展而言是有利的。历史上，鉴于印度尼西亚不同时期的殖民历史以及印度尼西亚独立后政府采取的排华政策的深远影响，当地华人华侨的生存环境堪忧，华人华侨选择建立各类社团以达到团结互助的目的，旨在帮助华人华侨共渡难关。囿于印度尼西亚政治环境的印度尼西亚华人华侨社团，在建设发展过程中几经沉浮，终于在近代得益于印度尼西亚不断推进的社会民主进程改革，而获得了发展的新时机（表17.2）。

表17.2　印度尼西亚华人华侨社团发展简况

时　　期	印度尼西亚华人华侨社团情况
自荷兰统治印度尼西亚时期至20世纪30年代	①1729年，福建人于巴达维亚建立第一个印度尼西亚华人华侨社团"养济院"，旨在帮助华人救急解困，办理丧事，救济华人弱势群体 ②印度尼西亚华社数量较少，主要以地缘、血缘、业缘为基础建立起来，截至20世纪30年代，华人华侨社团数量仅138个

续表 17.2

时　期	印度尼西亚华人华侨社团情况
1942—1945 年日本殖民侵略时期	③仅剩下华侨总会与华侨协会等受到日本扶持的相关社团仍可活动，其余华人华侨社团组织全都被取缔
1945 年印度尼西亚独立后至 20 世纪 60 年代初期	④印度尼西亚政府出台各种政策限制华人发展，但相对于之前的时期，华人华侨社团组织情况得到改观，数目达到 3000 个，社团类型有所增多，包含地缘、血缘、业缘、学缘、神缘等性质的组织 ⑤这一时期印度尼西亚华社根据其倾向于与中国北京还是中国台湾交好而分为"红""蓝"两派
1965 年至今	⑥1965 年 "9·30" 事件使得印度尼西亚华人社会遭受重创，华人华侨社团的活动几乎被全面禁止与取缔，仅余极少数同乡会、基金会、宗教和慈善组织有限活动 ⑦1998 年的 "五月骚乱" 结束了印度尼西亚华人华侨社团的衰败境况，至今，新成立华人社团近 700 个；目前约 1000 多个华人社团在活动

资料来源：根据郑一省《当代印度尼西亚华人社团与中国的软实力建设》（《东南亚南亚研究》2012 年第 3 期）整理而成。

就重要程度而言，印华百家姓协会、印度尼西亚华裔总会以及印度尼西亚中华总商会是目前印度尼西亚比较具有代表性的三个华人华侨社团，同时对印度尼西亚华商的社会网络构建产生着重要影响。印华百家姓协会 1998 年 8 月 28 日成立于雅加达，4 年内从仅有的雅加达总会，逐渐发展成为遍布全国 17 个省份、含有 48 个分会的大型华人民间团体，2010 年再度扩大到在 29 个省份 118 个县市建立分会及代表处，可见其规模之大、发展速度之快，这同时也直接反映出印度尼西亚华人华侨社会建立自身社会关系网络的强烈需求。印度尼西亚华裔总会成立于 1999 年 4 月 10 日，发展到 2010 年时已经在 12 个省份建有 49 个地方理事会，截至 2019 年 4 月时，该会在全国已经有 88 家分会，其组织规模以及对当地华人华侨社会的影响都在不断扩大。印度尼西亚中华总商会于 2001 年在雅加达成立，由陈大江倡议发起创建，是由印度尼西亚华商组成的非营利性独立民间组织，目前已经有 5 家分会，分布于东爪哇省、西爪哇省、中爪哇省、巴厘岛（包含西努沙登加拉省、东努沙登加拉省）和东加里曼丹省，总部设在雅加达。作为由印度尼西亚华商组成的华人团体，印度尼西亚中华总商会在构建印度尼西亚华商网络上发挥着重要作用。2015 年，由印度尼西亚中华总商会在雅加达主办了第十三届"世界华商大会"，来自全球 20 多个国家和地区的 3000 多名代表参加了这次华商大会，为促进全球的华商经贸合作、建立华商网络搭建了平台，同时也向全球华商展现了印度尼西亚华商的资本实力与组织能力。

（二）马来西亚

据统计，东南亚各国之中，马来西亚是华人华侨人口总数以及华人华侨数量占本国人口比例均排在第二的国家，740 多万的华人华侨人口占到全国人口的 23%，是马来西亚的第二大族群，主要分布在西马来西亚及城市地区。马来西亚华人华侨内部以福建籍为主，其次为广府人和客家人，以及潮汕人、海南人等。华人华侨在马来西亚以经商为主，数量庞大的马来西亚华商涉及杂货、餐饮、贸易、农矿、机械、建筑、饮食、旅游等各个领域。有资料显示，马来西亚华人华侨经营着11万多家杂货业、餐饮业和贸易业等商业单位，1万多家机械、建筑和食品制造等工业单位和500多家农业企业。因此，资产雄厚的马来西亚华商在其国内的商业优势不言而喻，经济地位非常重要。例如，为人所熟知的百盛百货、环球百货等企业是马来西亚华商经营成功的典范。

2019年福布斯马来西亚前50位富豪排行榜中，华商占据了33个席位，超过了排行榜席位总数的70%，华商富豪的资产总额达到705亿美元。并且，在该榜单中的前10位富豪中只有1位不是华商。可见马来西亚华商资本实力之强劲。被称为"亚洲糖王""酒店大王"的马来西亚华商首富郭鹤年及其郭氏家族更是一直位居前列，据称控制着200家以上的企业，其打造的商业帝国在全球经济中具有相当的影响力。

马来西亚的华人属于族群文化和传统习俗都保持得相对较好的群体，给外界形成了富有标志性的"大马华人"社会的印象，成为东南亚华人华侨研究中的典型案例之一。有研究认为华人社团、华人学校和华文报纸是马来西亚华人社会的三大支柱。分布于马来西亚各地的华人社团，被视为当地华人社会的领导机构，发挥着民意代表的作用，所以具有相当的政治性。华人学校则是马来西亚华人华侨传承中华文化，维持华语教育，培育华人华侨人才以及构建族群认同的重要保证。华文报纸具有反映华人社会的状况、宣传华人社会的民意、表达华人群体的观点等功能，以中文的形式为马来西亚华人社会的信息流通提供保障与平台。上述三大支柱之中，华人社团对构建马来西亚华人社会网络起到非常重要且直接的作用。根据相关资料显示，马来西亚共有各种因地缘、血缘、业缘、学缘、教育、联谊等原因组成的7000多个华人社团，其中占绝大多数的为地缘社团与血缘社团；更有资料称马来西亚华人华侨社团数量已经到达9000个，其中6000多个处在活跃状态。

对马来西亚华商而言，马来西亚中华总商会是最为重要的华人社团组织之一。马来西亚中华总商会是唯一在马来西亚国内最早拥有完整区域代表性的工商会，成立于1921年7月2日。商会共有17个基本商会会员，分布在13个州及联邦直辖区，其中15个分布在西马来西亚，2个分布在东马来西亚。目前，商会中的直接会员和间接会员总数超过10万名，代表马来西亚华人公司、商家及各行业团体。可见，马来西亚中华总商会的商会会员，通过形成以华人商会团体为节点的商会网络，再通过商会团体与其会员企业之间的联系，形成华商网络，并使得马来西亚的华商网络带有逐级连接的特点。

（三）泰国

泰国的华人华侨人口总数为718万，约占泰国总人口的10.79%，在东南亚各国中排名第三。华人是泰国的第二大族群，其中以较早迁入泰国的潮州籍华人华侨占大多数，主要分布于曼谷、清迈等大城市当中；闽籍华人华侨则多分布在泰南地区；广府人、海南人、客家人、云南籍等华人华侨集中于泰北地区。此外，近现代以陆路方式自中国迁居泰国的所谓新移民同样多集中于泰北地区。可见，泰国华人华侨社会的整体构成比较复杂，既有时间层面的新、老华人华侨移民之分，又有空间层面的南、北以及城市、山区等地理区别之分，体现出泰国华人华侨社会内部结构以及人口分布具有时空差异的特点。

很早便已有中国人迁入泰国谋生，他们与当地泰族群体相互通婚，因而融入泰国本土社会的程度非常之深。在如今泰国的各行各业都能见到华人华侨的身影，即便在泰国王室贵族成员当中也有华裔血统人士的存在。与新加坡华族占据全国总人口的巨大比例或马来西亚华人社会"自成一体"不同，泰国的华人华侨既没有庞大的人口基数来实现对国家政权的绝对掌控，也没有形成一个成熟完整、能够自给自足的华人华侨社会体系，而是采取主动融入泰国社会并认同成为"泰人"的方式，在泰国获得了社会地位以及发展机会。此外，一般还认为因为泰国信仰佛教的关系，因此社会氛围较为宽容，这也有助于华人华侨融入当地社会。

泰国华商是泰国华人华侨社会中最为重要的群体。华商资本几乎涵盖了泰国所有关键的经济领域，掌控着整个国家的经济根基。有资料显示，华商在大米、糖、食品、纺织、零组件等行业占据着传统优势，在饮料、房地产、银行、投资等行业同样具有强劲的实力。据相关研究，华裔控制着泰国60%的大型商业机构和银行企业，泰国国民经济的60%由华人经济组成，该部分约占泰国私营经济的80%。

根据2020年福布斯泰国前50位富豪榜，可窥见泰国华商富豪的雄厚实力。虽然榜上仅有12名华商（未计入他信·西那瓦），但是其资产总额达到776.35亿美元，并且华商占据富豪榜前四的位置，仅这四位的资产总额就高达675亿美元，而榜上其他非华商富豪的资产总额仅546.75亿美元。这意味着排行榜上占据24%席位的泰国华商富豪，资产总额占到前50位富豪资产总额的58.7%。以排行榜首位的谢氏兄弟为例，其家族企业正大国际集团已有百年历史，主要以农牧食品、商业零售和电信电视为核心业务，同时在金融、地产、制药、机械加工等10多个行业和领域都有涉足，业务遍及全球100多个国家和地区，员工约35万人，2019年全球销售额约为680亿美元。

前文提到泰国华人华侨具有时空分布差异的特点。有研究证明，泰国华商因不同方言群体的具体地理分布不同，华商资本及其发展也具有一定的地理分布特点。例如，正大集团、红牛饮料、盘古银行、大城银行等为人熟知的泰国华商企业的总部主要分布在泰国的大中型城市；泰东北地区从事汽车销售代理与零售业的华商逐渐形成了相应的华商集团；泰北地区华商以旅游业为主，并且逐步向房地产、物流以及金融业扩展，形成各类企业集团；泰南地区华商则在棕榈油、房地产、工业以及地区垄断性的零售业和运输业方面形成了各种企业集团。在组织联系泰国华商层面上，泰国中华总商会则发挥着不容忽视的作用。

泰国中华总商会成立于1910年，商会的宗旨是致力于支持和促进泰国的国际贸易，为华商（尤其是中小型企业家）提供便利，促进中泰友好关系。作为世界华商大会的三大召集者之一，泰国中华总商会与新加坡中华总商会、香港中华总商会一样，在全球华商网络的构建中具有十分重要的影响。根据泰国中华总商会网站刊载的会员名单统计，目前其会员单位有359名，遍及建筑、材料和建筑设备，运输、物流、仓储，会计、税务，工程机械、工程设备、工具，电器、亮化工程设备、电子产品等30多个行业。这体现出泰国中华总商会在为华商企业建立多样化商企联系网络层面，发挥着重要作用。

对泰国华商而言，在构建华商网络的过程中，除了重视与商业直接相关的华人华侨组织外，其他分布广泛、数量众多的华人华侨相关团体，包括族缘或地缘关系网络、婚姻关系网络、侨团关系网络等，也对华商网络的形成与拓展有着重要的作用和影响。其中，族缘关系网络是以血缘或地缘为基础，通过"亲带亲"方式赴泰经商谋生而建立起的华人华侨关系网络；婚姻关系网络关注的是中泰联姻及华侨间联姻构建的社会关系网络；侨团关系主要强调华人华侨数量增加后，"互利互换"需求增长所带来的社会关系网络的形成。据有关资料统计，目前在泰国有侨团1300多个，宗亲会60多个，形成了庞大的华人社团网络。最具代表性的同乡会华人华侨社团组织有泰国潮州会馆、泰国客属会馆、泰国广肇会馆、泰国海南会馆、泰国福建会馆、泰国云南会馆、泰国广西会馆、泰国台湾会馆、泰国四川会馆、泰国浙江会馆等。

宗亲会方面，1970年成立了由14个姓氏组成的泰华各姓宗亲总会联谊会；2005年改名为泰华各姓宗亲总会联合会，并已经有62个姓氏成员；截至2008年发展到64个姓氏。这反映出泰国华人华侨宗亲团体互相联系、建立网络的需求与现实运作。泰华各姓宗亲总会联合会积极联系国内外的华人华侨各宗亲团体进行互访，自2006年8月至2008年12月，对国内外各宗亲会进行出访多次，并于2007年5月19日—20日举办"东南亚各姓氏座谈会"，邀请到马来西亚槟州各姓氏宗祠联委会、柬埔寨柬华理事总会、新加坡舜裔宗亲联谊会、菲律宾各宗亲会联合会、新加坡南洋罗氏公会、老挝百细中华理事会、越南江夏堂黄氏宗祠、印度尼西亚赖氏联谊会、印度尼西亚罗氏宗亲会、印度尼西亚罗氏宗祠互助社等代表团共120多人参加，对加强国内外华人华侨彼此联系，稳固以宗亲会团体形成的华人华侨社会网络起到积极的作用。

（四）新加坡

新加坡的华人华侨总数是433.2万，占该国总人口数的75%以上，是东南亚各国华人华侨人口占比最高的国家。新加坡华人华侨以福建籍为主，其次为潮州人，另外也包含广府人、客家人、海南人、上海人等其他祖籍的华人群体。新加坡的华商实力不容小觑，资本雄厚的华商家族几乎控制着整个新加坡的经济命脉，如为人熟知的华侨银行、大华银行、华联银行等都是华商企业。此外，新加坡还是东南亚地区唯一的华族在政治上占据优势地位的国家。相较于其他国家的华人而言，新加坡华人通常被认为是海外诸国中发展程度最好的群体。

新加坡华商及其企业在世界上负有盛名，实力雄厚且所涉猎的商业领域广泛而全面。根据福布斯所公布的2020年全球亿万富豪榜，在东南亚地区的前10名上榜华商中，仅新加坡国籍的就占据4个名额，资产总额达到439亿美元，经营范围涉及医疗器械、餐饮、房地产、漆料等领域。此外，在新加坡排名前50位的亿万富豪中，华商（家族）占据富豪榜80%的席位，资产总额高达1397.15亿美元，占前50位亿万富豪资产总额的83.57%。

值得注意一点，即福布斯榜单中出现了并非原生于新加坡的华商，这类华商在其经商获得成功之后才移民入籍新加坡。例如榜单上的首富——为中国人所熟知的品牌"海底捞"餐饮集团的创始人张勇、舒萍夫妇在被公众得知已入籍新加坡时，引发了部分网络媒体的热议。从移民入籍时间的长短来看，这类华商富豪被视作海外诸国华人华侨社会中的"新移民"。这种案例，一方面展现出新加坡华人华侨社会内部构成出现的新情况；另一方面体现出华商资本发展到一定阶段后，所呈现出的流动倾向以及华商网络并非囿于某国，而是具有跨国性的特点。

新加坡华商的成功除了其自身努力外，还得益于当地极为特殊的地理位置、高度的国际化水平、多元开放的社会形态、稳定的政商环境以及优秀的教育质量等宏观背景因素的影响，但是，更为重要的是新加坡华商很早便已建立成熟的华商网络，这对新加坡华商存续发展的过程起到极为关键的作用。

成立于1906年的新加坡中华总商会，是新加坡华商具有成熟华商网络机制的标志与见证。新加坡中华总商会由清政府委派的考察商务大臣张弼士，在1905年新加坡旧同济医院宴会上发起倡议成立，受到当时参会侨领的支持并迅速于1906年2月22日正式建立，称"新加坡中华商务总会"，当时有600多人签名入会。① 1917年改名为"新加坡中华总商会"。发展至今，新加坡中华总商会已经成为新加坡第一大华人商业团体，是新加坡华商的最高领导机构。会内形成了相对完备的组织体系并下辖有公司、学院、基金会、纪念馆、信托局等附属机构，创办《华商》杂志作为信息分享沟通的渠道，倡议发起组织"世界华商大会"以联系全球各国华商，建立商业网络。新加坡中华总商会目前已有超过160个商业团体会员和5000多名商号会员，网络涵盖超过4万家来自各行各业的跨国公司、政联机构、大型金融与商业组织和中小型企业。②

1991年，新加坡中华总商会发起组织首届世界华商大会，截至2020年已经举办了15届，参加会议的代表人数从最初的800余名增长到目前比较稳定的2000~3000名，历届大会的平均参会代表人数超过2750名，最多的时候达到5700多名；历届会议涉及的参会国家和地区平均数为34个，最多的时候达到70多个（表17.3）。由此可见世界华商大会的规模及其影响力之大。通过统计数据可知，世界华商大会在29年间一直保持着稳定的扩大趋势，世界各国的华商通过此平台构建起庞大的华商跨国网络，这无疑得益于新加坡中华总商会的倡议与组织。

表17.3 历届世界华商大会组织情况

届次	年份	举办地（国家·城市·主办单位）	大会主题	参会代表数据
1	1991	新加坡·新加坡·新加坡中华总商会	环球网络	国家、地区：30个 城市：75个 代表：800多名
2	1993	中国·香港·香港中华总商会	华商遍四海，五洲创繁荣	国家、地区：22个 城市：84个 代表数：1000多名
3	1995	泰国·曼谷·泰国中华总商会	加强世界华商联系，共谋经济发展繁荣	国家：23个 代表团：55个 代表数：1500名

---

① 参见新加坡中华总商会官方网站简介（https://www.sccci.org.sg/passing-the-torch-sccci-history）。
② 参见新加坡中华总商会官方网站简介（https://www.sccci.org.sg/about-sccci）。

续表17.3

届次	年份	举办地（国家·城市·主办单位）	大会主题	参会代表数据
4	1997	加拿大·温哥华·加拿大中华总商会	电子通信与资讯科技对环球市场的影响	国家、地区：20多个 代表团：48个 代表数：1300名
5	1999	澳大利亚·墨尔本·维多利亚中华总商会	新千年的挑战——从华商到全球商业	国家、地区：20多个 代表数：800多名
6	2001	中国·南京·南京市政府	华商携手新世纪，和平发展共繁荣	国家、地区：70多个 代表数：5000名
7	2003	马来西亚·吉隆坡·马来西亚中华工商联合会	寰宇华商一心一德，全球企业共存共荣	国家、地区：21个 商团：100多个 代表数：3300多名
8	2005	韩国·首尔·韩国中华总商会	与华商共成长，与世界共繁荣	国家、地区：32个 代表数：3569名
9	2007	日本·神户·日本中华总商会	和合共赢，惠及世界	国家、地区：33个 代表数：3600多名
10	2009	菲律宾·马尼拉·印度尼西亚中华总商会	加强华商联系，促进世界繁荣	国家、地区：20多个 代表数：3000多名
11	2011	新加坡·新加坡·新加坡中华总商会	新格局，新华商，新动力	国家、地区：34个 城市：125个 代表数：4600多名
12	2013	中国·成都·中国侨商投资企业协会	中国发展、华商机遇	国家、地区：105个 代表数：5700多名
13	2015	印度尼西亚·巴厘岛·印度尼西亚中华总商会	融聚华商·共赢在印度尼西亚	国家、地区：20多个 代表数：3000多名
14	2017	缅甸·仰光·缅甸华商总会	缅甸经济大开放，开创历史新纪元	国家、地区：20多个 代表数：2000多名
15	2019	英国·伦敦·英国中华总商会	世界新格局，华商新机遇	国家、地区：60多个 代表数：2500多名

资料来源：世界华商网络网站、世界华商网网站、南京市侨商会网站、中国政府网、中国新闻网、《世界华商大会初探》等相关资料。不同资料来源数据略有误差，但总体一致。

（五）菲律宾

目前，菲律宾有162万华人华侨，在东南亚各国中排名第六；但是华人华侨只占菲律宾总人口的1.48%左右，在东南亚各国中排名倒数第二。菲律宾华人华侨以闽南籍为主，比例高达85%~90%，剩下的以广东人较多。菲律宾华人华侨大部分集中在大马尼拉地区，其余散居于维萨亚斯群岛与棉兰老岛等处。菲律宾华人华侨在"二战"该国独立后曾受到过"菲化"法案的影响，但随着该国民主化进程的发展，以及当地华人华侨的团结努力和积极应对，该群体总体上融入菲律宾社会的程度较高，其营商环境也随着华人华侨加入菲籍大为改善。

菲律宾华人华侨多以经商为主，在经济上具有较强的实力，因而具有较高的经济地位。在菲律宾，人们熟悉的SM商城、罗宾森商场、罗宾森银行、纯金商场、菲律宾航空、联盟银行等都是由华商资本经营的大型企业。根据福布斯2020菲律宾富豪排行榜，在排名前50位的菲律宾富豪中，共有14位华商；其中排名前十的富豪中华商就占了7位，且首富施氏兄弟姐妹以139亿美元的资产总额远超第二名（89亿美元）。榜单中华商数目虽然只有14位，但是其资产总额高达329.6亿美元，占到前50位富豪资产总额的54.39%。可见菲律宾华商在该国经济领域的重要性。

虽然菲律宾华人华侨的人口数量不多，但是由于其在经济上占有一定优势，加之该国政治环境相对稳定宽松，社会整体上对待华人华侨比较友好，这都为菲律宾华人参与国内政治提供了较好的宏观背景。有研究指出，菲律宾华人政治参与的自立性强，参加各类竞选几乎没有限制，并且还可以利用各种社会团体表达自身诉求、为华人社会助力，较少受到政治领导人或特殊利益集团的挟制。遗憾的是，华人华侨由于受到人数较少的限制，并未形成专门的政党，因此各类华人华侨社团变成了该群体发声表达诉求与沟通意见的重要平台。据称，目前菲律宾的华人华侨社团总数已经超过2000个，成为东南亚华人人均拥有社团数量最多的国家之一。遍布在菲律宾各地的华人华侨社团主要以血缘、地缘或业缘为基础建立起来，即多数为宗亲会、同乡会、会馆或同业会等类型的组织。随着时代的发展，有研究认为如今的菲律宾华人华侨社团展现出多元化、商会化、国际化的趋势，而这对于在菲华商构建多样化、国际化的华商社会网络具有积极意义。

在众多菲律宾华人华侨社团之中，具有代表性的有菲华商联总会、菲华联谊总会、菲律宾中华总商会等华人商业团体。其中最具影响力的是菲华商联总会，被认为是当地华人民间组织的最高领导机构，是主流社会公认的华人代表组织以及人力、财力最集中的社团。

菲华商联总会成立于1954年3月29日，该会的宗旨是"协调菲华社会各工、商、贸易及金融界的活动，维持彼此间的和谐关系，仲裁与调解会员间的纠纷或歧见，促进彼此间的合作，同时支持政府的经济发展，以增进国家繁荣"。目前，菲华商联总会在全国各地有170多个团体会员，形成一个庞大的菲律宾华人华侨商业社团网络，成为菲华社会最具代表性的商业团体。经过多年的发展，菲华商联总会已经形成了成熟的组织制度以及运行机制，包括负责决策的董事会、负责监督的理事会以及负责协调处理各类工作和事务的14个委员会：外交委员会、工商委员会、工业关系（劳工）委员会、税务委员会、财经委员会、福利委员会、调解委员会、农业委员会、组织委员会、文教委员会、青合委员会、新闻委员会、物业管理委员会、特别方案委员会等，可见其组织严密，分工明确。

在菲华商联总会的团体成员名单中，能看到几乎涵盖了全国各地的地区性华商商业总会，以及华商的某些具体行业的商业组织协会，此外，还包括全国性质的菲律宾某些具体行业协会。这意味着菲华商联总会构建的商业组织网络并非仅仅局限于华商群体，而是保持着较为开放的心态,能够与菲律宾全国的商业团体建立关系网络。这展现出了以菲华商联总会为首的菲律宾华商网络的本土化特点,同时也反映出菲律宾华商在当地较高的社会融入程度。

(六) 越南

越南的华人华侨数量占比在东南亚各国之中最低,仅为全国总人口的 0.78%。根据最新的统计数据,越南华人华侨的人口总数为 74.95 万人,主要集中在南部以及西南部地区的各个城市之中,在各级村镇或山区等地有零星分布。胡志明市是越南华人华侨聚居数量最多的城市,据称占到了华人华侨总数的 50% 以上。城市中的华人华侨以经商为主,因此华商群体的规模较大。值得注意的是,随着越南社会的发展以及第三、四代华人已经较好地融入了当地社会,有些华裔也从事诸如教师、导游、公司职员、工厂工人等职业,呈现出更多元的生计方式。不过从整体上来看,华商仍然是越南华人华侨群体中庞大且重要的组成部分。华商作为越南经济发展史上不可或缺的力量,在越南的境遇随着越南政府的政策以及社会的变迁起起伏伏,既有过辉煌的时期,也有过衰败的经历,当下处于一种稳定恢复、平静发展的状态。

相较于新加坡、马来西亚、泰国、印度尼西亚、菲律宾等国而言,越南华商的资本实力要弱得多。究其根本原因,在于历史上越南政府在革新开放之前,对华人华侨的私有财产和商业经济所采取的破坏性政策以及强制性、限制性措施,使得华商原本已经打下的经济基础和早期积累下的资本财富几乎完全丧失,失去了在越南培养华商富豪的条件,没有实力和机遇造就东南亚其他国家那种华商巨贾和商业帝国。根据福布斯 2020 年全球亿万富豪榜,在 1999 名上榜富豪中来自越南的富豪仅 4 位,除了潘日旺排名第 286 位、进入了全球前 500 强以外,其余的排名都在 1000 位之后,这意味着越南富商(包括越南华商)的整体实力在全球富豪中相对靠后。

越南华商的经济实力并不突出,但在历史上也曾通过各类民间社会组织建立起庞大的社会关系网络,为越南华人华侨社会做出贡献。胡志明市的前身是西贡,而华人聚居的区域被称为"堤岸"。17 世纪,迁居堤岸的福建华人华侨以信仰为基础,通过寺庙、祠堂的形式建立了山庄会、里州会、同乡会等民间组织,成为"福建帮"的前身;18 世纪,广东人在堤岸修建起妈祖庙即穗城会馆,以神庙作为地方性社团组织的具体存在以凝聚同乡,共谋发展。有学者通过研究指出,1787 年,当时越南阮朝治下的南方已经出现了华人华侨的"四帮",即广东帮、福建帮、潮州帮和海南帮;至 1814 年,随着华人华侨移民的增长,又演变为"七帮",即广东帮、厦门帮、潮州帮、海南帮、琼州帮、福州帮和客家帮,这些乡帮组织也正式获得当时的嘉隆皇帝承认,具备了合法性,并具有调解华人华侨矛盾纠纷,促进团结互助的社会功能。1885 年,法国殖民统治者通过有关国籍身份的规定将七帮规范为五帮,即形成广东帮、福建帮、潮州帮、海南帮和客家帮,此时的乡帮组织被赋予新的功能,形成了华人华侨的民间自治单位,具有收缴华商税款、管理人户迁移等功能。

20 世纪初,在堤岸的不同"帮"在生产经营上各有侧重。例如,人数最多的广东帮擅长各种家用铁器的制造、装饰品制造、机械维修、木工、制鞋、制衣和经营杂货业如水果、饮料等，另外还饲养鸡、鸭和鹌鹑等禽类，经营碾米厂等；潮州帮则多贩卖水果、蔬菜、茶叶、中药材和稻谷，经营海产品加工、榨糖，并有部分人从事劳工行业，如在各个港口当装卸工，在碾米厂、食品加工厂和纺织厂当工人等；福建帮则在金属材料、机器设备、废铁经营以及进出口贸易方面占据优势；客家帮主要经营中药、面包、皮革与织布等行业；海南帮着重发展餐饮服务行业。20世纪20年代初，越南南部华侨中的广东帮、潮州帮、福建帮和客家帮建立了"四帮联谊会"；1927年，该会更名为"越南华侨联合会"；1947年法国殖民统治者要求解散该组织；1948年中国国民政府与法国签署《重庆条约》，以"华侨爱国联合会"取代"越南华侨联合会"；1956年西贡政权宣布禁止"越南华侨联合会"组织活动；1960年吴庭艳政权宣布禁止华侨各帮会活动，但是实际上此时华人华侨的各个社团活动仍在正常进行，直到1975年才正式中止。

一般来说，越南南部地区华人华侨乡帮的发展史，很大程度上就是当地华人华侨融入越南社会的变迁史以及华商的发展史。因为这类民间自治组织需要投入大量的人力、物力、财力来保证其有效运行，除了强调地缘关系以建立起当时新老移民之间的亲切感和心理联系，同时还需要从物质层面切实地为同乡解决基本的生存保障如住所、食物和生计来源等，才能保证乡帮的权威性与实用性，否则就会沦为空壳。具有经济实力的华商便顺理成章地成为其中的关键，实际上，一般乡帮的领导人正是由当地财力雄厚且具有一定威望的华商来担任，这在当时也具有一定的必然性。如果说乡帮组织是历史上越南华商通过地缘关系建立起来的社会关系网络，对华商网络的建设具有重要意义，那么历史上一些直接由业缘关系建立起来的行会组织，就是华商网络的直接体现，如堤岸地区由越南华人华侨建立起来的银行公会、旅馆公会、稻米公会、餐馆公会等，以及具有代表性的堤岸中华总商会等。遗憾的是，这些组织都在1975年之后被取缔，禁止活动。虽然20世纪70年代越南发生的社会变革迫使许多华人华侨组织停摆，但在越南革新开放之后，部分保留有鲜明族群文化特点的华人华侨民间社团又逐步恢复活动，当中不乏对越南华商网络构建与延续起到重要作用以及影响的团体。其中，以位于胡志明市具有代表性的地方会馆最具代表性，如穗城会馆、义安会馆、崇正会馆、福建会馆、琼州会馆等，这些会馆如今主要以神庙的形式出现在公众面前，同时还兼有同乡会的功能，会在传统节庆以及神灵诞辰等时间节点举办相应的活动，达到展现族群文化、凝聚乡情的目的。目前，会馆的理事会成员通常由较为成功的当地华商担任，无形中为华商网络的建立提供了平台。此外，会馆还与当地大大小小的宗亲会保持着密切联系，是华人华侨社会关系网络中的重要节点。

（七）小结

华商是东南亚地区华人华侨社会最为重要的群体，各国华商都是支撑着本国华人华侨社会得以繁荣存续的重要力量。东南亚华商的资本实力不容小觑，都在或曾经在其所在国占据着重要的经济地位。但是，由于各国不同的国情，因此也导致不同国家的华商的经济实力存在着差别。其中，印度尼西亚、新加坡、马来西亚、泰国、菲律宾的华商资本实力强劲，出现了非常多享誉世界的华商企业以及资本财团；越南、柬埔寨、文莱等国家的华商经济实力与上述国家相比则相对较弱。东南亚各国的华人华侨在其生产生活的过程中，通过地缘、血缘、业缘、学缘、神缘等各种方式建立了大量复杂多元的华人华侨社团，通过这些社团，华商们得以彼此联系、生成关系并建立起庞杂广泛的华商网络。

参考文献

陈庆. 越南华侨社会组织及传统社团探讨［J］. 陈金云，黄汉宝，译. 八桂侨刊，2002（3）：35-38.

孔祥利. 民主化进程中东南亚国家的政治参与：以菲律宾、马来西亚和印度尼西亚为例［J］. 东南亚研究，2008（5）：78-84.

刘文正. 东南亚华商在中国-东盟贸易畅通中的行为和作用［C］//贾益民，张禹东，庄国土. 华侨华人研究报告：2017. 北京：社会科学文献出版社，2017：168-203.

奈斯比特. 亚洲大趋势［M］. 蔚文，译. 北京：外文出版社，1996.

世界华商发展报告课题组. 2007年世界华商发展报告［EB/OL］. http://www.mofcom.gov.cn/article/resume/n/200802/20080205366281.shtml.

吴东儒，李义斌，林春培. 泰国华商的社会关系网络与中资企业的泰国投资战略选择［C］//贾益民. 华侨华人研究报告：2016. 北京：社会科学文献出版社，2016：148-174.

吴立源. 东南亚华商财富分布及其经济实力分析［C］//贾益民. 华侨华人研究报告：2014. 北京：社会科学文献出版社，2014：97-128.

邢菁华，张洵君. "一带一路"与华商网络：一项经济地理分析［J］. 浙江学刊，2020（3）：224-225.

薛秀霞. 印尼华侨移民的历史考察［J］. 宁波大学学报，2001（3）：76.

颜清湟. 海外华人的社会变革与商业成长［M］. 厦门：厦门大学出版社，2005.

杨琴. 菲律宾华人社团和谐共生文化环境营造研究［J］. 广西民族大学学报（哲学社会科学版），2018（3）：104-108.

云俊杰. 1980年代以来泰国华商企业集团的发展及其政治参与研究［D］. 厦门：厦门大学，2018：184.

翟威甯，宋镇照，蔡博文. 华人家族企业在印尼经济转型背景下的发展战略调查［C］//贾益民，张禹东，庄国土. 华侨华人研究报告：2019. 北京：社会科学文献出版社，2019：157-181.

张禹东. 海外华商网络的构成与特征［J］. 社会科学，2006（3）：107.

郑一省. 当代印尼华人社团与中国的软实力建设［J］. 东南亚南亚研究，2012（3）：62-67，94.

朱东芹，胡越云，孙达. 多元视角下的海外华侨华人社会发展［M］. 北京：科学社会文献出版社，2018.

朱杰勤. 东南亚华侨史（外一种）［M］. 北京：中华书局，2008：10.

庄国土. 华侨华人与中国的关系［M］. 广州：广东高等教育出版社，2001.

庄国土. 21世纪前期海外华商经济实力评估［J］. 南洋问题研究，2020（3）：95-110.

庄仁杰. 马来西亚华人社团的政治参与调查［C］//贾益民，张禹东，庄国土. 华侨华人研究报告：2019. 北京：社会科学文献出版社，2019：262-283.

（谢林轩，蔡晓梅）

旅游编

第十八章 环南海区域旅游资源概述

自然界和人类社会中凡能对旅游者产生吸引力，可以为旅游业开发利用，并可产生经济效益、社会效益和环境效益的各种事物和因素，均称为旅游资源。旅游资源主要包括自然风景旅游资源和人文景观旅游资源，是旅游业发展的前提和基础。

环南海区域包括中国、菲律宾、印度尼西亚、马来西亚、文莱、越南、新加坡、柬埔寨和泰国。环南海区域国家和地区处在亚洲大陆南部的热带和亚热带区域，自然和人文旅游资源丰富。

一、自然风景旅游资源

环南海区域处在亚洲大陆南部的热带和亚热带区域，热带海洋性气候显著，春秋短，夏季长，冬无冰雪，四季温和，空气湿润，雨量充沛。环南海区域的自然风景旅游资源可大致分为海洋、海峡、海滩、火山、半岛和岛屿、山峰、河流、瀑布、热带雨林、植物、动物等大类（表 18.1）。

表 18.1 环南海区域自然景观旅游资源

资源	名称及地点
海洋	南海、安达曼海、爪哇海、萨武海、弗洛勒斯海、阿拉弗拉海、班达海、塞兰海、马鲁古海、西里伯斯海、苏禄海、米沙鄢海、保和海、卡莫特斯海、萨马海、锡布延海、菲律宾海（太平洋）
海峡	马六甲海峡（马来半岛与印度尼西亚的苏门答腊岛之间）、克拉地峡（泰国春蓬府和拉廊府境内）
海滩	泰国巴东海滩、菲律宾长滩岛、泰国克雷登、泰国查汶海滩、印度尼西亚金巴兰海滩、印度尼西亚库塔海滩、印度尼西亚沙努尔海滩、马来西亚珍南海滨、菲律宾博龙岸海滩
火山	坦博拉火山（印度尼西亚爪哇岛东边的松巴哇岛北部）、马荣火山（菲律宾吕宋岛东南部的活火山）、塔尔火山（马尼拉以南60公里）、阿贡火山（巴厘岛登巴萨市）、巴度火山（巴厘岛登巴萨市）、林贾尼火山（印度尼西亚龙目岛马塔兰市）、默拉皮火山（印度尼西亚爪哇岛日惹市）、布罗莫火山（印度尼西亚爪哇岛泗水市）、宜珍火山（印度尼西亚泗水市，外南梦市）、锡纳朋火山（印度尼西亚苏门答腊岛棉兰市）、葛林芝火山（印度尼西亚苏门答腊岛巴东市）、克里穆图火山（印度尼西亚 Flores 岛）、喀拉喀托火山（印度尼西亚巽他海峡）、双岭火山口（海南海口市琼山区）、雷虎岭火山口（海南海口市琼山区）、罗京盘火山口（海南海口市琼山区）
半岛和岛屿	中南半岛、爪哇岛、马来群岛、苏门答腊岛、加里曼丹岛、苏拉威西岛、新几内亚岛

续表 18.1

资源	名称及地点
山峰	开加博峰（缅甸）、查亚峰（印度尼西亚巴布亚省）、帕兰山（印度尼西亚）、普拉格峰（菲律宾）、Prau 山（印度尼西亚）、番西邦峰（越南）、金山（马来西亚）、姆鲁山（马来西亚沙捞越州姆鲁山国家公园）、大汉山（马来西亚）、京那巴鲁山（马来西亚）、海南五指山、鹦哥岭、东山岭、七仙岭、尖峰岭、吊罗山、霸王岭
河流	红河、湄公河、湄南河、伊洛瓦底江、萨尔温江、南渡江、昌化江、万泉河
瀑布	德天瀑布（广西崇左市大新县）、板约瀑布（越南高平省）、孔恩瀑布（老挝南部边境）、庞卡尔瀑布（越南林同省西南高原）、贝南科兰布瀑布（印度尼西亚）、贝南瑟托克瀑布（印度尼西亚）、府湄雅瀑布（泰北清迈）、彩虹瀑布（马来西亚彭亨林明）、卡瓦山瀑布（菲律宾宿务南部芭漠小镇）、太平山瀑布（海南五指山市）、百花岭瀑布（海南琼中县）、五指山瀑布（海南琼中县）
热带雨林	菲律宾群岛、马来半岛、中南半岛的东西两岸，以及我国的南部等地
植物	常见的热带科植物有：紫茉莉科、豆科、露兜科、夹竹桃科等，热带海岸常绿乔木有海岸桐、白避霜花、橙花破布木；热带海洋型常绿灌木有草海桐、银毛树、水芫花等，滨海沙生植被有苔蕾草、盐地鼠尾草、沟叶结缕草群落和粟米草科、厚藤、海刀豆群落，珊瑚岛沼湖植物有海马齿群落、羽状穗砖子苗、长叶雀稗群落；热带经济作物有橡胶、油棕、咖啡、香料等；人工栽培的椰子、槟榔、木麻黄、木棉、棕榈树、绿萝、铁树、橡皮树、鱼尾葵、波罗蜜、发财树、富贵竹、一品红、红掌、金钱树、香蕉、菠萝、木瓜、山竹、榴莲等
动物	丰富的鱼类资源；浮游动物，主要类群为桡足类和水母类；大型底栖生物，主要类群为软体动物、节肢动物和脊索动物。还有泰国白象、越南斑鳖、马来西亚马来貘、菲律宾眼镜猴、印度尼西亚科莫多巨蜥、长鼻猴、鹿豚、西里伯斯大头鸡、天堂鸟、树袋鼠、犀牛、巨蟒、鳄鱼等

资料来源：http://www.wanweibaike.com/wiki-%E6%B5%E6%B4%8B%E4%B8%9C%E5%8D%97%E4%BA%9A.

总体来说，环南海区域得天独厚的热带气候和区位孕育了丰富的且地域性明显的旅游资源，尤其对中高纬度区域的游客吸引力较高；但同时整体结构较为单一，区域内部差异性不高。

二、人文景观旅游资源

环南海区域现有 9 个国家，以黄色人种为主，包括属于汉藏语系、印地语系、南亚语系、南岛语系的众多民族。环南海区域是世界上人口最稠密的地区之一，并且人口分布不均匀，主要集中在沿海平原、大河两岸平原、河口三角洲地区，岛屿的雨林地带人口稀少。环南海区域是世界华人华侨分布最集中的地区之一。新加坡的华人占该国人口的70%；其次是马来西亚，华人占 25% 左右。

环南海区域的文化复杂多元，受世界四大文化体系——中国文化、印度文化、阿拉伯文化、西方文化影响深刻。几千年来，外界文化与本地文化碰撞、融合、发展，形成了环南海区域各地独特的文化特征。频繁的民族迁徙和各民族之间的文化交往，也促进了环南海区域文化的多样性和生活方式的多元性。环南海区域的文化呈现总体的不统一和局部的统一性。从地理和族群上分，大陆以佛教为主，海岛以马来人的伊斯兰教和天主教为主，不同国家文化差异大（表18.2）。

表 18.2 环南海区域文化特征

文化特征	国　　家
上座部佛教和泼水节文化	柬埔寨、泰国、中国
儒释道文化	越南、新加坡、中国
伊斯兰教文化	印度尼西亚、马来西亚、文莱
天主教文化	菲律宾

独特的热带地理环境和近海近水的区位特征造就了环南海区域独特的人文文化，形成了特有的人文旅游资源（表18.3）。

表 18.3 环南海区域人文旅游资源

资源	名称及地点
历史文化古迹	吴哥古迹（柬埔寨）、婆罗浮屠（印度尼西亚爪哇岛）、素可泰（泰国）、阿育塔亚（泰国）、普拉巴兰（印度尼西亚爪哇岛）、美森谷地（越南）、大城古城（泰国）、古城会安（越南）、马六甲古城（马来西亚）、顺化皇城（越南）、崖州古城（海南三亚）、升龙古皇城（越南）、维甘古城（菲律宾）
古建筑	杰米清真寺（文莱首都斯里巴加湾）、大王宫（泰国曼谷）、安子山华安寺（越南）、东坡书院（海南省儋州市）、万宁青云塔（海南省万宁市）、海瑞墓（海南省海口市）
民族风情	泰国95%的居民信仰佛教，佛教为国教，通行佛历。泰国人民的礼仪都沿用佛教的礼仪，绝对禁止接触女性或被女性触摸 伊斯兰教是马来西亚的国教，在傍晚的伊斯兰教徒祈祷时间内不要打扰他们。另外，用食指指人在马来西亚是一种不礼貌的行为，最好以拇指代替；触摸小孩子的头也是不礼貌的行为。马来人的见面礼十分独特。他们互相摩擦一下对方的手心，然后双掌合十，摸一下心窝互致问候。在马来西亚，对女士不可先伸手要求握手，不可随便用食指指人，这被认为是不礼貌的行为。马来人忌讳摸头，认为摸头是对人的一种侵犯和侮辱。除了教师和宗教人士之外，任何人不可随意触摸马来人的背部。如果背部被人触摸过，那将意味着厄运来临 印度尼西亚人大部分为伊斯兰教徒，巴厘岛人则多数信奉印度教，因此在印度教新年当天，全岛各项活动都停止，甚至取消部分国内班机。此外，印度尼西亚的少数民族认为照相机或闪光灯是摄人灵魂的器具，拍照前最好能先询问当地人 越南是一个重视独立与自主的国家，正致力于发展经济。虽然目前仍然物质较为匮乏，但人与人之间还是以同志般的平等地位对待，即便是饭店的服务生，也要以礼相待，切不可摆出鄙视的态度，引起当地人的不满 菲律宾上层社会的人，由于受西方社会的影响，盛行女士优先的风气。他们无论做什么事，一般都习惯对女士给予特殊的关照。但是在农村，由于女子多于男子，妇女的地位却很低下

续表 18.3

资源	名称及地点
民族节日	春节（中国及受汉文化影响的越南、新加坡、马来西亚、印度尼西亚等）、开斋节（印度尼西亚、马来西亚等受伊斯兰文化影响的国家）、守夏节（泰国最重要的佛教传统节日）、水灯节（泰国）、大象节（泰国）、泼水节（泰国、中国、柬埔寨等）、新加坡国庆日、圣诞节（新加坡、泰国、菲律宾等受西方文化影响的国家）
民族歌舞	中国海南：崖州民歌、儋州调声、海南八音器乐、琼中黎族民歌、黎族竹木器乐和海南斋醮科仪音乐，黎族打柴舞、临高人偶戏、文昌公仔戏、三江公仔戏，琼剧等 泰国：婚礼舞，农民舞，丰收舞，蜡烛舞，祝福舞等 马来西亚：萨宾舞、麦伊朗舞、朱吉舞、毕玲舞（即盘子舞）等

参考文献

古小松. 东南亚文化［M］. 北京：中国社会科学出版社，2015.

（李颉）

第十九章 环南海区域旅游网络的演进与发展

一、环南海区域旅游合作过程

(一) 环南海区域旅游开发的现状

在相关合作政策的支持下，中国与环南海区域的旅游合作逐渐深入。如在中马双方签订《旅游合作谅解备忘录》的基础上，2006年中马双边互通旅游人数已经达到113.5万人，并且中国成为马来西亚的重要海外游客来源国。根据越南政府发布的经济社会统计数据，2011年我国已经成为越南的最大海外客源国。2013年，有将近190万人次中国游客到达越南旅游，较上一年增长33.5%；同时，越南到中国旅游的游客也接近140万人次，较上一年增长20.07%。同年，印度尼西亚接待中国游客为80.74万人，较上一年增长17.6%。我国成为印度尼西亚的第四大海外客源国，而印度尼西亚到华游客也接近61万人次。

中国与环南海区域国家之间互通游客数量的持续增长，主要得益于各国政府对推动旅游业发展的鼎力支持。两方政府积极培养高质量旅游发展人才（如在桂林建立了中国—东盟旅游人才教育培训基地），而且积极开通中国到东盟的旅游路线。如被誉为中国—东盟海上旅游"黄金线路"的北海至越南下龙湾航线自1998年开通以来，为两国旅游业收入的提高做出了较大的贡献。

(二) 中国赴东盟旅游现状

1. 中国赴东盟旅游重心

2017年中国实现了1.31亿人次的出境旅游人数，较上一年增加7%，并且在出境市场中亚洲市场体现出压倒性的优势，其中环南海区域的东盟国家又是发挥优势的主力军。从相关数据来看，2017年东盟国家吸引了中国出境旅游游客2528.4万人次，其在中国出境游客中和东盟入境游客中均占到约20%。在东盟国家中，泰国吸引了最多的来自中国出境游客的旅游消费总额，中国赴泰游客每天平均消费水平接近195美元。同年，东盟国家占据中国出境旅游热门国家排行榜的前列，其中泰国处于榜首，新加坡、越南、印尼、马来和菲律宾分别排在第三位至第七位。

从中国赴东盟旅游的重心来看，可以以2009年为界划分为两个阶段。第一阶段(2002—2009年)，中国出境游客主要集中在新加坡、马来西亚和泰国三个国家，主要得益于其旅游业开始发展时间较早，具有较好的旅游基础且经济相对发达。第二阶段(2009—2015年)，除"新马泰"之外的东盟国家如柬埔寨等国家相继注重发展旅游业，以低价吸引中国游客的到来，使得中国赴东盟旅游重心呈现从南到北的转移。

2. 中国赴东盟旅游市场特征

（1）泰国、新加坡、马来西亚和越南处于金牛市场和明星市场。

根据波士顿矩阵，基于东盟国家旅游市场占有率和增长率将其划分为四类市场，分别是明星市场、金牛市场、瘦狗市场和问题市场。其中明星市场是市场占有率和增长率"双高"类市场，金牛市场是市场占有率高但增长率较低类市场，瘦狗市场是市场占有率和增长率"双低"类市场，问题市场是市场占有率低但增长率类市场。

泰国旅游市场占有率在东盟国家中居于首位，在2016年占了近一半，同时其市场占有率增长速度较快，从2010年的38%提高到2013年的68%，由金牛类市场转变为明星市场。2014年泰国发生军事政变，其动荡的政局和危险的旅游环境导致中国到泰国旅游人数大幅下降，导致之后泰国的市场占有增长率下降速度较快，从明星市场回到金牛市场。

2002—2016年，新加坡的旅游市场类别经历了多次波动变化。从整体上看，新加坡的旅游市场占有率表现出明显的下跌趋势，市场占有增长率波动频繁。新加坡的市场占有增长率在2014年达到低谷，下降幅度达到24%，主要是在"马航"事故、泰国政局动荡再加上新加坡货币升值等多种因素相互作用下的结果。同时，新加坡旅游起步时间较早，旅游市场比较完善与成熟，但限于国土面积小、消费水平较高等因素，旅游进一步发展遇到瓶颈，导致其在金牛市场和明星市场之间来回波动，不够稳定。

马来西亚旅游市场同样呈现多次波动的情况，主要可以划分为三个阶段。第一阶段（2002—2005年），由于"非典"的影响，中国出境旅游的人数大幅下降，加上"印度洋海啸"等自然灾害的影响，旅游环境安全受到威胁，较大的旅游风险使得马来西亚的旅游市场陷入僵局，市场增长率为负；第二阶段（2006—2009年），在政府"九五计划"的支持下，将旅游业作为国家经济发展的重点，使得马来西亚的旅游市场转变为明星市场，市场占有率和增长率都有了明显的提升；第三阶段（2010—2016年），马来西亚旅游市场再次遭遇危机，由于受到"马航"事故的影响，市场占有率大幅下降至10%左右，旅游市场跌落为瘦狗市场。

越南旅游市场的发展情况与马来西亚基本一致，在2002—2016年期间同样经历了多次市场类型转换的变动，主要是受到旅游市场增长率波动的影响。2002—2009年，越南的旅游市场增长率呈现明显的提升，同时具有较高的市场占有率，属于明星市场；2014—2015年，由于受到越南"钻井平台"事件的影响，中国公民大量撤回国内，使得中国到越南旅游人数大幅减少。

（2）柬埔寨从瘦狗市场转变为问题市场。

2002到2016年间柬埔寨的旅游市场占有率呈现显著提升趋势且市场增长率呈现细微波动，主要表现为由瘦狗市场转变为问题市场。这主要是因为柬埔寨有着相对稳定的政局，能为游客提供较安全的旅游环境；同时，2006年中国与柬埔寨建立了"全面合作伙伴关系"，尤其是近年来中国与柬埔寨在航空交通上的合作与交流更加紧密，为中国赴柬埔寨旅游的游客提供更完善的交通条件。

（3）菲律宾、印度尼西亚在瘦狗市场和问题市场之间波动。

菲律宾旅游市场由于整体上市场占有率极低，在2002—2016年间绝大部分时间均属于瘦狗市场,有较大的发展空间。其间,2005年菲律宾的旅游市场增长率实现快速增长,增长幅度达到了170%,随后逐渐放缓。这主要得益于菲律宾所推行的全球旅游战略,其中中国是这一战略的优先国家,因此,在此期间中国游客为菲律宾旅游市场的增长贡献了较大力量。但随后由于受到"南海争端"事件的影响,中国与菲律宾之间的旅游往来大幅减少,使得菲律宾旅游增长率出现下滑。

类似地,在2002—2016年间印度尼西亚旅游市场也在瘦狗市场和问题市场之间来回波动。2004—2005年,印度尼西亚的旅游市场增长率大幅上升,达到120.55%,使其从瘦狗市场转变为问题市场。随后由于受到"印度洋海啸"等自然灾害的影响以及泰国、马来西亚等具有较高同质性旅游产品和资源的周边国家的替代影响,使得其旅游市场占有率和增长率有所下降,再次回到瘦狗市场。

总体来看,由于受到自然灾害、政治关系、区域政局、国家政策和战略、货币汇率、消费水平、交通基础设施和旅游产品和服务等多种因素的影响,中国到东盟国家旅游市场情况存在较大差异。其中"新马泰"和越南旅游市场由于起步时间较早,存在明显的优势,在未来可能持续保持稳步发展;柬埔寨、印度尼西亚、菲律宾旅游发展起步较晚,旅游资源与前几个发展较好的国家存在较大的同质性,仍有较大的发展空间。整体来看,随着移动支付在东盟国家的普及,中国出境游客的旅游消费便利程度得到有效提高,并且在疫情影响下中国游客出境旅游的需求被限制,在疫情有所缓解和疫情结束之后出境旅游最大可能会从周边东盟国家开始。因此,东盟国家将是未来一段时间内重要的中国出境旅游市场。

(三) 东盟赴中国旅游现状

"胡焕庸线"将中国划分为东南和西北两大区域,东盟入境中国旅游流与"胡焕庸线"在空间分布上整体较为契合。图19.1显示,1998年中国接待东盟游客超过10万人次的省域有6个,均位于"胡焕庸线"东南一侧;小于1万人次的省域有12个,"胡焕庸线"西北侧的6个省域均列其中。2017年,接待东盟游客超过100万人次的省域有2个,其中云南112.56万人次,广东107.17万人次;超过10万人次的省域有15个,均位于"胡焕庸线"东南一侧。由此可见,东盟入境中国旅游流以"胡焕庸线"为界,呈现"东南强、西北弱"的省域分布格局。

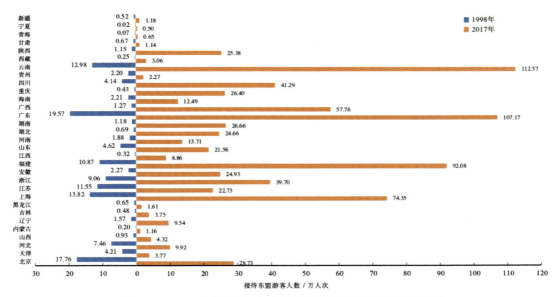

图 19.1　1998 年和 2017 年中国 31 个省域接待东盟游客人数

资料来源：程成，周泽奇，鲁建琪. 中国—东盟旅游流空间分异与优化策略［J］. 经济地理，2020，40（9）：204−212.

据《中国旅游统计年鉴》数据显示，1998 年东盟入境中国旅游流在我国东部沿海地区①的空间密度较高，10 个省域接待东盟游客 101.11 万人次，占比 74.91%。其中，长江三角洲地区②最高，粤滇桂地区紧随其后，京津冀地区再次之，接待东盟游客的占比分别为 27.19%、25.06%、21.80%，三者体量相当，这表明接近 3/4 的东盟游客会选择前往长江三角洲地区、粤滇桂地区和京津冀地区旅游。2017 年，依然是东部沿海地区接待东盟游客的空间密度较高，中西部内陆地区的空间密度虽有所增大，但还是无法与东部沿海地区相比。内陆地区空间密度较高的省域是云南，当年接待东盟游客 112.56 万人次，占比 14%，粤滇桂地区接待东盟游客 277.49 万人次，占比 34.52%。同年，长江三角洲地区、京津冀地区接待东盟游客的占比分别为 20.12% 和 5.28%，两者相加仅占东盟入境旅游流的 1/4，与 1998 年相比降幅明显。意味着粤滇桂地区接待东盟游客人数远高于长三角、京津冀地区。由此可见，东盟入境中国旅游流高密度地区逐渐从长江三角洲地区、京津冀地区向粤滇桂地区转移。

（四）环南海区域旅游开发的合作机制

1. 中国—东盟"10＋1"合作机制

到 21 世纪初，经济全球化和区域经济一体化程度不断加深，在此基础上中国与东盟各个国家之间为把握和应对经济全球化和区域经济一体化带来的机遇和挑战，中国—东盟"10＋1"合作机制就此诞生。这一合作机制以经济合作为初衷，随后渐渐将合作范围扩

---

① 东部沿海地区包括北京、天津、河北、上海、江苏、浙江、福建、山东、广东和海南 10 个省域。
② 长江三角洲地区包括上海、江苏、浙江和安徽 4 个省域。

大到政治、文化和生态等多个领域。随着这一合作机制的不断发展，其逐渐成为东亚地区区域性合作的重要方式，是亚太地区快速发展的关键象征。

2. 泛北部湾区域旅游合作

泛北部湾区域经济合作是在环北部湾合作与中越"两廊一圈"合作的基础上提出的一个新概念。这一合作构想最初是在2006年首届"环北部湾经济论坛"上提出，试图将环北部湾合作延伸到隔海相望的马来西亚、印度尼西亚、新加坡、文莱和菲律宾，与大湄公河次区域合作一起构成"一轴两翼"的"两翼"。泛北部湾区域经济合作既包括交通、港口等基础设施建设，也包括金融、旅游、环保、科技、教育等方面的合作。这将对该区域的旅游合作与发展起到促进作用。

二、环南海区域旅游网络演进过程

（一）环南海区域内部旅游竞争状况

有学者就旅游竞争力研究提出了旅游竞争力钻石体系，主要包括以下几个方面：区域旅游产业发展战略、区域旅游生产要素、区域旅游发展的需求条件以及区域旅游发展支持性行业。

根据世界经济论坛最新发布的《2019年旅游业竞争力报告》，环南海区域国家[①]的旅游竞争力表现出以下特点。

1. 环南海区域各国竞争力差距明显

世界经济论坛将环南海区域8国（中国除外）列入140个经济体的旅游竞争力对比中（表19.1）。根据其竞争力报告，环南海区域各国之间的旅游竞争力差距在不断减小。其中，新加坡旅游竞争力最强，世界排名进入前20位，在其完善的旅游法规、雄厚的旅游人力资源、健全的基础设施以及稳定的政局秩序和社会环境下，旅游业发展顺风顺水；其次是马来西亚、泰国和印度尼西亚，由于其具有较低的旅游消费水平和亲和力较高的民族风情，在丰富的自然和文化资源以及健全的旅游基础设施的加持下，具有一定的旅游竞争优势；再次是越南、文莱和菲律宾，尽管在消费水平和自然资源上具有竞争优势，但社会安全与环境问题是其发展旅游业的较大障碍，动荡的政局和不健全的社会治安会给游客带来较大的旅游风险。最后是柬埔寨，无论是在世界范围还是在环南海区域国家之间的对比，柬埔寨在各个方面的竞争优势均不显著，甚至有许多方面（如政策法规和环境可持续发展方面）在一定程度上阻碍了旅游的发展。但总的来看，环南海区域之间各国的旅游竞争差异比较明显。

---

① 由于《2019年旅游业竞争报告》中将中国大陆（内地）、中国台湾、中国香港分别进行竞争力测量，无法整体反映中国旅游竞争力状况，因此本章未将中国纳入分析体系。

表 19.1　环南海区域各国旅游竞争力排名

国家	环南海区域排名	世界排名	得分
新加坡	1	17	4.8
马来西亚	2	29	4.5
泰国	3	31	4.5
印度尼西亚	4	40	4.3
越南	5	63	3.9
文莱	6	72	3.8
菲律宾	7	75	3.8
柬埔寨	8	98	3.4

资料来源：《2019 年旅游业竞争报告》。

2. 环南海区域各国竞争力具有极强的互补性

从表 19.2 来看，环南海区域没有单个国家可以达到全面的优势，尽管新加坡是环南海区域旅游竞争力最强的国家，但其并不能在 14 个旅游竞争力指标中均保持较强的竞争优势。竞争优势不平衡是环南海区域各国旅游竞争力的明显特征，因此需要通过深度合作实现优势互补。新加坡在多个方面都存在压倒性的优势，如在政策制度、安全保障、健康卫生、人力资源、通讯基础设施、优先发展旅游业、国际开放程度、环境可持续发展、空中交通和地面交通等方面均获得较靠前的排名，但在价格竞争和自然资源方面存在明显的劣势；马来西亚、泰国和印度尼西亚在政策制定、人力资源、国际开放程度、旅游基础设施、自然资源和文化资源方面的优势日益明显，而在健康卫生、安全保障和环境可持续发展方面还有较大的改进空间；越南、文莱和菲律宾除了有比较明显的价格竞争的优势之外，其余优势均不太明显，尤其是在健康卫生、优先发展旅游业、旅游基础设施和环境可持续发展等方面需要进一步重点关注，重视旅游业的发展，为游客创造良好的旅游氛围与环境；柬埔寨十分重视优先发展旅游业，同时具备一定的价格竞争优势，但缺乏完善的旅游政策制度，旅游安全难以保障，旅游健康卫生问题相对严重，同时缺乏健全的通信基础设施和交通基础设施，并且旅游环境可持续发展还有待提升。

但整体来看，环南海区域国家之间的旅游竞争优势有较强的互补性，进一步加强旅游业的交流与合作并形成稳定的竞合关系，环南海区域将会形成一个具有丰富自然和文化资源、完备的旅游基础设施、较高亲和力的民族风情等多维度优势的旅游区。

表 19.2　环南海区域各国旅游竞争力各指标全球排名

指标	新加坡	马来西亚	泰国	印度尼西亚	越南	文莱	菲律宾	柬埔寨
政策制度	<u>2</u>	11	37	50	67	46	80	122
安全保障	<u>6</u>	34	111	80	58	20	135	102
健康卫生	<u>60</u>	75	88	102	91	64	94	108

续表 19.2

指标	新加坡	马来西亚	泰国	印度尼西亚	越南	文莱	菲律宾	柬埔寨
人力资源	<u>5</u>	15	27	44	47	69	37	95
通讯基础设施	<u>15</u>	44	49	67	83	43	82	101
优先发展旅游业	<u>6</u>	62	27	10	100	127	56	44
国际开放程度	<u>3</u>	10	45	16	58	56	65	66
价格竞争	102	5	25	6	22	<u>2</u>	24	49
环境可持续发展	<u>61</u>	105	130	135	121	96	103	139
空中交通	<u>7</u>	25	22	38	50	54	59	91
地面交通	<u>2</u>	27	72	66	84	51	93	111
旅游基础设施	36	57	<u>14</u>	98	106	74	85	93
自然资源	120	37	<u>10</u>	17	35	104	36	66
文化资源	38	37	35	<u>24</u>	29	133	61	76

注：其中标下划线的得分表示该国该项目在环南海区域八国（除中国外）排名第一。

资料来源：《2019 年旅游竞争力报告》。

（二）南海旅游开发主体以及动力架构

1. 南海旅游开发参与主体

南海旅游开发参与主体众多，主要的开发参与主体有政府、旅游企业、社会大众、行业协会等。在南海旅游开发过程中，政府是行政主体，旅游企业是市场主体，社会大众是社会主体，行业协会是协调主体。这四种主体形成一个完整的旅游开发动力系统，共同推动南海旅游开发。

2. 南海旅游开发多主体动力架构

南海旅游开发的参与主体主要有政府、旅游企业、社会大众及旅游协会，这四大主体又分别形成行政驱动力、经济驱动力、需求驱动力、辅助驱动力四种力量源动力，来助推南海旅游开发。

（1）行政驱动力——动力不足，有待进一步释放。

在南海旅游开发过程中，政府一直担任着主导者的重要角色，积极采用各种措施来助推南海旅游开发。例如在中国，目前，海南岛、北部湾等南海北部及西北部的近海区域已经得到了有效的开发，旅游基础设施条件良好，旅游市场相对稳定，旅游服务设施较为完善，能够满足广大旅游者的多元消费需求，但是南海的远洋区域或争议区域的岛礁及海域尚未得到有效的利用。截至目前，在南海的四大群岛只有西沙群岛的部分岛礁得到初步开发外，其他的岛礁基本上都保持未开发状态，海洋旅游开发推进极其缓慢。

（2）经济驱动力——动力不足，有待进一步激发。

在南海旅游开发过程中，旅游企业一直充当着重要的角色。旅游企业既是旅游开发活动的具体实施者,又是旅游产品的提供者,是旅游开发不可或缺的经济驱动力。旅游企业追求利润的市场行为在一定程度上促进了南海旅游的开发,但是这种经济驱动力的驱动作用却是十分有限,具体表现在:跨国或大型旅游集团或企业数量较少,旅游线路的设计过于平常,旅游吸引物的设计创新性不足,等等。

(3) 需求驱动力——动力强劲,可以进一步激发。

在南海旅游开发过程中,社会大众一直充当着极其重要的角色。旅游需求是促进南海旅游开发的内在动力。近年来,南海旅游需求日益强劲。俗话说,"哪里有需求,那里就有市场",社会大众的旅游需求必将对旅游企业、政府等其他旅游开发主体产生推动力。

(4) 辅助驱动力——动力不足,有待进一步释放。

旅游协会的辅助驱动力虽不如政府的行政驱动力那样强有力,但也是旅游开发不可或缺的力量。南海旅游开发参与主体众多,利益关系复杂,需要旅游协会发挥其职责。目前南海旅游开发推进缓慢,旅游市场秩序相对混乱,"黑导"等不诚信行为屡次出现。要进一步释放旅游协会的辅助驱动为,给南海旅游开发创造好的开发环境。

(三) 南海旅游开发的地缘约束

1. 南海旅游开发的地缘政治约束及其表现

由于自然地理的分割及近代西方列强的入侵,南海地区历史和现实充斥着政治矛盾冲突。现在南海周边各国对南海海域划界持有不同的法理依据,南海地区国际关系复杂,再加上区域外一些大国频频插手,南海地区利益矛盾关系更加错综复杂,区域内旅游开发难实现较大地理范围内的政治凝合。

(1) 域内国家。

南海旅游开发涉及中国、越南、菲律宾等多国利益,域内国家的通力合作是保障南海旅游开发的关键。但是部分域内国家在处理南海问题上倾向于遏华。在历次"处理南中国海潜在冲突"非正式讨论会上,南海周边的某些国家希望将南海问题的矛头指向中国。南海周边某些国家还积极推动南海问题国际化,希望借助某些域外大国的力量来牵制中国。这不仅会造成双方关系的紧张,而且还可能会导致南海地区国际关系的紧张,这将对南海旅游开发造成致命的打击。

(2) 域外国家。

审视南海格局发展演变的过程,不难发现国际因素是促使南海格局形成的重要力量。因此,在南海旅游开发的地缘政治环境分析中,必须把国际要素作为一个重要的因变量加以考虑。

2. 南海旅游开发的地缘经济约束及其表现

(1) 地缘经济的同质性。

由于地理位置,气候条件及经济条件的相似性,中国及南海周边国家在资源状况、产业结构及商品种类等方面表现出显著的相似性,这也就意味着南海旅游开发会面临着同质性地缘经济环境约束。一般来说,在具有显著同质性地缘经济环境约束下,各地旅游开发活动对资金、技术、人才及市场会产生相同的渴求,而在一定时期内旅游系统内部的资金、人才、市场等要素的数量却是相对稳定的,这就必然会造成旅游开发活动面临着各种各样的行业竞争。

(2) 地缘经济的脆弱性。

中国已成为仅次于美国的世界第二大经济体,我国经济的对外依赖度也在不断增强,这就无形中增加了中国南海地缘经济的脆弱性。南海旅游的开发离不开南海周边各国的大力支持。但是,由于南海周边国家存在领土争端及资源争夺,这在一定程度上影响了中国与周边国家之间开展旅游经济合作。除此之外,南海周边地区多数国家属于发展中国家,经济基础薄弱,旅游基础设施不健全,交通通达性较差,再加上南海旅游开发海外投融资难度大、大型跨国旅游企业缺少等现实问题,南海旅游开发地缘经济环境十分脆弱。

(3) 地缘经济冲突性。

南海地缘经济关系复杂,不仅与南海周边的各国家利益密切相关,而且还掺杂了诸多域外国家的政治、经济利益,这也决定着中国南海地缘经济的冲突性绝不仅仅表现为与南海周边国家的经济冲突这样简单,它还应包括大国间的经济博弈。当前,由于中国与南海周边国家同属发展中国家,发展阶段大致相同,产品进出口结构也大致相同,必然会造成地缘经济冲突。随着中国经济对能源资源消耗的与日俱增、人民币国际化进程的加深,资源矛盾和汇率矛盾也成为现阶段中国与东南亚诸国在南海地缘经济冲突中的主要方面。这些因素无不显示南海旅游地缘经济具有显著的冲突性。

3. 南海旅游开发的地缘文化约束及其表现

地缘文化是影响旅游开发的重要因素,在一定程度上决定着旅游开发层次与深度。南海地处我国最南端,不仅是西方文化与东方文化的交织地,而且是佛教、伊斯兰教、基督教等多种宗教的汇合点,这就造成南海旅游开发面临着复杂的地缘文化环境。目前,中国传统文化影响力下降、文化的认可度低及文化差异性过于显著等因素已经成为南海旅游开发地缘文化约束的重要方面,是南海旅游开发必须面临的现实问题。

(1) 中华文化影响力下降,文化认可度低。

在工业革命开始之前中华文化在亚太地区一直处于绝对的领导地位,南海周边地区也形成了以中华文化为核心的地缘文化圈。随着中国近代文明的衰弱,中华文化在南海地区的影响力也急速下降,这就导致目前中华文化在南海地区认可度较低;再加上,在独立运动之后,南海各国的文化群体在反抗美国文化霸权的同时催生了浓烈的文化保护主义和文化民主主义倾向,在一定程度上形成了南海地区的文化封闭,排斥一切外来文化,这就进一步削弱了中华文化在南海地区的影响力。中华文化影响力下降必然会造成中华文化在南海地区的认可度下降,这无疑会增添南海旅游开发的地缘文化阻力。

(2) 旅游开发地缘文化差异显著,调适难度大。

南海地区有西方文化、儒家文化、黎苗文化等多种文化,文化繁杂且差异性较大。在不同文化影响下南海周边各国居民也会形成不同的世界观与人生观,这从根本上决定着南海地区难以形成大范围的文化认同。再加上区域内部各国人民使用的语言文字不同,宗教信仰也存在显著差异,彼此间的沟通交流更是困难,这无疑会增加南海旅游开发地缘文化调适难度。当然,不同的文化和宗教信仰也会对中国和南海周边国家的政治、经济生活产生重要影响,在一定的程度上又影响到南海旅游开发的物质基础、政治环境及意识形态。

4. 南海旅游开发的地缘生态约束及其表现

（1）地缘生态污染严重。

南海生态污染主要表现在海洋污染。南海，是中国、日本、韩国等东北亚国家与东南亚、南亚、西亚、非洲、欧洲及太平洋中各国海上航行的主要通道。南海运输有利于南海地区乃至当今世界经济的发展，但是过往船只在南海海域的油气泄露、附近渔民的生活排污及广大游客随手抛下的废弃物将不可避免地污染该片海域。再加上，沿岸居民各种不合理的生产生活活动导致各种陆地污染物也大规模地流到南海，致使南海污染不断加重，南海海域有可能变成"区域环境的污染池"。另外，南海周边各国虽给予南海海洋污染高度关注，但是海洋污染治理方面收获甚微。南海地区的海洋污染还会破坏南海地区鱼类、鸟类及高等植物等生物系统，这不仅会降低南海旅游的市场吸引力，而且会对整个南海发展造成严重破坏。

（2）地缘生态环境破坏。

由于自然环境的变化及人类不合理的开发活动，南海地区的生态环境面临双重压力，生态环境遭到严重的破坏，生态恶化加剧，严重制约着南海旅游活动的开发。南海地缘生态环境的恶化主要表现在以下几个方面：第一，南海海表温度的上升致使南海海水酸化。近年来，随着全球变暖趋势的不断加剧，南海海水的表层温度也不断上升，严重影响到南海生物资源的分布及珊瑚礁的生存。第二，南海生态系统十分脆弱，一旦被破坏，很难在近期恢复甚至永不能恢复，如海岸滩涂、湿地、海岛、珊瑚礁、红树林等系统。第三，水质恶化，赤潮、绿潮等有害生态现象多发。由于入海河流携带大量的化学需氧量、氨氮、总磷等有害物质入海，导致南海海水水质恶化，有害生态现象频发。

（3）地缘生态环境相似。

生态环境是南海旅游开发赖以生存和发展的空间基础，且对生态环境的科学合理利用也是旅游开发成功的关键。南海地区周边国家同属低纬度热带性地区，地缘生态环境具有很大的相似性，都拥有明媚的阳光、湛蓝的海水、洁白的沙滩、随风摇曳的椰树等生态资源，都倾向于发展热带滨海观光旅游、邮轮旅游及热带海岛旅游等旅游类型。可见，南海地缘生态环境的相似决定着旅游资源存在相似性，进而导致旅游开发的产品往往也较为相似。这意味着南海旅游的开发与周边地区会形成竞争型地缘关系，会在一定程度上制约着南海旅游的开发。

参考文献

陈升忠，周厚诚，黄卫凯. 南海风光无限好：广东滨海旅游资源开发研究［J］. 海洋开发与管理，1999
    （1）：3－5.
程成，周泽奇，鲁建琪. 中国—东盟旅游流空间分异与优化策略［J］. 经济地理，2020，40（9）：204－
    212.
胡爱清. 东盟区域旅游竞争力分析［J］. 东南亚研究，2014（5）：35－44.
雷明德，雷羙梅. 南海市西樵山景区的旅游开发浅谈［J］. 西北大学学报（哲学社会科学版），1999
    （1）：3－5.
刘亚萍，于杰，王富强. 中国赴东盟旅游流重心移动轨迹及旅游市场态分析［J］. 旅游科学，2019，33

(4): 85-95.

郑翰君,白续辉. 试析海南国际旅游岛发展战略的理论基础及影响[J]. 前沿,2011,(22):104-107.

中国旅游研究院. 2017年中国旅游业统计公报[EB/OL]. (2018-12-28)[2020-09-24]. http://www.ctaweb.org/html/2018-12/2018-12-28-15-55-12622.html.

中国旅游研究院,携程. 2017出境旅游大数据报告[R/OL]. (2018-2-26)[2020-09-24]. http://www.ctaweb.org/html/2018-2/2018-2-26-11-57-78366.html.

钟文峰. 海南"国际旅游岛"建设与南海争端[J]. 世界知识,2010(6):38-40.

邹伟,符国基. 2010. 海南国际旅游岛旅游开发对旅游自然环境的负面影响识别[J]. 安徽农业科学,38(36):20796-20798,20822.

Thailand Ministry of Tourism and Sports. Tourism receipts from international tourism arrivals(January-December,2017)[Z/OL]. (2018-3-27)[2020-09-24]. https://www.mots.go.th/more_news.php?cid=411.

(李军,冼凡几)

第二十章　环南海区域旅游产业的类型与特点

旅游业是指直接为游客提供出行、住宿、餐饮、游览、购物、娱乐等服务活动的集合。依据《国家旅游及相关产业统计分类（2018）》，将环南海区域旅游产业划分为七类，分别是旅游出行、旅游住宿、旅游餐饮、旅游游览、旅游购物、旅游娱乐和旅游综合服务。

一、环南海区域旅游产业的类型

（一）旅游出行产业

由于环南海区域特殊的地理条件，该区域旅游出行产业的重点是跨区域空中交通运输（飞机）和水上交通运输（邮轮）。

1. 飞机

随着中国与东盟旅游服务贸易的快速发展，环南海区域多数国家加大对开通航线的投资，以提高航空接待能力，便利国际游客的出行。例如，为扩大机场容纳量，泰国机场局目前正推进 20 家机场的扩建计划，预计 2022 年竣工后，航班容纳量将从 2019 年的 104 万趟增至 120 万趟，每年可接纳航空旅客 2.4 亿人。为增加国际航线和游客来源，除现有的金边国际机场、暹粒－吴哥国际机场和西哈努克国际机场，柬埔寨计划在甘丹省、暹粒市和戈公省增建 3 个国际机场。其中，位于甘丹省的新金边国际机场有望成为东南亚最大和最先进的国际机场。

2. 邮轮

环南海区域国家也在积极发展邮轮旅游圈。环南海区域国家邮轮航线目前主要以新加坡为母港，辐射环南海区域国家和地区，途经或经停：马来西亚兰卡威、槟城、巴生港、马六甲、刁曼岛、热浪岛，泰国普吉岛、苏梅岛、林查班，柬埔寨西哈努克，越南下龙湾、岘港、芽庄、胡志明市、顺化，文莱斯里巴加湾市，菲律宾马尼拉、长滩岛、巴拉望，印度尼西亚巴厘岛、科莫多岛、龙目岛、泗水、三宝垄、雅加达。此外，还有以中国香港、三亚等为母港出发，途经环南海区域国家，终点至新加坡的邮轮航线。

环南海区域邮轮旅游市场是全球邮轮市场中增长最为强劲的，未来南海有潜力成为全球新的邮轮旅游经济中心。近年来环南海区域国家通过相关政策和国际间合作，积极推动邮轮产业的发展。文莱旅游局为加快邮轮旅游发展，计划进一步加强港口基础设施建设，以吸引更多的邮轮到访，增加外汇收入。印度尼西亚组织邮轮运营商考察印度尼西亚主要旅游目的地，制定可行的旅游路线；重点建设巴厘岛的 Benoa 港，以接待更多的邮轮并提供更全面的服务。越南与菲律宾签署邮轮旅游产业开发合作计划，已在邮轮旅游产业开发、推介、引资等方面进行合作。南中国海邮轮航区主要停靠港口包括香港、深圳、三亚等港口。其中三亚凤凰岛国际邮轮母港处于国内邮轮港口链最南端，是目前中国设施最齐全的专用邮轮港口之一，也是国内首个休闲度假功能配套完整的综合型港区。

（二）旅游住宿产业

一些环南海区域国家也致力于促进旅游住宿的发展。泰国拥有发达的酒店业，旅游业的强劲增长促成了对该国酒店业的大量投资，特别是在高端市场。马来西亚的主要旅游城市拥有能满足各类旅行者需求的不同等级的住宿设施。除了高档酒店，游客也可以在马来西亚体验到性价比高、有传统建筑风格的特色住宿。近年来，越南酒店市场表现特别好，入住率和价格都有显著的变化，酒店市场正在走向成熟，那些专门服务于特定级别的酒店的机会也在增加。

（三）旅游餐饮产业

环南海区域的大部分地区都属于热带季风海洋气候，有着丰富的热带美食和新鲜热带水果，形成了独具一格的美食特色。中国的海南省、广东省餐饮产业发展兴旺，也受到环南海区域国家的特色饮食影响。东南亚地区的马来西亚、越南、泰国、菲律宾、印度尼西亚等国美食在国际上声名远扬，形成独具特色的东南亚风情菜系，占据世界餐饮产业的重要份额。丰富的饮食资源给予环南海旅游圈的餐饮产业强大的发展基础。

（四）旅游游览产业

环南海区域国家凭借各国拥有的优质的自然景观资源和人文景观资源，全面推进游览观光产业的发展和提升。环南海区域国家的社会历史和文化源远流长，民族众多，来自世界各地的不同人种和文化在这里交织混合，形成了多样的语言文字、宗教信仰、习俗和多姿多彩的民族文化，吸引大批外国游客前来体验游览。为了吸引更多的外国游客，一些国家还在传统自然和人文旅游资源的基础上开发新的旅游产品。在2015年12月中国泛珠江三角洲区域[①]联合会议上，泛珠合作各方表示将共同深化旅游合作，加强旅游项目合作，加强泛珠江三角洲区域海峡游览、苏区红色之旅、生态旅游等"一程多站"式精品旅游路线；加强与海上丝绸之路旅游促进联盟合作，开展"美丽中国—海上丝绸之路"旅游联盟的推广活动。2019年2月中共中央、国务院印发《粤港澳大湾区发展规划纲要》，提出丰富粤港澳精品路线，鼓励开发高铁"一程多站"旅游产品，建设粤港澳大湾区世界级旅游目的地。

---

① 泛珠江三角洲区域于2003年7月在国内正式提出，包含了中国华南、东南和西南的九个省份及两个特别行政区（福建、广东、广西、贵州、海南、湖南、江西、四川、云南、香港特别行政区和澳门特别行政区）。

（五）旅游购物产业

环南海区域的商品购物产业市场广阔。在旅游景点、商场和街边小铺售卖的具有民族特色或传统文化的纪念品深受游客欢迎。种类繁多的特色商品，满足了入境游客的多样购物需求。同时，为了拓展旅游消费空间，进一步释放旅游消费潜力，部分环南海区域国家纷纷开设免税店、推行免税政策。

（六）旅游娱乐产业

旅游产业的蓬勃发展离不开旅游娱乐活动的支撑。东南亚的旅游休闲娱乐产业在世界上具有极高的知名度。其中洗浴和保健旅游服务是东南亚旅游娱乐产业的一大特色，也是高端星级度假酒店提供的必不可少的一项服务，十分受入境住客的欢迎。东南亚水疗消费种类繁多，如热石SPA、能量SPA、精油植物泥SPA等。大多数SPA场所都安排在清幽雅致的环境里，或在阳光海滩，或在幽谷密林。在舒乏解困、养颜修身的同时，为来自城市的游客带来了极好的的视觉感官体验，是东南亚独具魅力的旅游体验之一。除了常见的温泉和按摩服务外，近年来医疗旅游也开始在环南海区域流行起来。目前，泰国、新加坡等国家已成为世界最重要的医疗旅游目的国。泰国是世界领先的医疗中心之一，被认为是世界上最重要的低成本和越来越高质量的治疗目的地之一。中国也将结合自身的中医文化，培育具有中医疗养特色的医疗旅游品牌，拓展国内外医疗旅游市场。随着国际协作不断加强，环南海区域国家大力推进国内娱乐活动的多元化和国际化。

（七）旅游综合服务

为有效推进环南海区域各方的旅游合作，加强合作机制建设、建立和完善日常沟通和联系、定期交流和协商旅游业发展是环南海区域国家旅游合作的基础工作内容。同时，环南海区域国家也将借鉴各国的先进旅游产业发展经验（如泰国的医疗旅游、新加坡的教育旅游等）和高质量的旅游管理服务经验，继续推动旅游产业多元化发展、旅游资源信息化和网络化发展，以适应国际游客旅游出行新需求。

二、环南海区域旅游产业的特点

（一）环南海区域协作加强

环南海区域资源丰富，互补性强，具有较好的区域合作基础。各方将结合建设21世纪海上丝路的历史机遇，积极规划建设丝路旅游经济带，包括建设南海旅游线路、港口及旅游配套设施及旅游服务等。在国家推动下，成立专门的丝路旅游组织，制定前瞻性旅游合作开发总体规划，形成特色旅游体系，开发丝路旅游品牌。环南海区域旅游发展水平虽然差别较大，但在求同存异基础上，双方具有较好的区域合作基础。如何进一步加强环南海区域旅游行业协会的交流与合作，鼓励各方机构联合考察，同时强化行业自律及旅游诚信体系建设，以加快环南海区域旅游合作进程，是未来将要面临的一个主要问题。

（二）旅游发展和资源的空间布局不平衡

环南海区域国家之间存在着旅游发展不均衡的现象。比如，国土面积 724.4 km^2 的新加坡，其旅游资源并不丰富。但经过多年的城旅融合建设和目的地营销，新加坡已经从金融之都变为本区域最迷人的旅游目的地之一。新加坡政府高度重视对旅游产业的管理和规划，注重保存历史和发扬自身特色，因地制宜地规划布局旅游景点。除中国外，旅游资源丰富的环南海区域国家包括菲律宾、马来西亚和泰国等。相比之下，越南、文莱、印度尼西亚、柬埔寨等环南海区域国家的旅游资源相对匮乏。环南海区域旅游资源分布不均，发展不平衡，造成此现状的原因一定程度上在于该区域内各城市之间缺乏完善的合作机制，环南海区域未能作为一个整体进行旅游资源的系统开发。各国政府需要从全局出发，加强沟通和协作，整合资源，合理开发和利用旅游资源，促进区域协调发展。

（三）环南海区域旅游动态化发展

1. 以观光游为主的政府主导阶段

热带气候、多元文化、历史古迹、浪漫海滩、美味食物，环南海区域丰富的旅游资源可以充分满足国际游客不断增长的旅游需求和物质文化需求。可以说，环南海区域是世界上最受欢迎的旅游目的地之一。旅游业收入对国民经济收入的重要贡献又进一步促进了政府对海洋旅游资源的开发。此阶段，政府主导了滨海旅游地的开发建设，一系列滨海旅游景区呈现，如海南的亚龙湾、泰国普吉岛、菲律宾的长滩岛等。这一时期的旅游景点主要卖点为海水、沙滩及阳光等热带自然景观。

2. 以休闲游为主的资本主导阶段

随着国际旅游市场的迅速发展，政府所主导的海滨旅游开发越来越不能适应市场需求。为了给市场注入新的活力，由社会资本主导、政府部分干预的共同开发模式开始兴起。如海南的分界洲岛、蜈支洲岛等，就是引进社会资本进行开发获得成功的案例。和观光游阶段不同，休闲游这一阶段的旅游开发多以旅游度假区、旅游综合体的形式出现，如高端度假设施、星级酒店等。以中国为代表，这一阶段也体现了国内的旅游需求开始由自然观光到休闲度假的转变，一些景区由低端到高端、由景区到第二居所转变。同时，负面效应包括当地居民与外来资本开始争夺开发对象等。

3. 以生态游为主的创新主导阶段

随着旅游需求的进一步增长，旅游市场更加多元和专业化。伴随着物质生活水平的提高，自驾游及散客游比例人数大幅增加，需求更加细分，游客对旅游产品的质量提出了更高的要求。传统的海滨及海岛开发已经不能满足日益多元的旅游市场需求，海洋旅游开始向海上及海底旅游的立体化发展，远洋邮轮、海底世界、海洋隧道等差异化产品逐渐涌现。例如，针对部分原生态西沙岛屿所开发的西沙航线受到游客的追捧。生态旅游强调节能和尽量减少对自然环境的破坏，正成为一种新的选择。泰国南部洛坤省的著名景点高联山的"生态旅游村"就是一个成功的例子。与其他旅游景点不同，这个村庄的居民并没有因为旅游业的发展而改变他们原有的环境和生活方式。为了规范景区开发，保护自然资源，该村以种植果树为主，成立了生态旅游俱乐部，并与当地政府一起组织和管理参观果园、登山等旅游项目，向游客宣传保护环境的原则，从而合理控制游客数量。

（四）资源开发面临较大的挑战

1. 资源丰富和承载能力有限的矛盾

环南海区域旅游资源丰富，如西沙群岛的优质旅游资源就达300多个，且具有鲜明而独特的海洋和海岛特性，具有极高的旅游价值。同时，海岛的生态环境敏感，使得环南海区域承载能力有限，制约了旅游的进一步发展。具体包括：①西沙、南沙及中沙群岛等岛礁分布散落，面积有限，使得酒店、银行及医院等基础设施严重不足，制约了游客接待容量，给旅游开发带来阻力。②环南海区域生态环境脆弱，岛礁自我生态修复能力差，生态环境破坏后难以自我修复。过度开发和改造会对生态环境产生不可逆转的负面影响。

2. 区域广大和地缘政治敏感的矛盾

环南海区域范围大，具有丰富且稀缺的热带海岛旅游资源，对区域内外游客具有较高的吸引力。同时，南海海域地理位置关键，具有丰富的航道、渔业及油气等资源，是重要的战略通道和军事补给要地。自20世纪70年代起，围绕中国南海岛礁的主权归属及部分海域的管辖权形成了复杂的争端局面。近年来，在中国和环南海区域各国的共同努力下，南海局势总体保持稳定。但个别域外国家唯恐天下不乱，不断在南海挑起事端。因此，南海的发展涉及一系列政治安全、经济合作等战略问题，存在许多不安定因素，阻碍了南海海域旅游资源的开发和利用。

3. 开发成本高昂，投资回报周期长

首先，由于旅游资源分布较零散，使得各地的物资周转不便。要增强各区域的联通能力，就需要建设码头、机场及通勤道路等各种设施，需要大量人力、物力和财力。其次，旅游投资大，回报周期长。环南海区域对旅游基础设施（如机场、邮轮、公路、铁路）要求高，但短期难以收回成本，不利于旅游的追加投资和可持续发展。

参考文献

安刚. 东南亚宗教的"多元之美"[J]. 世界知识，2015（7）：14 – 15.
陈军军，支国伟. 柬埔寨旅游资源分析[J]. 旅游纵览（下半月），2015（2）：223.
江曼，范士陈. 南海旅游资源开发模式初探[J]. 当代经济，2014（18）：26 – 27.
刘德浩，庞夏兰. 海南医疗旅游产业发展策略研究：基于泰国、印度经验的分析[J]. 中国卫生事业管理，2018，35（12）：956 – 960.
孟凯，范士陈. 新时代背景下南海旅游开发的创新思考[J]. 南海学刊，2018，4（2）：99 – 104.

孙妍. 环南海航区邮轮产业合作与区域经济发展 [M]. 北京：知识产权出版社，2018.

王婕霏. 泛南海旅游圈视角下国际连锁品牌酒店客户信息共享与保护研究 [J]. 经济研究导刊，2020（8）：110-112.

周义龙. 泰国医疗旅游业国际竞争策略及启示 [J]. 中国卫生事业管理，2017，34（11）：805-809.

FOO L P, CHIN M Y, TAN K L, et al. The impact of COVID-19 on tourism industry in Malaysia [J/OL]. Current Issues in Tourism，2020-06-12，https：//doi. org/10. 1080/13683500. 2020. 1777951.

SINGH A. Growth and development of the cruise line industry in Southeast Asia [J]. Asia Pacific Journal of Tourism Research，1999，3（2），24-31.

（张怡佳，徐勇）

第二十一章　中国—东盟国际旅游合作的现状

经济全球化与区域一体化已经成为当今世界经济发展过程当中的两个重要的趋势和潮流。其中，作为推动亚太区域经济发展的重要力量，中国与东盟之间的经济合作和双边贸易的发展，对亚太地区和全世界的和平、稳定和发展都具有十分重要的意义。

随着中国经济的腾飞，中国国际旅游快速增长，以及"一带一路"倡议的不断深化，加之以水陆相连的区位优势——陆地与越南、老挝、缅甸边境相邻，水路与柬埔寨、泰国相接，海域与印度尼西亚、文莱、菲律宾、新加坡、马来西亚相通，使得中国与东盟国家旅游合作越来越紧密。与此同时，东南亚地区有着独特的热带景观、沙滩岛屿、风土文化、历史建筑等丰富的旅游资源。中国作为一个人口众多、幅员辽阔、历史悠久、文化独特的大国，不仅是极具吸引力的旅游目的地，也是最大的客源市场。中国与东盟在国际旅游合作上有着得天独厚的互补性。此外，中国—东盟自由贸易区的建立以及跨境电子支付平台的普及，也为中国—东盟国际旅游合作带来了极富前景的空间与未来。

从总体上看，近 10 年来中国—东盟国际旅游不仅增长速度快，而且在亚太乃至世界旅游发展中的地位与日俱增，已经成为东亚地区乃至全球重要的国际旅游目的地。2006—2017 年，中国国际旅游收入从 339.5 亿美元迅速增加到 1234.2 亿美元，增长了将近 3 倍，年平均增长率达到 14.96%，远远高于亚太地区以及全世界年均增长水平；东盟国际旅游收入从 497.8 亿美元增加到 1387.8 亿美元，增长了将近 2 倍，年均增长率达到了 10.36%（表 21.1、表 21.2）。

表 21.1　中国—东盟国际旅游收入变化（2006—2017 年）

单位：亿美元

国家	年份											
	2006	2007	2008	2009	2010	2011	2012	2013	2014	2015	2016	2017
中国	339.5	372.3	408.4	396.8	458.1	484.6	500.3	516.6	1053.8	1136.5	1200	1234.2
文莱	2.2	2.3	2.4	2.5	—	—	0.9	1	−8	1.5	1.4	1.8
柬埔寨	11.1	11.7	12.8	14.6	16.7	22.6	26.6	29	32.2	34.2	35.2	40.2
印度尼西亚	48.9	58.3	81.5	60.5	76.2	90.4	94.6	103	115.7	120.5	125.7	141.2
老挝	1.6	1.9	2.8	2.7	3.9	4.1	4.6	6.1	6.4	7.3	7.2	7.2
马来西亚	122.8	179.5	185.5	172.3	181.5	196.5	202.5	215	226	176.7	180.9	183.5
缅甸	0.6	1	0.8	0.8	0.9	3.3	5.5	9.6	16.9	22	22.9	22.8

续表 21.1

国家	年份											
	2006	2007	2008	2009	2010	2011	2012	2013	2014	2015	2016	2017
菲律宾	40.5	55.2	32.9	29.2	34.3	40.5	49.6	56	60.6	64.2	62.9	83.5
新加坡	75.4	90.7	106.2	92.3	141.8	179.3	188	192.3	191.6	166.2	189.5	197.1
泰国	166.2	206.3	225.1	198.1	238	309.2	377.7	457.4	420.5	485.3	524.7	621.6
越南	28.5	37.5	39.3	30.5	44.5	57.1	68.5	72.5	74.1	73.5	85	88.9
东盟总计	497.8	644.4	689.3	603.5	737.8	903	1018.5	1141.9	1144.8	1151.4	1235.4	1387.8

资料来源：世界银行 WDI 数据库、《中国统计摘要（2019）》。

表 21.2 中国与东盟国际旅游收入增长率变化（2007—2017 年）

单位：%

国家或地区	年份											年均增长率
	2017	2007	2008	2009	2010	2011	2012	2013	2014	2015	2016	
中国	9.66	9.70	2.84	15.45	5.78	3.24	3.26	103.99	7.85	5.59	2.85	14.96
东盟	29.45	6.97	12.45	22.25	22.39	12.79	12.12	0.25	0.58	7.30	12.34	10.36

资料来源：世界银行 WDI 数据库、《中国统计摘要（2019）》。

中国和东盟国家之间自 20 世纪 80 年代以来，就互为旅游目的地，相关举措包括实行落地免签政策、设立中国—东盟旅游合作年、举办中国东盟国际旅游博览会等。从近 5 年全球赴东盟旅游人数（表 21.3）来看，从 2013 年至 2017 年，中国一直是东盟各国最大的外部客源地，并且所占比重呈现快速攀升的趋势。2013 年赴东盟旅游人数东盟内部人数所占比重最大，其次是中国，高达 1265.1 万人次。中国赴东盟旅游人数 2013—2017 年每年平均增长率为 19.83%。其中 2015 年受澜湄合作机制正式建立、中国-东盟自贸区升级谈判全面结束等中国—东盟友好合作事件的影响，中国赴东盟旅游人数更是出现高达 42.4% 的增幅。2017 年，中国赴东盟旅游人数已达到 2528.4 万人次，超过了欧盟、韩国、日本赴东盟旅游人数的总合。2013 年赴东盟旅游人数中国所占 12.4%（图 21.1），到 2017 年该比重已经上升至 20.1%（图 21.2）。

表 21.3 全球各个国家和地区赴东盟旅游人数（2013—2017 年）

单位：万人次

国家或地区	年份				
	2013	2014	2015	2016	2017
东盟内部	4615.4	4922.3	4599.2	4657	4849.3
日本	472.4	463.4	470.3	478.2	502.8

续表21.3

国家或地区	年份				
	2013	2014	2015	2016	2017
中国	1265.1	1305.9	1859.6	2033.9	2528.4
韩国	487.3	501.8	583.9	646.5	786.2
澳大利亚	430.3	438.4	419.1	431.4	434.3
新西兰	43.9	45.8	47.5	48.1	52.9
欧盟	869.5	927.5	957	1013.8	1086.2
美国	317.8	325.4	338.2	378.8	410.9
加拿大	76.9	80	83.4	87.6	96.5
印度	294.6	307.1	330.8	278.7	415.3
其他	1346.6	1190.6	1201.4	1502.7	1409.2
总计	10219.8	10508.2	10890.4	11556.7	12572

资料来源：东盟旅游数据库。

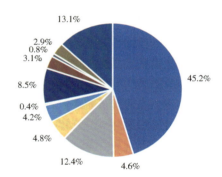

图21.1　2013年赴东盟旅游人数各国所占比重

资料来源：东盟旅游数据库。

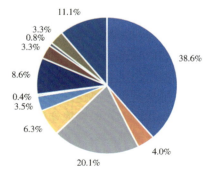

图21.2　2017年赴东盟旅游人数各国所占比重

资料来源：东盟旅游数据库。

与此同时，中国也在逐渐成为东盟游客的重要旅游目的地，东盟来华旅游人数保持稳定增长态势，并且一直是中国亚洲客源地的重要来源。从 2007 年到 2016 年东盟来华旅游人数不断上升，到 2016 年已达 1034 万人次，东盟占亚洲比重突破 50%（表 21.4）。根据《2017 年全年旅游市场及综合贡献数据报告》，2017 年中国入境旅游人数为 1.39 亿人次，在中国主要客源市场前 17 位国家中，东盟有 7 国位居其列，其中缅甸和越南排在前两名。由此可见，随着中国—东盟关系的不断深化，中国—东盟国际旅游合作的不断推进，中国已经并将继续吸引更多的东盟游客入境旅游。

表 21.4　2007—2016 年东盟 10 国赴华旅游情况

单位：万人次

年份	越南	泰国	马来西亚	菲律宾	新加坡	缅甸	印度尼西亚	柬埔寨	老挝	文莱	东盟合计	亚洲合计	东盟占亚洲比例/%
2007	65.39	61.16	106.2	83.3	92.2	43.1	47.71	3.09	5	0.25	507.4	1606.12	31.6
2008	74.35	55.43	104.05	79.53	88.85	50.9	46.63	4.89	5.38	0.3	510.3	1455.1	35.07
2009	82.86	54.18	105.9	74.89	88.95	60.77	46.9	6.06	6.99	0.36	527.9	1377.93	38.31
2010	92	63.55	124.52	82.83	100.6	49.34	57.34	6.82	7.34	0.41	584.5	1617.86	36.13
2011	100.7	60.8	124.51	86.43	106.3	19.1	60.87	7	8.01	0.48	574.2	1662.32	34.54
2012	113.7	64.76	123.55	96.2	102.8	20.59	62.2	8.91	9.23	0.59	602.5	1662.22	36.25
2013	136.5	66.29	134.96	99.67	99.73	21.42	60.53	10.02	10.21	0.62	640	1606.01	39.85
2014	170.9	61.31	112.96	96.79	97.14	13.28	56.69	—	—	—	630	1633.13	38.58
2015	216.1	64.15	107.55	100.4	90.53	14.44	54.48	—	—	—	655.2	1659.47	39.48
2016	316.73	75.3	116.5	113.5	92.5	—	—	—	—	—	1034	1803.7	57.33

资料来源：根据中国文化和旅游部历年数据整理。

同时，中国和东盟国家之间还积极探索地方-国家之间的合作模式，构建中国边境区域与邻近东南亚国家的旅游经济走廊，形成互补的国际旅游线路产品。例如，云南省与缅甸、老挝、越南、泰国、柬埔寨东盟 5 国进行的澜沧江—湄公河区域旅游合作，进一步推动和促进区域旅游合作。广西壮族自治区先后出台了《关于加快推进跨境旅游合作区的通知》《跨境旅游合作区建设指南》和《广西壮族自治区人民政府关于支持沿边重点地区开发开放的实施意见》，例如，设立防城港边境旅游试验区，旨在打造边境旅游目的地；在与越南的旅游合作中，形成以广西，越南河内、广宁"两国三地"跨境旅游推广活动；等等。

此外，中国与东盟还开展双边或多边的旅游合作，通过签署《中国-老挝关于双边合作联合声明》《中国-柬埔寨关于双边合作框架联合声明》《关于中国公民自费赴文莱旅游的谅解备忘录》《湄公河流域可持续发展合作协定》等双边、多边协议，开展中马、中老、中缅、中越、中老缅泰等旅游合作。这些区域合作协议也为中国—东盟国际旅游合作提供了强有力的基础保障。中国与东盟各国的文化交流以及友好往来，也在一定程度上加深中国与东盟各国的相互了解、增进互信，进一步促进中国—东盟游客的相互输出与输入。

但在看到中国—东盟国际旅游合作广阔前景的同时，也应该意识到中国—东盟的国际旅游仍面临着全球地缘经济形势、中国与东盟各国的双多边关系、新冠肺炎疫情等多因素的挑战。特别是在新冠肺炎疫情爆发以后，全球旅游业受到了严重的冲击，各国为了防止疫情的扩散与跨境传输，都在不同程度上采取了检测、隔离、封闭等不同程度的防疫措施，限制了人口的流动。在全球疫情的阴霾笼罩下，游客的跨境出行意愿更是进一步降低。旅游业是众多东盟国家优先发展的支柱性产业，中国与东盟国家互为重要旅游客源市场和旅游目的地。2019年，中国游客占到访东盟海外游客数的近1/4，东盟国家则在中国主要国际客源市场前10位国家中占据1/2。新冠肺炎疫情发生后，中国与东盟国家纷纷采取了较为严格的出入境管控措施，中国—东盟国际旅游业遭受重创，地区经济受到严重冲击。以旅游业较为发达的泰国为例，据泰国旅游和体育部报告，2020年其旅游业预计损失不少于1.3万亿泰铢（约合人民币2900亿元），约为其2019年国内生产总值（GDP）的7.7%。与旅游业相关的贸易、零售及其他服务业遭受重挫，中国与东盟间的供应链和产业链受到较大冲击。

由疫情引发的中国—东盟国际旅游合作的阻碍也使得中国与东盟的经贸联系更加密切，以维护双方的经贸稳定与发展。2020年5月29日，中国商务部部长和东盟国家经贸部长发表联合声明，决心共同抗击新冠肺炎疫情、加强中国—东盟自贸合作。在中国与东盟共同努力下，双方经贸合作在疫情重压下实现逆势增长。中国与东盟国家的这一系列紧密合作，也为中国—东盟国际旅游合作在后疫情时代的提升与发展提供了机遇。

同时也要看到近年来，在美国的极力煽动之下，部分东盟国家在南海与中国再生矛盾，从中越南沙、西沙争端，到中菲黄岩岛、美济礁、南海仲裁案等事件，严重影响了中国与东盟部分争端国之间的双边关系。这种国家间的摩擦也会影响到民众的情绪，进而影响到中国—东盟国际旅游合作的基础。每一次中国与东盟国家的争端事件出现都在影响着双边旅游合作，对于争端国旅游地的想象也会随之而恶化。

从中可以发现，中国与东盟各国密切的经济往来背后，也受到来自不同层面的挑战。围绕着中国—东盟国际旅游合作开发，区域内国家和区域外国家、地区、国际组织纷纷以各种方式介入，形成了多方介入、多轮驱动、多种合作机制并存、国际关系复杂、竞争激烈的局面。由于各种利益关系不一，中国—东盟旅游一体化也受到多种因素的制约，协商困难，增加了一体化的难度。这也需要中国—东盟不断增加互信，强化中国—东盟命运共同体意识，加强区域内部的争端沟通协商解决机制，搭建多层次的旅游合作平台。中国与东盟各国的跨境旅游也有利于加深国家间的文化交流，促进国家间的友好往来。

综上所述，中国—东盟国际旅游合作机遇与挑战并存。中国与东盟各国山水相邻，独特的地缘优势、丰富多样的旅游资源为中国—东盟国际旅游合作提供了重要的前提条件。与此同时，伴随着"一带一路"倡议的不断推进，特别是21世纪海上丝绸之路的建设，为中国与东盟的经济贸易、人口流动带来了广阔的发展空间。而中国与东盟各国间的跨境旅游，则是这一过程中最为活跃的因素。中国与东盟国家互为重要旅游客源市场和旅游目的地。在中国与东盟各国旅游业快速发展的同时，也应该清楚地认识到中国—东盟国际旅游合作仍面临着一定的挑战。新冠肺炎疫情带来的跨境旅游的中断，中国与其他环南海周边国家的领土争议，中国—东盟域外势力对于双多边关系的干涉以及国家间国际旅游合作法律协定、模式机制等方面的沟通与协商等问题，仍需中国与东盟各国在友好互信的基础上加强沟通、协商解决。

参考文献

贺圣达. 中国—东盟自由贸易区的建构和我们面临的机遇与挑战［J］. 东南亚纵横，2002（7）：1 – 8.

刘娴，周青. 中国—东盟旅游服务贸易制度保障路径优化探索［J］. 改革与战略，2018，34（9）：81 – 90.

卢光盛，王子奇. 后疫情时代中国与东盟合作的前景与挑战［J］. 当代世界，2020（8）：35 – 40.

罗明义. 旅游服务贸易：中国—东盟自由贸易区建设的先导［J］. 云南师范大学学报（哲学社会科学版），2004（1）：121 – 126.

明庆忠，白廷斌. 澜沧江—湄公河次区域旅游合作的基本设想［J］. 旅游学刊，1997（6）：24 – 26，56.

阮文留，杨然. 客观需要和友谊的要求：越中旅游合作［J］. 东南亚纵横，2002（1）：25 – 28.

宋赵榛. 国内外区域旅游合作及广西与东盟旅游合作的研究综述［J］. 旅游纵览（下半月），2019（9）：23 – 24，27.

王士录. 中国—东盟自由贸易区的背景、意义及前景［J］. 云南社会科学，2002（1）：26 – 31.

夏雨. 论我国国际旅游法律制度的缺失与构建：以和平崛起为视角［J］. 武汉大学学报（哲学社会科学版），2010，63（3）：416 – 421.

（安宁）

第二十二章　典型国际海岛旅游开发的典型案例分析

一、澳大利亚黄金海岸

（一）自然人文条件

黄金海岸位于澳大利亚东海岸昆士兰州太平洋沿岸地区（图22.1）。在亚热带季风湿润性气候的影响下，该地终年阳光普照，空气湿润，是海岛旅游的绝佳去处。此外，黄金海岸丰富的沙滩和雨林等自然资源为旅游开发提供了基础。黄金海岸是一个非常多元化的城市，居住着许多不同的民族和文化群体。随着世界人口迁移的加剧，不少亚裔群体选择到黄金海岸定居。

图22.1　澳大利亚黄金海岸

资料来源：https://finance.sina.cn/usstock/mggd/2017-11-14/detail-ifynshev6087289.d.html？vt=4&wm=1201mpltbrl tahref.

（二）旅游产品

产品一：主题乐园旅游。黄金海岸是澳大利亚主题公园之都。梦幻世界是澳大利亚最大的主题公园，在这里游客能看到多元的世界，混合着各色游乐设备、演出和景点，包括世界上最高最大的游乐设备之一"恐怖之塔"。此外，老虎岛具有更丰富的动植物展示资源。在野生动物体验区，您能看到500多种当地动物。激浪世界是世界上最尖端的水上乐园之一，拥有4种热门水上滑道。狂野水世界是澳大利亚最大的水上主题乐园，结合了乐趣十足的水上滑道和适合全家的休闲水池。

产品二：滨海运动旅游。冲浪者天堂是黄金海岸最具盛名的三大海滩之一，也是全澳最著名的旅游景点之一。在冲浪者天堂核心海滩附近分布着商业街区，拥有大大小小的商场和国际品牌店；在商业区附近则布局了居住度假区，并以号称世界上第一高的公寓楼Q1为高端民宿和度假产品代表。

产品三：博物馆旅游。黄金海岸蜡像博物馆是世界上质量最好的蜡像馆之一。这座澳大利亚最大的蜡像馆有着真人尺寸的蜡像、英国王室珠宝的仿品和澳大利亚历史实景模型。

（三）成功经验

经验一：采取食、住、行、游、娱、购综合一体的开发模式。黄金海岸在旅游开发上的策略是采取大规模、高举高打的综合开发。依托旅游资源，打造丰富的娱乐项目，辅以高端的住宿餐饮配套设施，打造多元化的旅游度假场景，提高品牌知名度，带动整个城市的发展。

经验二：推动旅游房地产投资的国际化。黄金海岸的城市景观是世界著名建筑师展示实力的角力场。例如，澳大利亚开发商Sunland Group开发的高层公寓楼，共44层，提供370套公寓，并配置有69间客房的高端酒店。标志性住宅建筑的建造提升了该区域的消费品位，也吸引了国际投资者的目光，将其作为一个投融资的工具。这样，把热钱引进了这一区域，带动区域全面发展。

二、韩国济州岛

（一）自然人文条件

韩国济州岛位于朝鲜半岛西南海域，总面积1845 km^2，是韩国最大的海岛。济州岛具有得天独厚的自然环境，气候根据季节的变化可以明显地分为大陆性气候和海洋性气候，有"韩国的夏威夷"之称。以济州岛中央的汉拿山（图22.2）为中心，在济州岛各地的山梁上、大海边分布着360多座休眠火山和海岸地带的瀑布、柱状节理，火山地形覆盖了整个岛屿。1998年韩国开始实施建设济州成为国际自由城市的计划，要将济州岛打造成世界人民喜爱的和平美丽之岛。济州岛也称为"三无岛"，即无乞丐、无小偷、无大门。济州岛的淳朴民风延续至今。

图 22.2　济州岛汉拿山

资料来源：http://www.haodewap.com/visits.do？wapurl=http://jizhou.h.baike.com/article-191999.html.

（二）旅游产品

产品一：打造亲子旅游产品，包括金陵海水浴场（适合小孩子玩耍的天然游泳池）、济州绵羊牧场（用原木打造的小型别墅和牧场）、早晨微笑牧场（奶牛和韩牛牧场）、休爱利公园（多样的动植物体验）、Hello Kitty 乐园（以 Hello Kitty 为主题建立的复合型文化空间）、晨星岳（每年正月十五前后会举行野火节）、生态乐园主题公园（一座拥有原始森林和迷你小火车的主题公园）、天地渊瀑布（无障碍旅游景点，方便使用婴儿车的家庭游客）、迷宫公园（世界规模的玄武岩石头做成的迷宫公园）、涯月汉潭海岸散步路（长达 1.2 公里的步行道，被誉为济州最美海景）。

产品二：健康旅游产品，包括 Meochewat 林道（由杉树林和扁柏林形成长长的林隧道，具有空气杀菌作用）、幻想林葛扎瓦 Damang 足浴（体验运用济州的野生植物的韩方足浴疗法）、休爱里（每个季节都有不同的鲜花盛开）、济州香草花园（由各种特色庭园和小花园组成）、西归浦治愈森林（由山林治愈指导师运营着山林治愈项目）。

产品三：美食旅游产品，包括 OKUDA（有益身体的鲍鱼料理）、万民餐厅（酱炖带鱼的美食店）、ALOHADO（夏威夷风格的比萨专门店）、微笑小食店（酱料炒年糕和炸小鱿鱼）、熊幕（生鱼片面条店）。

（三）成功经验

经验一：国家引导，扩大私人投融资平台。济州岛的成功经验来源于韩国振兴经济的一贯模式，即战略动员性经济模式，通过政府引导扶持私人领域的投资、融资产生经济推力,最终再由市场检验产出的泛旅游商品的质量和旅游消费者满意度。在发展战略定位上,济州岛的终期目标是打造成一个国际化自由商圈,不仅仅立足于旅游产业本身的做大做强,更有高科技研发中心密度提升,国际金融业入住后成为世界金融中心的远期目标。

经验二:扩大地方在旅游发展中的权力。2006年2月韩国政府颁布了《济州自治道及国际自由城市法》,规定除国防和外交权,其他行政权力全部下放至济州道。该项法案赋予了济州岛高度的自治权以及针对济州岛核心产业的相关政策。例如,在济州岛提供适合于国际自由城市的教育服务,包括设立运营小学、中学教育机关的开放型学校,设立运营国际高中、外国大学(包括专科学校),并且欢迎韩国人和外国留学生就读;在济州岛提供良好的医疗服务,允许外国法人设立、投资营利性医院,放开医疗产业规制,改善医疗环境及确保竞争力。

经验三:设立退税岛,吸引国际游客。济州岛也是拥有退税政策的旅游地区,无论是韩国人还是外国人,在离岛时都可以享受购买免税商品的政策。

三、新加坡圣淘沙

(一) 自然人文条件

圣淘沙岛(图22.3)面积5 km²,距离新加坡本岛南岸只有0.5 km(1/4英里),是新加坡第四大岛屿(除本岛外)。岛屿面积的70%被次生雨林覆盖,栖息着巨蜥、猴、孔雀和鹦鹉等动物以及当地的植物群。岛上还有3.2 km长的白色沙滩。近来圣淘沙通过填海造地增加了大面积的土地。

图22.3 圣淘沙岛全景

资料来源:https://commons.wikimedia.org/wiki/File:1_sentosa_aerial_2016.jpg。

(二) 旅游产品

产品一:度假旅游产品。圣淘沙高级酒店密度极高,拥有如香格里拉圣淘沙大酒店、新加坡圣淘沙乐怡渡假村、圣淘沙安曼纳圣殿度假酒店等在内的11家高星级酒店。

产品二:生态旅游产品。圣淘沙有着一系列景点和博物馆,为游客提供了多样的旅游体验。蝴蝶公园、昆虫王国、水下世界海洋馆、海豚乐园、英比奥山天然保护区等旅游资源为游客提供不一样的观感体验。

产品三：自然观光及体验型产品。岛上拥有湖泊、池塘、人工喷泉等水景超过20处；西部设有英比奥山天然保护区，中央是英比奥瀑布，同时拥有西乐索海滩、巴拉湾海滩和丹戎海滩等海滨浴场。

（三）成功经验

经验一：交通可达性的改善。圣淘沙坚持以人为本的运营主题，通过不断完善圣淘沙内部与外部的交通环境，如连通外界的大桥、岛内的免费交通系统以及慢行系统等为游客提供极大的便利。

经验二：国际品牌和本土文化的融合。圣淘沙滨海度假区的成功经验在于通过旅游娱乐的环境彰显新加坡独特的文化特征，全面展示新加坡历史和多民族的文化融合。

经验三：聚集国际高端消费。岛内的升涛湾位于豪宅区，占地117 hm^2。新加坡的地理学家称升涛湾为"超级富豪聚居地"，同时也是新加坡唯一一处不需要经过政府特别批准，外国人也能购买的豪宅。圣淘沙非常善于实现政策制度创新，抢占国际高端消费市场。

四、印度尼西亚巴厘岛

（一）自然人文条件

巴厘岛（图22.4）位于印度尼西亚爪哇岛东部，地处热带地区，属于热带干湿季气候，干湿季相当分明。巴厘岛上大部分为山地，全岛山脉纵横，地势东高西低，岛上最高峰是阿贡火山，海拔3142 m。巴厘岛的居民大部分信奉巴厘印度教。该地文化资源十分丰富，因种类多样而闻名。其他方面，岛上的雕刻、编织艺术也十分有特色。

图22.4 巴厘岛

资料来源：https://dp.pconline.com.cn/dphoto/list_3740004.html。

（二）旅游产品

产品一：运动旅游产品。例如，佩母德兰海滩、艾迈德海滩和努沙杜瓦提供丰富的水肺潜水和浮潜的服务，库塔海滩是全球最好的冲浪运动地点之一，丹戎贝诺阿岛和努沙杜阿海滩是帆伞运动的重要根据地、水上飞板和滑板的热门景点。

产品二：文化体验及购物旅游产品。在巴厘岛，每个村以一种特色的艺术产品为重点。巴厘的雕刻大部分用木头和石头制作，每个作品代表着一段故事。还有银首饰、手工纺织品、藤家具等丰富的手工艺品以及水疗产品。

产品三：宗教旅游产品。参观孟格威村的皇家园林寺庙母神庙是巴厘岛宗教旅游必备的行程，母神庙是巴厘岛最华丽的寺庙之一；建于1663年的水神庙也是巴厘岛标志性的寺庙之一。另一个巴厘岛的经典目的地就是海神庙，是欣赏日落的重要场所。

产品四：度假疗养产品。游客可以在岛上的一些顶级水疗项目中体验完美的巴厘岛度假胜地。

（三）成功经验

经验一：精准的旅游供给体系。区域经营是巴厘岛旅游产业定位上最大的一个特点。该经营模式区分了各消费群体的消费能力，最大限度地将服务贴合每一个消费群体的需求。"区分式经营模式"指的是按照不同的客户需求，把巴厘岛分成以库塔海滩为中心的旅游商业区，以五星级高档酒店、别墅为主的努沙杜瓦高消费区。游客根据自己不同的消费需求选择适合自己的旅游路线。

经验二：国际资本的引入和开放管理。巴厘岛旅游产业的发展始终都是通过国际市场本身的力量在配置各种资源，小范围的调整和应对不断出现的市场反馈使得巴厘岛当下呈现的成熟旅游业紧密地贴近于巴厘岛自然和人文留存的原貌。

经验三：尊重本土文化与旅游的互融互通。在开发自然风光资源的同时，利用当地的人文、宗教等，大力发展人文景观及特色旅游文化，是巴厘岛旅游取得成功的又一重要策略。巴厘岛政府就规定：岛上所有的建筑必须拥有巴厘岛特色。巴厘人的这一长远眼光，使得巴厘岛的传统文化得以完美地保存下来。这也为巴厘岛的旅游发展奠定了文化基础。

五、泰国普吉岛

（一）自然人文条件

普吉岛（图22.5）是泰国最大的岛屿，位于印度洋安达曼海东南部，面积576 km^2，属于热带季风气候。普吉岛是个由北向南延伸的狭长岛屿，岛上主要的地形是绵亘的山丘，有少量盆地。岛上以种植橡胶为主，还有椰子、稻米和水果，渔业也较发达。同时，普吉岛还有500年的锡矿生产历史，泰国之所以能成为世界第三大锡矿出口国，普吉岛功不可没。普吉岛被誉为安达曼海的明珠，是泰国主要的旅游胜地。

图 22.5　普吉岛

资料来源：https://dp.pconline.com.cn/photo/3553958.html.

（二）旅游产品

产品一：度假旅游产品。以 Laguna 度假区为代表，面向安静的综合性度假村群落文化塑造为主。该度假区自 1986 年开始开发，前 10 年只建高档酒店，从而奠定了该区域的顶级地位，后期逐步完善配套设施和二线开发。到目前为止，共拥有 9 家不同品牌的酒店和多个不同类型的可售别墅。不同酒店之间的主题特色和娱乐度假设施各不相同，相互弥补功能缺失。

产品二：夜生活旅游产品。芭东海滩区域是岛上最热闹的一个海滩，也是岛上顶级的夜生活地区。在此处，不仅聚集了各类型的酒店，还拥有众多餐饮、娱乐等公共服务配套，包括著名的酒吧街、江西冷购物中心、班赞海鲜市场、泰拳馆、人妖秀等，完全是一座相对独立的不眠不休的度假中心城。

产品三：离岛旅游产品。自普吉岛正式开建国际旅游岛以来 40 多年，泰国政府积极提升普吉岛本岛和离岛的主题化开发和互动。除了本岛之外，普吉府还管辖 32 个离岛，与周边府县管辖的离岛也能形成航线互动，这些小岛成为观景、潜水、运动等海上活动的重要目的地。由此扩大了普吉岛的旅游腹地，是一种更为有效和成熟的旅游发展策略。

（三）成功经验

经验一：旅游宣传。普吉岛在海岛旅游获得的成功，离不开当地政府积极的宣传意识。泰国的海岛旅游业十分重视旅游宣传，在各景区、景点推出大量精美画册、招贴画以及宣传泰国风土人情纪录片。这些在宣传上的积极投入，使人们在泰国可以随处体会到其浓厚的旅游氛围，了解泰国旅游的最新咨询，也感受到泰国人民的热忱，为泰国海岛旅游业的发展锦上添花。

经验二：环保先行。例如，普吉岛原来以生产锡矿为主要产业。为了岛上的环境，政府做出了关闭所有矿场的规定，体现了政府的科学管理体制，为普吉岛旅游业发展提供了坚实基础。

经验三：风险管控。在2004年的印度洋海啸中，普吉岛沿岸的许多地区都遭到了严重的破坏，各种商业都受到了一定程度的影响。自此之后，泰国开始着手建立普吉岛旅游风险管理平台的计划（TOT），通过研讨会来识别旅游业的潜在风险，包括自然风险和人为风险。这些风险按照相应风险管理程序来分析和优先级排序，再分别制定处理的办法。

六、西班牙巴利阿里群岛

（一）自然人文条件

巴利阿里群岛（图22.6）是地中海西部群岛，也是西班牙的一个自治区和省份。巴利阿里群岛有着典型的地中海式气候，气候温和，具有明显的岛屿气候特征，而较大的湿度也使四季温度变得更加突出。巴利阿里群岛每年的日照时间都在300天左右。这一优势特别是对于那些在本国很少能够享受到阳光的北欧游客而言有着极大的吸引力，使巴利阿里群岛成了重要的旅游胜地。

图22.6　巴利阿里群岛

资料来源：http://m.zhuoku.org/bizhi/28932.html.

（二）旅游产品

产品一：休闲度假旅游。地处世界旅游"3S"产品（阳光、海水、沙滩）的发源地地中海地区，巴利阿里群岛依托宜人的气候和海岛风光，积极发展休闲度假旅游。前往巴利阿里群岛的游客平均逗留时间保持在 10 天左右，休闲特征显著。

产品二：航海旅游。巴利阿里群岛是地中海重要的邮轮旅游航线，邮轮旅游是其重要的旅游内容。巴利阿里群岛是世界邮轮旅游发展最早的地区之一，早在 20 世纪 60 年代初期邮轮旅游就已经发展起来。长期以来，巴利阿里群岛邮轮旅游经济已成为其旅游经济的重要组成部分。

产品三：会展旅游。巴利阿里群岛注重发展会展旅游，拥有国会大厅和会议中心、专门服务于会展旅游的 58 家酒店等。符合国际标准的完善的现代化基础设施和会议酒店等，为会展旅游顺利开展奠定了坚实的基础。

产品四：文化旅游。巴利阿里群岛文化旅游资源丰富，基础设施完善。博物馆、展览中心、文化中心以及各种风格迥异的建筑物随处可见；具有民族特色的表演层出不穷，民俗文化活动备受关注。

（三）成功经验

经验一：高度重视旅游业，具备先进的发展理念和机制。旅游业发展必须融入社会经济之中，要形成多种产业与旅游合作、和谐发展的机制。

经验二：巴利阿里群岛之所以在旅游度假方面成就斐然，离不开各海岛在开发建设前所进行的详细规划。具体来讲，这些规划具有如下特点：一是创意性，二是可操作性、科学性和合理性，三是超前性，四是风格定位。

经验三：大力发展具有特色的旅游市场和旅游产品。度假区必须有特色，旅游产品有吸引力、有文化内涵，才能有长久的生命力，这是现代旅游业可持续发展的重要手段和途径。

经验四：实体性产品和概念性产品并重。发展海岛旅游时，要在原有民俗节日的基础上，策划具有海岛特色并有浓郁文化内涵，具有广泛参与性和娱乐性的地方性节庆活动。

经验五：不断完善交通基础设施，解决海岛可进入性的问题。依托海岛空港，各国之间有标准较高、稳定性好的定期游船或环岛邮轮，保证出入海岛通畅便捷。加快构建海陆空三位一体的陆岛交通运输体系，使游客能随时随地方便进出海岛。

七、墨西哥坎昆

（一）自然人文条件

坎昆（图 22.7）是墨西哥著名国际旅游城市，位于加勒比海北部，尤卡坦半岛东北端。整个岛呈蛇形，西北端和西南端有大桥与尤卡坦半岛相连。隔尤卡坦海峡与古巴岛遥遥相对。该城市三面环海，风光旖旎。坎昆地处热带，全年平均气温为 27.5 ℃，每年仅有雨、旱两个季节。坎昆已发展成为每年可接待 200 万游客的国际旅游胜地。

图22.7 坎昆

资料来源：http://www.gongshe99.com/travel/599322.html。

（二）旅游产品

坎昆积极打造休闲度假旅游产品。作为世界著名的海滩休闲旅游度假城市，坎昆集海滨度假、旅游休闲、玛雅探秘、运动养生、国际会议等于一体，将海滩、休闲、娱乐、商务、会议等作为发展目标，建设了大量的高档酒店，以满足各类会议的需要。

文化旅游是坎昆旅游的另一大特色产品。坎昆在大力开发滨海休闲度假的同时，不断地对传统玛雅文化进行整合与保护，既丰富了坎昆休闲旅游的内涵，也为其后续的发展提供了持续的动力。

（三）成功经验

经验一：积极做到统筹规划，注重环保。
经验二：以优惠政策吸引资金投入，不断完善基础设施建设。
经验三：通过创新促销推广方式和手段，以本土文化为卖点促旅游发展。
经验四：营造安全诚信文明旅游大环境，为游客出行提供安全舒适的环境。

八、美国夏威夷

（一）自然人文条件

夏威夷州（图22.8）是美国唯一的群岛州，由太平洋中部的132个岛屿组成。夏威夷群岛是由火山爆发形成的，夏威夷岛为最大岛，岛上有两座活火山。气候终年温和宜人，降水量受地形影响较大，各地差异悬殊，森林覆盖率近50%。农业为当地经济的支柱，生产甘蔗、菠萝、咖啡、香蕉等。群岛2/3的土地种植甘蔗，每年约生产粗糖100万t，因而被称为美国的糖岛。由于宜人的气候和旖旎的风光,旅游业很发达。其中瓦胡岛是旅游业集中地区。

图22.8　夏威夷

资料来源：https://m.sohu.com/a/165787955_661901.

（二）旅游产品

生态旅游：夏威夷生态旅游协会成立于1995年,该组织在生态旅游认证方面做了较多努力。20世纪90年代中后期以来,伴随可持续发展理念的提出,夏威夷一直不间断地以各种形式朝这一方向努力,使之成为推动夏威夷旅游业不断发展的主要动力之一。

农业旅游：以农场观光为主的农业旅游也在夏威夷得到了迅速发展。据夏威夷农业部门2000年的统计,全州5500座农场从事农业旅游。其次是旅游资源不断更新以适应旅游产品更新的需求,不断拓宽外岛的旅游服务,打造各具特色的外岛观光体验。

（三）成功经验

经验一：坚持走政府与市场的中间道路,政府对夏威夷的旅游发展实行适度干预。政府在夏威夷旅游发展中更多扮演的是组织者和协调者的角色,而非管理者。

经验二：坚持旅游业可持续发展原则。2002年在夏威夷政府的支持下,可持续旅游研究组成立,该研究组的主要目标是：①确认游客以及当地居民的增长对基础设施环境社会状况和经济的影响；②创建新的分析工具,确认游客以及当地居民的影响,以帮助管理旅游业的增长。

经验三：保护本土文化,塑造独特品牌。夏威夷在旅游开发中最成功的经验之一就是对本土文化的保留与保护。夏威夷地处太平洋的十字路口,包容成为夏威夷文化的内核。

经验四：在旅游开发过程中,保证让当地人受益,从而培养全社会的旅游意识。只有当地人感受到旅游业带来的好处,才能支持旅游发展。因此,让当地人受益与保护本土文化相辅相成,共同构成了可持续发展模型的主体。

九、法国戛纳

(一) 自然人文条件

戛纳（图 22.9）位于法国南部港湾城市尼斯附近，是地中海沿岸风光明媚的休闲小镇。戛纳的气候属于地中海气候，冬暖夏凉，是欧洲人冬日度假、夏日避暑的首选之地。戛纳是欧洲有名的旅游胜地和国际名流社交集会场所，因国际电影节而闻名。此外，戛纳的周边区域已发展成一个高科技的重地，法国索菲亚科技园区就位于戛纳后方的山丘上。

图 22.9 戛纳夜景

资料来源：http://www.erhainews.com/n6300980.html.

(二) 旅游产品

影视旅游是戛纳的标志性旅游产品。作为戛纳电影节的主办地，戛纳借助电影节的契机开展影视旅游，旅游产品主打电影主题。自 1947 年创办戛纳电影节以来，戛纳已逐渐从一个海滨小城变成世界上吸引商业团体和个体游客最多的城市之一。服装百货、旅游纪念品、摄像器材、公共交通等周边旅游产品也都因电影节而受益。

(三) 成功经验

戛纳坚持大刀阔斧的改革，使戛纳电影节成为欧洲三大电影节龙头。借助电影节的国际影响力，每年举办 300 多个展览，囊括了电视、手机、汽车、船舶、珠宝、信息技术、旅游、建筑等各个经济领域。依托电影产业的繁荣、高度商业化的小镇设施，带动并开发了一系列服务链包括旅游、酒店、餐饮、会展、博彩等，成就了自己的电影衍生商业版图。通过电影节，盘活本地艺术的氛围，在旧城区美术馆和文化中心开展各类日常大型艺术展览，给游客一个除了纸醉金迷外不一样的旅游感受。

十、斐济

（一）自然人文条件

斐济岛（图 22.10）又称斐济群岛，位于南太平洋中心，介于赤道与南回归线之间。斐济岛是南太平洋上珍珠般的岛屿，地跨东、西半球，由 330 个岛屿组成，其中 106 个岛有人居住，大部分是珊瑚礁环绕的火山岛。该地以热带海洋性气候为主。斐济岛是世界著名的度假胜地、旅游天堂，被誉为"全球十大蜜月旅游胜地之一""全球十大美女海滩之一"。斐济以斐济族和印度族居民为主，官方语言为英语、斐济语和印地语，通用英语，是基督教、印度教、伊斯兰教教徒的聚集地。

图 22.10　斐济群岛

资料来源：https://news.yxad.com/news/275546377_355881.html.

（二）旅游产品

产品一：生态观光产品。斐济的旅游产品重点突出原生态特色，着力发展生态旅游产品。海洋、沙滩、椰林、热带雨林、潟湖、珊瑚岸礁、火山、峡谷、瀑布、溶洞以及种类繁多的海洋生物为斐济生态旅游的开展提供丰厚资源。

产品二：文化体验产品。斐济大力发展文化旅游。文化旅游产品侧重独特的美拉尼西亚文化、波利尼西亚文化，以及毛利文化等原始文化景观，为游客提供了解原始部落历史发展的平台。

产品二：滨海运动产品。凭借四面环海的地理优势，斐济的滨海旅游体验项目一应俱全。在沿海，游客可享受日光浴、沙滩漫步、打网球、高尔夫温泉、水疗等项目；在近海和深海，可浮潜、水肺潜水，也可乘坐快艇、皮划艇、游轮、单桅帆船、双桅杆帆船、香蕉船、独木舟、摩托艇等出海游玩，还可体验冲浪、帆板运动、帆伞运动等极具刺激性的水上运动项目。其中，最受游客欢迎的滨海旅游项目是乘坐游艇穿梭于各个岛屿之间的跳岛旅行。

(三) 成功经验

经验一：注重旅游统计事业的发展。自20世纪80年代起，斐济政府就利用得天独厚的自然条件，大力发展旅游业。2012年，斐济的旅游收入就已经占国内生产总值的20%，成为斐济最大的外汇收入来源。2014年，斐济开展了全国投资调查，深入剖析了其旅游产业发展的实际情况，为政府决策者和主要的旅游企业提供及时的信息。

经验二：打造税负低地，吸引世界资金。斐济政府也大力发展出口贸易、加大国内投资等，逐步形成高增长、低税收、富有活力的外向型经济。2016年，斐济政府出台《2015—2025年斐济贸易政策框架》，明确提出致力于打造具有活力的、充满竞争力的太平洋贸易中心。

十一、马尔代夫

(一) 自然人文条件

马尔代夫共和国位于印度南部约600 km、斯里兰卡西南部约750 km处，由26组自然环礁、1190个珊瑚岛组成（图22.11为马尔代夫度假酒店）。马尔代夫位于赤道附近，具有明显的热带气候特征，无四季之分，地势低平，平均海拔1.2 m。马尔代夫拥有丰富的海洋资源，有各种热带鱼类及海龟、玳瑁和珊瑚、贝壳之类的海产品。渔业、航运和旅游是马尔代夫三大经济支柱。马尔代夫人口以迪维希人为主要族群。根据马尔代夫法律，该国所有人口信仰伊斯兰教。马尔代夫的歌舞文化深受东非文化和南亚文化的影响。

图22.11　马尔代夫度假酒店

资料来源：http://www.5itruth.com/index.php/zh-CN/2014-08-23-18-10-10/884-2014-09-12-09-51-17.

(二) 旅游产品

产品一：海岛度假旅游。马尔代夫致力于营造悠闲的度假胜地来吸引海外游客，重点发展中高档度假旅游产品。

产品一：海岛研学旅游。马尔代夫还充分利用自身的地理资源优势，积极开发研学旅游产品。吸引世界各地研究海洋、生态和地理的学生，来马尔代夫考察和进行课程实践活动。

(三) 成功经验

经验一：营造特有岛屿文化。完善的发展规划是马尔代夫海岛旅游业的成功首要因素。马尔代夫政府"一岛一饭店，一岛一风格，和谐如一"的独特规划，成功吸引了世界各地的旅客。

经验二：打造差异化发展。在度假旅游开发过程中，坚持一座海岛及周边海域只允许一个投资开发公司租赁使用；一座海岛只建设一个酒店（或度假村），一座海岛突出一种建筑风格和文化内涵，一座海岛配套一系列功能齐备的休闲娱乐及后勤服务等设施。"四个一"模式成为世界各个国家发展海岛旅游学习的典范。

经验三：创新环保生态理念。马尔代夫采用"低层建筑、低容量利用、低密度开发、绿化率高"的"三低一高"开发原则，保持岛上生态系统及旅游资源的平衡和完整。

十二、菲律宾长滩岛

(一) 自然人文条件

长滩岛（图12.12）是菲律宾中部的一座岛屿，属于西米沙鄢群岛，是菲律宾的旅游胜地之一。长滩岛属于典型的热带海洋气候，全年常夏，平均温度为23～36 ℃。长滩岛，曾被誉为世界七大美丽沙滩之一的岛屿，从1970年末开发至今，依然是东南亚地区深具吸引力的度假胜地。

图 22.12　菲律宾长滩岛

资料来源：https://www.sohu.com/a/162408450_409256.

（二）旅游产品

核心旅游产品：打造滨海旅游度假综合体。"一站式"体验是长滩岛旅游产品的一大卖点。长滩岛是菲律宾最有名的旅游胜地之一，优质的沙滩资源被誉为"世界最细沙滩"。长滩岛旅游业成熟，酒店和娱乐项目发展完善，餐饮和购物地集中，可以进行"一站式"体验。凭借白沙滩、普卡海滩、星期五海滩、圣母岩礁、卢霍山等优质自然资源，长滩岛着重打造集休闲度假、自然风光于一体的旅游资源，满足不同层次游客的体验需求。

（三）成功经验

长滩岛开发的成功经验包括以下四点：①政府制定规划指导发展旅游业；②重视国内各部门合作与寻求国际支持；③开发新的旅游资源；④保护生态旅游环境。

十三、法属波利尼西亚

（一）自然人文条件

法属波利尼西亚是联合国非自治领土，位于太平洋的东南部，西与库克群岛隔海相望，西北临莱恩群岛，由社会群岛、土阿莫土群岛、甘比尔群岛、土布艾群岛、马克萨斯群岛等118个岛屿组成。其中最大的岛屿就是著名的大溪地（也称塔希提岛），法属波利尼西亚的政治、经济中心即位于该岛。法属波利尼西亚属热带雨林气候，每年5月至10

月为旱季，11月至次年4月为雨季。渔业资源丰富，盛产金枪鱼和珍珠。法属波利尼西亚多数为波利尼西亚人，其余为波欧混血种人、欧裔、华裔等。

（二）旅游产品

产品一：徒步旅游。大溪地（图22.13）为不同水平的徒步旅行爱好者提供了不计其数、风貌各异的徒步旅行景点。徒步路径穿梭于茂盛的热带植被，沿途有令人心旷神怡的河流，飞泻而下的绚丽瀑布，千姿百态的山峰。可以选择家庭漫步型、运动健将型等路线，满足不同人群的喜好。

图22.13　大溪地

资料来源：https://www.sohu.com/a/205955159_395862.

产品二：生态旅游。坐拥得天独厚的壮美景观和丰富的野生动植物资源，使得法属波利尼西亚成为自然爱好者的独特旅游目的地。自然生态是波利尼西亚文化的核心，生态旅游因此成为其旅游产品的另一大特色。

（三）成功经验

经验一：本土多元文化的保护和本土群体的旅游参与。与世界旅游组织和联合国教科文组织等国际组织合作，常年举办多场体现多元文化的展览、表演和节事活动，以此为本地居民提供参与旅游发展的平台，也在一个世界的舞台中推动文旅融合。

经验二：为国际高端旅游提供个性化的定制旅游服务。与法属波利尼西亚丰富旅游资源相匹配的是较为完善的旅游基础设施，为游客提供便利。通过开发不同的岛屿，建成世界顶级的私密休闲度假海岛，大溪地每年吸引着来自四面八方的高端游客。

十四、塞舌尔

图22.14　塞舌尔山

资料来源：https://you.ctrip.com/travels/praslinisland22225/2269924.html。

（一）自然人文条件

塞舌尔是坐落在东部非洲印度洋上的一个群岛国家。全境半数地区为自然保护区，享有"旅游者天堂"的美誉。塞舌尔属于典型的热带雨林气候特征；高温多雨，平均气温为24 ℃，旱季和雨季分明。塞舌尔的6—9月属于旱季，热带雨林的旱季特征是多风，降雨量少，气候比较凉爽。塞舌尔全国人口约9.8万，居民主要为班图人、克里奥人（欧洲人和非洲人混血）、印巴人后裔、华裔和英法后裔等。首都维多利亚市独立大厦前圆形广场上伫立的三只展翅欲飞的海鸥的雕塑，象征着其民族渊源来自欧亚非三大洲。

（二）旅游产品

产品一：高端私密度假旅游产品。塞舌尔群岛主打高端旅游产品。岛上消费水平普遍偏高，游客使用的建筑也是极其奢华。因此，塞舌尔群岛成为世界各地明星和富豪首选的旅游下榻地。

产品二：海上运动旅游产品。海上旅游是塞舌尔群岛的另外一大特色。塞舌尔海上娱乐项目众多，滑浪风帆、香蕉船、冲浪、潜水、钓鱼等水上活动丰富多样。

（三）成功经验

经验一：通过设定游客门槛，实现旅游和生态的平衡。塞舌尔群岛的最大创新来源于它把现代最高级的文明设施和最原始生态的自然风光相结合。因而成就了其"世界最后的伊甸园"的地位。塞舌尔群岛在讲究资源整合性的同时，又突出它的特性，强调个体与整体相结合，每个独具特色的个体构成了一个完整的整体。

经验二：可持续发展理念深入人心。塞舌尔群岛人环保意识极强，就连砍一棵树都要报环境部审批。为了促进海岛旅游业有序合理的开发，塞舌尔群岛有比较科学的管理体制和监管系统，并注重政府在当地旅游业发展中扮演重要的角色，强化旅游部门的行业综合管理协调和监督能力。

十五、塞班岛

图 22.15　塞班岛

资料来源：http://old.cpweb.gov.cnnewslvyou/tuijian/2018052152285.html.

（一）自然人文条件

塞班岛是美属北马里亚纳群岛联邦最大的岛屿和首府所在地，面积 185 平方公里，最高点塔波乔山海拔 466 m。现主要出产椰干，亦产芋、木薯、薯蓣、面包果及香蕉。旅游业是塞班岛的主要产业。

（二）旅游产品

产品一：休闲度假产品。塞班岛被称为度假天堂，岛上酒店众多，设施完善。

产品二：历史旅游产品。由于塞班岛曾作为"二战"时期的主要战场，岛上保留大量"二战"遗址，如万岁崖、日军司令部、自杀崖等带有历史特色的景观，因此历史旅游是塞班岛旅游开发的另一大特色。

（三）成功经验

经验一：重视政府引导，制定科学规划，正确实施开发。塞班岛海岛旅游开发所取得的成功,与当地政府的支持与重视密不可分。当地政府或政府代表机构出面,对其进行科学而详尽的规划。

经验二:在旅游开发过程中高度重视生态环境的保护,减少旅游开发对环境的破坏。塞班岛在进行旅游开发规划建设时,非常重视海岛生态环境的保护,不仅把生态保护型开发作为海岛旅游开发的第一自觉性理念,而且还制定了严格的生态环境保护条例。

经验三:紧扣市场需求,强调区域特色,打造多样化的旅游产品。塞班岛旅游开发取得成功的原因是紧跟旅游市场的变化需求,适时地开发出试销对路的旅游产品,而使自己长期处于不衰之境。

参考文献

滨水休闲联盟. 世界级滨海旅游度假区成功开发案例分享(八):新加坡圣淘沙旅游度假区[EB/OL]. (2019-04-12)[2020-09-24]. http://www.360doc.com/content/19/0412/10/9683657_828221662.shtml.

邓灿芳,安应民,游长江. 塞舌尔群岛和西沙群岛旅游资源开发对比研究[J]. 新东方,2011(6):11-15.

董建博,陈慧,李黎霞,等. 塞舌尔和马尔代夫旅游比较及对我国岛屿开发启示[J]. 山东省农业管理干部学院学报,2010,26(1):75-77.

胡丹. 影视旅游发展研究[D]. 扬州:扬州大学,2009.

纪春. 浅析世界著名岛屿旅游发展经验及对海南的启示[J]. 特区经济,2010(3):148-150.

江海旭,李悦铮,王恒. 地中海海岛旅游开发经验及启示:以西班牙巴利阿里群岛为例[J]. 世界地理研究,2012,21(4):124-131.

李燕,黄正多. 马尔代夫旅游业的发展及其原因[J]. 南亚研究季刊,2009(4):65-70,113.

李燕琴,刘莉萍. 夏威夷对海南国际旅游岛可持续发展的启示[J]. 旅游学刊,2011,26(3):16-24.

刘建峰,王桂玉. 中国与太平洋岛国旅游合作研究[J]. 太平洋学报,2014,22(11):47-54.

魏梦欣. 西北地区休闲旅游度假区景观设计研究[D]. 西安:西安建筑科技大学,2018.

王胜. 海南应向坎昆学什么[J]. 今日海南,2011(2):30-31.

王树欣,张耀光. 国外海岛旅游开发经验对我国的启示[J]. 海洋开发与管理,2008(11):103-108.

伍鹏. 马尔代夫群岛和舟山群岛旅游开发比较研究[J]. 渔业经济研究,2006(3):19-24.

解正蕾. 韩国济州岛旅游发展的优势分析[J]. 旅游纵览(下半月),2015(4):185-186.

许可,陈仲丹,闵婷婷. 马尔代夫海岛旅游模式对三沙旅游建设的启示[J]. 海南金融,2013(12):81-84.

杨洁,李悦铮. 国外海岛旅游开发经验对我国海岛旅游开发的启示[J]. 海洋开发与管理,2009,26(1):38-43.

杨扬. 塞班岛度假酒店设计[D]. 北京:清华大学,2016.

张建. 普吉岛旅游风险管理经验对海南省的启发[N]. 中国保险报,2013-04-01.

张雯. 济州岛、巴厘岛的发展及其对海南自由岛建设的启示[D]. 长春:吉林大学,2012.

智美旅游策划管理. 全球成功案例分析:海岛旅游开发这六点是关键![EB/OL]. (2018-11-01)[2020-09-24]. https://www.sohu.com/a/272721258_364961.

(袁振杰,何兆聪)

城市化与城市发展 编

第二十三章　环南海区域城市发展历程

一、15—17世纪环南海区域的贸易与城市

　　今日环南海区域的发展、政治经济格局及其在全球化中发挥的重要作用，背后有深远的历史渊源。环南海区域人群的海上活动，早在大航海时代之前很久就已存在。中国自汉代开始，航海活动已从环南海区域延伸至印度洋海域。成书于公元1世纪的《汉书·地理志》，便记载了中国与东南亚和南亚地区的海路交往和贸易情况。

　　唐朝时期海上贸易有了长足发展，很多来自印度洋和南海地区的穆斯林商人，到访广州等地的港口从事商业活动。9世纪以后，在东亚海域活动的中国海商也迅速发展起来，在环南海区域与穆斯林商人相互拉锯。延续着唐宋以来由中国海商发展起来的海上贸易盛景，环南海区域在13世纪中叶进一步踏入"开拓海疆"的时代。在此后的百年间，元朝积极在南海布局，对东南亚诸国进行军事示威和提出朝贡要求，这些活动也创造出横跨欧亚大陆以及连接海陆的大范围交流网。中国南海、印度洋和阿拉伯海已形成有连锁关系的海上贸易圈，不过就大规模的经常性贸易的角度而言，这种联系还未达到十分紧密的程度。明朝以后，中国实施朝贡和海禁两大政策，旨在建立起由国家统一管理的外交和贸易体制。在这种体制之下，中国与周边国家的贸易形式变成一元化的朝贡贸易，整个东亚海域的秩序及贸易活动深受影响。吊诡的是，中国闽南海商集团在此时也开始崛起，在15世纪初基本形成中国海外华商经贸网络，渐渐与印度洋及环南海区域的穆斯林商人分庭抗礼。

　　15世纪以后，郑和下西洋、哥伦布发现美洲和达·伽马开辟印度新航路，标志着大航海时代的开始。接连不断的远洋航海贸易，将世界各大洲联系起来，经济全球化的进程由此得以展开。

　　虽然中国在明朝时期的繁荣对东南亚地区的影响有限，但由郑和率领的大规模官方船队七次下西洋（1405—1433年），无疑刺激了对东南亚产品的需求。郑和下西洋的主要任务，除了柔远怀迩之外，还兼具贸易奇货珍宝的任务，由郑和在海外各地直接从事贸易，推动了官方海外贸易的发展。中国船队在阿瑜陀耶、马六甲、巴赛、文莱、锦石和淡目等地停泊，一定程度上促进了这些贸易城市的早期繁荣。与此同时，明王朝的海禁政策，又使得一些重要的中国商人群体滞留在这些新兴的贸易港口。新航路的开辟以及欧洲人的东进，虽然对东亚世界造成一定的冲击，但并未完全改变其贸易结构。相反的是，欧洲人主动融入数百年来已经形成的海上贸易和跨文化交流中，甚至是利用该地已有的贸易网络。

　　环南海区域，或是说东南亚，地理位置正好位于中国与印度、欧洲之间的海上贸易孔道，常年受西南季风和东北季风的影响，在凭借风力航行的帆船时代，贸易是该地区兴衰之关键。这也使得环南海区域在15—17世纪处在一个由贸易主导的历史时期。Ried指出，从15世纪起，权力中心从那些以劳动力和农产品为基础的旧式都市决定性地转移到

了以贸易为主的新兴城市，一系列的贸易中心，如阿瑜陀耶、金边、会安、马六甲、北大年、文莱等城市应运而生。

季风在每年的4月到8月向北吹向亚洲大陆，在12月到翌年3月又从亚洲大陆吹向南中国海和印度洋。季风的这种稳定性造就了亚洲地区的海上贸易模式。驶向南海地区的中国帆船，常常在农历新年前后启航，二十余天抵达目的地，随后在6月上旬季风改变方向后返航。来自南印度洋的海商则利用印度洋4月到8月的西南季风向东航行，在12月份利用东北季风返航。这些航海活动因季风而呈现季节性的特点，正好需要东南亚地区作为中转港，商人们可以在此等候季风转型，或是贸易伙伴的到来。这些贸易的中转站主要处于亚洲季风的交汇处，包括马六甲海峡、安达曼海的避风港、暹罗湾、爪哇海等。巴赛和马六甲是15世纪的主要中转港，并为马六甲海峡提供安全保障，使得航海的商人免去横穿马来半岛艰难转运的麻烦。

葡萄牙人于1510年占据印度果阿，翌年继续东进，征服并占据了马六甲，建立固定的交易所。1557年，葡萄牙人取得在澳门的居住权，并以澳门为据点，进一步发展东方贸易。与此同时，葡萄牙人试图竭力取得连接印度洋和中国南海干道的控制权，并对两个海域之间的交通征税，这都迫使来往商船改道而行。如此一来，海商的船只在北面被迫横穿马来半岛，在南部则需从苏门答腊西海岸航行至巽他海峡。这种变化，不仅造就了一批新的贸易中转港，同时也刺激了一些古老的中转站的复兴，如阿瑜陀耶、北大年、亚齐、丹那沙林、彭亨、柔佛和万丹。马尼拉、望加锡、柬埔寨、占婆等地虽然对印度海商较为遥远，但却成为中国、日本、东南亚和欧洲上传的中转站。

这些中转港的存在，使得海上贸易得以持续繁荣，内陆的交通及贸易也相应发展起来，并由此形成环南海区域的航运网（图23.1）。中国和印度、欧洲之间也通过这个航运网进行贸易往来。东南亚的港口和内陆腹地常常存在一种显著的特征，即主要河川的下游常常建立起"港市国家"，它们以河川的中上游为腹地，将腹地产品输往国外，同时又将舶来品提供给腹地。在这样的港市国家，以港埠型都市为据点的王权在政治、经济上支配着腹地。国际贸易市场上需求的东南亚产品，大部分来自边远的丛林和种植园。这些产品通过河运、陆运运往沿海的贸易港，然后再转销海外各地。借由这些海运、河运和陆运相互连接，中国的茶叶、瓷器、丝绸运往马尼拉再远销欧洲；暹罗、马六甲及巴邻庞生产的苏木、胡椒销往中国，马鲁古群岛的香料远销欧洲；西班牙在马尼拉建立贸易据点，将秘鲁、墨西哥的白银输往中国。Ried总结了15—17世纪东南亚地区的贸易的交换形式：东南亚从印度进口棉布，从美洲和日本进口白银，从中国进口铜钱、丝绸、瓷器及其他制成品，而东南亚输往各地的产品则包括胡椒、香料、香木、树脂、虫胶、玳瑁、珍珠、鹿皮，以及越南和柬埔寨出口的蔗糖。

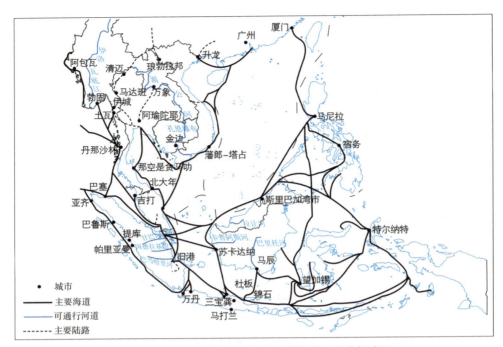

图 23.1　15—17 世纪东南亚主要海道、河道与陆运

资料来源：瑞德（2010）。

　　担负起这些大量商品流通的是活跃于环南海区域的各国商人，其中扮演重要角色的包括中国人、日本人、葡萄牙人、西班牙人和荷兰人。明朝的海禁政策本意在于扼制私人的航海贸易，但却造成一个相反的结果。东南沿海一带的中国商人来到马来群岛寻求当地的庇护并一如既往地进行商业活动，也有的移居琉球，成为中国、日本、琉球间的运输者，并建立起与东南亚的联系。甚至在带有官方色彩的朝贡贸易之下，这些中国商人还成为东南亚各个朝贡使团的成员，扮演起贸易的重要角色。如明朝时期暹罗、爪哇等国派遣至中国的使团中，都可见到中国人的身影。再如 16—17 世纪的万丹，就有福建商人前往万丹进行贸易，采购胡椒，由此也使得万丹的贸易盛极一时。葡萄牙人在 16 世纪初从马六甲苏丹手中夺取了马六甲这个香料贸易中心，控制了亚太香料贸易的绝大部分，并在亚洲诸多指定港口之间形成所谓的王家贸易路线。1571 年，西班牙人占领马尼拉，亚洲正式被纳入西班牙帝国的全球贸易网络。17 世纪初，荷兰人占据巴达维亚作为贸易据点，在那里管理他们在印度洋、中国南海和印度尼西亚群岛海域之间的贸易活动。

　　为数众多的各国商人在这些贸易港口穿梭和聚集，不仅仅促进了城市的繁荣，影响城市化水平、城市规模及空间结构的变迁，同时也塑造了环南海区域贸易网络的显著特征。

　　16 世纪东南亚城市人口缺乏具体的记载，大抵皆根据材料进行估算，不同数据间的差异也比较大，有很多明显不足征信。如表 23.1 所示，阿瑜陀耶和勃固有 260 万人口的说法，仅能理解为表现城市非常大的夸张手法。按照瑞德的说法，阿瑜陀耶和勃固的人口应该在 10 万左右；马六甲作为东南亚最重要的贸易中转站，其人口数量也大抵在 10 万上下；其他如淡目这一爪哇的主要港口，人口应该在 6 万到 8 万。再从城市面积来看，文莱的人口不会超过 5 万，巴赛和锦石则只有 2 万到 2.5 万。相比之下，作为中国连接环南海区域的贸易城市,广州在这一时期的人口有 16 万左右,厦门则有 5 万左右。

表 23.1　16 世纪东南亚城市人口

单位:人

城市	年份	估算人口	相应人口
阿瑜陀耶	16 世纪 40 年代 1545	40 万户 (Pinto 1578:420) 10050 户被烧掉 (*Luang Prasoet*:10)	2600000 >100000
勃固	16 世纪 40 年代 1596	40 万户 (Pinto 1578:420) 15 万人 (du jarric 1608 Ⅰ:624)	2600000
马六甲	1510	1 万户 (Araujo 1510:21) 4000 名战士 (前揭书:21) 3 万户 [Castanheda (引自 Thomaz 1993:71)] 巴塞的 10 倍 (Pires 1515:144) 10 万人 (Albuquerque 1557:84) 2 万名战士 (前揭书:99) 曾多达 20 万人 [Correia:284 (引自 Thomaz 1993:71)] 19 万人 (*Sejarah Melayu* 1612:181;1831:247) 仅城市就有 9 万人 (*Sejarah Melayu* 1612:180)	65000 16000 1950000 200000 100000 80000 <200000 90000 190000
巴塞	1512 1518	20000 居民 (Pires 1515:143) 3000 卫兵 (Barros 1563,v:522-523)	20000 >12000
文莱	1521 16 世纪 80 年代	25000 户 (Pigafetta 1524:58) 20000 户 (Maximilian 1522:301) 4000 到 5000 名被俘者 (de Sande 1579:126) 8000 名进贡者 (Dasmarinas 1590 B)	162000 130000 >18000 32000
淡目	1512	8000 到 10000 户 (Pires 1515:184) 30000 名战士	58500 120000
锦石	1512	6000 到 7000 "人" (前揭书:194)	>25000

资料来源:瑞德(2010)。

16 世纪中叶以后至 17 世纪上半叶贸易的繁荣,很大程度促进了东南亚的城市化,导致原有城市的发展和新兴城市的出现。与 16 世纪一样,17 世纪东南亚人口的估算依旧相差甚大(表 23.2)。Reid 通过参照考古所得城市的面积,对已有的人口估算数字进行斟酌损益。在他看来,17 世纪中期东南亚最大的城市是升龙(今河内)、阿瑜陀耶和马打兰,人口在 15 万到 20 万;亚齐、望加锡、万丹和金龙为第二类城市,人口在 10 万左右;巴达维亚(即今雅加达)的人口在 1630 年达到 3 万,在 1670 年则增长至 13 万。马六甲海峡周围的高度商业化的地区城市人口比例更高,马六甲这一没有腹地的贸易中心,人口有 10 万之多。这一时期中国的东南沿海仍以广州和厦门为主要的贸易港口,城市化也有了进一步的发展,广州的人口达到 18 万左右,厦门的人口则达到 9 万。

表 23.2 17 世纪东南亚主要城市人口

单位：人

城市	年份	估　　算	相应人口
升龙	1640	"多至百万人"（Rhodes 165：26）	1000000
	1688	20000 座房屋（Dampier 1699：36）	130000
金龙	1674	150000 人（de Courtelin，引自 Nguyen 1970：120）	150000
顺化	1749	60000 人（Poivre 1750：97）	60000
金边	1606	20000 座房屋（Jaque，引自 Groslier 1958：152）	130000
西索	1600	"超过 50000 人"（San Antonio 1604：95）	>50000
阿瑜陀耶	1617	"和伦敦一样大"（Anderson 1890：69）	200000
	1681	每年有 10000 名儿童死亡（Noguettes 1685：71）	>200000
	1686	200000 人（Tachard 1688：190）	200000
	1687	60000 名战士（Gervaise 1688：47）	240000
		16000 名外国人（La Loubère 1691：112）	>30000
阿瓦	1688	"和理姆斯一样大"（Goüye 1692：73）	30000
沙廉	1688	"和梅斯一样大"（前揭书：73）	25000
卑缪	1688	"和梅斯一样大"（前揭书：73）	25000
蒲甘	1688	"和第戎一样大"（前揭书：73）	30000
北大年	1602	4000 到 5000 人参加游行（van Neck 1604：226）	20000
	1690	10000 到 20000 人（Tosen 1690，引自 Ishii 即出）	15000
彭亨	1618	11000 人被亚齐俘去（van den Broecke 1634 Ⅰ：177）	>12000
柔佛	1604	4000 名战士（Mandelslo 1662：108）	16000
文莱	1608	水上有 2000 到 3000 户（van Noort 1601：202）	>48700
亚齐	1602	700 到 800 座房屋被烧掉（Lancaster 1603：133）	160000
	1621	4 万名战士（Beulieu 1666：106）	160000
	1688	7000 到 8000 座房屋（Dampier 1699：90）	>48700
帕加鲁雍	1684	仅宫内就有 8000 人（Dias 1684：355）	32000
万丹	1672	"超过 10 万人"（Missions Etrangères 1680：90）	>100000
	1673	55000 名战士（VOC, in Guillot 1989：150）	220000
	1674	20 万名战士（Cortemunde 1675：122）	800000
	1684	70 万人（Fryke 1692：80）	700000
	1696	"苏拉索宛（Surasoowan）宫殿的 31848 人"（Pigeaud 1968：64）	125000
巴达维亚	1596	3000 座房屋（Lodewycksz 1598：163）	20000
	1606	4000 名战士（Matelief 1608：53）	16000
	1618	6000 到 7000 名战士（van den Broecke 1634 Ⅰ：187）	26000

续表 23.2

城市	年份	估算	相应人口
马打兰	1624	20万名战士（de Haen 1623：35）	800000
三宝垄	1654	10万人（van Goens 1656：205）	100000
扎巴拉	1654	10万人（van Goens 1656：268）	100000
杜板	1600	32000到33500名战士（"Tweede Boeck" 1601：184）	130000
泗水	1625	5万到6万人（VOC，引自 Meilink-Roelofsz 1962：270）	>50000
望加锡	1614	1260座房屋被烧掉（EIC，G/10/1：5）	>20000
	1615	16000名战士（EIC，G/10/1：9）	64000
	1636	6万人死于瘟疫（EIC，G/10/1：73）	>100000
	1660	16万名战士（Gervaise 1701：60）	640000

资料来源：瑞德（2010）。

除了城市化及城市规模受到贸易和各国商人的影响外，东亚地区包括环南海区域的海上秩序及贸易网络也在贸易时代发生转型。1570年前后，海域、内陆亚洲双方建立起的新贸易体系在一定程度上取代了明朝建立起来的朝贡体制，为了因应明朝和贸易对象国的关系，多元化的贸易渠道并存，形成"贡市并存"的贸易体系。伴随这种转变而兴起的贸易港口城市，使东亚海上贸易网络形成一个显著的特点，就是以"国际贸易的主要商品中心"为核心的"港口政体"占有突出地位。这些港口贸易中心像是商人的跨国飞地，商业主要由跨族群、国别、语言和宗教的商人管理，城市呈现出独特的多元化和世界主义特征。然而，随着17世纪下半叶"危机"的到来，贸易经济的滑落、欧洲人对东南亚地区进一步的贸易控制、军事征服和殖民主义的兴起，以往贸易、商人、城市化、多元主义等这些在贸易时代具有重要性的要素在东南亚生活中的作用迅速下降。到了17世纪尾声，在东南亚贸易时代蓬勃发展的"港口政体"也逐渐走向衰颓。欧洲人兼具殖民统治和商贸企业两种角色的特许贸易公司，构建以"贸易港口"来管理海上贸易的框架，成为他们在接下来三个世纪进行殖民扩张的基础。18—19世纪，来自各地的跨国商人团体继续在东南亚的欧洲人殖民飞地以及东南亚海域的港口城镇持续存在。随着工业革命及资本主义的进一步发展，欧洲殖民国家建立新制度秩序，在这种历史环境之下，东亚产生了诸如新加坡、香港等的港口城市的新范式。环南海区域的城市发展也由此进入殖民扩张时期的另一个阶段。

二、18—20世纪上半叶西方的殖民扩张与环南海区域城市发展

欧洲人的东进，其目的是获取欧洲各国所需要的亚洲产品，最初也通过进入亚洲区域内的贸易而获得了可能。随后欧洲人对亚洲的进一步渗透，某种程度上可以认为环南海区域由此被纳入世界体系之内，并逐步落入西方的殖民统治之中。葡萄牙人的成功在于依照亚洲君主指定的贸易条件，接踵而至的荷兰人则逐步摆脱了这些掣肘。荷兰人在17世纪时已不再依循在自由市场中通过竞争取得成功的商业模式，取而代之的是发展出一种依赖

暴力征服、垄断生产中心和贸易路线的新模式。1618年荷兰人在万丹胡椒贸易中的困难以及垄断企图的失败，使得他们在当年转战巴达维亚。在经过一系列的冲突与战争之后，荷兰人在此建立巴达维亚城，作为荷兰东印度公司在东方的新总部。这也成为后来欧洲人依赖殖民体制来控制贸易条件的开端。

此后的400年间，西班牙、英国、法国、美国等国相继在东南亚扩张其殖民统治、划分属地、开展贸易活动，给环南海区域城市的发展带来深刻的影响。不过值得指出的是，在这漫长的过程中，殖民扩张始终与贸易紧密联系在一起，使得欧洲各国不断地与已存在的亚洲区域内的贸易圈产生关联，而以中国的朝贡贸易为基础的亚洲区域内的贸易圈，即使到了近代也规定着西方"进入"和"冲击"的内容。

荷兰东印度公司被视为世界第一个跨国公司。荷兰国会赋予该公司许多特权，包括与好望角东边的"东方的王子与君主"发动战争和缔结条约的权力。凭借这种兼具殖民统治和商业贸易的特许公司，荷兰人攻占巴达维亚之后将其作为贸易网络的滩头堡和殖民帝国的首都。荷兰人的殖民帝国由此开始不断扩张，从巴达维亚和马尼拉这样的殖民港口城市逐渐取得对内陆的控制，并在此基础上创造了新的政治经济秩序。荷兰人把对亚洲的机构的管理分为三类，以此界定自己的定位：第一种是通过征服获得的地方，包括各个城市及其殖民属地，如巴达维亚和马六甲；第二种是公司人员及家属居住的居留地；第三种是在一些城市获准从事季节性贸易的小聚落。

以巴达维亚为中心建立起来的贸易体系基本上是一个具有重分配性质的系统，并且依赖于商品和服务的朝贡模式。荷兰人在17世纪便通过与印度尼西亚群岛和爪哇的当地政权签署一系列协议完善了这一贸易系统。这一贸易体系连接起了巴达维亚与中国南方经济的通路，为巴达维亚带来大量的商品和人力资源流动。荷兰人还曾试图攻占澳门，取代葡萄牙人在中国生丝和丝绸贸易中所占有的地位。不过，此次军事行动并没有成功，荷兰转而攻取台湾，并以台湾为基地，发展与中国和日本的贸易。由荷兰人开拓的殖民统治与贸易的模式，也影响了后来欧洲各国在环南海区域进行的殖民扩张与贸易活动。

18世纪环南海区域的贸易秩序曾因清朝的开放政策发生变化。清朝于1684年全面开放海禁，设立闽、粤、江、浙四大海关，允许民间下海通商，同时也准许外国商船来航通商。当时中国与东南亚地区的贸易称为"南洋互市"，但因清朝怀疑归航船只太少，又担忧海寇及西方势力的潜在威胁，于1716年又禁止通往南洋的贸易。然而，由于沿海居民重度依赖进口粮食，清朝于1727年废除南洋禁海令。18世纪前半叶，一方面，中国的海商大举投入海上事业，他们成为海上交通和贸易的主角，东海、南海成为"华人之海"。另一方面，由于日本、朝鲜、琉球等国的海禁，也使得欧洲人在东海、南海与中国商人平分秋色，尤其是荷兰人和英国人。这些中国商人和欧洲商人在海上来回穿梭航行，使南海的海上交通呈现出双向、复数航行的特征。当时中国通往南海地区以及与欧洲进行南洋贸易的中心城市，是位于东南沿海的广州和厦门。吕宋、暹罗和英国前来贸易曾使得厦门一度颇为繁荣，广州则基本上是西方各国前来贸易的港口，尤其在1757年之后官方已默认广州是唯一对洋商开放的港口。在发生洪任辉事件之后，清朝规定洋船只能在广州贸易。也即乾隆二十四年（1579）以后，专就外国船进口贸易而言，中国只开放广州一口，形成"一口通商体制"。广州也因此成为中国对外贸易的最重要港口。位于其附近的澳门，也和广州合为一体发挥机能，成为欧美各国南海贸易的据点。广州贸易体系制约着欧美各国及其东南亚殖民地与中国的贸易活动，其中高昂的港口费、适应当地条件所积累的各种相应操作程序和诸多弊端陋习，深为外国人所不满。尤其在 1785 年广州的欧洲各国贸易成为英国东印度公司的天下之后，英国更进一步企图改变已有的广州贸易体系。

英国在 17 世纪进入东南亚地区，与荷兰争夺东南亚香料贸易，但受限于荷兰的强大海军舰队以及荷兰东印度公司的雄厚实力，英国人最初的活动范围主要在印度。进入 18 世纪以后，随着荷兰东印度公司及其商业帝国的衰落，英国人开始谋求在东南亚地区建立霸权，并试图进一步发展与中国的贸易。除了以往的亚洲商品之外，此时中国的茶在欧洲的需求量迅速增长，成为中国贸易最有利的商品。与此同时，英国也成为欧洲各国中消费茶叶最多的国家。为了进一步殖民扩张和发展贸易，英国加强了对亚洲的渗透。英国在 1786 年取得槟榔屿，在 1795 年攻占马六甲，控制了马六甲海峡的通道。1819 年，英国东印度公司莱佛士登陆新加坡，开始管辖该地。1824 年，新加坡正式成为了英国的殖民地，同年，英国和荷兰缔结了《英荷条约》，重新划定了英荷两国在东南亚地区的势力范围。通过此条约，英国乘荷兰在东南亚商业帝国衰落之机，将其从印度和马来半岛赶出去，使荷兰的势力范围局限在马来群岛。

由于英国对中国茶的大量需求，英国通过东印度公司以白银购买中国的茶叶，由此也造成了严重的入超问题。英国试图改变广州贸易体系失败以后，中英之间的贸易性质开始发生变化。英国东印度公司通过垄断鸦片贸易并输入中国，使得有利于中国的贸易出超开始渐趋平衡。与此同时，私商和港脚贸易快速增长，超过了东印度公司的贸易业，鸦片超过了合法货物成为主要的进口货物，进而导致了广州贸易体系的崩溃，并加剧了中英之间的冲突。随后在英国东印度公司的亚洲贸易垄断权终止之后，英国商人在中国、印度之间的贸易更加活跃，这些变化的背后是与英国政府的产业资本扩大政策相结合的。随之而来是鸦片走私在中国沿海进一步扩张，进一步招致广州一口通商体制的终结。林则徐的禁烟运动和断绝与英国贸易的措施，导致鸦片战争的爆发，最后以中国战败、被迫签订《南京条约》告终。至此，广州一口通商变为五口通商，中国的条约港体制开始形成。英国占领香港，并将其作为开展贸易的自由港，同时也作为英国在远东的政治、经济据点。

在英国向亚洲渗透的同时，法国也开始在远东地区扩张自己的势力，入侵柬埔寨、缅甸、越南等地，建立自己的殖民地政权。可以说，在这个时期，欧洲人重绘了东南亚的政治版图，该地区几乎被欧洲大国所瓜分，到 1870 年工业化发挥彻底影响之前，该地区的国界线已经很明朗。所以到了 19 世纪后半叶，东南亚地区已基本形成英、法、荷三足鼎立的格局，英国占有马来半岛、加里曼丹岛北部、缅甸，法国据有印度支那半岛，荷兰独占印度尼西亚群岛，英国盟友美国则占有菲律宾。到了 20 世纪初，西方各国在环南海区域的势力范围如图 23.2 所示。

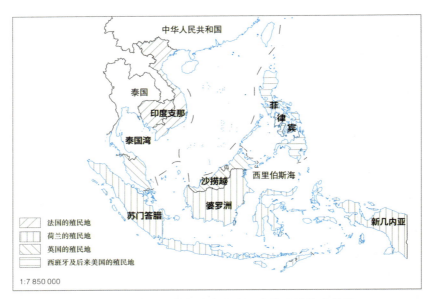

图 23.2 20 世纪初西方各国在环南海区域势力范围

资料来源：王正毅（2018）。

在殖民扩张时期，英国对环南海区域的发展和演变发挥了重要的作用。环南海区域长期受到国际贸易的影响，尤其在 19 世纪后半期以后更为明显。18 世纪以后工业革命的发展和西方资本主义的积极推动，使得国家权力迅速增长、权力高度集中和官僚化。人民与政府之间的关系发生了较大的变化，从外部向东南亚地区的移民，以及东南亚的内部移民都达到了新的水平，由此而来的则是城市的大幅度扩张。在此期间，英国主导了欧洲的工业革命，大大增强了自身的力量。在海外地区，英国的利益主要是商业和经济利益，而非领土和政治利益。

随着 18 世纪下半叶到 19 世纪初工业革命的发展，英国愈加强调占据贸易港口城市及战略基地，其对外扩张进入了一个新的阶段。新发展起来的大英帝国，以拓展贸易为主，夺取战略要地，并将其作为海洋防卫系统的一部分。英国先后占领槟榔屿、马六甲、新加坡，与荷兰的竞争最终确定马来半岛为其势力范围。为加强对这一重要殖民地区的统治，英国东印度公司于 1826 年以马六甲、新加坡、槟榔屿和威斯利省组成"海峡殖民地"行政区，其形成除了与荷兰、法国在东南亚的激烈竞争有关，同时也伴随着槟榔屿、马六甲、新加坡三个港口的人口和贸易活动扩张。海峡殖民地成立后，新加坡港获得飞速的发展，一跃成为东西方的贸易中心、东南亚最为繁荣的转口商港，甚至在后来还有"亚洲车轴"的美誉。

新加坡开埠之初，仅有 1 万多人，其中华人 3317 人、马来人 4580 人、印度出生的 756 人、布吉斯人 1925 人，此外还有少数欧洲人、亚美尼亚人、阿拉伯人。为了开发新加坡，英国殖民当局从中国和东南亚各国招来移民，华人和马来地区的大量人口进入新加坡。1830 年新加坡人口增至 126710 人，1860 年增至 272831 人；尤其以华人数量增长最为迅速，到 1860 年，华人人数达 50043 人。19 世纪以后，英国国内的工业迅速发展，英国加大力度开发东南亚殖民地，为国内的发展提供支持。受此影响，新加坡的贸易额发展迅速，从 1824 年的 256 万镑，增加到 1864 年的 1295 万镑，仅新加坡一港的贸易额就占海峡殖民地的七成以上。新加坡经济发展的特点是转口贸易。19 世纪中期，新加坡的英国商行达几十家，这些商行以新加坡为中心，与东南亚各地广泛建立商业网。

1869 年苏伊士运河开通以后，新加坡的地位更加突出。作为英国在东南亚开展贸易的重要港口，新加坡的进口及转口贸易主要是英国的纺织品和金属制品、中国的丝绸和茶叶、印度的纺织品和鸦片、马来半岛的锡、苏门答腊的黄金和胡椒。凭借其特有的地理优势，以及英国当局所推行的自由贸易政策，新加坡很快取代马六甲成为东南亚乃至世界的著名通商口岸。到了 19 世纪末叶，新加坡已发展为东南亚的贸易中心，欧美地区的工艺品经此地转口至马来亚、印度尼西亚、缅甸、泰国的一些港口，马来亚、印度尼西亚的橡胶、锡等土特产品又经新加坡输往欧美地区。直至第二次世界大战发生之前，新加坡已成为世界第五大港口。

与新加坡具有同等地位的是中国香港。香港作为鸦片战争后的自由港，既是中国华南经济的一部分，同时也是英国在远东地区的经济据点。这影响着香港的发展路径。香港自开港以后，起着连接中国与东南亚及日本的作用，以朝贡贸易、帆船贸易网的存在为前提，以新加坡和香港为中转地形成了连接东南亚和东亚的贸易网。与此同时，香港成为中国与其他国家之间的商业性媒介。随着 19 世纪后期马来半岛锡矿山的开采以及橡胶园经济的发展，大量中国移民和印度移民成为东南亚劳动力，香港和新加坡也因此成为移民的集散地。循着移民的迁移路径，在东南亚的华侨将打工和经商所得汇回中国的家乡。这些汇款不单单是将钱汇回本国，还与贸易结算和投资有密切联系，同时也扩大和丰富了环南海区域的贸易圈，并形成以香港和新加坡为轴心的多层次化亚洲贸易圈。

英国在东南亚地区的殖民扩张与贸易活动是我们管窥 18 世纪到 20 世纪上半叶东南亚城市发展的重要例子。受工业革命影响或者说是工业革命时期的殖民扩张活动，也称为工业殖民主义。这种工业殖民主义影响了马来西亚等国的城市体系，导致了新的城市等级产生。在这个时期，殖民城市体系和新的门户城市的发展，使得欧洲人能更好地控制亚洲地区的贸易。19 世纪工业化的快速发展，西欧各国对于市场和原料的需求激增，这些国家转而重视东南亚的殖民扩张，这也加速了一个更大的殖民地城市网络的形成。这些城市网络包括港口城市、统治中心、矿业和贸易城镇，城市或城镇间相互联结，并由于交通系统的延伸而发展为生产地区。

在这一时期东南亚城市的发展过程中，相应出现了一些新的特征。根据张庭伟的研究，首先，这一时期的殖民城市及其势力渐渐扩展至东南亚地区的内陆腹地，殖民城市之间形成了一定的城市等级体系。其中，西贡、新加坡、巴达维亚、马尼拉、仰光和曼谷等政治经济的多功能中心处于该体系的最上层；吉隆坡、河内、苏腊卡尔塔等中等城市则处于第二层次；其他中小城市则处于该体系的最底层。其次，随着殖民城市规模的扩大，城市规划受到重视，西方殖民者在进行城市规划的过程中，也开始试图将西方的规划理念与东南亚地区的特殊条件相结合。又次，西方的殖民化导致了东南亚殖民城市产业结构的畸形发展。在殖民城市中最主要的行业是为西方人服务的第三产业，城市基础工业没有得到发展。最后，在工业殖民的后期，按照西方经济战略的要求而发展的城市，如多功能的港口城市、单一功能的工业或殖民管理城市、马来群岛上的矿产城市，在城市规模上都出现了显著的增长。以西方殖民者为中心的全面殖民化，促进了东南亚城市的发展，主要殖民城市因扩张而发展成为东南亚各国的首位城市。这些城市根据世界市场的需求来指导经济发展和对行政管理进行整合并加以控制，同时将自己组织起来的产品输送到世界市场，由此而主宰了各个国家，其规模至少是该国家第二大城市的2倍。

从现在的人口数据可大致看出18—19世纪城市变化的概况，如表23.3、图23.3所示，18世纪中叶环南海区域主要城市人口以广州、阿瑜陀耶等城市较多，分别达40万和16万之数，其他主要城市在2.4万到6万之间；到了19世纪，广州的人口已翻了1倍，阿瑜陀耶的人口缺载，继之而起的是其附近的曼谷城。其他主要的城市除了马尼拉的人口增长到7.7万之外，其余的增长并不明显。19世纪中叶，城市人口增长明显的是马尼拉和曼谷，前者突破10万，后者则人数增长至15万左右。到了20世纪初，环南海区域主要城市人口的增长更加迅速，马尼拉增长至19万，厦门和巴达维亚都在10万左右，曼谷的人口则增加了1.6倍，达到26万左右，此外，还有香港和新加坡这两个新兴城市的人口，都接近20万。可见这段时间新城市的兴起以及城市化进程之快。

表23.3 18世纪中叶至20世纪初环南海主要城市人口

单位：人

城市	1750年	1800年	1850年	1900年
马尼拉	50000	77000	114000	190000
澳门	24000	30000	29587	63000
厦门	60000	65000	70000	100000
吉隆坡	—	—	—	47000
河内	50000	60000	75000	72000
西贡	—	—	50000	170000
巴达维亚	44000	53000	60000	115000
金边	—	—	—	42000
阿瑜陀耶	160000	—	—	—
曼谷	—	45000	158000	267000
亚齐	45000	40000	—	—
广州	400000	800000	875000	585000
香港	—	—	—	192000
新加坡	—	—	—	193000

资料来源：Modelski Ancient Period Data（https://urbanization.yale.edu/data）.

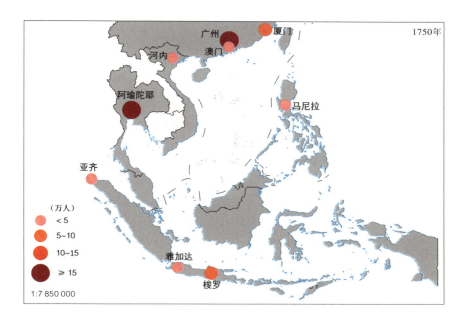

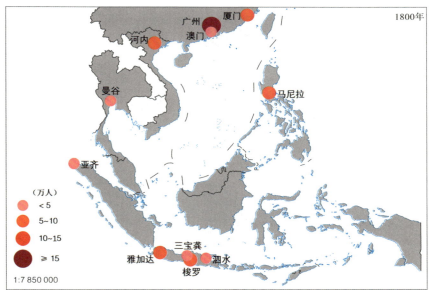

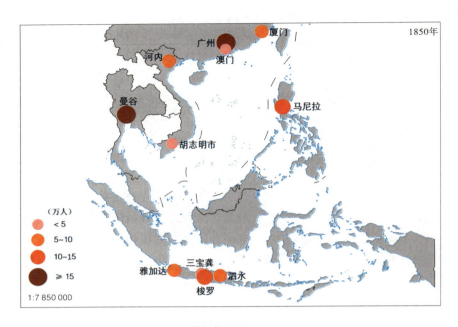

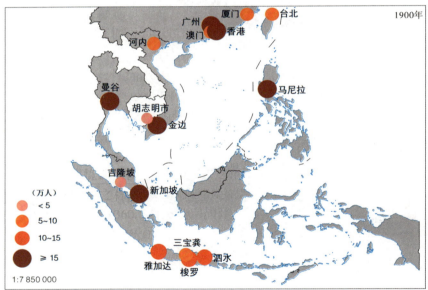

图 23.3 环南海区域城市人口变化

资料来源：Modelski Ancient Period Data（https://urbanization.yale.edu/data）。

到了 20 世纪的最初 10 年间，出现了如新加坡、曼谷、仰光等超过 30 万人口的大城市，超过 10 万以上人口的城市也达 10 个之多；再到 30 年代，新加坡、曼谷、仰光、巴达维亚等城市的人口已超过 50 万。

这在某种程度上，也导致了今天东南亚城市化出现的最显著特征，即巨型城市的扩展超越了城市和大都市的边界，正形成扩展型大都市区。当代巨型城市如雅加达（巴达维亚）、曼谷、马尼拉仍是扩展型大都市区的中心。当然，这其中还经历了东南亚地区的独立时期和全球化时期的发展，也足以看出 18 世纪到 20 世纪上半叶西方的殖民扩张及其统治对东南亚城市发展的影响。

参考文献

毕世鸿. 新加坡概论［M］. 北京：世界图书出版社，2012.
滨下武志. 近代中国的国际契机［M］. 北京：中国社会科学出版社，1999.
曹永和. 中国海洋史论文集［M］. 台北：联经出版社，2016.
陈国栋. 东亚海域一千年［M］. 济南：山东画报出版社，2006.
李伯重. 火枪与账簿：早期经济全球化时代的中国与东亚世界［M］. 北京：生活·读书·新知三联书店，2017
李金明. 十六世纪后期至十七世纪初期中国与马尼拉的海上贸易［J］. 南洋问题研究，1989（1）：70-79.
李文光，陈永祥. 英帝国海洋战略与海峡殖民地的建立［J］. 东南亚南亚研究，2017（2）：70-75，110.
诺克斯，迈克卡西. 城市化［M］. 顾朝林，等译. 北京：科学出版社，2009.
皮尔逊. 新加坡通俗史［M］. 福建师范大学外语系翻译小组，译. 福州：福建人民出版社，1974.
钱江. 胡椒、陶瓷、白银与铅币：1570—1620 年中国商人在印度尼西亚西爪哇的贸易活动［M］//李庆新，胡波. 东亚海域交流与南中国海洋开发. 北京：科学出版社，2017.
全汉昇. 明清经济史研究［M］. 新北：联经出版社，2018.
瑞德. 东南亚的贸易时代（1450—1680 年）：第 2 卷：扩张与危机［M］. 吴小安，等译. 北京：商务印书馆，2010.
苏拉马尼亚姆. 葡萄牙帝国在亚洲：1500—1700［M］. 桂林：广西师范大学出版社，2018.
塔林. 剑桥东南亚史［M］. 贺圣达，等译. 昆明：云南人民出版社，2003.
万志英. 13—17 世纪东亚的海上贸易世界［C］//李庆新. 海洋史研究：第 15 辑. 北京：社会科学文献出版社，2020.
王正毅. 边缘地带发展论［M］. 上海：上海人民出版社，2018.
徐中约. 中国近代史［M］. 香港：香港中文大学出版社，2002.
羽田政，小岛毅. 从海洋看历史［M］. 张雅婷，译. 新北：广场出版社，2017.
曾海波. 东南亚城市兴起、族群等级与华人地位［J］. 东亚评论，2019（2）：199-210.
张庭伟，吴浩军. 转型的足迹：东南亚城市发展与演变［M］. 南京：东南大学出版社，2008.
庄国土. 东亚华人社会的形成和发展［M］. 厦门：厦门大学出版社，2009.
朱明. 近代早期西班牙帝国的殖民城市：以那不勒斯、利马、马尼拉为例［J］. 世界历史，2019（2）：62-76，146.
ANTHONY R. Southeast Asia in the age of commerce 1450-1680, volume tow: Expansion and crisis［M］. New Haven: Yale University Press, 1993.
BOWEN H V. The business of empire: The East India Company and Imperial Britain, 1756-1833［M］. New York: Canbridge University Press, 2008.
KENNETH M. Port cities as nodal points of Chang: The Indian Ocean, 1890s-1920s［C］//FAWAZL T, BAYLYC A. Modernity and culture: From the mediterranean to the Indian Ocean. New York: Columbia University Press, 2002.
LEONARD B. Visible cities: Canton, Nagasaki, and Batavia and the coming of the Americans, Cambridge mass［M］. Cambridge: Harvard University Press, 2006.
REBA M, REITSMA F, SETO K C. Spatializing 6000 years of global urbanization from 3700 BC to AD 2000［J］. Scientific data, 2016, 3（1），1-16.

（欧阳琳浩，林卫银，薛德升）

第二十四章　环南海区域城市化与城市体系

一、环南海区域城市化进程

(一) 区域城市化水平与发展过程

环南海区域国家（地区）城市化进程存在差异，1990年后高度城市化国家（地区）城市化速率放缓，较低城市化水平国家（地区）加速城市化

1960—2019年，环南海区域各国家城市化率变化如图24.1所示。总体来看，虽然各个国家（地区）城市化率变化各异，增长速度不一，但是环南海区域国家（地区）城市化率整体在上升，且增长速度较快。由于各国家（地区）经济发展水平、政策制度的不同，各国家（地区）的城市化率变化情况出现较大差距。新加坡、中国香港、中国澳门城市化率一直保持在高水平，始终领先于区域内其他国家（地区）。其次是文莱、马来西亚和菲律宾，城市化发展较早，城市化率前期保持较高增长速度，到2019年城市化率分

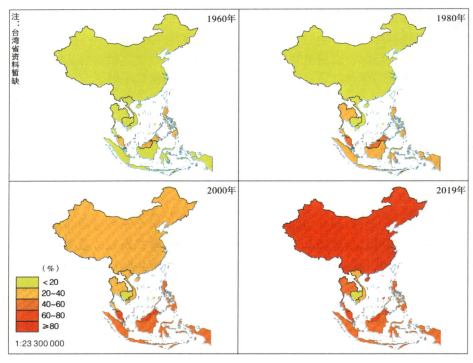

图24.1　环南海区域城市化率变化

资料来源：世界银行网站。

别达到77.9%、77.6%和47.1%。中国大陆（内地）、柬埔寨、泰国、越南、印度尼西亚五个国家（地区），1980年之前城市化率一直处于较低水平，且增长速度较慢；1980年之后，增长速度开始加快；到2000年左右，其城市化率差距也在加大，且有继续加大的趋势。①

（二）城市化发展类型与差异

根据环南海区域各国（地区）城市化发展趋势变化特征，将其分成三个类别：第一类高水平城市化地区，主要是城市型国家（地区），新加坡、中国香港、中国澳门三个国家（地区）；第二类，马来西亚、文莱、菲律宾三个国家，起始阶段城市化水平处于中等水平；第三类，在初始阶段（1960年）城市化水平较低，此后发展轨迹存在相似性，包括中国大陆（内地）、印度尼西亚、泰国、柬埔寨和越南（图24.2）。

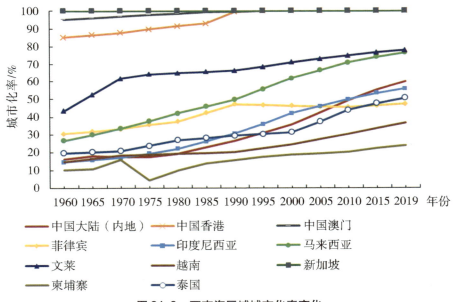

图 24.2　环南海区域城市化率变化

资料来源：世界银行网站。

1. 高度城市化国家（地区）：至1995年实现全部城市化

高度城市化国家（地区）包括新加坡、中国香港、中国澳门三个国家（地区），在1960年，其城市化水平就达到85%。较为显著的是新加坡，其城市化水平一直都是100%，作为一个显著的城市型国家，城市化水平一直处于环南海区域最高水平。中国香港，1960年在85%左右，1960—1985年城市化率保持高速增长，1985—1990年间城市化速度加快，城市化水平与新加坡、中国澳门接近。中国澳门，1960—1985年一直处于新加坡和中国香港之间，城市化水平稳步增长，与中国香港在1990—1995年之间达到

---

① 由于部分人口数据缺乏，这里没有统计研究中国台湾的情况。

100%。整体来看,高度城市化国家(地区)城市化水平高于80%,处于城市化发展后期阶段(图24.3)。

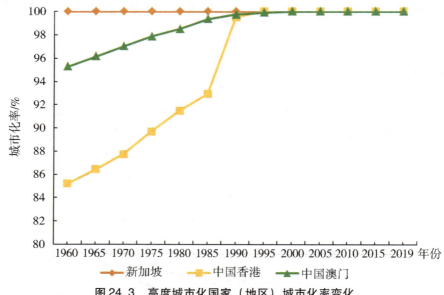

图24.3 高度城市化国家(地区)城市化率变化

资料来源:世界银行网站。

2. 中度城市化水平国家(地区):文莱、马来西亚进入城市化后期,菲律宾城市化近年无明显提升

该类别包括文莱、马来西亚和菲律宾,如图24.4所示,1960年城市化水平在25%~45%之间,其中以文莱城市化水平较高(43.4%),仅次于新加坡、中国香港和中国澳门。1960—1970年间,文莱城市化率增长较快,在1970年达到61.68%,1970—1990年间城市化率增速放缓,到2019年城市化率接近80%。马来西亚在1958年颁布了《新兴工业法》,鼓励外国投资从过去的初级产品转向新兴工业部门,城市化率一直保持较为平稳的增速增长。菲律宾因为经济基础较好,早在20世纪50年代初期就开始发展替代进口工业,50年代末成为东南亚地区经济发展最好、现代化程度最高的国家。上述两国在1960—1990年之间城市化水平较为接近,1990年之后马来西亚城市化水平继续上升。1991年开始推行的以增强马来西亚经济竞争力、实现社会的公正平衡发展为目标的"第六个五年计划",进一步促进了马来西亚的发展。两个国家城市化水平差距随之加大。2019年马来西亚城市化率达到77.6%,接近文莱的77.9%,而菲律宾城市化率仅为47.1%,两者的差距从1960年的不足4个百分点扩大到2019年的30.5个百分点。

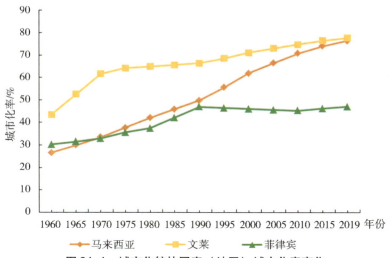

图 24.4 城市化较快国家（地区）城市化率变化

资料来源：世界银行网站。

3. 起始城市化程度较低国家（地区）：内部差距逐渐拉大

根据城市化发展特征，这类国家（地区）分成两个小类，第一类主要有泰国、中国大陆（内地）、印度尼西亚，第二类是柬埔寨与越南。这几个国家（地区）城市化水平在 1960 年均处于较低水平（16% 左右），处于城市化初期发展阶段（图 24.5）。在 1975 年之后，由于人口经济政策调整等原因，中国大陆（内地）、印度尼西亚和泰国城市化发展速度大大加快，城市化增速在 1980 年左右达到 3.6 个百分点，之后的城市化增速均处于较高水平，在 2.5 个百分点以上，这一个时期整体处于城市化加速阶段。到 2010 年左右，整体城市化水平在 48% 左右，接近 50%，城市化增速有减缓的趋势，从 3% 左右下降到 2% 以下。而越南和柬埔寨发展相对缓慢，城市化水平明显低于区域内其他国家和地区。

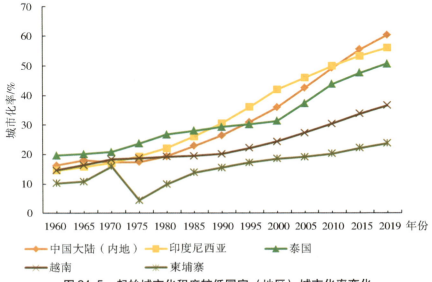

图 24.5 起始城市化程度较低国家（地区）城市化率变化

资料来源：世界银行网站。

(1) 城市化快速发展：泰国、中国大陆（内地）、印度尼西亚。

1960—1970年间，泰国城市化率增长缓慢。1970年之后，泰国在进口替代导向下，优先发展装配工业，经济开始起飞，城市化飞速发展。1980年，由于受资本主义世界经济衰退的影响，泰国的城市化速度趋缓，但总体城市化率仍在增加。泰国在"第七个经济与社会发展计划（1992—1996年）"中，提出的总目标是：保持经济的适当增长速度，改善内地和农村的收入分配，提高人民生活水平和保护环境。其城市化率增速在此阶段进一步放缓，从29.6%增加到30.1%。2000年之后泰国城市化率增速加快，到2019年增加到50.7%。

中国大陆（内地）城市化率在1960—1980年间，基本与越南、印度尼西亚相差不大。中国实行改革开放政策之后，其城市化率增速加快，尤其是2000年之后，仍保持较高增速。

1961年印度尼西亚开始实施"八年全面建设计划"，明确把工业化作为建设目标。1973年之后，城市化率增速加快，并且城市化率开始逐步超过中国大陆（内地）。1990—2000年增速十分明显，在此期间其城市化率一直高于中国大陆（内地），并且差距在逐步扩大。但是，之后城市化率增速没有中国大陆（内地）高，城市化率在2012年之后落后于中国大陆（内地），并且两者差距有扩大趋势。

(2) 城市化发展相对缓慢：越南、柬埔寨。

1960—1990年越南城市化率增速十分平缓，城市化率仅从14.7%到增长到15.5%。1986年越共"六大"确立了革新开放的路线之后，越南在工业、农业、商业、财政和对外经贸等领域进行了大胆的改革，在短短几年的时间里，越南的经济就得到了恢复和发展；1991年越共"七大"充分肯定了革新开放的路线，并对"六大"的改革路线进行了补充，对社会经济发展提出了新的要求。1990年之后越南城市化率增速加快，但仍处于较低水平，与中国大陆（内地）、印度尼西亚、泰国之间的差距越来越大。

柬埔寨一直是环南海区域城市化率最低的国家，且城市化率增速也十分缓慢。20世纪60年代之后，柬埔寨走上独立发展道路，民族工业得到了较好的发展。1960年西哈努克政府开始实施第一个经济发展五年计划（1960—1964年），1964年实施银行、进出口行业等国有化政策，1965年起公路货运由国家经营，城市化率增加到16.0%；1970年之后受国内战争的影响，城市化率大幅下降，其中1975年下降到4.5%，成为柬埔寨城市化率最低值，也是环南海区域城市化率最低值；1975年之后城市化率有较为明显的上升，1985年之后城市化率增速放缓。1993年之后，柬埔寨实行和不断完善自由市场经济的经济体制，1994年8月通过并颁布了新的《柬埔寨王国投资法》，以更加优惠的政策大力吸引外商投资。至2019年，城市化率达到23.81%，但与区域内其他国家城市化率相比差距仍十分巨大。

二、环南海区域城市结构

（一）城市规模等级结构

1. 中国城市人口规模普遍较大，其他国家仅首位城市为超大、特大规模，其他城市多为中小城市

根据区域内主要城市的2020年最新人口指标进行城市规模划分，环南海区域主要城市规模等级结构比较清晰,城市人口规模可分为五个等级(表23.4)。

第一等级:超大城市,人口规模超过1000万人,共有9个城市,分别为:上海、北京、重庆、马尼拉、天津、广州、深圳、雅加达、曼谷。其中上海和北京人口规模超过2000万人,上海人口规模高达2700万人。这些城市拥有便利的交通,国家的大部分资源汇聚在此,成为区域中心城市。

第二等级:特大城市,人口规模超过500万人,但低于1000万人,共有17个城市,以中国的城市居多。其中成都、南京的人口规模十分接近1000万人,新加坡、大连、青岛、济南、郑州人口规模在500万~600万人之间。

第三等级:大城市,人口规模为100万~500万人,该等级的城市数量较多,尤其是中国许多城市人口规模都在100万~500万人。其中非中国的城市主要有河内、贝卡西、泗水、德波、万隆、金边等。

第四等级:中等城市,人口规模为50万~100万人,这一等级的城市数量众多,其中印度尼西亚的登巴萨,菲律宾的宿务市、三宝颜,泰国的宋卡、暖武里府,人口规模均在90万~100万人之间。

第五等级:小城市,人口规模低于50万人,这一等级的城市数量众多。如中国的晋江、荆门、巢湖、北海、新竹和基隆等,泰国的素吻他尼、乌汶府、武里南府等,菲律宾的怡朗市、拉普-拉普市、圣罗莎等,马来西亚的森美兰州、瓜拉丁加奴、山打根、哥打巴鲁、亚罗士打,印度尼西亚的万鸦老、日惹、明古鲁、苏加武眉、井里汶、查亚普拉、北加浪岸等,越南的头顿、土龙木、顺化、芽庄、龙川。

表24.1 环南海区域城市规模等级

单位:人

城市规模等级	规模位序	城市	国家	人口规模
超大城市 (1000万人以上)	1	上海	中国	27189879
	2	北京	中国	20539173
	3	重庆	中国	15964190
	4	马尼拉	菲律宾	13962847
	5	天津	中国	13623349
	6	广州	中国	13361443
	7	深圳	中国	12397578
	8	雅加达	印度尼西亚	10793138
	9	曼谷	泰国	10572628
特大城市 (500万人以上)	10	成都	中国	9165188
	11	南京	中国	8900570
	12	胡志明市	越南	8643100
	13	武汉	中国	8382619
	14	西安	中国	8050655
	15	吉隆坡	马来西亚	8035326

续表 24.1

城市规模等级	规模位序	城市	国家	人口规模
特大城市（500万人以上）	10	成都	中国	9165188
	16	杭州	中国	7678307
	17	香港	中国	7569380
	18	东莞	中国	7413339
	19	佛山	中国	7339458
	20	沈阳	中国	7246874
	21	哈尔滨	中国	6411382
	22	新加坡	新加坡	5946922
	23	大连	中国	5646298
	24	青岛	中国	5641535
	25	济南	中国	5387586
	26	郑州	中国	5357171

资料来源：世界人口统计数据。

2. 马来西亚、泰国、柬埔寨和菲律宾城市人口高度集中在少数城市，中国、印度尼西亚、越南城市人口分布相对平均

一般来说，各国家大中小城市发展演变会受到成本优势和集聚效应的影响，前期发展会凭借自身的区位或资源优势，当产生一定的规模效应之后，会吸引更多生产要素和人口集聚，从而推动国家或者区域中心城市形成。前述城市人口规模等级分析中，城市规模等级最高的城市基本以首都城市为主，首都城市能够凭借自身的资源优势，吸引更多的人口集聚。因此，采用位序首位度和集中首位度两个指标来衡量首都城市（最大人口城市）的集聚效应。其中，位序首位度是首都城市人口指标与国内非首都最大城市人口指标之间的比值，集中首位度是首都城市和最大城市人口指标与全国人口指标之间的比值（当首都城市与最大城市一致时，集中首位度只计算一次），这两组指标可以反映各国家内城市等级结构和全国资源的集中程度。由于环南海区域新加坡、中国香港、中国澳门三个国家（地区），首都城市、最大城市、全国（地区）之间数据差异不大，基本一致，中国台湾和文莱部分人口数据缺失，此次没有统计研究上述国家（地区）。环南海区域主要国家1960—2020年人口集中首位度如图24.6所示。

通过计算1960年、1970年、1980年、1990年、2000年、2010年、2020年环南海区域城市人口集中首位度，发现各国人口向首都城市和最大城市集聚的程度在逐渐提高，首都城市和最大城市与国内其他城市的差距逐渐扩大，其中中国和越南的最大城市（非首都）分别为上海和胡志明市。环南海区域内，各国家最大城市的首位度也有明显区别。中国由于幅员辽阔，人口众多，从图中来看上海、北京的首位度与其他国家对比不高，但是上海、北京的人口密集程度比其他城市高。上海和北京两个城市的集中首位度相差不大，都在0.01以下；马来西亚、菲律宾、泰国、柬埔寨几个国家的首都城市首位度较高，均高于 0.1，其中马来西亚首都吉隆坡 2020 年首位度高达 0.25；印度尼西亚、越南的集中首位度较低，在 0.1 以下，其中印度尼西亚首都城市雅加达首位度低于 0.05，越南首都城市河内首位度也在 0.05 以下，越南最大城市胡志明市首位度在 2020 年达到 0.09，接近 0.1。

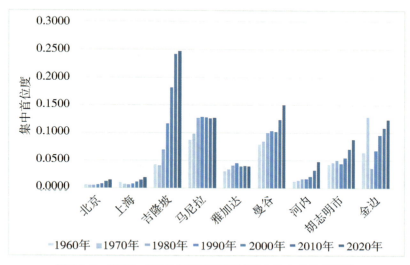

图 24.6　1960—2020 年环南海区域城市集中首位度变化

资料来源：世界银行网站。

较为明显的变化是，柬埔寨首都城市金边的城市首位度，在 1980 年出现一个低值，通过观察发现，1980 年柬埔寨全国人口数量与首都城市金边的人口数量与 1970 年相比均出现减少，而首都城市金边的人口数量下降变化较为突出，导致其首都城市与最大城市首位度出现较大波动。中国、马来西亚、泰国、越南的城市首位度均处于平稳上升阶段，人口集中程度不断提升。菲律宾首都城市马尼拉的城市首位度在 1980 年之后变化不大，基本在 0.13 上下起伏。印度尼西亚首都雅加达的城市首位度在 1990 年出现一个峰值 0.045，首位度变化出现波动起伏，但是起伏不大。

（二）区域内各国（地区）城市空间职能结构

1. 中国大陆（内地）："两横三纵"城市化战略格局

中国"十三五"规划纲要提出，中国需优化城市化布局和形态，加快构建以陆桥通道、沿长江通道为横轴，以沿海、京哈、京广、包昆通道为纵轴，大中小城市和小城镇合理分布、协调发展的"两横三纵"城市化战略格局。在"十三五"期间，我国着力打造 19 个城市群，包括：建设京津冀、长三角、珠三角世界级城市群，提升山东半岛、海峡西岸城市群开放竞争水平；培育中西部地区城市群，发展壮大东北地区、中原地区、长江中游、成渝地区、关中平原城市群，规划引导北部湾、山西中部、呼包鄂榆、黔中、滇中、兰州—西宁、宁夏沿黄、天山北坡城市群发展，形成更多支撑区域发展的增长极；促进以拉萨为中心、以喀什为中心的城市圈发展（图 24.7）。

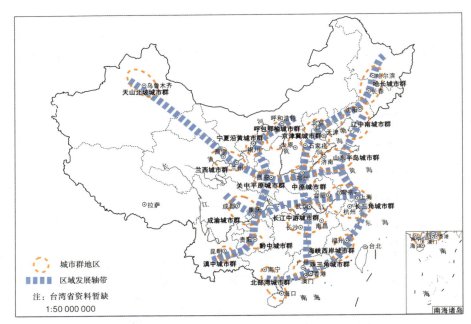

图 24.7　中国"十三五"规划中的城市群空间分布

资料来源：《中华人民共和国国民经济和社会发展第十三个五年规划纲要》，http：//www.gov.cn/xinwen/2016-03/17/content_5054992.htm。

"十三五"规划纲要还提出，增强中心城市辐射带动功能，强化中心城市的区域服务功能，提高超大城市和特大城市的国际化水平，适当疏解中心城区非核心功能，强化与周边城镇高效通勤和一体发展，促进形成都市圈；加快发展中小城市和特色镇，引导产业项目在中小城市和县城布局，完善市政基础设施和公共服务设施，推动优质教育、医疗等公共服务资源向中小城市和小城镇配置，提升中小城市的质量和数量。因地制宜发展特色鲜明、产城融合、充满魅力的小城镇。

2. 中国香港："一个核心，两增长区，三轴线"空间发展策略

中国香港特别行政区政府在城市发展战略规划《香港2030＋：跨越2030年的规划远景与策略》中提出，未来的城市空间发展将集中在一个都会商业核心圈、两个策略增长区以及三条主要发展轴上（图24.8）。

都会商业核心圈包括三个商业核心区，将以高附加值金融服务、高级生产性服务业为主导，加上次要枢纽，加强香港作为全球金融及商业中心的地位互补的商业核心区：①商业核心区—重点建设高增值金融服务及先进工商业支持服务；②将九龙东转型为第二个商业核心区，为企业提供另一个选择；③在邻近香港岛西面的拟议东大屿都会区创建第三个商业核心区，作为一个与机场和邻近区域有紧密联系的新智慧型金融及工商业支持服务枢纽。

两个策略增长区包括东大屿都会区和新界北地区，通过综合规划并配以各类设施，打造优质生活、工作空间及营商环境，提升经济发展动力。其中东大屿都会区通过新建及改善运输基建设施，有效连接珠三角东西两岸，打造成具有发展潜力的新平台；新界北地区

计划打造新一代新界北新市镇综合产城融合区，新田/落马洲发展枢纽主要建设跨界商业/零售设施的平衡社区，文锦渡物流走廊可作为食品在分销前的农产品物流整合及认证区，而用地也可作现代化物流用途。

在此基础上，充分发挥地理优势及协同效应，逐步打造西部经济走廊、东部知识及科技走廊及北部经济带等三条主要发展轴，推动区域协调发展。

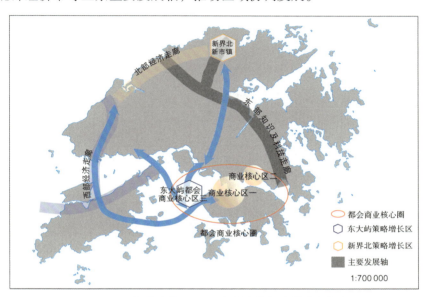

图 24.8　中国香港 2030＋规划中的概念性空间框架

资料来源：《香港 2030＋：跨越 2030 年的规划远景与策略》，https://www.hk2030plus.hk/SC/conceptual.htm。

3. 中国澳门："一中心、一平台、一基地"城市空间布局

中国澳门特别行政区在其城市总体规划（2020—2040 年）草案中，提出利用港珠澳大桥建成带来的机遇，优化平衡城市空间布局发展，建设"一中心、一平台、一基地"，以国际门户、东门户为引领，以关闸商业区域合作枢纽、十字门水域区域合作枢纽、横琴莲花区域合作枢纽为节点，以一河两岸合作轴带、滨水历史旅游轴带、知识产权科技轴带、绿色韧性轴带为支撑，面向产业升级、宜居社区、绿色休闲、旅游娱乐、多元产业等目标，发展多个核心区域，打造澳门未来整体城市空间结构，为长远发展提供重要顶层规划方向（图 24.9）。

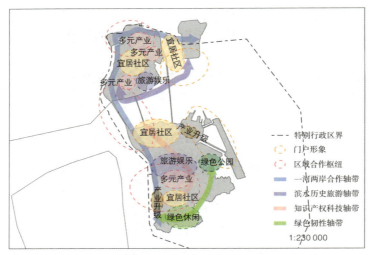

图 24.9　中国澳门城市总体规划中的城市结构

资料来源：澳门特别行政区《城市总体规划（2020—2040 年）草案》，https://www.dssopt.gov.mo/uploads/media/masterplan/consultation_ch.pdf。

4. 菲律宾：依托交通体系，打造三中心多等级的城镇体系结构

菲律宾全国共有 117 个行政城市，根据城市人口规模可划分为 5 个等级，分别为大都市区域中心、区域中心、次区域中心、省级中心和地方中心。其中，大都市区域中心包括马尼拉大都市区、宿务大都市区及达沃大都市区，分别作为菲律宾吕宋、维萨亚、棉兰老岛三大群岛的经济和行政中心，是菲律宾重要的国际门户和经济增长极，通过辐射其他等级的城市引领区域经济发展。区域中心包括达斯马里尼亚斯、安蒂波洛等 28 个，是菲律宾各行政区的行政或经济中心。各等级城市通过公路、铁路、航空等区域交通廊道相联系，共同组成菲律宾的城镇体系结构（图 24.10）。

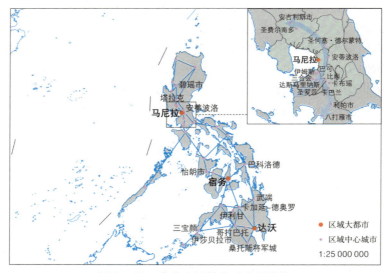

图 24.10　菲律宾城镇体系空间结构

资料来源：菲律宾参议院经济规划办公室政策简报《国家土地利用政策：提升城市集中度》，2014 年，http://legacy.senate.gov.ph/publicationsSEPOPB_prime%20agri%20lands_final.pdf。

5. 印度尼西亚：构建六大经济走廊

印度尼西亚作为全球粮食安全的基础，是农业、种植园、渔业、矿产和能源资源加工产品的中心，也是全球物流的中心。印度尼西亚经济统筹部编制的《加快和拓展印度尼西亚经济发展的总体规划（2011—2025年）》通过考虑每个主要岛屿的独特经济潜力和特定的战略作用，提出构建六大经济走廊，提升国家经济中心城市之间的连通性，引领国家未来经济发展。这六大经济走廊分别为：①苏门答腊经济走廊，承担国家能源与自然资源的生产与处理中心的职能，同时作为外界通往印度尼西亚的门户，应建立国际航运主要港口，作为国际枢纽港；②爪哇经济走廊，承担国家工业与服务业驱动力的职能，将从以第一产业为重点转向更注重第三产业；③加里曼丹经济走廊，主要经济活动将侧重于发展下游产业，承担国家矿业与能源的生产与处理中心的职能；④苏拉威西经济走廊，承担国家农业、种植业、渔业、石油与天然气及矿业的生产与处理中心的职能；⑤巴厘—努沙登加拉经济走廊，承担国家旅游门户及粮食供给中心的职能；⑥巴布亚—马鲁古经济走廊，侧重于五项主要经济活动，即粮食农业-MIFEE（梅劳克综合粮食和能源产业）、铜、镍、石油和天然气以及渔业，承担国家粮食、渔业、能源和矿业中心的职能（图24.11）。

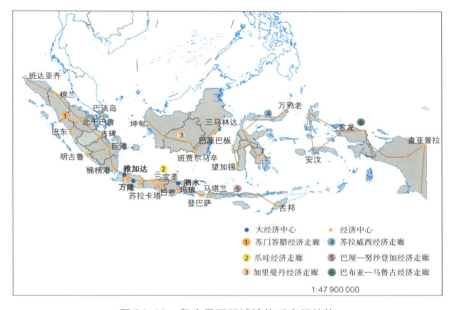

图24.11 印度尼西亚城镇体系空间结构

资料来源：印度尼西亚经济统筹部：《加快和拓展印度尼西亚经济发展的总体规划（2011—2025年）》，https://www.aseanbriefing.com/userfiles/resources-pdfs/Indonesia/FDI/ASEAN_Indonesia_Master%20Plan%20Acceleration%20and%20Expansion%20of%20Indonesia%20Economic%20Development%202011-2025.pdf。

6. 马来西亚："建设多层级大都市区，构建三大发展轴"的国土空间结构

马来西亚2010年开始实施的《全国国土规划》（第二版）针对马来半岛（西马）地区提出了由五个层级的大都市区组成的城镇体系，包括一个国家级大都市区（吉隆坡大都市区）、三个区域级大都市区（北边区域的乔治市大都市区、南部区域的新山大都市

区、东部区域的关丹大都市区)、两个次区域级大都市区(怡保和马六甲)、四个州级大都市区和五个地区级大都市区。在五个层级大都市区的基础上,依托主要的区域交通廊道,面向不同的产业发展目标,构建三大主要发展轴(南北向发展轴、东部沿海发展轴、中部东西向发展轴)以及四个次级发展轴,形成马来西亚国土空间结构的骨架(图24.12)。

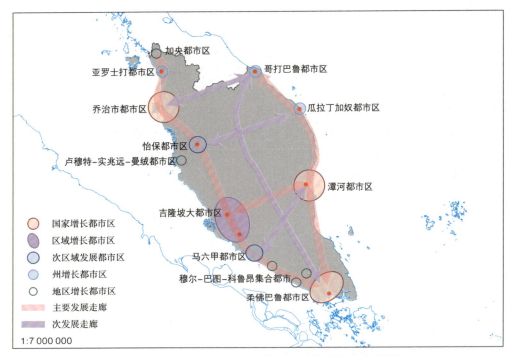

图 24.12　马来西亚全国国土规划中的城镇体系空间结构

资料来源:马来西亚《全国国土规划》(第二版), https://jpbd.johor.gov.my/index.php/intranet/9-uncategorised/123-national-physical-plan。

7. 越南:"三发展极三经济区"的城镇体系

越南的《城镇体系总体规划2025》将河内、胡志明市等5个城市定义为国家级城市,将下龙等12个城市定义为区域级城市。该规划还提出通过分别位于北部、中部、南部的3个主要发展极(河内、岘港、胡志明市)以及若干个次要发展极,引领国家城市化和经济发展。此外,规划对全国进行了大尺度的功能区划,提出:中北部地区和中南部地区将聚焦于沿海城市、港口、沿海经济走廊及海岛的发展,以加强国际经济联系;内陆地区及北部山地将注重区域发展平衡,重点发展旅游业和服务业;红河三角洲和湄公河三角洲地区将加强城市基础设施建设,以应对气候变化和海平面上升的挑战(图24.13)。

关注重点经济区域内战略城市的形成与发展,着重于三个战略位置:一是北部的主要经济区,是连接昆明—河内—海防走廊和西部—华南大陆的海洋门户,其中最重要的是河内和海防、旺彩等城市沿海经济中心;二是南部的主要经济区,特别是从泰国—柬埔寨—同奈—平阳到巴里亚—头顿的战略走廊,胡志明市是这里的重点;三是中部沿海城市体系的重点经济区。河内和胡志明市两个城市积极参与全球市场竞争。制定岛屿城市发展战略，发展国际联系城市中心的战略，采取关键的发展战略来触发走廊城镇的发展。

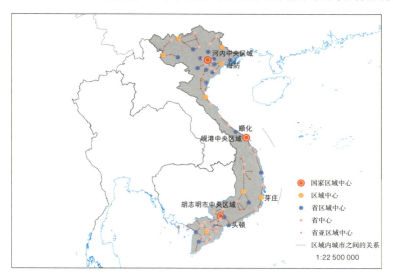

图 24.13　越南城镇体系总体规划中的城镇体系空间结构

资料来源：越南《城镇体系总体规划2025》，http://www.mpi.gov.vn/en/Pages/anpham.aspx。

8. 新加坡：依托四大商务中心，打造四大门户片区

新加坡《城市总体规划2019》提出，依托城市四大商务中心（中央商务区、兀兰区域中心、淡滨尼区域中心及裕廊湖商务区）以及若干工业基地、商务园区和高等教育机构，打造四大门户片区，具体包括：①中央片区，依托城市中央商务区，打造宜居宜业的国际商务和金融中心，通过适应未来经济发展用途和更多的就业机会，增加该地区的活力，设置更多的便民设施、绿色街道和公共空间；②北部门户片区，依托兀兰区域中心，发展农业科技与食品、电子技术与网络安全等新兴产业，获得新创新领域的增长机会，如伍德兰地区继续发展成为北部最大的商业节点和该走廊的战略中心；③东部门户片区，依托樟宜国际航空枢纽、新加坡科技大学、樟宜商业园和未来的樟宜东部市区在内的创新生活方式商业集群的支持，发展空港经济；④西部门户片区，依托裕廊湖商务区、裕廊创新区、裕廊—大士工业基地以及大士港，发展海洋经济，利用改善的交通联系和大士港的全球海上连通性促进货物、服务和人员的无缝流动，打造国际高新技术产业枢纽（图24.14）。

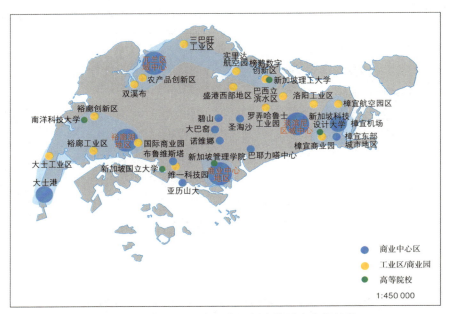

图 24.14　新加坡城市总体规划中的城市空间结构

资料来源：新加坡《城市总体规划 2019》，https：//www.ura.gov.sg/CorporateDataResources/Publications/Annual-Reports/Web-AR-19/AnnualReport20182019/~/link.aspx?_id=062CE2ACF7F046F6A96D3327E6AFC02A&_z=z。

9. 柬埔寨：打造经济走廊，促进可持续城市发展，提升城市管理能力

柬埔寨的主要城市有 27 个，大多数省份只有一个城市。人口较多的城市集中在首都金边地区、大湄公河次区域南部经济走廊、西南部西哈努克港地区以及西北部邻近泰国的区域。在铁路等区域交通干线支撑下，国土空间的发展轴带主要为贯穿西北—东南的大湄公河次区域南部经济走廊，以及首都金边地区和西哈努克港地区沿线地区（图 24.15）。

政府的发展议程和亚洲开发银行的 2020 年战略构成了柬埔寨实现包容性经济增长和区域一体化的框架。一是将运输走廊改为经济走廊。城市部门将在执行大湄公河次区域合作和一体化方案方面发挥越来越重要的作用。随着大湄公河次区域运输走廊蓬勃发展，并转变为成熟的经济走廊，走廊沿线最活跃的城镇和城市地区将受到优先关注。这一区域的目标是沿南部经济走廊发展城镇，并可能发展连接西哈努克维尔和老挝的南北经济走廊。二是可持续城市发展。优先进行水（处理和分配）、卫生、固体废物管理、防洪、城市道路、公共市场和可持续社区发展。三是以城市管理能力建设促进城市发展，将解决权力下放和权力分散改革方面明显存在的机构能力差距问题。

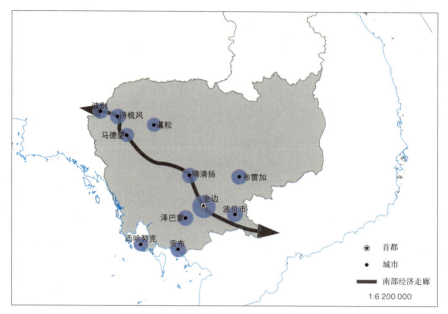

图 24.15　柬埔寨城镇体系空间结构

资料来源：亚洲开发银行报告《柬埔寨：城市部门评估、策略与实施路径》，https://www.adb.org/documents/cambodia-urban-sector-assessment-strategy-and-road-map。

10. 泰国："双枢纽，多中心，多廊道"的空间发展规划

泰国国家和区域规划局编制的《泰国全国空间发展规划 2057》将全国的中心城市划分为曼谷及其邻近区域、第一级城市、第二级城市、第三级城市等四个层级，提出以各层级的中心城市以及南北向、东西向的经济发展廊道为主体的空间发展战略。通过经济发展廊道，提升国内中心城市与周边国家主要城市的连通性，打造连接东亚和南亚地区的东盟经济枢纽。规划还提出将边境门户经济区发展成为商业中心、在东南部沿海地区重点发展旅游业和工业等发展策略。此外，该规划将全国国土空间划分为首都区域、首都腹地区域、工业廊道、工业基地、海洋与对外联系基地、自然资源基地、人力资源基地等功能分区，结合各自的资源与区位优势，推动区域协调发展（图 24.16）。

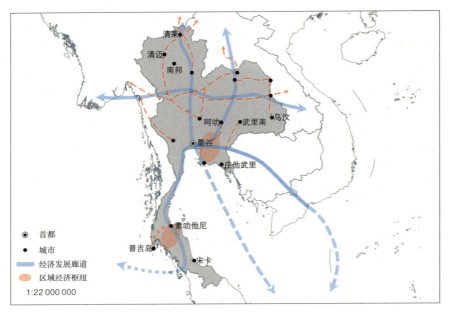

图 24.16　泰国全国空间发展规划中的国土空间发展框架

资料来源：泰国国家和区域规划局：《泰国全国空间发展规划 2057》，http://office.dpt.go.th/nrp/。

三、世界城市网络中的环南海区域

随着全球化时代的来临，交通、信息技术的革新和经济全球化的扩展，极大地提升了全球范围内城市间的联系，并逐渐形成了复杂的城市网络。环南海区域在参与全球化及进行地方化过程中，很多城市具有世界性影响力，城市职能不局限于服务本地、本国，而是立足于全球生产体系，深度参与到世界城市网络中。

借鉴全球化与世界城市研究网络（Globalization and World City Research Network，GaWC）的研究，环南海区域在世界城市网络中的重要性整体不断提升，同时，区域内部在世界城市网络中的地位存在差异性。

（一）环南海区域在世界城市网络中的地位

1. 区域内世界城市数量持续增加，在世界城市网络中重要性不断加强

在 GaWC 世界城市排名中，与其他各城市/地区联系越紧密的城市具有越高的城市等级。城市等级最高为 Alpha 级，然后依次为 Beta 级、Gamma 级和地位相对较低的 Sufficiency 级，其他城市为一般性世界城市或暂时不具有全球性职能。

环南海区域于 2000—2018 年期间，全球化水平不断提升，特别是高级生产性服务业为代表的全球企业蓬勃发展。根据 GaWC 基于高级生产性服务业的世界城市排名，2000 年，环南海区域共有 7 个 Alpha 级城市，分别是香港、新加坡城、上海、吉隆坡、雅加达、台北和曼谷，均为国家首都或经济高度发达的城市；其他三个级别的世界城市共有 6 个。此时，环南海区域城市在世界城市网络中首位度高，大部分城市仅为一般性节点或尚

未进入世界城市网络中。至 2018 年，环南海区域内世界城市数量增加到 53 个，占全球总数的 14.2%（表 24.2）。

表 24.2 区域内世界城市等级数量变化

单位：个

等级	分类	年份						
		2018	2000	2004	2008	2010	2012	2016
Alpha	Alpha +	2	2	4	3	4	4	4
	Alpha			1	3	1	2	5
	Alpha-	5	6	3	2	3	4	2
	区域小计	7	8	8	8	8	10	11
	世界城市数	33	38	41	47	45	49	55
	占该级别世界城市比例	21.2%	21.1%	19.5%	17.0%	17.8%	20.4%	20.0%
Beta	Beta +	2		1	1	2	1	4
	Beta			2	2	1	2	3
	Beta-			1	1	2	2	8
	区域小计	2	0	4	4	5	5	15
	世界城市数	35	29	40	64	78	81	80
	占该级别世界城市比例	5.7%	0.0%	10.0%	6.3%	6.4%	6.2%	18.8%
Gamma	Gamma +		1	1	1		3	2
	Gamma	1					3	3
	Gamma-	1	1			1	5	4
	区域小计	2	2	1	1	1	11	9
	世界城市数	51	41	48	67	59	83	77
	占该级别世界城市比例	3.9%	4.9%	2.1%	1.5%	1.7%	13.3%	11.7%
Sufficiency	High Sufficiency	1	2		1	5	4	2
	Sufficiency	1	1	7	10	10	12	16
	区域小计	2	3	7	11	15	16	18
	世界城市数	102	120	117	120	124	147	162
	占该级别世界城市比例	2.0%	2.5%	6.0%	9.2%	12.1%	10.9%	11.1%
总计	区域内世界城市数	13	13	20	24	29	42	53
	世界城市总数	102	120	117	120	124	147	162
	环南海区域世界城市占比	5.9%	5.7%	8.1%	8.1%	9.5%	11.7%	14.2%

资料来源：GaWC 世界城市网站。

2. 高等级世界城市格局相对稳定，中低等世界城市发展尤其迅速

从最高等级世界城市发展来看，2004—2012 年间，世界城市网络中 Alpha 级城市最多一年达到 47 个，但环南海区域内 Alpha 级城市仅增加北京 1 个城市，区域内高等级世界城市占比有所下降。直到 2016 年广州和马尼拉进入 Alpha 级，2018 年深圳成为 Alpha-水平的世界城市，区域内高等级世界城市占比有所回升。

区域内 Beta 级城市数量一直稳定在 5 个及以下水平，在 2018 年突破性增长为 15 个。具体来看，2008 年，该级别世界城市包括广州、马尼拉、深圳、胡志明市 4 个；2012 年，越南河内市高级生产性服务业发展成效显著，进入 Beta 级；2016 年，广州升级为 Alpha 级，成都从 Gamma 级进入 Beta 级；2018 年，一批中国城市在世界城市网络中地位显著提升，武汉、重庆、苏州等迈入 Beta 级。

区域内 Gamma 和 Sufficiency 级别的世界城市也在 2010 年后得到了大幅发展，一些原有世界城市等级进一步提高，在世界城市体系中地位不断加强。

（二）世界城市网络发展的空间差异

1. 各国家（地区）在世界城市网络中地位差异明显，部分国家（地区）仅首位城市进入网络

在世界城市网络分析中，某城市连通度是该城市与其他全部城市联系的总和，反映了一个城市与网络中其他城市之间的链接程度，表现了一个城市作为节点的连通能力和地位。将环南海区域内各国家（地区）世界城市连通度进行加和，得到区域连接通量，其中新加坡城、中国香港、中国澳门为全部城市化地区，城市范围即国家（地区）范围，因此采用城市连接度作为区域连接通量。在此基础上，按区域内世界城市数进行平均，以便于比较区域差异。2018 年，世界城市网络中环南海区域各国家（地区）联系情况如表 24.3 所示。

2018 年，中国大陆（内地）的连接通量值为区域最大，共有 24 个世界城市贡献了连通度，成为世界城市网络中的重要节点，参与到全球范围的生产性服务活动中，首都北京更是以 75207 的连通度位列世界城市第 4 位，是世界城市网络的核心节点。马来西亚有 3 个城市进入世界城市，平均连通度略低于中国大陆（内地）。

表 24.3 世界城市网络中各国家（地区）联系情况（2018 年）

国家（地区）	世界城市数/个	最高排名世界城市	城市连通度	城市排名
中国大陆（内地）	24	北京	75207	4
中国香港	1	香港	78715	3
中国澳门	1	澳门	12817	330
中国台湾	2	台北	51017	26
新加坡	1	新加坡城	72652	5
马来西亚	3	吉隆坡	53616	20
印度尼西亚	1	雅加达	53215	22
泰国	1	曼谷	48642	32

续表 24.3

国家（地区）	世界城市数/个	最高排名世界城市	城市连通度	城市排名
菲律宾	1	马尼拉	43481	47
越南	2	胡志明市	40544	56
柬埔寨	1	金边	20786	194
文莱	1	斯里巴加湾市	10364	367

中国香港、新加坡城均为 Alpha+ 级世界城市，在全球排名分别为第 3 位和第 5 位，处于世界城市网络中的核心地位。中国台湾和越南分别有 2 个世界城市。印度尼西亚、泰国、菲律宾、柬埔寨和文莱均只有首都城市进入世界城市排名中。其中，印度尼西亚首都雅加达、泰国首都曼谷、菲律宾首都马尼拉分列第 22 位、第 32 和第 47 位，属于世界城市网络中的重要节点；柬埔寨首都金边位列 194 位，连通度不到马尼拉的一半，文莱首都斯里巴加湾市仅位列第 367 位，为世界城市网络中的一般性节点。中国澳门城市职能长期以博彩和旅游业为主，生产性服务业发展相对一般，位列世界城市第 330 位。由此可见，部分城市在世界城市网络中首位度很高或仅首都城市进入世界城市网络的紧密联系中，区域其他城市通过生产性服务业的对外经济联系有限。

2. 高等级世界城市主要分布在环南海周边，中国大陆（内地）世界城市在 2008 年起迅速崛起，成为世界城市网络中的重要节点

基于 GaWC 自 2000 年起公布的世界城市等级和排名情况，得到环南海区域内各世界城市的等级变化情况（图 24.17）。

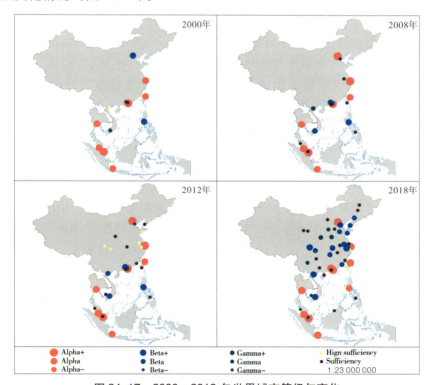

图 24.17 2000—2018 年世界城市等级与变化

Alpha 级是世界城市中的最高等级，环南海区域内 Alpha 级世界城市主要分布在沿海地区。从 2000 年开始，香港、新加坡城、上海、吉隆坡、雅加达和台北已经是 Alpha 级世界城市，其中香港和新加坡城为 Alpha + 级，具有很高的连通性，在世界城市网络中处于顶点位置。中国在世界城市体系中的发展，使得主要城市北京、广州、深圳也先后进入 Alpha 级城市行列。特别是深圳，在 2000 年还只是 Sufficiency 级，从 2008 年开始在生产性服务业方面发展极为迅速，在世界城市体系中地位不断提升。菲律宾首都马尼拉 2016 年也成为 Alpha 级世界城市。

Beta 级城市中，除越南的胡志明市、河内在 2000 年已成为世界城市网络中的区域性节点，分处 Gamma 级和 High Sufficiency 级外，其余均为快速发展的中国大陆（内地）城市。这些城市最早于 2008 年进入主要世界城市行列（天津、南京），在 2010 年开始，迅速发展成为世界城市网络中的重要节点。

Gamma 级、Sufficiency 级城市以区域服务为主。其中多为中国大陆（内地）城市，另有柬埔寨首都金边，菲律宾第二大城市宿务岛，马来西亚的槟城、新山，以及文莱首都斯里巴加湾市。其中，宿务岛商业和工业发达，具有明显的交通优势，是菲律宾南部的海运和空运中心；新山拥有电子、石油化学、造船等领域的大型工业企业，槟城是全球重要的电子制作业基地，两地都需要生产性服务业为生产活动提供保障，从而吸引了大批高级生产性服务业企业；斯里巴加湾市人口数量不多，但以石油产业为支柱，外贸出口活跃，因此也成为高级生产性服务业企业分支机构选址的重点区位。

四、结 语

环南海区域内国家（地区）和城市间的城市化水平差异较大，区域内既有已经全部城市化的国家（地区），也有处于城市化发展初期的国家（地区）。总体上，环南海区域的城市化进程经历了初级阶段、快速发展阶段，目前处于稳定发展的状态。中国大陆（内地）、马来西亚是目前城市化进程的发展高地，其他国家（地区）的城市化速度相对平缓。

海上丝绸之路作为环南海区域最主要的发展轴带，联系起了海岸带上的主要城市，包括超大城市、特大城市和沿岸国家的首都等，这些城市是区域发展的核心和重要引擎。其他国家（地区）内部的空间主要发展方向，促进了区域内部的合作与发展。

值得注意的是，环南海区域在参与全球化及进行地方化过程中，很多城市具有世界性影响力，城市职能不局限于服务本地、本国，而是立足于全球生产体系，深度参与到世界城市网络中。

参考文献

陈浩. 柬埔寨经济现代化进程研究（1953—2015）[D]. 昆明：云南师范大学，2019.

陈彦光，周一星. 城市化 Logistic 过程的阶段划分及其空间解释：对 Northam 曲线的修正与发展 [J]. 经济地理，2005（6）：817 – 822.

程亚文. 城市化、全球化内化与政治动荡：对 20 世纪下半叶以来泰国政治纷争的观察 [J]. 学术界，2020（2）：161 – 177.

费昭珣. 东南亚国家的城市化进程及其特征 [J]. 东南亚研究, 1999 (4): 3-5.

侯松岭. 90年代前期越南社会经济的发展: 问题、影响与政管措施 [J]. 东南亚研究, 1999 (1): 3-5.

谭一洺, 杨永春, 冷炳荣, 等. 基于高级生产者服务业视角的成渝地区城市网络体系 [J]. 地理科学进展, 2011, 30 (6): 724-732.

王国平. 1993—2003年柬埔寨的经济改革 [J]. 东南亚, 2003 (2): 9-12.

(王静婷，薛德升，谭一洺)

第二十五章　环南海区域建成用地时空扩展特征

一、环南海区域建成用地发展进程

环南海区域国家（地区）的城市化自"二战"以后才逐步开始，但其城市化水平在近几十年中快速推进，在这个过程中也带来诸多问题，如"虚假城市化"或首都超前发展所呈现的"特大城市化"现象，各国（地区）之间城市化水平与进程存在巨大差异。城市化进程加速推进对建成用地的需求越来越大，然而由于土地资源供给的稀缺性，不可能无限制地满足快速城市化过程中对土地的需求。因此，分析环南海区域国家（地区）建成用地扩张的时空格局，厘清不同国家（地区）城市化发展阶段城乡用地扩张的特征，对于认清各国（地区）基本国情具有重要意义，而且也有利于借鉴其发展的成功或失败的经验。

对于环南海区域国家（地区）城市化进程和建成用地扩张的相关研究，学术界的研究重点有所区别。早期的学者们（20世纪90年代中后期到20世纪初）倾向于从人口城市化的角度对城市化的整体进程等进行研究，以城市人口占总人口的比重作为评价环南海区域国家（地区）城市化的基本指标，或在此基础上，以居民居住的空间单位面积计算人口密度、以行政区划内的居民点数量、以行政区域定义的城市区域、农业从业人口、基础设施和服务等作为评价的标准构建一定的指标体系，并以此探究其城市化的发展特征、问题及其背后的原因。随着科学技术的发展以及数据获取的便捷性增加，在人口城市化分析的基础上，部分城市化研究结合运用定量化数据和工具对城市化进行定量分析，以高分辨率的城市土地利用数据和城市建成用地数据作为研究对象，分析区域土地的时空演变特征以及由此反映的地区城市化进程。由此可见，综合人口、经济、社会等社会经济统计数据，结合运用遥感影像等土地利用数据、统计分析方法等对环南海区域国家（地区）城市化进程以及建成用地扩张的特点和格局进行分析，以及分析城市化进程与建成用地扩张背后的驱动因素等将会是当今环南海区域国家（地区）城市化研究的主要趋势。另外，在研究尺度方面，已有城市化与建成用地扩张的研究多从国家尺度、单个城市或多个城市的尺度进行研究，鲜有省级层面的分析。

综合相关研究来看，本研究拟以城市建成用地面积为核心指标，以环南海区域国家（本章不涉及中国的情况，以下称环南海八国）单元以及各基本省级区域单元作为城乡建成用地测度的基本地域单元，采用不透水率和不透水变化强度等指标进行环南海区域国家（地区）的建成用地扩张进程研究，综合分析其空间格局与变化。运用不透水率及变化强度作为研究指标，有利于对以往相关人口城市化研究进行补充研究，能更直观地反映环南海区域国家区域土地空间变化与城市化空间进程，以期对环南海区域国家建成用地扩张进程有更清楚的认识。

二、环南海区域国家建成用地

(一) 资料来源

本章所用建成用地资料来源于宫鹏等人于 2020 年发布的 1985—2018 年精度为 30 m 的全球人工不透水区域年度地图 (https://doi.org/10.1016/j.rse.2019.111510)。不透水区域是人类住区的主要标志,及时、准确的不透水信息对于了解城市化进程和土地利用变化及其对环境和生物多样性的影响至关重要。该组不透水数据的平均总体准确率高于 90%。

(二) 研究指标

不透水率 (ISA,impervious surface area,%) 是指区域中不透水面积占总用地面积的比重,能够反映区域城乡建成用地扩张的水平,是评价一个区域建成用地水平的指标。不透水变化强度 (ISEI,impervious surface expansion intensity) 是指建成区不透水面年均增加面积与基年面积之比,能够反映不透水面信息在数量上的变化。其表达式分别为:

$$ISA = \frac{I_i}{S}, \qquad ISEI = \frac{I_{n+i} - I_i}{nI_i}。$$

式中:ISA 为不透水率;ISEI 为不透水变化强度;I_{n+i} 和 I_i 分别表示 $n+i$ 年和 i 年的城市不透水面面积,km^2;n 是时间间隔,a;S 是区域总面积,km^2。

(三) 建成用地分析

1990—2018 年,环南海八国建成用地增长主要沿着海岸线分布,这是因为沿海区域地理优势较为明显,交通便利,贸易频繁,易于带动当地经济。而且,该区域建成用地增长主要在原先已有建成用地的基础上扩展,形成了区域型的城市群。一般来讲,城市集聚程度越高,城市的辐射效应也会越强,往往能够带动周边城市的发展,因此,当区域内存在超大城市或特大城市时,会出现大城市区域集聚的现象。

通过统计环南海八国 1990 年和 2018 年建成用地面积,可以计算出 1990—2018 年建成用地面积的变化量,如表 25.1 所示。由表可知,环南海八国的建成用地在近 30 年来有较大幅度的增长。建成用地变化幅度较大的国家,变化量均超过 30 万 hm^2,如印度尼西亚、马来西亚、泰国和越南,这可以部分归结于这些国家国土面积较大以及近年来城市化的推进。变化幅度较小的国家,变化量在 3 万 hm^2 以下,如文莱、新加坡和柬埔寨。前两者因其国土面积较为狭小,城市化已发展到一定阶段,使得不透水率进程减缓;后者因其国家经济较为落后,不透水率进程较慢,不透水率水平较低。

表 25.1　环南海八国 1990 年、2018 年建成用地面积

单位：hm²

国家	1990 年建成用地面积	2018 年建成用地面积	1990—2018 年建成用地面积变化量
文莱	646.38	14561.82	13915.44
印度尼西亚	183822.3	668692.89	484870.59
柬埔寨	2863.26	28232.46	25369.2
马来西亚	122795.1	515229.2	392434.11
菲律宾	74425.5	249480.2	175054.7
新加坡	27988.65	35564.76	7576.11
泰国	130748.6	518732.3	387983.7
越南	99564.12	421965.4	322401.2

资料来源：30 米的全球人工不透水区域年度数据（https://doi.org/10.1016/j.rse.2019.111510）。

（四）国家尺度建成用地扩张分析

1. 不透水率整体变化

环南海八国 1990 年、2000 年、2010 年和 2018 年的不透水率如 25.1 所示。由图可知，1990 年新加坡的不透水率最高，达到 39.85%，其次是马来西亚，为 0.5%，其余国家均低于 0.3%；2000 年菲律宾、泰国和越南的不透水率有了较大的提升，达到 0.3% 以上的水平；经过不断的发展，2018 年马来西亚的不透水率达到 1.55%，也超过了 1.5%。可以发现，一般而言，经济水平较高的国家不透水率也处于较高水平，经济水平较低的国家不透水率相对处于较低水平。

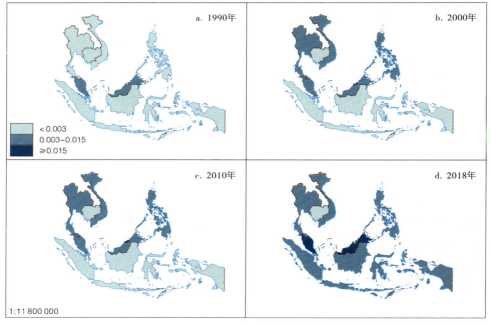

图 25.1　环南海八国 1990 年、2000 年、2010 年、2018 年不透水率

资料来源：据 30 米的全球人工不透水区域年度数据计算后得出。

根据近30年来各国不透水率的高低，结合联合国划分的人口城市化水平，将环南海八国划分为三个水平（表25.2）：高不透水率水平国家，不透水率≥1.5%，包括新加坡、文莱和马来西亚；中等不透水率水平国家，不透水率在0.3%到1.5%之间，包括泰国、越南、菲律宾和印度尼西亚；低不透水率水平国家，不透水率≤0.3%，包括柬埔寨。

表25.2 不透水率水平划分

层 级	不透水率水平	包含的国家
高不透水率水平	≥1.5%	新加坡、文莱和马来西亚
中等不透水率水平	0.3%～1.5%	泰国、越南、菲律宾、印度尼西亚
低不透水率水平	≤0.3%	柬埔寨

环南海八国1990—2018年的不透水变化强度如图25.2所示。在这八国中，文莱不透水变化强度最大，达到2150%；不透水率变化强度最小的国家是新加坡，仅为27%，这是由于其原先城市化的水平相对较高、国土面积较小所致；其他国家如柬埔寨、马来西亚和越南，其不透水变化强度相对较大，整体保持在300%～600%范围内。

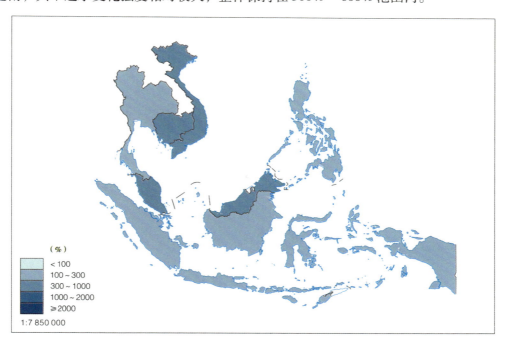

图25.2 环南海八国1990—2018年不透水率可视化图

资料来源：据30米的全球人工不透水区域年度数据计算后得出。

2. 高不透水率水平国家分析

1990—2018年，不透水率水平较高的国家的不透水率呈现两极分化（图25.3）：新加坡不透水率于1990年已到达40%；马来西亚和文莱的不透水率虽然在近30年来有所增长，但总体水平在5%以下。可以看出，这三个国家不透水率在近30年来变化强度不大,总体发展较平稳。从变化强度来看,1990—2018 年,文莱的不透水变化强度较大,从 1990 年的超过 50% 逐渐下降至 2000 年的 10% 后,逐渐保持平稳;新加坡与马来西亚不透水变化强度总体自 2000 年后呈现平稳发展的趋势,增长率总体维持在 10% 以下(图 25.4)。

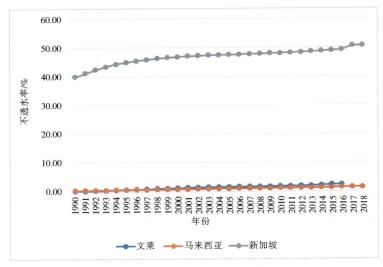

图 25.3　高等城市化水平国家 1990—2018 年不透水率变化

资料来源:据环南海八国不透水数据计算绘制。以下图 24.4 至图 25.8 同此。

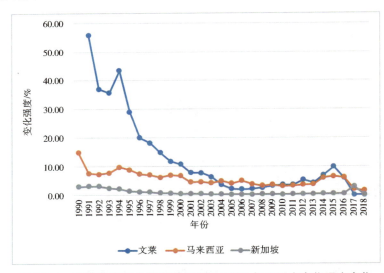

图 25.4　高等城市化水平国家 1990—2018 年不透水变化强度变化

　　文莱不透水率在 1990—2018 年总体保持在 5% 左右,而不透水变化强度较明显。文莱在 1991—1995 年不透水变化强度较大,总体维持在约 30% 以上,表明在此时间段内文莱城市建成用地扩张的强度较强;1995 年之后其不透水变化强度大幅放缓,从原先 30% 左右下降到 5% 左右,表明其土地扩张的速度有所下降。文莱自 20 世纪 90 年代初期实行出口导向型战略,政府政策着重于发展工业。随着城市工业化的发展,城市建成用地尤其是工业用地不断扩张，因此在这一时期不透水变化强度较大。90年代中后期，文莱政府调整经济结构，以经济可持续发展为目标，因此建成用地扩张速度有所放缓。

马来西亚不透水率在1990年—2018年保持在5%水平，不透水变化强度一直维持在10%以下的水平，体现出近30年来其城市建成用地以相对稳定的速率扩张。马来西亚自1986年开始，每10年会推出《工业总体规划》。在工业化发展过程中，马来西亚坚持以进口替代和出口导向相结合，并以出口导向推动国家工业化的战略。随着社会的进步与发展，马来西亚的工业化战略相应调整，提高了马来西亚在全球经济中的竞争力，也确保了经济的可持续发展，这在一定程度上影响建成用地的空间扩张。

新加坡不透水率保持在40%～50%的高不透水率状态，其不透水变化强度则维持在10%以下的水平，体现出近30年来其城市建成用地以相对稳定的速度扩张。新加坡的经济以外向型为主导特征，以电子、石油化工、金融、航运和服务业为主，整个国家以服务业和知识密集型产业为主导，对城市建成用地扩张的需求不大。由于新加坡不透水率在20世纪90年代已经达到较高水平，且其国土面积狭小，不透水变化强度相对较低且平稳。

3. 中等不透水率水平国家分析

1990—2018年不透水率处于中等水平的国家包括印度尼西亚、泰国、菲律宾、越南，其不透水率变化在近30年来呈现相似的发展趋势（图25.5）。总体上来看，1990—2005年，除了印度尼西亚低于0.2%之外，其余国家的不透水率水平较相近，均在0.2%到0.4%的区间内；在2005年之后，各国不透水率之间的差距越来越大；至2018年，越南的不透水率（1.22%）最高，印度尼西亚的不透水率（0.46%）最低。1990—2018年各国家不透水变化强度起伏不大，除了在个别年份出现高峰发展之外，大致维持在10%以下（图25.6）。印度尼西亚除了1990年呈现较高的不透水变化强度（14.49%）之外，2013年、2018年不透水变化强度均超过10%；泰国不透水率超过10%的年份为1990年和2015年；菲律宾只有1990年的不透水变化强度超过10%；越南不透水变化强度超过10%的年份为1990年、2009年和2015年。可以发现，中等不透水率水平的国家变化强度最高值基本出现于1990年和2015年。

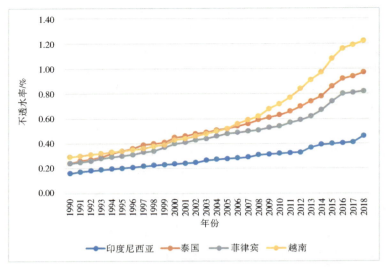

图 25.5 中等城市化水平国家 1990—2018 年不透水率变化

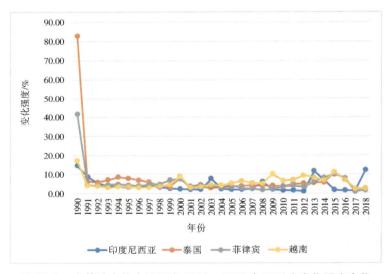

图 25.6 中等城市化水平国家 1990—2018 年不透水变化强度变化

泰国的不透水率在 1990—2005 年维持在 0.2%～0.4%，2005 年逐步上升至 0.97%；其不透水变化强度在 10% 上下波动变化。泰国自 1986 年实行出口导向型工业化战略之后，在贸易自由化和投资自由化的背景下，经济得到快速发展，城市建成用地加速扩张，因此在 20 世纪 90 年初期其不透水变化强度较高。1997 年的金融危机使得泰国的经济受到冲击，建成用地扩张速度有所放缓。但泰国政府并未放弃贸易和投资自由化，很快地制定政策发展计划以及改革措施对其进行了调整，而且因为泰国旅游业发达，为其经济发展提供支持，因此其不透水变化强度维持在相对稳定的水平。

印度尼西亚的不透水率处在较低水平的缓慢上升阶段，其不透水变化强度在 10% 左右波动变化。印度尼西亚除在 1998—2004 年经济有所调整之外，自 1986 年以来一直推行出口导向型战略。政府也积极制定政策推动经济增长，积极参与国际以及东盟地区的产业分工，推动工业化的发展。因此，印度尼西亚的经济稳步发展，推动了建成用地的扩张。但是因印度尼西亚的面积较大，因此其不透水率维持在较低水平。

菲律宾的不透水率在1990—2005年维持在0.2%~0.4%，2005年后逐步上升至0.82%；其不透水变化强度在10%以下波动变化。菲律宾自20世纪90年代以来实施出口导向型的工业化战略，通过设立经济特区推动出口、创造就业、吸引投资等方式促进经济的发展。同时，政府还通过双边和多边自由贸易协定，融入全球经济和地区经济一体化的进程。

越南的不透水率整体在0.2%~0.4%范围内变化，2005年后上升趋势明显，逐步发展为0.97%。为了应对经济全球化和地区经济一体化，越南制定了新的工业化战略和国家发展战略。20世纪90年代以来，越南先后设立四个重点经济区，包括九龙江平原重点经济区、南部重点经济区、中部重点经济区、北部重点经济区，涵盖了全国五大直辖市和19个省辖市。这促进了经济的发展与建成用地的扩张。

4. 低不透水率水平国家分析

不透水率水平较低的国家为柬埔寨，在近30年来其不透水率变化强度也相对较小。由图25.7可知，2000年前柬埔寨的不透水率几乎没有变化，维持在0.01%~0.04%区间内。自2000年以后，柬埔寨的不透水率加速上升，到2018年达到0.15%。由图25.8可知，总体来看，柬埔寨在1994年、2000年和2015年呈现不透水变化强度的高峰，其余年份大致维持在10%左右的增长率。柬埔寨的不透水变化强度在1990年、1992—1995年、1997年、2000年、2015年和2016年超过10%。总体来讲，柬埔寨不透水变化强度变化较大。

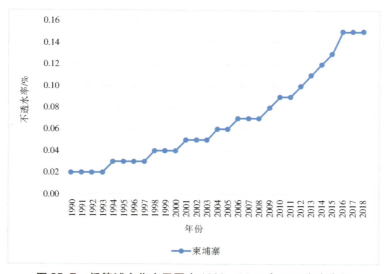

图25.7 低等城市化水平国家1990—2018年不透水率变化

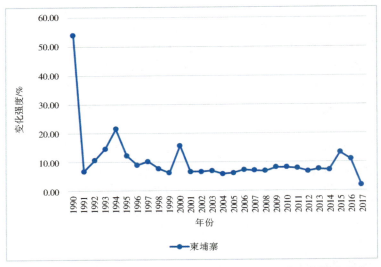

图 25.8　低等城市化水平国家 1990—2018 年不透水变化强度变化

柬埔寨国民经济的第一大支柱是农业，因其农业资源丰富、自然条件优越、劳动力充足、农业经济效益良好，农业被列为优先发展的领域。此外，柬埔寨也积极寻求工业的发展。1993 年，柬埔寨从中央计划内向型经济转向开放型市场经济。1998 年，柬埔寨政府制定了《工业发展行动计划（1998—2003 年）》，目标是推动出口导向型工业的发展。工业化可以推动经济的发展和建成用地的扩张，因此 1993 年之后柬埔寨的不透水率呈现较高速的发展，大体维持在 10% 左右的增长率。

(五) 省级尺度不透水率分析

1. 各国家省级尺度建成用地发展特点分析

（1）文莱。

文莱国土面积约 5765 km^2，人口约 41.5 万。根据首都 1990—2018 年不透水层分布图（图 25.9）可知，近 30 年来该国不透水层主要集中在北部沿海区域，首都不透水变化最明显。全国共划分为 4 个区，即文莱—穆阿拉（Brunei-Muara）、马来奕（Belait）、都东（Tutong）、淡布隆（Temburong）。根据文莱 1990 年、2018 年各省级区域不透水率分布图（图 25.10）可知，在 1990 年，文莱四个区均分布在 2% 以下的区间；经过近 30 年的变化，文莱—穆阿拉的不透水率最高（14.61%），其次是都东（2.92%）。在不透水变化强度方面，1990 年四个省级区域的不透水率差异不大；随着时间的推移，首都地区因其政策发展的偏向，不透水率较高于其他省级区域（变化强度 13.88%）。总体而言，近 30 年来文莱国家省级区域均有一定程度的发展且差距相对较小。

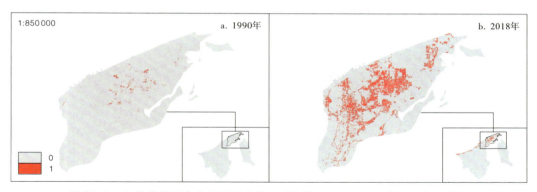

图 25.9　文莱首都所在省级区域文莱—穆阿拉 1990—2018 年不透水层分布

资料来源：30 米的全球人工不透水区域年度地图（https://doi.org/10.1016/j.rse.2019.111510）。以下各国首都的不透水层分布图同此。

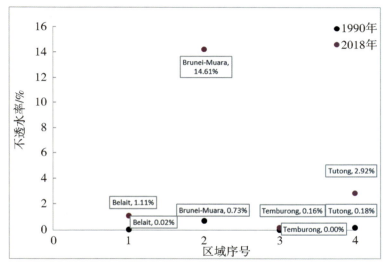

图 25.10　文莱 1990 年、2018 年各省级区域不透水率分布

资料来源：据环南海八国不透水数据计算绘制。以下各国省级区域不透水率分布图同此。

（2）印度尼西亚。

印度尼西亚全国共有 33 个一级行政区，包括雅加达首都特区（Jakarta）、日惹（Yogyakarta）和亚齐达鲁萨兰（Aceh Darussalam）2 个地方特区、30 个省。根据首都 1990—2018 年不透水层分布图（图 25.11）可知，近 30 年来不透水区域主要集中在西部和中部海岛的沿岸区域，首都变化特别明显。印度尼西亚 1990 年、2018 年各省级区域不透水率分布如图 25.12 所示，1990 年雅加达的不透水率达到 43.16%，日惹的不透水率达到 1.7%，其余大部分省级区域的不透水率均在 1% 以下。到 2018 年，共有六个省级区域的不透水率得到快速的发展，如雅加达（84.32%）、巴厘岛（2.94%）、爪哇岛中部（1.92%）、东部（2.43%）和西部（2.66%）。从不透水变化强度来看，除了首都雅加达之外，巴厘岛（1.94%）、西爪哇（1.96%）、中爪哇（1.23%）、东爪哇（2.06%）这几个区域的不透水变化强度处于较高水平，这些区域大多因其旅游业发达而推进了不透水率的提升。

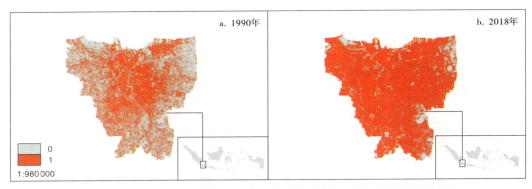

图 25.11　印度尼西亚首都雅加达南部区域 1990—2018 年不透水层分布

注：印度尼西亚首都北部零散地块不在图中展示。

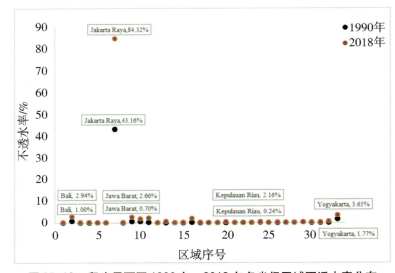

图 25.12　印度尼西亚 1990 年、2018 年各省级区域不透水率分布

（3）柬埔寨

柬埔寨全国划分为 23 个省和 1 个直辖市（即首都金边）。根据首都 1990—2018 年不透水层分布图（图 25.13）可知，近 30 年来的不透水层集中于国家内部沿河的西部地带，首都沿着原有不透水层向西扩张。由柬埔寨 1990 年、2018 年各省级区域不透水率分布图（图 25.14）可知，1990 年除了首都金边不透水率达到 4.539% 之外，其余城市不透水率均低于 0.1%。直至 2018 年，除了首都金边不透水率达到 34.11% 之外，只有一个区域即甘丹省不透水率超过 1%，其余省级区域不透水率均处于 1% 以下。除了首都地区因作为政治经济文化中心而有较快发展外，柬埔寨自 1990 年至 2018 年的不透水率变化强度总体较低。

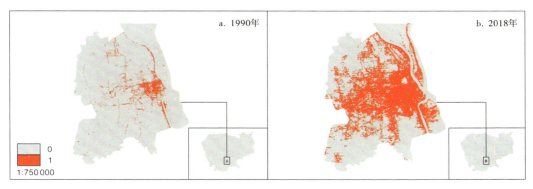

图 25.13 柬埔寨首都金边 1990—2018 年不透水层分布

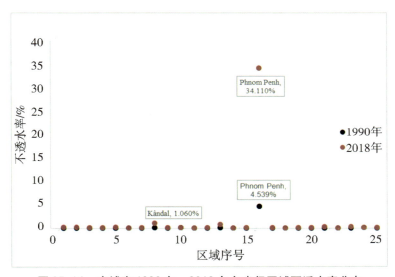

图 25.14 柬埔寨 1990 年、2018 年各省级区域不透水率分布

（4）马来西亚。

马来西亚全国分 13 个州和 3 个联邦直辖区。根据首都 1990—2018 年不透水层分布图（图 25.15）可知，不透水区域主要集中于西部中南半岛沿海区域，首都不透水层分布密集。根据马来西亚 1990 年、2018 年各省级区域不透水率分布图（图 25.16）可知，1990 年马来西亚各省区域的不透水率相对较高，最高的是首都吉隆坡（35.54%），其次是槟城（8.34%）。至 2018 年，各个省级行政区域之间的差距拉大，吉隆坡的不透水率达到 73.72%，槟城的为 26.44%。在 2018 年不透水率达到较高水平的还有因政策和优良港口地理位置而实现快速扩展的纳闽（0.87%）。从不透水变化强度来看，各个省级区域在近 30 年来变化强度较大，最大的为布城（43.83%），其次是吉隆坡（38.19%）。总体来看，发展速度较快的省级区域大多地理位置优越，有良好的发展条件；联邦直辖区因其政策优势，往往发展的速度会更快。

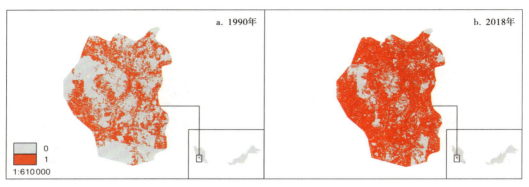

图 25.15　马来西亚首都吉隆坡 1990—2018 年不透水层分布

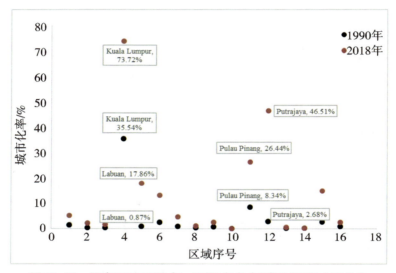

图 25.16　马来西亚 1990 年、2018 年各省级区域不透水率分布

(5) 菲律宾。

菲律宾全国划分为吕宋、维萨亚和棉兰老三大部分,全国设有首都地区、科迪勒拉行政区、棉兰老穆斯林自治区等 17 个地区,下设 81 个省。根据首都 1990—2018 年不透水层分布图(图 25.17)可知,近 30 年来不透水区域分布较为分散,主要集中于北部吕宋岛的南部地区,首都沿着原有区域向东向北扩张。根据 1990 年、2018 年各省级区域不透水率分布图(图 25.18)可知,1990 年菲律宾除了首都马尼拉(41.67%)、加维特(2.40%)、黎刹(2.25%)外,其他省级区域不透水率相对较低,均维持在 2% 以下。至 2018 年,首都马尼拉的不透水率已经达到 74.45%,而其余 80 个省级区域均在 10% 以下,与其他省级行政区域差距较大,首都一极化现象明显。从不透水率变化强度看,依旧是首都的变化(32.78%)最大,除了离首都马尼拉较近的海军基地加维特的变化强度为 6.97% 外,有 10 个省级区域的变化维持在 1%~5% 之间,其他省级区域的变化均低于 1%。可以看到,各个省级行政区域之间的发展差距较大,马尼拉超大城市化与首都一极化现象明显。

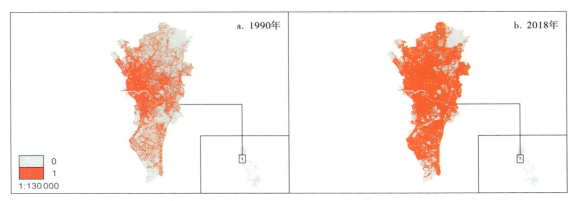

图 25.17 菲律宾首都马尼拉 1990—2018 年不透水层分布

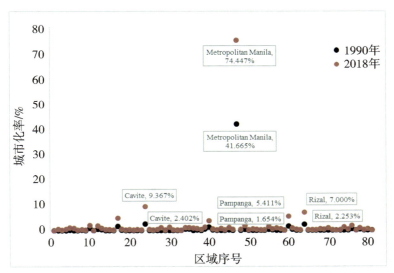

图 25.18 菲律宾 1990 年、2018 年各省级区域不透水率分布

(6) 新加坡。

新加坡是一个城邦国家，故无省市之分，而是以符合都市规划的方式将全国划分为五个社区，分别是中心社区、东北社区、北社区、南社区和西社区。根据首都 1990—2018 年不透水层分布图（图 25.19）可知，近 30 年来不透水区域分布较均匀，主要集中于西北部区域，首都不透水层在 1990 年分布已较密集，至 2018 年沿着原有建成用地扩展。由 1990 年、2018 年各省级区域不透水率分布图（图 25.20）可知，1990 年各区的不透水率已处于较高水平，不透水率最高的是中心区（58.06%），最低的是北社区（27.12%）。直至 2018 年，中心区不透水率最高（66.16%），北区最低（38.48%）。从不透水率变化强度来看，各个区的变化较为平均，总体维持在 10% 左右的变化强度。变化最大的是东北区（12.62%），最低的是中心区（8.1%）。可以看出，新加坡各个区域之间的差距较小，总体不透水率水平高。

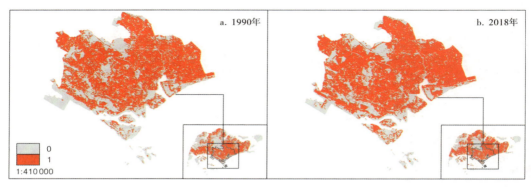

图 25.19　新加坡中心社区 1990—2018 年不透水层分布

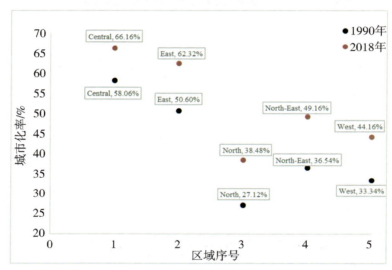

图 25.20　新加坡 1990 年、2018 年各省级区域不透水率分布

(7) 泰国。

泰国全国分中部、南部、东部、北部和东北部五个地区，共有 77 个府，府下设县、区、村。曼谷是唯一的府级直辖市。根据首都 1990—2018 年不透水层分布图（图 25.21）可知，泰国近 30 年来不透水区域分布较为分散，主要集中于中部沿海区域，首都不透水层分布主要集中在其西北部。根据泰国 1990 年、2018 年各省级区域不透水率分布图（图 25.22）可知，1990 年首都曼谷的不透水率远远高于其他省级区域，达到 16.46%，不透水率在 1%~8% 之间的省级区域有 8 个，其余区域均低于 1%。至 2018 年，不透水率最高的依然是首都曼谷（41.78%）、其余不透水率超过 10% 的有五个省级区域，不透水率在 1%~10% 之间的省级行政区域共有 16 个，剩余的其他省级区域均低于 1%。从不透水率变化强度看，部分省级区域增长较快，如首都曼谷增长 25.32%、暖武里府增长 18.05%。通过分析可知，泰国省级区域增长较快的区域部分因其旅游业发达，如曼谷和普吉岛。

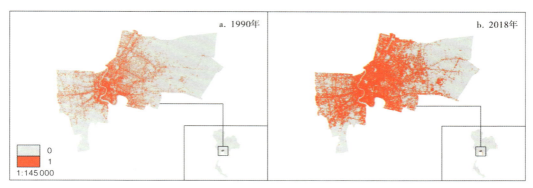

图 25.21　泰国首都曼谷 1990—2018 年不透水层分布

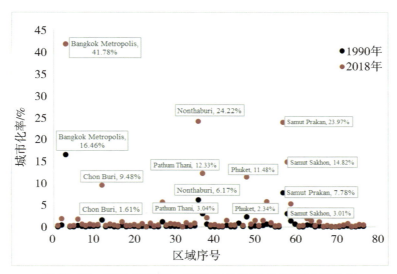

图 25.22　泰国 1990 年、2018 年各省级区域不透水率分布

（8）越南。

越南全国划分为 58 个省和 5 个直辖市。根据首都 1990—2018 年不透水层分布图（图 25.23）可知，近 30 年来越南不透水区分布较集中，多以东部沿海区域为主，首都沿着河流向西北和东北方向扩张。由越南 1990 年、2018 年各省级区域不透水率分布图（图 25.24）可知，1990 年部分省级行政区域不透水率处于较高水平，共有 13 个省级区域的不透水率在 1%～6% 之间，其中首都河内市最高（5.37%），其次是胡志明市（5.21%）。至 2018 年，共有 32 个城市的不透水率超过 1%，其中不透水率超过 10% 的有两个地区，分别是胡志明市（19.31%）、岘港（12.17%）。从不透水变化强度来看，共有 28 个省级区域的不透水率变化大于 1%，其中只有一个城市变化超过 10%（胡志明市，14.9%），其余省级区域均小于 1%。部分省级区域因其政策发展的偏向以及良好的区位条件而得到较快发展，如河内、胡志明市和岘港。

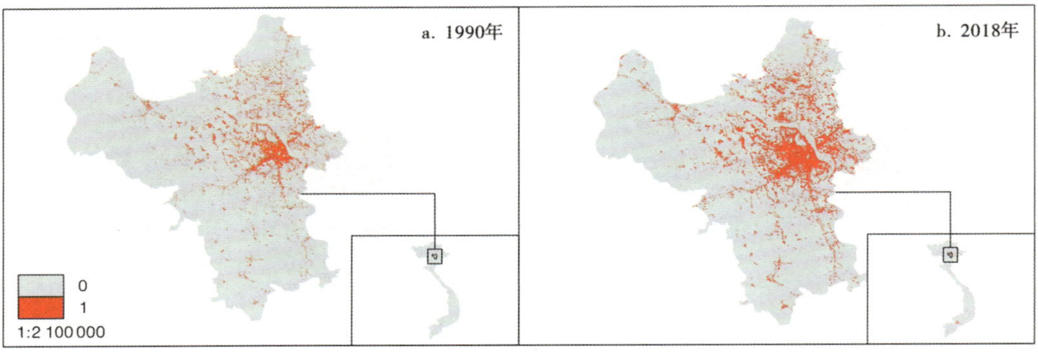

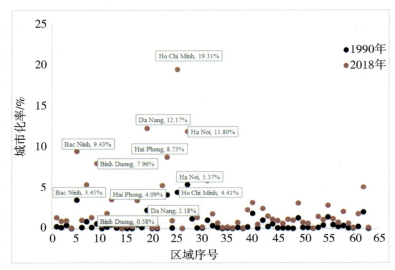

图 25.23 越南首都河内 1990—2018 年不透水层分布

图 25.24 越南 1990 年、2018 年各省级区域不透水率分布

三、环南海区域国家建成用地扩张模式分析

(一)研究方法

公共边测度方法是根据新增建设用地与现状建设用地斑块的公共边界长度与新增建设用地总边长的比值 R 判定城市扩张模式。本节利用建成用地数据,分别提取 1990—1995 年、1995—2000 年、2000—2005 年、2005—2010 年、2010—2015 年、2015—2018 年各时段公共边长与新增城市用地总边长,计算比值,以此确定新增用地的扩张模式。其公式为:

$$R = \frac{L_C}{P}。$$

式中:L_C 为新增城市用地与现状城市用地的公共边长;P 为新增城市用地的总边长。当 $R = 0$ 时是飞地式扩张,$0 < R < 0.5$ 时属于蔓延式扩张,$0.5 \leq R \leq 1$ 是填充式扩张。填充式扩张是指新增建成用地大多被现状城市用地包围,在原城市内部增长;蔓延式扩张主要

指新增建设用地沿原城市边缘向外扩展；飞地式扩张指新增建设用地脱离原城市用地，相对独立发展。

（二）环南海区域国家建成用地扩张总体趋势

1990—2018 年间，环南海区域国家土地利用发生了极大的变化，大量的非建设用地转化成建设用地。由图 25.25 可知，1990 年至 2018 年新增城市建设用地的扩张模式以蔓延式为主，一直处于绝对主导地位，这可能会导致城市出现土地利用密度低、城市无序扩张。1990—2000 年飞地式扩张与填充式扩张两者比重相近，但飞地式扩张的比重大于填充式扩张，这表明在这阶段环南海八国城市发展趋于扩散，城市发展结构趋于疏松。但是直到 2000—2018 年填充式扩张的比重一直大于飞地式扩张，这表明部分城市发展结构从原先扩散的方式趋于更加精明、紧凑，这体现出在 2000 年之后，部分城市呈现内涵式发展，尤其是在 2015—2018 年的时间段内，填充式扩张的比例接近蔓延式扩张，达到 38.79%。总体而言，城市群在 1990—2018 年以来城市扩张以蔓延式扩张为主，城市发展并未趋于紧凑。

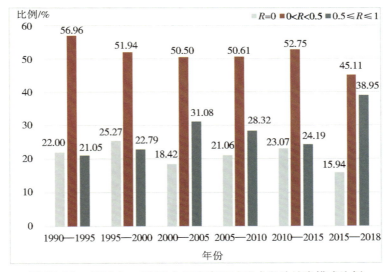

图 25.25　1990 年—2018 年环南海区域建成用地扩张模式比例

根据 1990—2018 年各个国家扩张模式的可视化图（图 25.26）可以发现，各个年份绿色区域（公共边测度为 0，属于飞地式扩张）以及黄色区域（公共边测度为 0～0.5，属于蔓延式扩张）占比大于红色区域（公共边测度≥0.5，属于填充式扩张）。这表明在这个阶段各个国家的城市倾向于向外扩张发展，且城市扩张的区域集中在沿海和沿河区域。

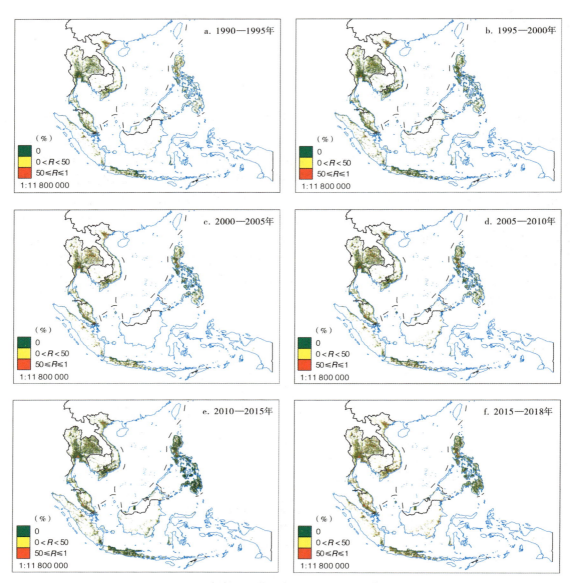

图25.26 环南海区域各时期建成用地扩张模式可视化图

(三)各国家建成用地扩张趋势

1. 文莱

根据1990—2018年文莱建成用地扩张模式比例对比图(图25.27)可以看出,蔓延式扩张是文莱建成用地增长的主要方式,总体维持在50%左右。飞地式扩张于1990—1995年所占的比重较大,达到43.09%;但在之后呈现减少的趋势,直至2015—2018年只占11.07%。填充式扩张于1990—1995年所占比重较小,只达到5.61%;但在之后呈现迅速扩张的趋势,直至最后一个时间段已达到41.78%。从具体的变化节点来看,在近30年来,飞地式扩张占比与填充式扩张占比互相攀升,直到2000—2005年,填充式扩张的比重超过飞地式扩张的比重之后，往后年份填充式扩张的比例一直高于飞地式扩张的比例。

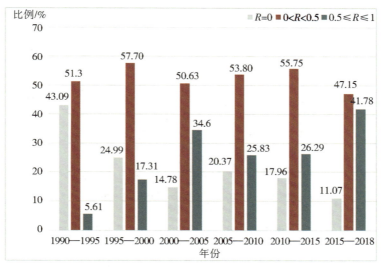

图 25.27　1990—2018 年文莱建成用地扩张模式比例

总体而言，文莱城市增长从 2000 年前扩散疏松的发展方式逐渐转为向内填充的紧凑增长方式，但城市扩张蔓延的比重仍然比较大。近 30 年来，文莱城市建成用地的扩张主要沿着海岸线的东北和西南方向，东部地区城市扩张较为缓慢，部分原因是沿海地区靠近海岸线，地势平坦且交通便利，有利于城市的发展。

2. 印度尼西亚

根据 1990—2018 年印度尼西亚建成用地扩张模式比例对比图（图 25.28）可以看出，除了 2015—2018 年，其余各个时间段均是以蔓延式扩张为主，整体扩张比例达到 50% 左右。飞地式扩张在近 30 年来相对稳定地集中于 10%～20% 的区间内。填充式扩张在 1990—1995 年的比重较低，为 14.68%，随着时间的推移，填充式扩张的比重呈上升趋势，直至 2015—2018 年达到了 43.81%。从具体的变化节点来看，自 2000 年后，填充式扩张的比重比飞地式扩张的比重高，与此之前相反；2015—2018 年，填充式扩张的比重超过了蔓延式扩张的比重，这表明在一定发展阶段后城市扩张模式转向内涵式发展，城市扩张趋于紧凑集中增长。

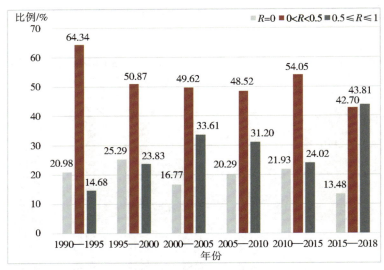

图 25.28　1990—2018 年印度尼西亚建成用地扩张模式比例

总体而言，印度尼西亚在研究期内城市扩张从原先的蔓延式扩张逐步转向填充式扩张，趋于紧凑。且 1990—2018 年建成用地扩张主要分布在爪哇岛的东部、北部和南部和苏门答腊岛的东部以及其他岛屿的少数沿海地区。爪哇岛和苏门答腊岛因其丰富的旅游资源而实现较快发展。

3．柬埔寨

根据 1990—2018 年柬埔寨建成用地扩张模式比例对比图（图 25.29）可以看出，蔓延式扩张所占比重最大，总体维持在 50% 以上。从具体的变化节点来看，近 30 年来飞地式扩张的比重与填充式扩张的比重不相上下，其中 2000 年以前飞地式扩张的比重较大，2000 年之后填充式的比重较大，到 2015—2018 年两者差距明显，这表明各城市有趋向于紧凑发展的态势。

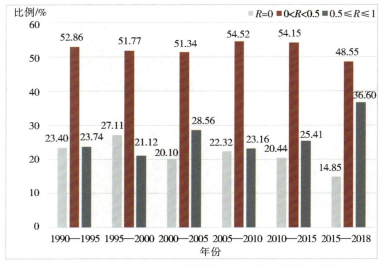

图 25.29　1990—2018 年柬埔寨建成用地扩张模式比例

总体而言，柬埔寨在研究期内城市扩张以蔓延式扩张为主，总体未趋于紧凑。1990—2018年建成用地扩张主要集中在柬埔寨的中部和南部地区，该区域沿着河流分布，交通较为便利，更有利于城市的发展。

4. 马来西亚

根据1990—2018年马来西亚建成用地扩张模式比例对比图（图25.30）可以看出，蔓延式扩张所占比重最大，总体维持在50%～60%。飞地式扩张总体呈现下降的趋势，从1990—1995年的21.62%下降到2015—2018年的12.08%。从具体的变化节点来看，飞地式扩张与填充式扩张在2015年之前差距不大，且在2000年之前，飞地式扩张的比重高于填充式扩张的比重；但在2000年之后，飞地式扩张的比重小于填充式扩张的比重，且在2015—2018年差距最大，达到约27%个百分点，这表明城市发展越来越趋向于向内集聚扩张。

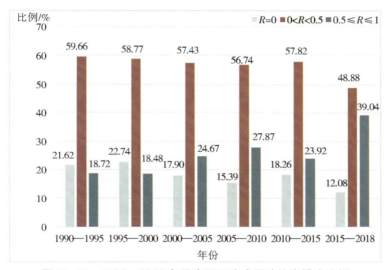

图25.30　1990—2018年马来西亚建成用地扩张模式比例

总体来看，马来西亚在研究期内城市发展以蔓延式扩张为主，并在近年来呈现向内发展集聚的态势。马来西亚建成用地扩张主要集中在中南半岛的南部即马来西亚西部地区，且主要沿着海岸线进行扩张。因马六甲海峡处于"咽喉口"，地理区位极其重要，航运经济发展迅猛，对于周边区域的发展有极大的推动作用，因此该区域周边建成用地扩张较为迅速。

5. 菲律宾

根据1990—2018年菲律宾建成用地扩张模式比例对比图（图25.31）可以看出，蔓延式扩张所占比重最大，一直维持在40%～50%。而飞地式扩张的比重以及填充式扩张的比重在不同年份呈现的差异较大且两者不相上下。从具体的变化节点来看，1990—1995年，填充式扩张和飞地式扩张的比重较为相近，总体维持在25%左右；1995—2010年以及2015—2018年，填充式扩张的比重高于飞地式扩张的比重；但2010—2015年，两者刚好相反，飞地式扩张的比重高于填充式扩张的比重。

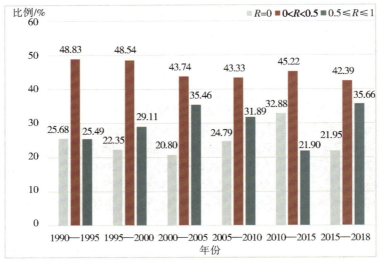

图 25.31　1990—2018 年菲律宾建成用地扩张模式比例

总体来看，菲律宾在研究期内城市发展以蔓延式扩张为主，并且一直以来均有呈现向内紧凑发展的趋势。从菲律宾建成用地空间扩张来看，城市扩张并无明显指向性的方向。这很大一部分是缘于菲律宾呈现多海岛且地形复杂的地理环境，加上多变的气候，某些区域不利于城市的持续发展。

6．新加坡

根据1990—2018年新加坡建成用地扩张模式比例对比图（图 25.32）可以看出，以填充式扩张为主，总体维持在55%～65%。其次是蔓延式扩张，呈现相对稳定的发展趋势，总体维持在35%～40%。飞地式扩张除了2000—2005年达到17.92%之外，其余时间段均为5%～8%。从具体的变化时间节点来看，新加坡建成用地的扩张模式变化不大，1990—2018年，各个时间段扩张模式的占比排名并无改变。一直以来，填充式扩张都是新加坡建成用地的主要扩张方式，这体现出新加坡一直呈现一种内涵式集聚增长的模式。

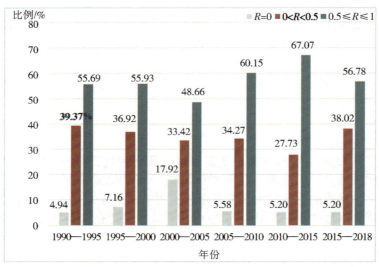

图 25.32　1990—2018 年新加坡建成用地扩张模式比例

总体来看，新加坡在研究期内城市发展以填充式扩张为主，这体现出新加坡一直呈现紧凑精明的扩张模式。这与新加坡国家国土面积狭小有关。当不透水率很高时，城市非建成用地面积较小，无法进行大范围的飞地式扩张或者是蔓延式扩张。从空间扩张的方向上看，新加坡主要沿着已有建成区边缘向外扩张。

7. 泰国

根据 1990—2018 年泰国建成用地扩张模式比例对比图（图 25.33），以蔓延式扩张为主，所占比重维持在 45%～55%。飞地式扩张和填充式增长的比重较为相近。飞地式扩张的比重总体维持在 20%～30%；填充式扩张的比重呈现小幅度向上发展的趋势，总体维持在 20%～35%。从增长变化的时间节点来看，除了蔓延式扩张的比重一直处于较高水平外，1995—2000 年和 2010—2015 年飞地式扩张的比重大于填充式扩张的比重，其余时间段则相反，填充式的比重一直高于飞地式的比重。

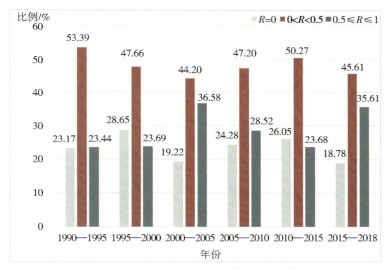

图 25.33　1990—2018 年泰国建成用地扩张模式比例

总体来看，泰国在研究期内城市发展以蔓延式发展为主，填充式发展为辅，整体城市扩张发展呈现集聚的倾向。从建成用地的空间扩张方向来看，由于泰国地形条件较好，平原较多，有利于城市的发展，因此泰国城市扩张多集中在中部和东部平原地区。

8. 越南

根据 1990—2018 年越南建成用地扩张模式比例对比图（图 25.34）可以看出，以蔓延式扩张为主，比重占 45%～55%。飞地式扩张发展趋势较为稳定，整体维持在 15%～25%。填充式扩张发展趋势也相对稳定，整体维持在 20%～35%。从具体增长节点来看，蔓延式扩张一直占据主导地位。而飞地式扩张的比重除了 1995—2000 年高于填充式扩张外，其余时间段填充式扩张的比重均高于飞地式扩张，呈现出城市区域紧凑的扩张特征。

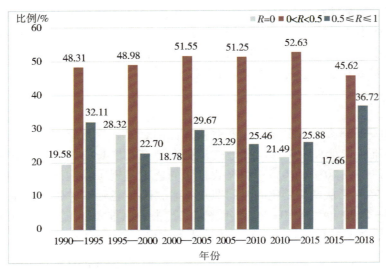

图 25.34　1990—2018 年越南建成用地扩张模式比例

总体来看，越南在研究期内城市发展以蔓延式扩张为主，同时填充式扩张的比重占比也较大，呈现集聚发展的态势。从建成用地的空间扩张的方向来看，由于越南地形狭长，沿着沿海平原发展，城市扩张主要集中于沿海岸线、首都周边的区域以及南部平原地区。

四、结　语

通过对环南海八国各省级城市的不透水变化强度进行分析，其城市根据发展的快慢以及驱动因素可以大致归类于四种发展模式：第一类，建成用地水平较高，因政策偏向而实现不透水率迅速增长的城市；第二类，建成用地水平较高，主要因独特区位条件而实现不透水率快速增长的城市；第三类，建成用地水平较低且稳定发展，无特殊区位条件或政策扶持，不透水率增长较为缓慢的城市；第四类，建成用地水平较低且进展缓慢，因地形环境等因素不透水率增长缓慢的城市。

根据上述分类，第一类主要因政策偏向而快速发展的城市，比较典型的例子为各国首都与直辖市，这些城市的发展往往会比其他地区更快。而且，一个国家经济发展水平越高，其首都的不透水率相对也会更高，如新加坡的中心区、马来西亚首都吉隆坡和泰国首都曼谷。但也有一些国家虽然比较发达，但其首都的不透水率相对较低，如文莱首都斯里巴加湾市。相对较不发达的一些国家，其首都的不透水率反而会比预期较高一点，如菲律宾马尼拉、柬埔寨首都金边、越南首都河内等。这往往是因为对于经济较不发达的国家来说，加强首都的发展在一定程度上能够带动周边区域发展，但也有可能陷入"过度建成用地"和"首都一极化"的现象。

第二类发展较快的城市主要因其优越的区位环境或特有景观，促使当地产业快速发展，进而推动城市建设进程。如印度尼西亚巴厘岛和泰国普吉岛因旅游资源为当地的经济发展提供重要动力；马来西亚马六甲海峡因处于海上生命线的咽喉所在，地理位置尤其重要，大大加快了该区域沿岸经济的发展。

第三类城市多位于发展较为缓慢的区域。这类型的省级区域比较多，因其无特殊的发展条件或政策扶持，处于稳定而缓慢的发展状态，如印度尼西亚万丹省、菲律宾本格特省和泰国益梭通府。

第四类城市多位于发展极为缓慢的区域。这类省级区域数量较少，主要因相对较差的自然环境而发展缓慢，如柬埔寨柏威夏省。环南海八国部分地区位于内陆，地形条件不利于交通通达，极大地限制了部分国家内陆地区的经济发展。

从各个国家建成用地扩张模式来看，填充式扩张主要集中在城市主城区内部以及已发展地区建设用地的补充；蔓延式扩张除主城区四周的蔓延外，还有上一时段飞地式扩张基础上的持续发展；而飞地扩张空间上比较分散。各时期除新加坡外，城市扩张整体以蔓延式扩张为主，填充式扩张为辅，飞地式扩张占比最小。建成用地表现为不同扩张模式的因素很多，其中一个重要原因是因其地理环境的限制。例如，新加坡因国土面积狭小，以填充式扩张为主要的发展模式；越南城市扩张多分布在海岸线以及平原区域；菲律宾因岛屿破碎、地形复杂，城市扩张较分散。

参考文献

德怀尔. 东南亚地区城市化发展的人口因素与面临问题 [J]. 黄必红, 译. 南洋资料译丛, 2000 (1)：22-27.

董新宇, 李家国, 陈瀚阅, 等. 东南亚地区城市扩张及驱动力分析 [J]. 测绘科学, 2019, 44 (5)：61-68.

费昭珣. 东南亚国家的城市化进程及其特征 [J]. 东南亚研究, 1999 (4)：3-5.

黄耿志, 张虹鸥. 新世纪海上丝绸之路东南亚发展与区域合作 [M]. 北京：商务印书馆, 2018：195-196.

冀青青, 乔伟峰, 卢诚, 等. 1980年以来南京市建设用地扩张阶段性特征 [J]. 长江流域资源与环境, 2018, 27 (9)：1928-1936.

饶本忠. 论东南亚国家城市化的差异及其形成原因 [J]. 东南亚纵横, 2004 (10)：22-24.

唐菁菁, 庞芳莹, 范祚军. 城市化进程中的空间结构与区域经济效率：基于东盟8国的经验研究 [J]. 南洋问题研究, 2018 (4)：84-104.

王小民. 东南亚国家的城市化：原因与可持续发展 [J]. 东南亚研究, 2002 (4)：42-46.

王洋, 张虹鸥, 黄耿志, 等. 东南亚国家综合城市化水平差异特征及驱动因素 [J]. 热带地理, 2015, 35 (5)：680-686.

王正毅, 等. 边缘地带发展论世界体系与东南亚的发展 [M]. 2版. 上海：上海人民出版社, 2018.

杨镇钟, 彭宾, 刘小雪, 等. 东盟的资源环境状况及合作潜力 [M]. 北京：社会科学文献出版社, 2013.

张亚萍, 张平, 孙丹峰, 等. 成渝城市群城市建设用地扩张格局及规模体系分析 [J]. 测绘通报, 2020 (7)：103-107.

BAGAN H, YAMAGATA Y. Land-cover change analysis in 50 global cities by using a combination of landsat data and analysis of grid cells [J]. Environmental research letters, 2014, 9 (6)：64015.

ESTOQUE R C, MURAYAMA Y. Intensity and spatial pattern of urban land changes in the megacities of Southeast Asia [J]. Land use policy, 2015, 48：213-222.

GAUGHAN A E, STEVENS F R, LINARD C, et al. High resolution population distribution maps for Southeast Asia in 2010 and 2015 [J]. Plos one, 2013, 8 (2)：e55882.

GONG P, LI X, WANG J, et al. Annual maps of global artificial impervious area (GAIA) between 1985 and

2018 [J]. Remote sensing of environment, 2020, 236: 111510.

HUANG J, LU X X, SELLERS J M. A global comparative analysis of urban form: Applying spatial metrics and remote sensing [J]. Landscape and urban planning, 2007, 82 (4): 184 – 197.

JONES G W. Urbanization trends in Southeast Asia: Some issues for policy [J]. Journal of Southeast Asian studies, 1988: 19 (1): 137 – 154.

MURAKAMI A, ZAIN A M, TAKEUCHI K, et al. Trends in urbanization and patterns of land use in the Asian mega cities Jakarta, Bangkok, and Metro Manila [J]. Landscape and urban planning, 2005, 70 (3 – 4): 251 – 259.

TAUBENBÖCK H, ESCH T, FELBIER A, et al. Monitoring urbanization in mega cities from space [J]. Remote sensing of environment, 2012, 117: 162 – 176.

（黄楠希，薛德升，韦春竹）